ŒUVRES

DE

DENIS DIDEROT.

TOME V.

OPINIONS DES ANCIENS PHILOSOPHES.
TOME PREMIER.

ŒUVRES

DE

DENIS DIDEROT,

publiées sur les manuscrits de l'Auteur,

PAR JACQUES-ANDRÉ NAIGEON,

de l'Institut national des sciences, etc.

TOME CINQUIÉME.

A PARIS,

Chez DETERVILLE, Libraire, rue
du Battoir, N.° 16.

AN VIII.

OPINIONS

DES

ANCIENS PHILOSOPHES.

OPINIONS
DES
ANCIENS PHILOSOPHES.

ACOUSMATIQUES.

Pour entendre ce que c'étoit que les *Acousmatiques*, il faut savoir que les disciples de Pythagore étoient distribués en deux classes, séparées dans son école, par un voile. Ceux de la première classe, de la classe la plus avancée, qui ayant par devers eux cinq ans de silence passés sans avoir vu leur maître en chaire (car il avoit toujours été séparé d'eux pendant tout ce temps par un voile), étoient enfin admis dans l'espèce de sanctuaire, d'où il s'étoit seulement fait entendre, et le voyoient face à face; on les appeloit les *ésotériques*. Les autres, qui restoient derrière le voile, et qui ne s'étoient pas encore tus assez long-temps pour mériter d'approcher et de voir Pythagore, s'appeloient *exotériques* et *acousmatiques* ou *acoustiques*. *Voyez* Pythagorisme. Mais cette distinction n'étoit pas la seule qu'il y eût entre les *ésotériques* et les *exotériques*. Il paroît que Pythagore disoit seulement les choses emblématiquement à ceux-ci ; mais qu'il les révéloit aux autres telles qu'elles étoient sans nuage, et qu'il leur en donnoit les raisons. On disoit pour toute réponse aux objections des *acoustiques*, αυτος εφα, *Pythagore l'a dit:* mais Pythagore lui-même résolvoit les objections aux *ésotériques*.

ANTÉDILUVIENNE.

PHILOSOPHIE,

Ou état de la Philosophie avant le déluge.

QUELQUES-UNS de ceux qui remontent à l'origine de la philosophie, ne s'arrêtent pas au premier homme, qui fut formé à l'image et ressemblance de Dieu : mais, comme si la terre n'étoit pas un séjour digne de son origine, ils s'élancent dans les cieux, et la vont chercher jusques chez les anges, où ils nous la montrent toute brillante de clarté. Cette opinion paroît fondée sur ce que nous dit l'écriture de la nature et de la sagesse des anges. Il est naturel de penser qu'étant, comme elle le suppose, d'une nature bien supérieure à la nôtre, ils ont eu, par conséquent, des connoissances plus parfaites des choses ; et qu'ils sont de bien meilleurs philosophes, que nous autres hommes.

Quelques savans ont poussé les choses plus loin; car, pour nous prouver que les anges excelloient dans la physique, ils ont dit que Dieu s'étoit servi de leur ministère pour créer ce monde, et former les différentes créatures qui le remplissent. Cette opinion, comme l'on voit, est une suite des idées qu'ils avoient puisées dans la doctrine de Pythagore et de Platon. Ces deux philosophes, embarrassés de l'espace infini qui est entre Dieu et les hommes, jugèrent à-propos de le remplir de génies et de démons : mais, comme dit judicieusement M. de Fontenelle contre Platon, *Hist. des Oracles*, de quoi remplira-t-on l'espace infini qui sera entre Dieu et ces génies, ou ces démons mêmes ? car, de Dieu à quelque créature que ce soit, la distance est infinie.

Comme il faut que l'action de Dieu traverse, pour ainsi dire, ce vide infini pour aller jusqu'aux démons, elle pourra bien aller aussi jusqu'aux hommes, puisqu'ils ne sont plus éloignés que de quelques dégrés qui n'ont nulle proportion avec ce premier éloignement. Lorsque Dieu traite avec les hommes, par le moyen des anges, ce n'est pas à dire que les anges soient nécessaires pour cette communication, ainsi que Platon le prétendoit. Dieu les y emploie par des raisons que la philosophie ne pénétrera jamais, et qui ne peuvent être parfaitement connues que de lui seul. Platon avoit imaginé les démons, pour former une échelle par laquelle, de créature plus parfaite en créature plus parfaite, on montât enfin jusqu'à Dieu; de sorte que Dieu n'auroit que quelques dégrés de perfection par-dessus la première des créatures. Mais il est visible que, comme elles sont toutes infiniment imparfaites à son égard, parce qu'elles sont toutes infiniment éloignées de lui, les différences de perfection qui sont entre elles disparoissent dès qu'on les compare avec Dieu : ce qui les élève les unes au-dessus des autres, ne les approche guère de lui. Ainsi, à ne consulter que la raison humaine, on n'a besoin de démons, ni pour faire passer l'action de Dieu jusqu'aux hommes, ni pour mettre entre Dieu et nous quelque chose qui approche de lui plus que nous ne pouvons en approcher.

Mais, si les bons anges, qui sont les ministres des volontés de Dieu, et ses messagers auprès des hommes, sont ornés de plusieurs connoissances philosophiques; pourquoi refuseroit-on cette prérogative aux mauvais anges ? Leur réprobation n'a rien changé dans l'excellence de leur nature, ni dans la perfection de leurs connoissances; on en voit la preuve dans l'astrologie, les augures et les aruspices. Ce n'est qu'aux artifices d'une fine et d'une subtile dialectique, que le démon, qui tenta nos premiers parens, doit la victoire qu'il remporta sur eux. Il n'y a pas, jusqu'à quelques pères de l'église, qui, imbus des rêveries platoniciennes, ont écrit que les esprits réprouvés ont enseigné aux hommes qu'ils avoient su charmer, et avec lesquels ils avoient eu commerce, plusieurs secrets de la nature ; comme la métallurgie, la vertu des simples, la puissance des enchantemens, et l'art de lire dans le ciel la destinée des hommes.

Je ne m'amuserai point à prouver ici combien sont pitoyables tous ces raisonnemens, par lesquels on prétend démontrer que les anges et les diables sont des philosophes, et même de grands philosophes. Laissons cette philosophie des habitans du Ciel et du Ténare; elle est trop au-dessus de nous : parlons de celle qui convient proprement aux hommes, et qui est de notre ressort.

Adam, le premier de tous les hommes, a-t-il été philosophe? c'est une chose dont bien des personnes ne doutent nullement. En effet, nous dit Hornius, nous croyons qu'Adam, avant sa chûte, fut orné non-seulement de toutes les qualités et de toutes les connoissances qui perfectionnent l'esprit ; mais même qu'après sa chûte il conserva quelques restes de ses premières connoissances. Le souvenir de ce qu'il avoit perdu, étant toujours présent à son esprit, alluma dans son cœur un désir violent de rétablir en lui les connoissances que le péché lui avoit enlevées, et de dissiper les ténèbres qui les lui voiloient. C'est pour y satisfaire, qu'il s'attacha toute sa vie à interroger la nature, et à s'élever aux connoissances les plus sublimes. Il y a même tout lieu de penser qu'il n'aura pas laissé ignorer à ses enfans la plupart de ses découvertes, puisqu'il a vécu si long-temps avec eux.

Tels sont, à-peu-près, les raisonnemens du docteur Hornius, auquel nous joindrions volontiers les docteurs juifs, si leurs fables méritoient quelque attention de notre part.

Voici encore quelques raisonnemens bien dignes du docteur Hornius, pour prouver qu'Adam a été philosophe, et même philosophe du premier ordre.

S'il n'avoit été physicien, comment auroit-il pu imposer à tous les animaux, qui furent amenés devant lui, des noms qui paroissent à bien des personnes exprimer leur nature? Eusèbe en a tiré une preuve pour la logique d'Adam. Pour les mathématiques, il n'est pas possible de douter qu'il ne les ait sues; car autrement, comment auroit-il pu se faire des habits de peaux de bêtes; se construire une maison; observer les mouvemens des astres; et régler l'année sur la course du soleil? Enfin, ce qui met le comble à toutes ces preuves si décisives en faveur de la philosophie d'Adam, c'est qu'il a écrit des livres; et que ces livres contenoient toutes les sublimes connoissances qu'un travail infatigable lui avoit acquises. Il est vrai que les livres qu'on lui attribue sont apocryphes ou perdus; mais cela n'y fait rien: on ne les aura supposés à Adam, que parce que la tradition avoit conservé les titres des livres authentiques, dont il étoit le véritable auteur.

Rien de plus aisé que de réfuter toutes ces raisons : 1.° ce que l'on dit de la sagesse d'Adam avant sa chûte, n'a aucune analogie avec la philosophie dans le sens que nous la prenons ; car elle consistoit, cette sagesse, dans la connoissance de Dieu, de soi-même, et sur-tout dans la connoissance-pratique de tout ce qui pouvoit le conduire à la félicité pour laquelle il étoit né. Il est bien vrai qu'Adam a eu cette sorte de sagesse : mais qu'a-t-elle de commun avec cette philosophie que produisent la curiosité et l'admiration, filles de l'ignorance, qui ne s'acquiert que par le pénible travail des réflexions, et qui ne se perfectionne que par le conflit des opinions ? La sagesse, avec laquelle Adam fut créé, est cette sagesse divine qui est le fruit de la grace, et que Dieu verse dans les ames même les plus simples. Cette sagesse est sans-doute la véritable philosophie : mais elle est fort différente de celle que l'esprit enfante, et à l'accroissement de laquelle tous les siècles ont concouru.

Si Adam, dans l'état d'innocence, n'a point eu de philosophie, que devient celle qu'on lui attribue après sa chûte, et qui n'étoit qu'un foible écoulement de la première ? Comment veut-on qu'Adam, que son péché suivoit par-tout, qui n'étoit occupé que du soin de fléchir son Dieu, et de repousser les misères qui l'environnoient, eût l'esprit assez tranquille, pour se livrer aux stériles spéculations d'une vaine philosophie ? Il a donné des noms aux animaux; est-ce à dire pour cela qu'il en ait bien connu la nature et les propriétés ? Il raisonnoit avec Eve notre grand'mère commune, et avec ses enfans; en conclurez-vous pour cela qu'il sût la dialectique ? avec ce beau raisonnement, on transformeroit tous les hommes en dialecticiens. Il s'est bâti une misérable cabane; il a gouverné prudemment sa famille; il l'a instruite de ses devoirs; et lui a enseigné le culte de la religion; sont-ce donc là des raisons à apporter, pour prouver qu'Adam a été architecte, politique, théologien ?

Enfin comment peut-on soutenir qu'Adam a été l'inventeur des lettres, tandis que nous voyons les hommes, long-temps même après le déluge, se servir encore d'une écriture hiéroglyphique, laquelle est de toutes les écritures la plus imparfaite, et le premier effort que les hommes ont fait pour se communiquer réciproquement leurs conceptions grossières.

On voit, par-là, combien est sujet à contradiction ce que dit le laborieux et savant auteur de l'Histoire critique de la philosophie, touchant son origine et ses commencemens : « Elle est née, si
» on l'en croit, avec le monde; et contre l'ordi-
» naire des productions humaines, son berceau
» n'a rien qui la dépare ni qui l'avilisse. Au tra-
» vers des foiblesses et des bégaiemens de l'enfan-
» ce, on lui trouve des traits forts et hardis, une
» sorte de perfection. En effet, les hommes ont

» de tout temps pensé, réfléchi, médité : de tout
» temps aussi ce spectacle pompeux et magnifi-
» que que présente l'univers, spectacle d'autant
» plus intéressant, qu'il est étudié avec plus de
» soin, a frappé leur curiosité ».

Mais, répondra-t-on, si l'admiration est la mère de la philosophie, comme nous le dit cet auteur ; elle n'est donc pas née avec le monde, puisqu'il a fallu que les hommes, avant que d'avoir la philosophie, aient commencé par admirer. Or, pour cela, il falloit du temps ; il falloit des expériences et des réflexions : d'ailleurs, s'imagine-t-on que les premiers hommes eussent assez de temps, pour exercer leur esprit sur des systêmes philosophiques, eux qui trouvoient à-peine les moyens de vivre un peu commodément ? On ne pense à satisfaire les besoins de l'esprit, qu'après qu'on a satisfait ceux du corps. Les premiers hommes étoient donc bien éloignés de penser à la philosophie : « les miracles de la nature sont
» exposés à nos yeux long-temps avant que nous
» ayons assez de raison pour en être éclairés. Si
» nous arrivions dans ce monde, avec cette raison
» que nous portâmes dans la salle de l'opéra, la
» première fois que nous y entrâmes, et si la
» toile se levoit brusquement ; frappés de la gran-
» deur, de la magnificence et du jeu des déco-
» rations, nous n'aurions pas la force de nous
» refuser à la connoissance des grandes vérités

» qui y sont liées : mais qui s'avise de s'étonner
» de ce qu'il voit depuis cinquante ans ? Entre
» les hommes, les uns, occupés de leurs besoins,
» n'ont guère eu le temps de se livrer à des spé-
» culations métaphysiques ; le lever de l'astre du
» jour les appeloit au travail ; la plus belle nuit ,
» la nuit la plus touchante , étoit muette pour eux ,
» ou ne leur disoit autre chose, si-non qu'il étoit
» l'heure du repos : les autres , moins occupés, ou
» n'ont jamais eu occasion d'interroger la nature,
» ou n'ont pas eu l'esprit d'entendre sa réponse.
» Le génie philosophique , dont la sagacité se-
» couant le joug de l'habitude , s'étonna le premier
» des prodiges qui l'environnoient , descendit en
» lui-même , se demanda et se rendit raison de
» tout ce qu'il voyoit , a dû se faire attendre long-
» temps , et a pu mourir sans avoir accrédité ses
» opinions ». (*Essai sur le mérite et la vertu*,
» *page* 75).

Si Adam n'a point eu la philosophie, il n'y a point d'inconvénient à la refuser à ses enfans Abel et Caïn : il n'y a que George Hornius qui puisse voir dans Caïn le fondateur d'une secte de philosophie.

Vous ne croiriez jamais que Caïn ait jeté les premières semences de l'épicuréisme , et qu'il ait été athée. La raison qu'Hornius en donne est tout-à-fait singulière. Caïn étoit, selon lui, philosophe, mais philosophe impie et athée , parce qu'il aimoit l'amusement et les plaisirs, et que ses enfans n'avoient que trop bien suivi les leçons de volupté qu'il leur donnoit. Si l'on est philosophe épicurien, parce qu'on écoute la voix de ses plaisirs, et qu'on cherche dans un athéisme pratique l'impunité de ses crimes, les jardins d'Epicure ne suffiroient pas à recevoir tant de philosophes voluptueux.

Ce qu'il ajoute de la ville que bâtit Caïn, et des instrumens qu'il mit en œuvre pour labourer la terre, ne prouve nullement qu'il fût philosophe; car ce que la nécessité et l'expérience, ces premières institutrices des hommes, leur font trouver, n'a pas besoin des préceptes de la philosophie. D'ailleurs on peut croire que Dieu apprit au premier homme le moyen de cultiver la terre, comme le premier homme en instruisit lui-même ses enfans.

Le jaloux Caïn ayant porté des mains homicides sur son frère Abel, Dieu fit revivre Abel dans la personne de Seth. Ce fut donc dans cette famille, que se conserva le sacré dépôt des premières traditions qui concernoient la religion.

Les partisans de la philosophie antédiluvienne ne regardent pas Seth seulement comme philosophe, mais ils veulent encore qu'il ait été grand astronome. Josephe, faisant l'éloge des connoissances qu'avoient acquises les enfans de Seth avant le déluge, dit qu'ils élevèrent deux colonnes pour y inscrire ces connoissances, et les transmettre à la postérité. L'une de ces colonnes étoit de brique, l'autre de pierre; et l'on n'avoit rien épargné pour les bâtir solidement, afin qu'elles pussent résister aux inondations et aux incendies dont l'univers étoit menacé. Josephe ajoute que celle de brique subsistoit encore de son temps.

Je ne sais si l'on doit faire beaucoup de fond sur un tel passage. Les exagérations et les hyperboles ne coûtent guère à Josephe, quand il s'agit d'illustrer sa nation. Cet historien se proposoit sur-tout de montrer la supériorité des juifs sur les gentils, en matière d'arts et de sciences: c'est là, probablement, ce qui a donné lieu à la fiction des deux colonnes élevées par les enfans de Seth. Quelle apparence qu'un pareil monument ait pu subsister après les ravages que fit le déluge? et puis on ne conçoit pas pourquoi Moïse, qui a parlé des arts qui furent trouvés par les enfans de Caïn, comme la musique, la métallurgie, l'art de travailler le fer et l'airain, etc., ne dit rien des grandes connoissances que Seth avoit acquises dans l'astronomie; de l'écriture, dont il passe pour être inventeur; des noms qu'il donna aux astres; du partage qu'il fit de l'année en mois et en semaines.

Il ne faut pas s'imaginer que Jubal et Tubalcain aient été de grands philosophes; l'un pour avoir inventé la musique, et l'autre pour avoir eu le secret de travailler le fer et l'airain : peut-être ces deux hommes ne firent-ils que perfectionner ce qu'on avoit trouvé avant eux. Mais je veux qu'ils aient été inventeurs de ces arts : qu'en peut-on conclure pour la philosophie ? Ne sait-on pas que c'est au hasard, que nous devons la plupart des arts utiles à la société ? Ce que fait la philosophie, c'est de raisonner sur le génie qu'elle y remarque après qu'ils ont été découverts. Il est heureux pour nous, que le hasard ait prévenu nos besoins ; et qu'il n'ait presque rien laissé à faire à la philosophie. On ne rencontre pas plus de philosophie dans la branche de Seth, que dans celle de Caïn : on y voit des hommes, à-la-vérité, qui conservent la connoissance du vrai Dieu et le dépôt des traditions primitives ; qui s'occupent de choses sérieuses et solides, comme de l'agriculture et de la garde des troupeaux ; mais on n'y voit point de philosophes. C'est donc inutilement qu'on cherche l'origine et les commencemens de la philosophie dans les temps qui ont précédé le déluge.

ARABES.

ÉTAT DE LA PHILOSOPHIE CHEZ LES ANCIENS ARABES.

Après les Chaldéens, les Perses et les Indiens, vient la nation des *Arabes*, que les anciens historiens nous représentent comme fort attachée à la philosophie, et comme s'étant distinguée dans tous les temps par la subtilité de son esprit; mais tout ce qu'ils nous disent paroît fort incertain. Je ne nie pas que depuis l'islamisme, l'érudition et l'étude de la philosophie n'aient été extrêmement en honneur chez ces peuples; mais cela n'a lieu et n'entre que dans l'histoire de la philosophie du moyen âge. Aussi nous proposons-nous d'en traiter au long quand nous y serons parvenus. Maintenant nous n'avons à parler que de la philosophie des anciens habitans de l'Arabie heureuse.

Il y a des savans, qui veulent que ces peuples se soient livrés aux spéculations philosophiques; et pour prouver leur opinion, ils imaginent des systèmes qu'ils leur attribuent, et font venir à leur secours la religion des Zabiens, qu'ils prétendent être le fruit de la philosophie.

Tout ce qu'ils disent n'a pour appui que des raisonnemens et des conjectures : mais que prouve-t-on par des raisonnemens et des conjectures, quand il faut des témoignages ?

Ceux qui sont dans cette persuasion que la philosophie a été cultivée par les anciens Arabes, sont obligés de convenir eux-mêmes que les Grecs n'avoient aucune connoissance de ce fait. Que dis-je ? ils les regardoient comme des peuples barbares et ignorans, et qui n'avoient aucune teinture des lettres.

Les écrivains *Arabes*, si on en croit Abulfarage,

disent eux-mêmes qu'avant l'islamisme ils étoient plongés dans la plus profonde ignorance. Mais ces raisons ne sont pas assez fortes, pour leur faire changer de sentiment sur cette philosophie qu'ils attribuent aux anciens *Arabes*. Le mépris des Grecs pour cette nation, disent-ils, ne prouve que leur orgueil, et non la barbarie des *Arabes*. Mais enfin, quels mémoires peuvent-ils nous produire, et quels auteurs peuvent-ils nous citer en faveur de l'érudition et de la philosophie des premiers *Arabes* ? Ils conviennent, avec Abulfarage, qu'ils n'en ont point. C'est donc bien gratuitement qu'ils en font des gens de lettres et adonnés à la philosophie.

Celui qui s'est le plus signalé dans cette dispute, et qui a le plus à cœur la gloire des anciens *Arabes*, c'est Joseph-Pierre Ludewig.

D'abord il commence par nous opposer Pythagore, qui, au rapport de Porphyre, dans le voyage littéraire qu'il avoit entrepris, fit l'honneur aux *Arabes* de passer chez eux, de s'y arrêter quelque temps, et d'apprendre, de leurs philosophes, la divination par le vol et par le chant des oiseaux, espèce de divination où les *Arabes* excelloient. Moyse lui-même, cet homme instruit dans toute la sagesse des Egyptiens, quand il fut obligé de quitter ce royaume, ne choisit-il pas, pour le lieu de son exil, l'Arabie, préférablement aux autres pays ? Or, qui pourra s'imaginer que ce législateur

A *

des Hébreux se fût retiré chez les *Arabes*, si ce peuple avoit été grossier, stupide, ignorant ? Leur origine, d'ailleurs, ne laisse aucun doute sur la culture de leur esprit. Ils se glorifient de descendre d'Abraham, à qui l'on ne peut refuser la gloire d'avoir été un grand philosophe. Par quelle étrange fatalité auroient-ils laissé éteindre, dans la suite des temps, ces premières étincelles de l'esprit philosophique, qu'ils avoient hérité d'Abraham, leur père commun ?

Mais ce qui paroît plus fort que tout cela, c'est que les livres saints, pour relever la sagesse de Salomon, mettent en opposition avec elle la sagesse des orientaux : or, ces orientaux n'étoient autres que les *Arabes*. C'est de cette même Arabie, que la reine de Saba vint pour admirer la sagesse de ce philosophe couronné : c'est l'opinion constante de tous les savans.

On pourroit prouver aussi, par d'excellentes raisons, que les mages venus d'orient pour adorer le messie, étoient *Arabes*. Enfin, Abulfarage est obligé de convenir qu'avant l'islamisme même, à qui l'on doit dans ce pays la renaissance des lettres, ils entendoient parfaitement leur langue ; qu'ils en connoissoient la valeur et toutes les propriétés ; qu'ils étoient bons poëtes, excellens orateurs, habiles astronomes. N'en est-ce pas assez, pour mériter le nom de philosophes ? Non, vous dira quelqu'un. Il se peut que les *Arabes* aient poli leur langue ; qu'ils aient été habiles à deviner et à interpréter les songes ; qu'ils aient réussi dans la composition et dans la solution des énigmes ; qu'ils aient même eu quelque connoissance du cours des astres, sans que, pour cela, on puisse les regarder comme des philosophes ; car tous ces arts, si cependant ils en méritent le nom, tendent plus à nourrir et à fomenter la superstition, qu'à faire connoître la vérité, et qu'à purger l'ame des passions qui sont ses tyrans.

Pour ce qui regarde Pythagore, rien n'est moins certain que son voyage dans l'orient ; et quand même nous en conviendrions, qu'en résulteroit-il, si-non que cet imposteur apprit des *Arabes* toutes ces niaiseries, ouvrages de la superstition, et dont il étoit fort amoureux ? Il est inutile de citer ici Moyse. Si cet homme passa dans l'Arabie, et s'il s'y établit en épousant une des filles de Jétro, ce n'étoit pas assurément dans le dessein de méditer chez les *Arabes*, et de nourrir leur sotte curiosité de systêmes philosophiques. La providence n'avoit permis cette retraite de Moyse chez les *Arabes*, que pour y porter la connoissance du vrai Dieu et de sa religion.

La philosophie d'Abraham, dont ils se glorifient de descendre, ne prouve pas mieux qu'ils aient cultivé cette science. Abraham pourroit avoir été un grand philosophe et avoir été leur père, sans que cela tirât à conséquence pour leur philosophie.

S'ils ont laissé perdre le fil des vérités les plus précieuses, qu'ils avoient apprises d'Abraham ; si leur religion a dégénéré en une grossière idolâtrie ; pourquoi leurs connoissances philosophiques, supposé qu'Abraham leur en eût communiqué quelques-unes, ne se seroient-elles pas aussi perdues dans la suite des temps ? Au-reste, il n'est pas trop sûr que ces peuples descendent d'Abraham. C'est une histoire, qui paroît avoir pris naissance avec le mahométisme.

Les *Arabes*, ainsi que les Mahométans, pour donner plus d'autorité à leurs erreurs, en font remonter l'origine jusqu'au père des Croyans. Une chose encore qui renverse la supposition de Ludewig, c'est que la philosophie d'Abraham n'est qu'une pure imagination des Juifs, qui veulent à toute force trouver chez eux l'origine et les commencemens des arts et des sciences.

Ce que l'on nous oppose de cette reine du Midi, qui vint trouver Salomon sur la grande réputation de sa sagesse ; et des mages, qui partirent de l'orient pour se rendre à Jérusalem, ne tiendra pas davantage. Nous voulons que cette reine soit née en Arabie : mais est-il bien décidé qu'elle fût de la secte des Zabiens ? On ne peut nier, sans-doute, qu'elle n'ait été, parmi les femmes d'orient, une des plus instruites, des plus ingénieuses ; qu'elle n'ait souvent exercé l'esprit des rois de l'orient par les énigmes qu'elle leur envoyoit ; c'est là l'idée que nous en donne l'historien sacré. Mais quel rapport cela a-t-il avec la philosophie des *Arabes*? Nous accordons aussi volontiers que les mages venus d'orient étoient des *Arabes* ; qu'ils avoient quelque connoissance du cours des astres ; nous ne refusons point absolument cette science aux *Arabes*: nous voulons même qu'ils aient assez bien parlé leur langue ; qu'ils aient réussi dans les choses d'imagination, comme l'éloquence et la poésie : mais on n'en conclura jamais qu'ils aient été pour cela des philosophes, et qu'ils aient fort cultivé cette partie de la littérature.

La seconde raison qu'on fait valoir en faveur de la philosophie des anciens *Arabes*, c'est l'histoire du zabianisme, qui passe pour avoir pris naissance chez eux, et qui suppose nécessairement des connoissances philosophiques. Mais, quand même tout ce que l'on en raconte seroit vrai, on n'en pourroit rien conclure pour la philosophie des *Arabes* ; puisque le zabianisme, étant lui-même une idolâtrie honteuse et une superstition ridicule, est plutôt l'extinction de toute raison qu'une vraie philosophie.

D'ailleurs, il n'est pas bien décidé dans quel temps cette secte a pris naissance ; car les hommes les plus habiles, qui ont travaillé pour éclaircir ce point d'histoire, comme Hottinger, Pococke, Hyde, et sur-tout le docte Spencer, avouent que ni les Grecs, ni les Latins ne font aucune mention de cette secte.

Il ne faut pas confondre cette secte de zabiens *Arabes* avec ces autres zabiens, dont il est parlé dans les annales de l'ancienne église orientale, lesquels étoient moitié juifs et moitié chrétiens; qui se vantoient d'être les disciples de Jean-Baptiste; et qui se trouvent encore aujourd'hui en grand nombre dans la ville de Bassare, près des bords du Tigre, dans le voisinage de la mer de Perse.

Le fameux Moyse Maimonides a tiré des auteurs *Arabes* tout ce qu'il a dit de cette secte; et c'est en examinant d'un œil curieux et attentif toutes ses cérémonies extravagantes et superstitieuses, qu'il justifie très-ingénieusement la plupart des loix de Moyse, qui blesseroient au premier coup-d'œil notre délicatesse, si la sagesse de ces loix n'étoit marquée par leur opposition avec les loix des Zabiens, pour lesquels Dieu vouloit inspirer aux Juifs une grande aversion. On ne pouvoit mettre entre les Juifs et les Zabiens, qui étoient leurs voisins, une plus forte barrière. On peut lire sur cela l'ouvrage de Spencer, sur l'économie mosaïque.

On n'est pas moins partagé sur le nom de cette secte que sur son âge. Pococke prétend que les Zabiens ont été ainsi nommés d'un mot hébreu, qui signifie les *astres* ou *l'armée céleste*, parce que la religion des Zabiens consistoit principalement dans l'adoration des astres. Mais Scaliger pense que c'est ordinairement le nom des Chaldéens, ainsi appelés, parce qu'ils étoient orientaux. Il a été suivi en cela par plusieurs savans, et entre autres par Spencer. Cette signification du nom des Zabiens est d'autant plus plausible, que les Zabiens rapportent leur origine aux Chaldéens, et qu'ils font auteur de leur secte Sabius, fils de Seth.

Pour nous, nous ne croyons pas devoir prendre parti sur une chose, qui déjà par elle-même est assez peu intéressante. Si, par les Zabiens, on entend tous ceux qui, parmi les peuples de l'orient, adoroient les astres, sentiment qui paroît être celui de quelques *Arabes* et de quelques auteurs chrétiens; ce nom ne seroit plus alors le nom d'une secte particulière, mais celui de l'idolâtrie universelle. Mais il paroît qu'on a toujours regardé ce nom, comme étant propre à une secte particulière. Nous ne voyons pas qu'on le donnât à tous les peuples, qui à l'adoration des astres joignoient le culte du feu. Si pourtant, au milieu des ténèbres dont est enveloppée toute l'histoire des Zabiens, on peut, à force de conjectures, en tirer quelques rayons de lumière, il nous paroît probable que la secte des Zabiens n'est qu'un mélange du judaïsme et du paganisme; qu'elle a été, chez les *Arabes*, une religion particulière et distinguée de toutes les autres; que, pour s'élever au-dessus de toutes celles qui florissoient de son temps, elle avoit non-seulement affecté de se dire très-ancienne, mais même qu'elle rapportoit son origine jusqu'à Sabius, fils de Seth; en quoi elle croyoit l'emporter pour l'antiquité sur les Juifs mêmes qui ne peuvent remonter au-delà d'Abraham. On ne se persuadera jamais que le nom de Zabiens leur ait été donné, parce qu'ils étoient orientaux, puisqu'on n'a jamais appelé de ce nom les Mages et les Mahométans, qui habitent les provinces de l'Asie, situées à l'orient.

Quoi qu'il en soit de l'origine des Zabiens, il est certain qu'elle n'est pas aussi ancienne que le prétendent les *Arabes*. Ils sont même sur cela partagés de sentimens; car si les uns veulent la faire remonter jusqu'à Seth, d'autres se contentent de la fixer à Noé, et même à Abraham. Eutychius, auteur *Arabe,* s'appuyant sur les traditions de son pays, trouve l'auteur de cette secte dans Zoroastre, lequel étoit né en Perse, si vous n'aimez mieux en Chaldée. Cependant Eutychius observe qu'il y en avoit quelques-uns de son temps qui en faisoient honneur à Juvan; il a voulu sans-doute dire Javan; que les Grecs avoient embrassé avidement ce sentiment, parce qu'il flattoit leur orgueil, Javan ayant été un de leurs rois; et que, pour donner cours à cette opinion, ils avoient composé plusieurs livres sur la science des astres et sur le mouvement des corps célestes. Il y en a même qui croient que celui qui fonda la secte des Zabiens étoit un de ceux qui travaillèrent à la construction de la tour de Babel. Mais sur quoi tout cela est-il appuyé ?

Si la secte des Zabiens étoit aussi ancienne qu'elle s'en vante, pourquoi les anciens auteurs grecs n'en ont-ils point parlé ? Pourquoi ne lisons-nous rien dans l'Écriture, qui nous en donne la moindre idée ?

Pour répondre à cette difficulté, Spencer croit qu'il suffit que le zabianisme, pris matériellement, c'est-à-dire, pour une religion dans laquelle on rend un culte au soleil et aux astres, ait tiré son origine des anciens Chaldéens et des Babyloniens; et qu'il ait précédé de plusieurs années le temps où a vécu Abraham. C'est ce qu'il prouve par le témoignage des *Arabes*, qui s'accordent tous à dire que la religion des Zabiens est très-ancienne, et par la ressemblance de doctrine qui se trouve entre les Zabiens et les Chaldéens. Mais il n'est pas question de savoir si le culte des étoiles et des planètes est très-ancien. C'est ce qu'on ne peut contester ; et c'est ce que nous montrerons nous-mêmes, à l'article des CHALDÉENS. Toute la difficulté consiste donc à savoir si les Zabiens ont tellement reçu ce culte des Chaldéens et des Babyloniens, qu'on puisse assurer à juste titre, que c'est chez ces peuples que le zabianisme a pris naissance.

Si l'on fait attention que le zabianisme ne se bornoit pas seulement à adorer le soleil, les étoiles et les planètes ; mais qu'il s'étoit fait à lui-même un plan de cérémonies qui lui étoient particulières, et qui le distinguoient de toute autre forme de religion ; on m'avouera qu'un tel sentiment ne peut se soutenir. Spencer lui-même, tout subtil qu'il est, a été forcé de convenir que le zabianisme, considéré formellement, c'est-à-dire, autant qu'il fait une religion à part et distinguée par la forme de son culte, est beaucoup plus récent que les anciens Chaldéens et les anciens Babyloniens. C'est pourtant cela même qu'il auroit dû prouver dans ses principes ; car si le zabianisme, pris formellement, n'a pas cette grande antiquité qui pourroit le faire remonter au-delà d'Abraham, comment prouvera-t-il que plusieurs loix de Moyse n'ont été divinement établies, que pour faire un contraste parfait avec les cérémonies superstitieuses du zabianisme ? Tout nous porte à croire que le zabianisme est assez récent ; qu'il n'est pas même antérieur au mahométisme. En effet, nous ne voyons dans aucun auteur, soit grec, soit latin, la moindre trace de cette secte ; elle ne commence à lever la tête, que depuis la naissance du mahométisme, etc. Nous croyons cependant qu'elle est un peu plus ancienne, puisque l'alcoran parle des Zabiens, comme étant déjà connus sous ce nom.

Il n'y a point de secte sans livres ; elle en a besoin, pour appuyer les dogmes qui lui sont particuliers. Aussi voyons-nous que les Zabiens en avoient, que quelques-uns attribuoient à Hermès et à Aristote, et d'autres à Seth et à Abraham. Ces livres, au rapport de Maïmonides, contenoient sur les anciens patriarches, Adam, Seth, Noé, Abraham, des histoires ridicules; et, pour tout dire, comparables aux fables de l'alcoran. On y traitoit au long des démons, des idoles, des étoiles et des planètes, de la manière de cultiver la vigne, et d'ensemencer les champs: en un mot, on n'y omettoit rien de tout ce qui concernoit le culte qu'on rendoit au soleil, au feu, aux étoiles et aux planètes.

Si l'on est curieux d'apprendre toutes ces belles choses, on peut consulter Maïmonides. Ce seroit abuser de la patience du lecteur, que de lui présenter ici les fables dont fourmillent ces livres. Je ne veux que cette seule raison, pour les décrier comme des livres apocryphes et indignes de toute croyance. Je crois que ces livres ont été composés vers la naissance de Mahomet, et encore par des auteurs qui n'étoient point guéris, ni de l'idolâtrie, ni des folies du platonisme moderne. Il nous suffira, pour faire connoître le génie des Zabiens, de rapporter ici quelques-uns de leurs dogmes.

Ils croyoient que les étoiles étoient autant de dieux; et que le soleil tenoit parmi elles le premier rang. Ils les honoroient d'un double culte ; savoir, d'un culte qui étoit de tous les jours, et d'un autre qui ne se renouveloit que tous les mois.

Ils adoroient les démons sous la forme de boucs; ils se nourrissoient du sang des victimes qu'ils avoient cependant en abomination ; ils croyoient par-là s'unir plus intimement avec les démons.

Ils rendoient leurs hommages au soleil levant ; et ils observoient scrupuleusement toutes les cérémonies, dont nous voyons le contraste frappant dans la plupart des loix de Moyse ; car Dieu, selon plusieurs savans, n'a affecté de donner aux Juifs des loix qui se trouvoient en opposition avec celles des Zabiens, que pour détourner les premiers de la superstition extravagante des autres.

Si nous lisons Pococke, Hyde, Prideaux et les auteurs *Arabes*, nous trouverons que tout leur système de religion se réduit à ces différens articles que nous allons détailler.

Il y avoit deux sectes de Zabiens ; le fondement de la croyance de l'une et de l'autre étoit que les hommes ont besoin de médiateurs qui soient placés entre eux et la divinité ; que ces médiateurs sont des substances pures, spirituelles et invisibles ; que ces substances, par cela même qu'elles ne peuvent être vues, ne peuvent se communiquer aux hommes, si l'on ne suppose entre elles et les hommes d'autres médiateurs qui soient visibles ; que ces médiateurs visibles étoient, pour les uns, des chapelles ; et pour les autres, des simulacres ; que les chapelles étoient pour ceux qui adoroient les sept planètes, lesquelles étoient animées par autant d'intelligences qui gouvernoient tous leurs mouvemens, à-peu-près comme notre corps est animé par une ame qui en conduit et gouverne tous les ressorts : que ces astres étoient des dieux, et qu'ils présidoient au destin des hommes ; mais qu'ils étoient soumis eux-mêmes à l'Etre suprême ; qu'il falloit observer le lever et le coucher des planètes ; leurs différentes conjonctions ; ce qui formoit autant de positions plus ou moins régulières ; qu'il falloit assigner à ces planètes leurs jours, leurs nuits, leurs heures, pour diviser le temps de leur révolution, leurs formes, leurs personnes et les régions où elles roulent ; que moyennant toutes ces observations, on pouvoit faire des talismans, des enchantemens, des évocations qui réussissoient toujours : qu'à l'égard de ceux qui se portoient pour adorateurs des simulacres, ces simulacres leur étoient nécessaires, d'autant plus qu'ils avoient besoin d'un médiateur toujours visible ; ce qu'ils ne pouvoient trouver dans les astres, dont le lever et le coucher qui se succèdent régulièrement, les dérobent aux regards des mortels ; qu'il falloit donc leur substituer des simulacres, moyennant lesquels ils pussent s'élever jusqu'aux corps des planètes; des planètes, aux intelligences qui les animent ; et de ces intelligences, jusqu'au Dieu suprême : que ces simulacres devoient être faits du métal qui est consacré à chaque planète, et avoir chacun la figure de l'astre qu'ils représentent ; mais qu'il falloit surtout observer avec attention les jours, les heures, les dégrés, les minutes et les autres circonstances propres à attirer de bénignes influences, et se servir des évocations, des enchantemens et des talismans qui étoient agréables à la planète; que ces simulacres tenoient la place de ces dieux célestes, et qu'ils étoient entre eux et nous autant de médiateurs.

Leurs pratiques n'étoient pas moins ridicules que leur croyance. Abulféda rapporte qu'ils avoient coutume de prier la face tournée vers le pole arctique trois fois par jour, avant le lever du soleil, à midi et au soir; qu'ils avoient trois jeûnes, l'un de trente jours, l'autre de neuf, et l'autre de sept; qu'ils s'abstenoient de manger des fèves et de l'ail; qu'ils faisoient brûler entièrement les victimes, et qu'ils ne s'en réservoient rien pour manger.

Voilà tout ce que les Arabes nous ont appris du système de religion des Zabiens. Plusieurs traces de l'astrologie chaldaïque, telle que nous la donnerons à l'article CHALDÉENS, s'y laissent appercevoir. C'est elle, sans-doute, qui aura été la première pierre de l'édifice de religion que les Zabiens ont bâti. On y voit encore quelques autres traits de ressemblance, comme cette ame du monde qui se distribue dans toutes les différentes parties, et qui anime les corps célestes, sur-tout les planètes, dont l'influence sur les choses d'ici bas est si marquée et si incontestable dans tous les vieux systèmes des religions orientales.

Mais ce qui y domine sur-tout, c'est la doctrine d'un médiateur, doctrine qu'ils auront dérobée, soit aux juifs, soit aux chrétiens ; la doctrine des génies médiateurs, laquelle a eu un si grand cours dans tout l'orient, d'où elle a passé chez les cabalistes et les philosophes d'Alexandrie, pour revivre chez quelques chrétiens hérétiques, qui en prirent occasion d'imaginer divers ordres d'éons.

Il est aisé de voir par-là que le zabianisme n'est qu'un composé monstrueux et un mélange embarrassant de tout ce que l'idolâtrie, la superstition et l'hérésie ont pu imaginer dans tous les temps de plus ridicule et de plus extravagant. Voilà pourquoi, comme le remarque fort bien Spencer, il n'y a rien de suivi ni de lié dans les différentes parties qui composent le zabianisme. On y retrouve quelque chose de toutes les religions, malgré la diversité qui les sépare les unes des autres.

Cette seule remarque suffit, pour faire voir que le zabianisme n'est pas aussi ancien qu'on le croit ordinairement ; et combien s'abusent ceux qui en donnent le nom à cette idolâtrie universellement répandue des premiers siècles, laquelle adoroit le soleil et les astres. Le culte religieux, que les Zabiens rendoient aux astres, les jeta, par cet enchaînement fatal que les erreurs ont entre elles, dans l'astrologie, science vaine et ridicule, mais qui flatte les deux passions favorites de l'homme ; sa crédulité, en lui promettant qu'il percera dans l'avenir; et son orgueil, en lui insinuant que sa destinée est écrite dans le ciel. Ceux qui d'entre eux s'y sont le plus distingués, sont Thebet-Jben Kerra, Albategnius, etc.

ASCHARIOUNS, ou ASCHARIENS.

Disciples d'Aschari, un des plus célèbres docteurs d'entre les musulmans. On lit dans l'Alcoran : « Dieu vous fera rendre compte de tout ce » que vous manifesterez en dehors, et de tout ce » que vous retiendrez en vous-même ; car Dieu » pardonne à qui il lui plaît ; et il châtie ceux qu'il » lui plaît ; car il est le Tout-puissant, et il dispose » de tout selon son plaisir ». A la publication de ce verset, les musulmans effrayés s'adressèrent à Aboubekre et Omar pour qu'ils en allassent demander l'explication au saint prophète. « Si Dieu » nous demande compte des pensées mêmes dont » nous ne sommes pas maîtres, lui dirent les députés, comment nous sauverons-nous » ? Mahomet esquiva la difficulté par une de ces réponses, dont tous les chefs de secte sont bien pourvus, qui n'éclairent point l'esprit, mais qui ferment la bouche. Cependant, pour calmer les consciences, bientôt après il publia le verset suivant : « Dieu ne » charge l'homme que de ce qu'il peut, et ne lui » impute que ce qu'il mérite par obéissance ou par » rébellion ». Quelques musulmans prétendirent dans la suite que cette dernière sentence abrogeoit la première : les *Aschariens*, au contraire, se servirent de l'une et de l'autre, pour établir leur système sur la liberté et le mérite des œuvres ; système directement opposé à celui des Montazalès.

Les *Aschariens* regardent Dieu comme un agent universel, auteur et créateur de toutes les actions des hommes, libres toute-fois d'élire celles qu'il leur plaît. Ainsi les hommes répondent à Dieu d'une chose qui ne dépend aucunement d'eux, quant à la production ; mais qui en dépend entièrement, quant au choix. Il y a, dans ce système, deux choses assez bien distinguées ; la voix de la conscience ou la voix de Dieu ; la voix de la concupiscence ou la voix du démon, ou de Dieu parlant sous un autre nom. Dieu nous appelle également par ces deux voix ; et nous suivons celle qui nous plaît.

Mais les *Aschariens* sont, je pense, fort embarrassés, quand on leur fait voir que cette action, par laquelle nous suivons l'une ou l'autre voix ou plutôt cette détermination à l'une ou à l'autre voix, étant une action, c'est Dieu qui la produit, selon eux ; d'où il s'ensuit qu'il n'y a rien qui nous appartienne ni en bien ni en mal dans les actions. Au reste, j'observerai que le concours de Dieu, sa providence, sa prescience, la prédestination, la liberté, occasionnent des disputes et des hérésies par-tout où il en est question; et que les chrétiens feroient bien, dit M. d'Herbelot dans sa *Bibliothèque orientale*, dans ces questions difficiles, de chercher paisiblement à s'instruire, s'il est possible, et de se supporter charitablement dans les occasions où ils sont de sentimens différens : en effet, que savons-nous là-dessus ? *quis consiliarius ejus fuit ?*

ASIATIQUES.

PHILOSOPHIE DES ASIATIQUES EN GÉNÉRAL.

Tous les habitans de l'Asie sont ou mahométans, ou païens, ou chrétiens. La secte de Mahomet est, sans contredit, la plus nombreuse : une partie des peuples qui composent cette partie du monde, a conservé le culte des idoles ; et le peu de chrétiens qu'on y trouve sont schismatiques, et ne sont que le reste des anciennes sectes, et sur-tout de celle de Nestorius.

Ce qui paroîtra d'abord surprenant, c'est que ces derniers sont les plus ignorans de tous les peuples de l'Asie, et peut-être les plus dominés par la superstition. Pour les mahométans, on sait qu'ils sont partagés en deux sectes. La première est celle d'*Aboubècre*, et la seconde celle d'*Ali*. Elles se haïssent mutuellement, quoique la différence qu'il y a entre elles consiste plutôt dans des cérémonies et dans des dogmes accessoires, que dans le fond de la doctrine. Parmi les mahométans, on en trouve qui ont conservé quelques dogmes des anciennes sectes philosophiques, et sur-tout de l'ancienne philosophie orientale.

Le célèbre Bernier, qui a vécu long-temps parmi ces peuples, et qui étoit lui-même très-versé dans la philosophie, ne nous permet pas d'en douter. Il dit que les soufis persans, qu'il appelle *cabalistes*, « prétendent que Dieu, ou cet être
» souverain, qu'ils appellent *achar*, *immobile*,
» *immuable*, a non-seulement produit ou tiré les
» ames de sa propre substance, mais généralement
» encore tout ce qu'il y a de matériel et de corporel
» dans l'univers ; et que cette production ne s'est
» pas faite simplement à la façon des causes effi-
» cientes ; mais à la façon d'une araignée, qui pro-
» duit une toile qu'elle tire de son nombril, et
» qu'elle répand quand elle veut. La création n'est
» donc autre chose, suivant ces docteurs, qu'une
» extraction et extension que Dieu fait de sa propre
» substance, de ces rets qu'il tire comme de ses
» entrailles, de même que la destruction n'est autre
» chose qu'une simple reprise qu'il fait de cette
» divine substance, de ces divins rets dans lui-
» même ; en sorte que le dernier jour du monde,
» qu'ils appellent *maperlé* ou *pralea*, dans lequel
» ils croyent que tout doit être détruit, ne sera
» autre chose qu'une reprise générale de tous ces

» rets, que Dieu avoit ainsi tirés de lui-même. Il
» n'y a donc rien, disent-ils, de réel et d'effectif
» dans tout ce que nous croyons voir, entendre,
» flairer, goûter et toucher: l'univers n'est qu'une
» espèce de songe et une pure illusion, en tant que
» toute cette multiplicité et diversité de choses qui
» nous frappent, ne sont qu'une seule, unique et
» même chose, qui est Dieu même; comme tous
» les nombres divers que nous connoissons, vingt,
» dix, cent, et ainsi des autres, ne sont enfin
» qu'une même unité répétée plusieurs fois ».

Mais si vous leur demandez quelque raison de ce sentiment, ou qu'ils vous expliquent comment se fait cette sortie, et cette reprise de substance; cette extension, cette diversité apparente; ou comment il se peut faire que Dieu n'étant pas corporel, mais simple, comme ils l'avouent, et incorruptible, il soit néanmoins divisé en tant de portions de corps et d'ames, ils ne vous payeront jamais que de belles comparaisons; que Dieu est comme un océan immense, dans lequel se mouvroient plusieurs fioles pleines d'eau; que les fioles, quelque part qu'elles pussent aller, se trouveroient toujours dans le même océan, dans la même eau; et que venant à se rompre, l'eau qu'elles contenoient, se trouveroit en-même-temps unie à son tout, à cet océan dont elles étoient des portions: ou bien ils vous diront qu'il en est de Dieu comme de la lumière, qui est la même par tout l'univers, et qui ne laisse pas de paroître de cent façons différentes, selon la diversité des objets où elle tombe, ou selon les diverses couleurs et figures des verres par où elle passe. Ils ne vous payeront, dis-je, que de ces sortes de comparaisons qui n'ont aucun rapport avec Dieu, et qui ne sont bonnes que pour jeter de la poudre aux yeux d'un peuple ignorant; et il ne faut pas espérer qu'ils repliquent solidement, si on leur dit que ces fioles se trouveroient véritablement dans une eau semblable, mais non pas dans la même, et ainsi de tant d'autres objections qu'on leur fait. Ils reviennent toujours aux mêmes comparaisons, aux belles paroles, ou, comme les soufis, aux belles poésies de leur *Goult-hen-raz.*

Voilà la doctrine des Pendets, gentils des Indes; et c'est cette doctrine qui fait encore à-présent la cabale des soufis et de la plupart des gens de lettres persans, et qui se trouve expliquée en vers persiens, si relevés et si emphatiques dans leur *Goulthen-raz*, ou *Parterre des mystères*. C'étoit la doctrine de Fludd, que le célèbre Gassendi a si doctement réfutée : or, pour peu qu'on connoisse la doctrine de Zoroastre et la philosophie orientale, on verra clairement qu'elles ont donné naissance à celle dont nous venons de parler.

Après les Perses, viennent les Tartares, dont l'empire est le plus étendu dans l'Asie; car ils occupent toute l'étendue du pays qui est entre le Mont-Caucase et la Chine,

Les relations des voyageurs sur ces peuples sont si incertaines, qu'il est extrêmement difficile de savoir s'ils ont jamais eu quelque teinture de philosophie. On sait seulement qu'ils croupissent dans la plus grossière superstition, et qu'ils sont ou mahométans ou idolâtres. Mais comme on trouve parmi eux de nombreuses communautés de prêtres, qu'on appelle *Lamas*; on peut demander, avec raison, s'ils sont aussi ignorans dans les sciences, que les peuples grossiers qu'ils sont chargés d'instruire : on ne trouve pas de grands éclaircissemens sur ce sujet, dans les auteurs qui en ont parlé. Le culte que ces lamas rendent aux idoles est fondé sur ce qu'ils croyent qu'elles sont les images des émanations divines, et que les ames qui sont aussi émanées de Dieu habitent dans elles.

Tous ces lamas ont au-dessus d'eux un grand-prêtre appelé *le grand Lama*, qui fait sa demeure ordinaire sur le sommet d'une montagne. On ne sauroit imaginer le profond respect que les Tartares idolâtres ont pour lui; ils le regardent comme immortel; et les prêtres subalternes entretiennent cette erreur par leurs supercheries. Enfin tous les voyageurs conviennent que les Tartares sont, de tous les peuples de l'Asie, les plus grossiers, les plus ignorans, et les plus superstitieux. La loi naturelle y est presque éteinte; il ne faut donc pas s'étonner s'ils ont fait si peu de progrès dans la philosophie.

Si de la Tartarie on passe dans les Indes, on n'y trouvera guère moins d'ignorance et de superstition ; jusques-là que quelques auteurs ont cru que les Indiens n'avoient aucune connoissance de Dieu: ce sentiment ne nous paroît pas fondé. En effet, Abraham Rogers raconte que les Bramines reconnoissent un seul et suprême Dieu, qu'ils nomment *Vistnou*; que la première et la plus ancienne production de ce Dieu, étoit une divinité inférieure, appelée *Brama*, qu'il forma d'une fleur qui flottoit sur le grand abîme avant la création du monde ; que la vertu, la fidélité et la reconnoissance de Brama avoient été si grandes, que Vistnou l'avoit doué du pouvoir de créer l'univers. (*Voyez* l'art. BRAMINES).

Le détail de leur doctrine est rapporté par différens auteurs, avec une variété fort embarrassante pour ceux qui cherchent à démêler la vérité ; variété qui vient en partie de ce que les Bramines sont fort réservés avec les étrangers ; mais principalement de ce que les voyageurs sont peu versés dans la langue de ceux dont ils se mêlent de rapporter les opinions. Mais du-moins il est constant, par les relations de tous les modernes, que les Indiens reconnoissent une ou plusieurs divinités.

Nous ne devons pas oublier ici de parler de Budda ou Xékia, si célèbre parmi les Indiens, auxquels il enseigna le culte qu'on doit rendre à la divinité, et que ces peuples regardent comme le plus grand philosophe qui ait jamais existé : son histoire se trouve si remplie de fables et de contradictions, qu'il seroit impossible de les concilier. Tout ce que l'on peut conclure de la diversité des sentimens que les auteurs ont eu à ce sujet, c'est que Xékia parut dans la partie méridionale des Indes; et qu'il se montra d'abord aux peuples qui habitoient sur les rivages de l'océan; que de-là il envoya ses disciples dans toutes les Indes, où ils répandirent sa doctrine.

Les Indiens et les Chinois attestent unanimement que cet imposteur avoit deux sortes de doctrines; l'une, faite pour le peuple; l'autre, secrète, qu'il ne révéla qu'à quelques-uns de ses disciples. Le Comte, la Loubere, Bernier, et sur-tout Kempfer, nous ont suffisamment instruits de la première qu'on nomme *exotérique*. En voici les principaux dogmes :

1.° Il y a une différence réelle entre le bien et le mal.

2.° Les ames des hommes et des animaux sont immortelles, et ne diffèrent entre elles qu'à raison des sujets où elles se trouvent.

3.° Les ames des hommes, séparées de leurs corps, reçoivent ou la récompense de leurs bonnes actions dans un séjour de délices, ou la punition de leurs crimes dans un séjour de douleurs.

4.° Le séjour des bienheureux est un lieu où

ils goûteront un bonheur qui ne finira point ; ce lieu s'appelle *gokurakf.*

5.° Les dieux diffèrent entre eux par leur nature ; et les ames des hommes, par leurs mérites ; par conséquent le dégré de bonheur dont elles jouiront dans les champs élysées, répondra au dégré de leurs mérites : cependant la mesure du bonheur que chacune d'elles aura en partage, sera si grande, qu'elles ne souhaiteront point d'en avoir une plus grande.

6.° Amida est le gouverneur de ces lieux heureux, et le protecteur des ames humaines, surtout de celles qui sont destinées à jouir d'une vie éternellement heureuse ; c'est le seul médiateur qui puisse faire obtenir aux hommes la rémission de leurs péchés, et la vie éternelle. (*Plusieurs Indiens et quelques Chinois rapportent cela à Xékia lui-même*).

7.° Amida n'accordera ce bonheur qu'à ceux qui auront suivi la loi de Xékia, et qui auront mené une vie vertueuse.

8.° Or, la loi de Xékia renferme cinq préceptes généraux, de la pratique desquels dépend le salut éternel. Le premier, qu'il ne faut rien tuer de ce qui est animé ;

2.° Qu'il ne faut rien voler ;

3.° Qu'il faut éviter l'inceste ;

4.° Qu'il faut s'abstenir du mensonge ;

5.° Et sur-tout des liqueurs fortes.

B *

Ces cinq préceptes sont fort célèbres dans toute l'Asie méridionale et orientale. Plusieurs lettrés les ont commentés, et par conséquent obscurcis ; car on les a divisés en dix conseils, pour pouvoir acquérir la perfection de la vertu ; chaque conseil a été subdivisé en cinq *go-fiakkai*, ou instructions particulières, qui ont rendu la doctrine de Xékia extrêmement subtile.

9.° Tous les hommes, tant séculiers qu'ecclésiastiques, qui se seront rendus indignes du bonheur éternel, par l'iniquité de leur vie, seront envoyés après leur mort, dans un lieu horrible appelé *dsigokf*, où ils souffriront des tourmens qui ne seront point éternels, mais qui dureront un certain temps indéterminé : ces tourmens répondront à la grandeur des crimes, et seront plus grands à-mesure qu'on aura trouvé plus d'occasions de pratiquer la vertu, et qu'on les aura négligées.

10.° Jemma-o est le gouverneur et le juge de ces prisons affreuses ; il examinera toutes les actions des hommes, et les punira par des tourmens différens.

11.° Les ames des damnés peuvent recevoir quelque soulagement de la vertu de leurs parens et de leurs amis ; et il n'y a rien qui puisse leur être plus utile que les prières et les sacrifices pour les morts, faits par les prêtres, et adressés au grand père des miséricordes, Amida.

12.° L'intercession d'Amida fait que l'inexorable

juge des enfers tempère la rigueur de ses arrêts, et rend les supplices des damnés plus supportables, en sauvant pourtant sa justice, et qu'il les renvoie dans le monde le plus-tôt qu'il est possible.

13.º Lorsque les âmes auront ainsi été purifiées, elles seront renvoyées dans le monde, pour animer encore des corps, non pas des corps humains, mais les corps des animaux immondes, dont la nature répondra aux vices qui avoient infecté les damnés pendant leur vie.

14.º Les ames passeront successivement des corps vils dans des corps plus nobles, jusqu'à ce qu'elles méritent d'animer encore un corps humain, dans lequel elles puissent mériter le bonheur éternel, par une vie irréprochable. Si, au contraire, elles commettent encore des crimes, elles subiront les mêmes peines, la même transmigration qu'auparavant.

Voilà la doctrine que Xékia donna aux Indiens, et qu'il écrivit de sa main sur des feuilles d'arbre. Mais sa doctrine ésotérique ou intérieure est bien différente. Les auteurs indiens assurent que Xékia, se voyant à son heure dernière, appela ses disciples; et leur découvrit les dogmes qu'il avoit tenus secrets pendant sa vie. Les voici tels qu'on les a tirés des livres de ses successeurs.

1.º Le vide est le principe et la fin de toutes choses.

2.° C'est de-là que tous les hommes ont tiré leur origine; et c'est là qu'ils retourneront après leur mort.

3.° Tout ce qui existe vient de ce principe, et y retourne après la mort; c'est ce principe qui constitue notre ame et les élémens; par conséquent toutes les choses qui vivent, pensent et sentent, quelque différentes qu'elles soient par l'usage ou par la figure, ne diffèrent pas en elles-mêmes, et ne sont point distinguées de leur principe.

4.° Ce principe est universel, admirable, pur, limpide, subtil, infini; il ne peut, ni naître, ni mourir, ni être dissous.

5.° Ce principe n'a ni vertu, ni entendement, ni puissance, ni autre attribut semblable.

6.° Son essence est de ne rien faire, de ne rien penser, de ne rien désirer.

7.° Celui qui souhaite de mener une vie innocente et heureuse, doit faire tous ses efforts pour se rendre semblable à son principe; c'est-à-dire qu'il doit dompter, ou plutôt éteindre toutes ses passions, afin qu'il ne soit troublé ou inquiété par aucune chose.

8.° Celui qui aura atteint ce point de perfection, sera absorbé dans des contemplations sublimes, sans aucun usage de son entendement; et il jouira de ce repos divin, qui fait le comble du bonheur.

9.° Quand on est parvenu à la connoissance de

cette doctrine sublime, il faut laisser au peuple la doctrine exotérique, ou du-moins ne s'y prêter qu'à l'extérieur.

Il est fort vraisemblable que ce système a donné naissance à une secte fameuse parmi les Japonois, laquelle enseigne qu'il n'y a qu'un principe de toutes choses; que ce principe est clair, lumineux, incapable d'augmentation et de diminution ; sans figure ; souverainement parfait, sage, mais destitué de raison ou d'intelligence ; étant dans une parfaite inaction, et souverainement tranquille, comme un homme dont l'attention est fortement fixée sur une chose, sans penser à aucune autre : ils disent encore que ce principe est dans tous les êtres particuliers, et leur communique son essence en telle manière qu'elles sont la même chose avec lui, et qu'elles se résolvent en lui quand elles sont détruites.

Cette opinion est différente du spinosisme, en ce qu'elle suppose que le monde a été autrefois dans un état fort différent de celui où il est à-présent.

Un sectateur de Confucius a réfuté les absurdités de cette secte par la maxime ordinaire, *que rien ne peut venir de rien ;* en quoi il paroît avoir supposé qu'ils enseignoient que *rien* est le premier principe de toutes choses, et par conséquent que le monde a eu un commencement, sans matière ni cause efficiente : mais il est plus vraisemblable que par le mot de *vide*, ils entendoient seulement ce qui n'a pas les propriétés sensibles de la matière; qu'ils prétendoient désigner par-là ce que les modernes expriment par le terme d'*espace*, qui est un être très-distinct du corps, et dont l'étendue indivisible impalpable, pénétrable, immobile et infinie, est quelque chose de réel. Il est de la dernière évidence qu'un pareil être ne sauroit être le premier principe, s'il étoit incapable d'agir, comme le prétendoit Xékia. Spinosa n'a pas porté l'absurdité si loin; l'idée abstraite qu'il donne du premier principe n'est, à proprement parler, que l'idée de l'espace qu'il a revêtu de mouvement, afin d'y joindre ensuite les autres propriétés de la matière.

La doctrine de Xékia n'a pas été inconnue aux juifs modernes : leurs cabalistes expliquent l'origine des choses, par des émanations d'une cause première, et par conséquent préexistante, quoique peut-être sous une autre forme. Ils parlent aussi du retour des choses dans le premier être, par leur restitution dans leur premier être, comme s'ils croyoient que leur *En-Soph*, ou premier être infini, contenoit toutes choses; et qu'il y a toujours eu la même quantité d'êtres, soit dans l'état incréé, soit dans celui de création. Quand l'être est dans son état incréé, Dieu est simplement toutes choses : mais quand l'être devient monde, il n'augmente pas pour cela en qualité;

mais Dieu se développe et se répand par des émanations. C'est pour cela qu'ils parlent souvent de grands et de petits vaisseaux, comme destinés à recevoir ces émanations de rayons qui sortent de Dieu, et de canaux par lesquels ces rayons sont transmis : en un mot, quand Dieu retire ces rayons, le monde extérieur périt, et toutes choses redeviennent Dieu.

L'exposé que nous venons de donner de la doctrine de Xékia pourra nous servir à découvrir sa véritable origine.

D'abord, il nous paroît très-probable que les Indes ne furent point sa patrie ; non-seulement parce que sa doctrine parut nouvelle dans ce pays-là, lorsqu'il l'y apporta ; mais encore parce qu'il n'y a point de nation indienne qui se vante de lui avoir donné la naissance ; et il ne faut point nous opposer ici l'autorité de la Croze, qui assure que tous les Indiens s'accordent à dire que Xékia naquit d'un roi indien ; car Kempfer a très-bien remarqué que tous les peuples situés à l'orient de l'Asie, donnent le nom d'*Indes* à toutes les terres australes.

Ce concert unanime des Indiens ne prouve donc autre chose, si-non que Xékia tiroit son origine de quelque terre méridionale. Kempfer conjecture que ce chef de secte étoit africain ; qu'il avoit été élevé dans la philosophie et dans les mystères des Egyptiens ; que la guerre qui désoloit l'Egypte l'ayant obligé d'en sortir, il se retira avec ses compagnons chez les Indiens; qu'il se donna pour un autre Hermès, pour un nouveau législateur; et qu'il enseigna à ces peuples, non-seulement la doctrine hiéroglyphique des Egyptiens, mais encore leur doctrine mystérieuse.

Voici les raisons sur lesquelles il appuye son sentiment.

1.° La religion que les Indiens reçurent de ce législateur a de très-grands rapports avec celle des Egyptiens; car tous ces peuples représentoient leurs dieux sous des figures d'animaux et d'hommes monstrueux.

2.° Les deux principaux dogmes de la religion des Egyptiens étoient la transmigration des ames et le culte de Sérapis, qu'ils représentoient sous la figure d'un bœuf ou d'une vache. Or, il est certain que ces deux dogmes sont aussi le fondement de la religion des nations asiatiques. Personne n'ignore le respect aveugle, que ces peuples ont pour les animaux, même les plus nuisibles, dans la persuasion où ils sont que les ames humaines sont logées dans leur corps. Tout le monde sait aussi qu'ils rendent aux vaches des honneurs superstitieux, et qu'ils en placent les figures dans leurs temples. Ce qu'il y a de remarquable, c'est que, plus les nations barbares approchent de l'Egypte, plus on leur trouve d'attachement à ces deux dogmes.

3.° On trouve, chez tous les peuples de l'Asie orientale, la plupart des divinités égyptiennes, quoique sous d'autres noms.

4.° Ce qui confirme sur-tout la conjecture de Kempfer, c'est que, 556 ans avant Jésus-Christ, Cambyse, roi des Perses, fit une irruption dans l'Egypte; tua Apis qui étoit le *palladium* de ce royaume; et chassa tous les prêtres du pays. Or, si on examine l'époque ecclésiastique des Siamois, qu'ils font commencer à la mort de Xékia, on verra qu'elle tombe précisément au temps de l'expédition de Cambyse; de-là il s'ensuit qu'il est très-probable que Xékia se retira chez les Indiens, auxquels il enseigna la doctrine de l'Egypte.

5.° Enfin, l'idole de Xékia est représentée avec un visage éthiopien et les cheveux crépus : or, il est certain qu'il n'y a que les Africains qui soient ainsi faits. Toutes ces raisons bien pesées semblent ne laisser aucun lieu de douter que Xékia ne fût africain, et qu'il n'ait enseigné aux Indiens les dogmes qu'il avoit lui-même puisés en Egypte.

AZARÉCAH.

Hérétiques musulmans, qui ne reconnoissoient aucune puissance, ni spirituelle, ni temporelle. Ils se joignirent à toutes les sectes opposées au musulmanisme. Ils formèrent bientôt des troupes nombreuses, livrèrent des batailles, et défirent souvent les armées qu'on envoya contre eux. Ennemis mortels des Ommiades, ils leur donnèrent bien de la peine dans l'Ahovas et les Iraques babylonienne et persienne. Iezid et Abdulmelek, califes de cette maison, les resserrèrent enfin dans la province de Chorasan, où ils s'éteignirent peu-à-peu.

Les *Azarécah* tiroient leur origine de Nafében-Azrah. Cette secte étoit faite, pour causer de grands ravages en peu de temps: mais, n'ayant par ses constitutions même aucun chef qui la conduisît, il étoit nécessaire qu'elle passât comme un torrent, qui pouvoit entraîner bien des couronnes et des sceptres dans sa chûte. Il n'étoit pas permis à une multitude aussi effrénée de se reposer un moment sans se détruire d'elle-même; parce qu'un peuple, formé d'hommes indépendans les uns des autres, et de toute loi, n'aura jamais une passion pour la liberté, assez violente et assez continue, pour qu'elle puisse seule le garantir des inconvéniens d'une pareille société; si toute-fois on peut donner le nom de société à un nombre d'hommes ramassés, à-la-vérité, dans le plus petit espace possible, mais qui n'ont rien qui les lie entre eux. Cette assemblée ne compose non plus une société, qu'une multitude infinie de cailloux mis à côté les uns des autres, et qui se toucheroient, ne formeroient un corps solide,

BELBUCH et ZÉOMBUCH.

Divinités des Vandales. C'étoit leur bon et leur mauvais génie. *Belbuch* étoit le dieu blanc, et *Zéombuch* étoit le dieu noir. On leur rendoit à l'un et à l'autre les honneurs divins. Le manichéisme est un système, dont on trouve des traces dans les siècles les plus reculés, et chez les nations les plus sauvages (*). Il a la même origine que la métempsycose ; les désordres réels ou apparens

---

(*) Si ce n'est pas le premier dégré, par lequel les hommes se sont élevés à l'athéisme ; c'est au-moins un des pas les plus fermes et les plus directs qu'ils aient faits dans la route qui y conduit : car celui qui commence par établir pour premier article de sa philosophie, deux principes, l'un du bien, l'autre du mal, est bien près de les rejeter tous deux. Il ne faut, en effet, ni une grande pénétration, ni un long enchaînement de raisonnemens, pour voir que, si l'on suppose une fois deux dieux ou deux principes co-éternels, et par conséquent indépendans l'un de l'autre, il n'y a point de raison pour s'arrêter à ce nombre plutôt qu'à tout autre cent fois, mille fois, etc., plus grand ; et pour ne pas attacher, par exemple, un dieu à chaque phénomène particulier, à chaque changement qui arrive dans le tout. Je m'exprime ainsi, parce que la distinction communément reçue d'un monde physique et d'un monde moral, est chimérique et contraire à la saine philo-

qui règnent dans l'ordre moral et dans l'ordre physique, que les uns ont attribué à un mauvais génie, et que ceux qui n'admettoient qu'un seul génie, ont regardé comme la preuve d'un état à venir, où, selon eux, les choses morales seroient dans une position renversée de celles qu'elles ont. Mais ces deux opinions ont leurs difficultés.

Admettre deux dieux, c'est proprement n'en admettre aucun. Voyez MANICHÉISME. Dire que l'ordre des choses subsistant est mauvais en lui-même, c'est donner des soupçons sur l'ordre des

---

sophie : il n'y a pas deux mondes ; il n'y en a qu'un ; et c'est le TOUT.

Cette seule objection contre le dogme des deux principes suffit, pour faire naitre de nouveaux doutes dans l'esprit du manichéen, qui réfléchit et qui aime sincèrement la vérité. Alors, forcé d'abandonner le poste dans lequel il s'étoit d'abord retranché, il cherche une autre issue, et tâche d'arriver à un terme où toutes les difficultés sur l'origine du mal physique et du mal moral disparoissent et soient réduites à leur juste valeur, c'est-à-dire, à rien ; et il trouve bientôt cette formule générale, qui lui donne la solution complète du problême, ou, comme parlent les géomètres, l'équation finale ; c'est que, dans un système, un ordre de choses où tout est lié, tout est nécessaire ; donc *le tout* n'est ni bien ni mal ; il est comme il doit être ; il n'y a personne à accuser, ni à glorifier ; et rien à craindre ni à espérer.

NOTE DE L'ÉDITEUR.

choses à venir ; car celui qui a pu permettre le désordre une fois, pourroit bien le permettre deux (*).

BRACHMANES.

GYMNOSOPHISTES ou philosophes Indiens, dont il est souvent parlé dans les anciens. Ils en racontent des choses fort extraordinaires, comme de vivre couchés sur la terre ; de se tenir toujours sur un pied ; de regarder le soleil d'un œil ferme et immobile, depuis son lever jusqu'à son coucher; d'avoir les bras élevés toute leur vie ; de se regarder sans cesse le bout du nez, et de se croire comblés de la faveur céleste la plus insigne, toutes les fois qu'ils y appercevoient une petite flamme bleue. Voilà des extravagances tout-à-fait incroyables ; et si ce fut ainsi que les *Brachmanes* obtinrent le nom de *sages*, il n'y avoit que les peuples, qui leur accordèrent ce titre, qui fussent plus fous qu'eux. On dit qu'ils vivoient dans les bois ; et que les relâchés d'entre eux, ceux qui ne visoient pas à la contemplation béatifique de la flamme

---

(*) En effet, si Dieu a pu consentir un instant à être injuste et cruel envers des innocens ; quelle assurance ont-ils, et peuvent-ils avoir, qu'il ne les traitera pas encore de même dans l'avenir.

NOTE DE L'ÉDITEUR.

bleue, étudioient l'astronomie, l'histoire de la nature et la politique ; et sortoient quelquefois de leurs déserts, pour faire part de leurs contemplations aux princes et aux sujets. Ils veilloient de si bonne heure à l'instruction de leurs disciples, qu'ils envoyoient des directeurs à la mère, si-tôt qu'ils apprenoient qu'elle avoit conçu ; et sa docilité pour leurs leçons étoit d'un favorable augure pour l'enfant. On demeuroit trente-sept ans à leur école, sans parler, tousser, ni cracher ; au bout de ce temps, on avoit la liberté de mettre une chemise, de manger des animaux, et d'épouser plusieurs femmes, mais à condition qu'on ne leur révéleroit rien des préceptes sublimes de la gymnosophie. Les *Brachmanes* prétendoient que la vie est un état de conception ; et la mort, le moment de la naissance : que l'ame du philosophe, détenue dans son corps, est dans l'état d'une chrysalide ; et qu'elle se débarrasse, à l'instant du trépas, comme un papillon qui perce sa coque et prend son essor. Les événemens de la vie n'étoient, selon eux, ni bons, ni mauvais, puisque ce qui déplaît à l'un plaît à l'autre, et qu'une même chose est agréable et désagréable à la même personne en différens temps. Voilà l'abrégé de leur morale. Quant à leur physique, c'étoit un autre amas informe de préjugés : cependant ils donnoient au monde un commencement et une fin ; admettoient un Dieu créateur, qui le gouvernoit et le pénétroit ; croyoient l'univers formé d'élémens différens ; regardoient les cieux comme le résultat d'une quintessence particulière ; soutenoient l'immortalité de l'ame ; et supposoient des tribunaux aux enfers, etc. Clément d'Alexandrie en fait l'une des deux espèces de gymnosophistes. *Voyez* PHILOSOPHIE DES INDIENS ET GYMNOSOPHISTES. Quand ils étoient las de vivre, ils se brûloient ; ils dressoient eux-mêmes leur bûcher, l'allumoient de leurs mains, et y entroient d'un pas grave et majestueux.

Tels étoient ces sages, que les philosophes grecs allèrent consulter tant de fois : on prétend que c'est d'eux que Pythagore reçut le dogme de la métempsycose. On lit dans Suidas, qu'ils furent appelés *Brachmanes*, du roi *Brachman* leur fondateur. Cette secte subsiste encore dans l'orient, sous le nom de *Bramènes* ou *Bramines*. *Voyez* BRAMINES.

BRAMINES, ou BRAMÈNES, ou BRAMINS, ou BRAMENS.

HISTOIRE DE LA PHILOSOPHIE ANCIENNE ET MODERNE.

SECTE de philosophes Indiens, appelés anciennement *Brachmanes*. *Voyez* BRACHMANES. Ce sont des prêtres, qui révèrent principalement trois choses ; le dieu Fo, la loi, et les livres qui contiennent leurs constitutions. Ils assurent que le monde n'est qu'une illusion, un songe, un prestige ; et que les corps, pour exister véritablement, doivent cesser d'être en eux-mêmes, et se confondre avec le néant, qui, par sa simplicité, fait la perfection de tous les êtres. Ils font consister la sainteté à ne rien vouloir, à ne rien penser, à ne rien sentir, et à si bien éloigner de son esprit toute idée, même de vertu, que la parfaite quiétude de l'ame n'en soit pas altérée. C'est le profond assoupissement de l'esprit, le calme de toutes les puissances, la suspension absolue des sens, qui fait la perfection. Cet état ressemble si fort au sommeil, qu'il paroît que quelques grains d'opium sanctifieroient un *Bramine*, bien plus sûrement que tous ses efforts. Ce quiétisme a été attaqué dans les Indes, et défendu avec chaleur. Du reste, ils méconnoissent leur première origine. Le roi Brachman n'est point leur fondateur. Ils se prétendent issus de la tête du dieu Brama, dont le cerveau ne fut pas seul fécond ; ses pieds, ses mains, ses bras, son estomac, ses cuisses, engendrèrent aussi, mais des êtres bien moins nobles que les *Bramines*. Ils ont des livres anciens qu'ils appellent *sacrés*. Ils conservent la langue, dans laquelle ils ont été écrits. Ils admettent la métempsycose ; ils prétendent que la chaîne des êtres est émanée du sein de Dieu, et y remonte continuellement, comme le fil sort du ventre de l'araignée et y rentre. Au reste, il paroît que ce système de religion varie avec les lieux. Sur la côte de Coromandel, Wistnou est le dieu des *Bramines;* Brama n'est que le premier homme. Brama reçut de Wistnou le pouvoir de créer. Il fit huit mondes comme le nôtre, dont il abandonna l'administration à huit lieutenans. Les mondes périssent et renaissent ; notre terre a commencé par l'eau, et finira par le feu : il s'en reformera de ses cendres une autre, où il n'y aura ni mer, ni vicissitude de saisons. Les *Bramines* font circuler les ames dans différens corps ; celle de l'homme doux passe dans le corps d'un pigeon ; celle d'un tyran, dans le corps d'un vautour ; et ainsi des autres : ils ont en conséquence un extrême respect pour les animaux ; ils leur ont établi des hôpitaux : la piété leur fait racheter les oiseaux que les Mahométans prennent. Ils sont fort respectés des Benjans ou Banians dans toutes les Indes ; mais sur-tout de ceux de la côte de Malabar, qui poussent la vénération jusqu'à leur abandonner leurs épouses avant la consommation du mariage, afin que ces hommes divins en disposent selon leur sainte volonté, et que les nouveaux mariés soient heureux et bénis. Ils sont à la tête de la religion ; ils en expliquent les rêveries aux idiots, et dominent ainsi sur ces idiots ; et par contre-coup, sur le petit nombre de ceux qui ne le sont pas. Ils tiennent les petites écoles. L'austérité de leur vie, l'ostentation de leurs jeûnes en imposent. Ils sont répandus dans toutes les Indes ; mais leur collége est proprement à Banassi. Nous pourrions pousser plus loin l'exposition des extravagances de la philosophie et de la religion des *Bramines* : mais leur absurdité, leur nombre et leur durée ne doivent avoir rien d'étonnant ; un chrétien y voit l'effet de la colère céleste. Tout se tient dans l'entendement humain ; l'obscurité d'une idée se répand sur celles qui l'environnent ; une erreur jette des ténèbres sur des vérités contiguës ; et s'il arrive qu'il y ait dans une société des gens intéressés à former, pour ainsi dire, des centres de ténèbres, bientôt le peuple se trouve plongé dans une nuit profonde. Nous n'avons point ce malheur à craindre ; jamais les centres de ténèbres n'ont été plus rares et plus resserrés qu'aujourd'hui : la philosophie s'avance à pas de géant ; et la lumière l'accompagne et la suit. *Voyez* dans la nouvelle édition de Voltaire, la lettre d'un Turc sur les *Bramines*.

CHALDÉENS.

PHILOSOPHIE DES CHALDÉENS.

Les *Chaldéens* sont les plus anciens peuples de l'orient, qui se soient appliqués à la philosophie. Le titre de premiers philosophes leur a été contesté par les Egyptiens. Cette nation, aussi jalouse de l'honneur des inventions, qu'entêtée de l'antiquité de son origine, se croyoit non-seulement la plus vieille de toutes les nations, mais se regardoit encore comme le berceau où les arts et les sciences avoient pris naissance. Ainsi les *Chaldéens* n'étoient, selon les Egyptiens, qu'une colonie venue d'Egypte; et c'est d'eux qu'ils avoient appris tout ce qu'ils savoient. Comme la vanité nationale est toujours un mauvais garant des faits, qui n'ont d'autre appui qu'elle, cette supériorité, que les Egyptiens s'arrogeoient en tout genre sur les autres nations, est encore aujourd'hui un problême parmi les savans.

Si les inondations du Nil, qui confondoient les bornes des champs, donnèrent aux Egyptiens les premières idées de la géométrie, par la nécessité où elles mettoient chacun d'inventer des mesures exactes, pour reconnoître son champ d'avec celui de son voisin, on peut dire que le grand loisir dont jouissoient les anciens bergers de *Chaldée*, joint à l'air pur et serein qu'ils respiroient sous un ciel qui n'étoit jamais couvert de nuages, produisit les premières observations, qui ont été le fondement de l'astronomie. D'ailleurs, comme la *Chaldée* a servi de séjour aux premiers hommes du monde nouveau, il est naturel de s'imaginer que l'empire de Babylone a précédé les commencemens de la monarchie d'Egypte; et que, par conséquent, la *Chaldée*, qui étoit un certain canton compris dans cet empire, et qui reçut son nom des *Chaldéens*, philosophes étrangers auxquels elle fut accordée pour y fixer leur demeure, est le premier pays qui ait été éclairé des lumières de la philosophie.

Il n'est pas facile de donner une juste idée de la philosophie des *Chaldéens*. Les monumens qui pourroient nous servir ici de mémoires pour cette histoire, ne remontent pas, à beaucoup près, aussi haut que cette secte : encore ces mémoires nous viennent-ils des Grecs; ce qui suffit pour leur faire perdre toute l'autorité qu'ils pourroient avoir. Car on sait que les Grecs avoient un tour d'esprit très-différent de celui des orientaux; et qu'ils défiguroient tout ce qu'ils touchoient et qui leur venoit des nations *barbares*; car c'est ainsi qu'ils appeloient ceux qui n'étoient pas nés Grecs. Les dogmes des autres nations, en passant par leur imagination, y prenoient une teinture de leur manière de penser, et n'entroient jamais dans leurs écrits, sans avoir éprouvé une grande altération.

Une autre raison, qui doit nous rendre soupçonneux sur les véritables sentimens des *Chaldéens*, c'est que, selon l'usage reçu dans tout l'orient, ils renfermoient dans l'enceinte de leurs écoles, où même ils n'admettoient que des disciples privilégiés, les dogmes de leur secte; et qu'ils ne les produisoient en public que sous le voile des symboles et des allégories.

Ainsi, nous ne pouvons former que des conjectures sur ce que les Grecs et même les Arabes en ont fait parvenir jusqu'à nous. De-là aussi cette diversité d'opinions, qui partagent les savans qui ont tenté de percer l'enveloppe de ces ténèbres mystérieuses. En prétendant les éclaircir, ils n'ont fait qu'épaissir davantage la nuit qui nous les cache : témoin cette secte de philosophes qui s'éleva en Asie, vers le temps où J. C. parut sur la terre.

Pour donner plus de poids aux rêveries qu'enfantoit leur imagination déréglée, ils s'avisèrent de les colorer d'un air de grande antiquité, et de les faire passer, sous le nom des *Chaldéens* et des Perses, pour les restes précieux de la doctrine de ces philosophes. Ils forgèrent en conséquence un grand ouvrage sous le nom du fameux Zoroastre, regardé alors dans l'Asie comme le chef et le maître de tous les mages de la Perse et de la *Chaldée*.

Plusieurs savans, tant anciens que modernes, se sont exercés à découvrir quel pouvoit être ce Zoroastre si vanté dans tout l'Orient; mais après bien des veilles consumées dans ce travail ingrat, ils ont été forcés d'avouer l'inutilité de leurs efforts. *Voyez* l'article de la philosophie des Perses.

D'autres philosophes, non moins ignorans dans les mystères sacrés de l'ancienne doctrine des *Chaldéens*, voulurent partager avec les premiers l'honneur de composer une secte à part. Ils prirent donc le parti de faire naître Zoroastre en Egypte;

et ils ne furent pas moins hardis à lui supposer des ouvrages, dont ils se servirent pour les combattre plus commodément. Comme Pythagore et Platon étoient allés en Egypte, pour s'instruire dans les sciences, que cette nation avoit la réputation d'avoir extrêmement perfectionnées; ils imaginèrent que les systèmes de ces deux philosophes grecs n'étoient qu'un fidèle extrait de la doctrine de Zoroastre. Cette hardiesse à supposer des livres, qui fait le caractère de ces deux sectes de philosophes, nous apprend jusqu'à quel point nous devons leur donner notre confiance.

Les *Chaldéens* étoient en grande considération parmi les Babyloniens. C'étoient les prêtres de la nation; ils y remplissoient les mêmes fonctions que les mages chez les Perses, en instruisant le peuple de tout ce qui avoit rapport aux choses de la religion, comme les cérémonies et les sacrifices. Voilà pourquoi il est arrivé souvent aux historiens grecs de les confondre les uns avec les autres; en quoi ils ont marqué leur peu d'exactitude, ne distinguant pas, comme ils le devoient, l'état où se trouvoit la philosophie chez les anciens Babyloniens, de celui où elle fut réduite, lorsque ces peuples passèrent sous la domination des Perses.

On peut remarquer, en passant, que chez tous les anciens peuples, tels que les Assyriens, les Perses, les Egyptiens, les Ethiopiens, les Scythes, les Etruriens, ceux-là seuls étoient regardés comme les sages et les philosophes de la nation, qui avoient usurpé la qualité de prêtres et de ministres de la religion. C'étoient des hommes souples et adroits, qui faisoient servir la religion aux vues intéressées et politiques de ceux qui gouvernoient. Voici quelle étoit la doctrine des *Chaldéens* sur la divinité.

Ils reconnoissoient un Dieu souverain, auteur de toutes choses, lequel avoit établi cette belle harmonie qui lie toutes les parties de l'univers. Quoiqu'ils crussent la matière éternelle et préexistante à l'opération de Dieu, ils ne s'imaginoient pourtant pas que le monde fût éternel; car leur cosmogonie nous représente notre terre, comme ayant été un chaos ténébreux, où tous les élémens étoient confondus pêle-mêle, avant qu'elle eût reçu cet ordre et cet arrangement qui la rendent un séjour habitable.

Ils supposoient que les animaux monstrueux, et de diverses figures, avoient pris naissance dans le sein informe de ce chaos; et qu'ils avoient été soumis à une femme nommée *Omerca*;

Que le Dieu *Belus* avoit coupé cette femme en deux parties, de l'une desquelles il avoit formé le ciel, et de l'autre la terre; et que la mort de cette femme avoit causé celle de tous les animaux :

Que *Belus*, après avoir formé le monde et produit les animaux qui le remplissent, s'étoit fait couper la tête :

Que les hommes et les animaux étoient sortis de la terre, que les autres dieux avoient détrempée dans le sang qui couloit de la blessure du dieu *Bélus;* et que c'étoit là la raison, pour laquelle les hommes étoient doués d'intelligence, et avoient reçu une portion de la divinité.

Bérose, qui rapporte ceci dans les fragmens que nous avons de lui, et qui nous ont été conservés par le Syncelle, observe que toute cette cosmogonie n'est qu'une allégorie mystérieuse, par laquelle les *Chaldéens* expliquoient de quelle manière le dieu créateur avoit débrouillé le chaos, et introduit l'ordre parmi la confusion des élémens. Du moins, ce que l'on voit à travers les voiles de cette surprenante allégorie, est que l'homme doit sa naissance à Dieu; et que le Dieu suprême s'étoit servi d'un autre Dieu, pour former ce monde. Cette doctrine n'étoit point particulière aux *Chaldéens*. C'étoit même une opinion universellement reçue dans tout l'orient, qu'il y avoit des génies, des dieux subalternes et dépendans de l'Être suprême, qui étoient distribués et répandus dans toutes les parties de ce vaste univers. On croyoit qu'il n'étoit pas digne de la majesté du Dieu souverain de présider directement au sort des nations. Renfermé dans lui-même, il ne lui convenoit pas de s'occuper des pensées et des actions des simples mortels: mais il en laissoit le soin à des divinités locales et tutélaires. Ce n'étoit aussi qu'en leur honneur que fumoit l'encens dans les temples, et que couloit sur les autels le sang des victimes.

Mais, outre les bons génies qui s'appliquoient à faire du bien aux hommes, les *Chaldéens* admettoient aussi des génies mal-faisans. Ceux-là étoient formés d'une matière plus grossière que les bons, avec lesquels ils étoient perpétuellement en guerre. Les premiers étoient l'ouvrage du mauvais principe, comme les autres l'étoient du bon; car il paroît que la doctrine des deux principes avoit pris naissance en *Chaldée*, d'où elle a passé chez les Perses.

Cette croyance des mauvais démons, qui non-seulement avoit cours chez les *Chaldéens*, mais encore chez les Perses, les Egyptiens et les autres nations orientales, paroît avoir sa source dans la vieille tradition de la séduction du premier homme par un mauvais démon. Ils prenoient toutes sortes de formes, pour mieux tromper ceux qui avoient l'imprudence de se confier à eux.

Tels étoient vraisemblablement les mystères, auxquels les *Chadéens* avoient soin de n'initier qu'un petit nombre d'adeptes qui devoient leur succéder, pour en faire passer la tradition d'âge en âge, jusqu'à la postérité la plus reculée. Il n'étoit pas permis aux disciples de penser au-delà de ce que leurs maîtres leur avoient appris. Ils plioient servilement sous le joug, que leur imposoit le respect aveugle qu'ils avoient pour eux. Diodore de Sicile, leur en fait un mérite, et les élève en cela beaucoup au-dessus des Grecs, qui, selon lui, devenoient le jouet éternel de mille opinions diverses, entre lesquels flottoit leur esprit indécis, parce que, dans leur manière de penser, ils ne vouloient être maîtrisés que par leur génie. Mais il faut être bien peu philosophe soi-même, pour ne pas sentir que le plus beau privilège de notre raison consiste à ne rien croire par l'impulsion d'un instinct aveugle et mécanique; et que c'est déshonorer la raison, que de la mettre dans des entraves, ainsi que le faisoient les *Chaldéens*. L'homme est né pour penser de lui-même. Dieu seul mérite le sacrifice de nos lumières; parce qu'il est le seul qui ne puisse pas nous tromper, soit qu'il parle par lui-même, soit qu'il le fasse par l'organe de ceux auxquels il a confié le sacré dépôt de ses révélations.

La philosophie des *Chaldéens* n'étant autre chose qu'un amas de maximes et de dogmes qu'ils transmettoient par le canal de la tradition, ils ne méritent nullement le nom de philosophes. Ce titre, dans toute la rigueur du terme, ne convient qu'aux Grecs, et aux Romains qui les ont imités en marchant sur leurs traces. Car, pour les autres nations, on doit en porter le même jugement que des *Chaldéens*, puisque le même esprit de servitude régnoit parmi elles; au-lieu que les Grecs et les Romains osoient penser d'après eux-mêmes,

Ils ne croyoient que ce qu'ils voyoient, ou du-moins que ce qu'ils s'imaginoient voir. Si l'esprit systématique les a précipités dans un grand nombre d'erreurs, c'est parce qu'il ne nous est pas donné de découvrir subitement, et comme par une espèce d'instinct, la vérité. Nous ne pouvons y parvenir qu'en passant par bien des impertinences et des extravagances; c'est une loi à laquelle la nature nous a assujettis. Mais, en épuisant toutes les sottises qu'on peut dire sur chaque chose, les Grecs nous ont rendu un service important, parce qu'ils nous ont comme forcés de prendre, presque à l'entrée de notre carrière, le chemin de la vérité.

Pour revenir aux *Chaldéens*, voici la doctrine qu'ils enseignoient publiquement; savoir, que le soleil, la lune et les autres astres, et sur-tout les planètes, étoient des divinités qu'il falloit adorer. Hérodote et Diodore sont ici nos garans.

Les étoiles, qui formoient le zodiaque, étoient principalement en grande vénération parmi eux, sans préjudice du soleil et de la lune, qu'ils ont toujours regardés comme leurs premières divinités. Ils appeloient le soleil *Bélus*, et donnoient à la lune le nom de *Nebo;* quelquefois aussi ils l'appeloient *Nergal*.

Le peuple, qui est fait pour être la dupe de tous ceux qui ont assez d'esprit pour prendre sur lui de l'ascendant, croyoit bonnement que la divinité résidoit dans les astres ; et, par conséquent, qu'ils étoient autant de dieux qui méritoient les hommages. Pour les sages et des philosophes du pays, ils se contentoient d'y placer des esprits, ou des dieux du second ordre, qui en dirigeoient les divers mouvemens.

Ce principe une fois établi, que les astres étoient des divinités, il n'en fallut pas davantage aux *Chaldéens*, pour persuader au peuple qu'ils avoient une grande influence sur le bonheur ou le malheur des humains. De-là est née l'astrologie judiciaire, dans laquelle les *Chaldéens* avoient la réputation d'exceller si fort sur les autres nations, que tous ceux qui s'y distinguoient s'appeloient *Chaldéens*, quelle que fût leur patrie. Ces charlatans s'étoient fait un art de prédire l'avenir par l'inspection du cours des astres, où ils feignoient de lire l'enchaînement des destinées humaines. La crédulité des peuples faisoit toute leur science ; car quelle liaison pouvoient-ils appercevoir entre les mouvemens réglés des astres et les événemens libres de la volonté ? L'avide curiosité des hommes, pour percer dans l'avenir, et pour prévoir ce qui doit leur arriver, est une maladie aussi ancienne que le monde même. Mais elle a exercé principalement son empire chez tous les peuples de l'orient, dont on sait que l'imagination s'allume aisément. On ne sauroit dire jusqu'à quel excès elle y a été portée par les ruses et les artifices des prêtres. L'astrologie judiciaire est le puissant frein, avec lequel on a de tout temps gouverné l'esprit des orientaux. Sextus-Empiricus déclame avec beaucoup de force et d'éloquence contre cet art frivole, si funeste au bonheur du genre humain, par les maux qu'il produit nécessairement. En effet, les *Chaldéens* rétrécissoient l'esprit des peuples, et les tenoient indignement courbés sous un joug de fer que leur imposoit leur superstition : il ne leur étoit pas permis de faire la moindre démarche, sans avoir auparavant consulté les augures et les aruspices. Quelque crédules que fussent les peuples, il n'étoit pas possible que l'imposture de ces charlatans de *Chaldée* ne trahît et ne décélât très-souvent la vanité de l'astrologie judiciaire. Sous le consulat de M. Popilius et de Cneius-Calpurnius, il fut ordonné aux *Chaldéens*, par un édit du préteur Corn. Hispollus, de sortir de Rome et de toute l'Italie dans l'espace de dix jours : et la raison qu'on en donnoit, c'est qu'ils abusoient de la prétendue connoissance qu'ils se vantoient d'avoir du cours des astres, pour tromper des esprits foibles et crédules, en leur persuadant que tels et tels événemens de leur vie étoient écrits dans le ciel. Alexandre lui-même, qui d'abord avoit été prévenu d'une haute estime pour les *Chaldéens*, la leur vendit bien cher par le grand mépris qu'il leur porta, depuis que le philosophe Anaxarque lui eut fait connoître toute la vanité de l'astrologie judiciaire.

Quoique l'astronomie ait été fort en honneur chez les *Chaldéens*, et qu'ils l'aient cultivée avec beaucoup de soin, il ne paroît pas pourtant qu'elle eût fait parmi eux des progrès considérables. Quels astronomes, que des gens qui croyoient que les éclipses de lune provenoient, de ce que cet astre tournoit vers nous la partie de son disque qui étoit opaque! car ils croyoient l'autre lumineuse par elle-même, indépendamment du soleil. Où avoient-ils appris que le globe terrestre seroit consumé par les flammes, lors de la conjonction des astres dans le signe de l'écrevisse, et qu'il seroit inondé si cette conjonction arrivoit dans le signe du capricorne? Cependant ces *Chaldéens* ont été estimés comme de grands astronomes; et il n'y a pas même long-temps qu'on est revenu de cette admiration prodigieuse qu'on avoit conçue pour leur grand savoir dans l'astronomie; admiration qui n'étoit fondée que sur ce qu'ils sont séparés de nous par une longue suite de siècles. Tout éloignement est en droit de nous en imposer.

L'envie de passer pour le plus ancien peuple du monde est une manie qui a été commune à toutes les nations. On diroit qu'elles s'imaginent valoir d'autant mieux, qu'elles peuvent remonter plus haut dans l'antiquité. On ne sauroit croire combien de rêveries et d'absurdités ont été débitées à ce sujet. Les *Chaldéens*, par exemple, prétendoient qu'au temps où Alexandre, vainqueur de Darius, prit Babylone, il s'étoit écoulé quatre cent soixante et dix mille années, à compter depuis le temps où l'astronomie fleurissoit dans la *Chaldée*. Cette longue supputation d'années n'a point sa preuve dans l'histoire, mais seulement dans l'imagination échauffée des *Chaldéens*. En effet, Callisthène, à qui le précepteur d'Alexandre avoit ménagé une entrée à la cour de ce prince, et qui suivoit ce conquérant dans ses expéditions militaires, envoya à ce même Aristote des observations qu'il avoit trouvées à Babylone. Or, ces observations ne remontoient pas au-delà de mille neuf cent trois ans; et ces mille neuf cents trois ans, si on les fait commencer à l'année 4383 de la période Julienne, où Babylone fut prise, iront, en rétrogradant, se terminer à l'année 2480 de la même période. Il s'en faut bien que le temps marqué par ces observations remonte jusqu'au déluge, si l'on s'attache au système chronologique de Moyse, tel qu'il se trouve dans la version des Septante. Si les *Chaldéens* avoient eu des observations plus anciennes, comment se peut-il faire que Ptolomée, cet astronome si exact, n'en ait point fait mention; et que la première dont il parle tombe à la première année de Merdochaï, roi de Babylone, laquelle se trouve être dans la vingt-septième année de l'ère de Nabonassar ? Il résulte de-là, que cette prétendue antiquité, que les *Chaldéens* donnoient à leurs observations, ne mérite pas plus notre croyance que le témoignage de Porphyre qui lui sert de fondement. Il y a plus : Epigène ne craint point d'avancer que les observations astronomiques, qui se trouvoient inscrites sur des briques cuites qu'on voyoit à Babylone, ne remontoient pas au-delà de 720 ans ; et comme si ce temps eût été encore trop long, Bérose et Critodème renferment tout ce temps dans l'espace de 480.

Après cela, qui ne riroit de voir les *Chaldéens* nous représenter gravement leurs observations astronomiques, et nous les apporter en preuve de leur grande antiquité, tandis que leurs propres auteurs leur donnent le démenti, en les renfermant dans un si court espace de temps ? Ils ont apparemment cru, suivant la remarque de Lactance, qu'il leur étoit libre de mentir, en imaginant des observations de 470000 ans, parce qu'ils étoient bien sûrs qu'en s'enfonçant si fort dans l'antiquité, il ne seroit pas possible de les atteindre. Mais ils n'ont pas fait attention que tous ces calculs n'opèrent dans les esprits une vrai persuasion, qu'autant qu'on y attache des faits, dont la réalité ne soit point suspecte.

Toute chronologie qui ne tient point à des faits n'est point historique, et par conséquent ne prouve rien en faveur de l'antiquité d'une nation. Quand une fois le cours des astres m'est connu, je puis prévoir, en conséquence de leur marche assujettie à des mouvemens uniformes et réguliers, dans quel temps et de quelle manière ils figureront ensemble, soit dans leur opposition, soit dans leur conjonction. Je puis également me replier sur les temps passés, ou m'avancer sur ceux qui ne sont pas encore arrivés ; et franchissant les bornes du temps où le Créateur a renfermé le monde, marquer, dans un temps imaginaire, des instans précis où tels et tels astres seroient éclipsés. Je puis, à l'aide d'un calcul qui ne s'épuisera jamais, tant que mon esprit voudra le continuer, faire un système d'observations pour des temps qui n'ont jamais existé ou même qui n'existeront jamais. Mais de ce système d'observations, purement abstrait, il n'en résultera jamais que le monde ait toujours existé, ou qu'il doit toujours durer. Tel est le cas où se trouvent, par rapport à nous, les anciens *Chaldéens*, touchant ces observations qui ne comprenoient pas moins que 470000 ans. Si je voyois une suite de faits attachés à ces observations, et qu'ils remplissent tout ce long espace de temps, je ne pourrois m'empêcher de reconnoître un monde réellement subsistant dans toute cette longue durée de siècles ; mais, parce que je n'y vois que des calculs qui ne traînent après eux aucune révolution dans les choses humaines, je ne puis les regarder que comme des rêveries d'un calculateur.

CHAVARIGTES.

Hérétiques mahométans opposés aux Schystes. Ils nient l'infaillibilité de la prophétie de Mahomet, soit en elle-même, soit relativement à eux, parce qu'ils ne savent, disent-ils, si cet homme étoit inspiré, ou s'il le contrefaisoit ; que, quand ils seroient mieux instruits, le don de prophétie n'ôtant point la liberté, leur prophète est resté maître, pendant l'inspiration, de l'altérer, et de substituer la voix du mensonge à celle de la vérité ; qu'il y a des faits dans l'alcoran qu'il étoit possible de prévoir ; qu'il y en a d'autres que le temps a dû amener nécessairement ; qu'ils ne peuvent démêler, dans un ouvrage aussi mêlé de bonnes et de mauvaises choses, ce qui est de Mahomet et ce qui est de Dieu ; et qu'il est absurde de supposer que tout appartienne à Dieu : ce que les *Chavarigtes* n'ont point de peine à démontrer par une infinité de passages de l'alcoran, qui ne peuvent être que d'un fourbe et d'un ignorant. Ils ajoutent que la prophétie de Mahomet leur étoit superflue, parce que l'inspection de l'univers leur annonçoit, mieux que tout son enthousiasme, l'existence et la toute-puissance de Dieu ; que, quant à la loi établie avant lui, le don de prophétie n'ayant nulle liaison avec elle, elle n'a pu lui accorder le droit de lui en substituer une autre ;

que ce que leur prophète a révélé de l'avenir a pu être de Dieu ; mais que ce qu'il a dit contre la loi antérieure à la sienne, étoit certainement de l'homme ; et que les prophètes qui l'ont précédé, l'ont décrié, comme il a décrié ceux qui viendroient après lui, comme ceux-ci décrieront ceux qui les suivront. Enfin ils prétendent que, si la fonction de prophète devient un jour nécessaire, ce ne sera point le privilége de quelques-uns d'entr'eux ; mais que tout homme juste pourra être élevé à cette dignité. Voilà les contestations qui déchirent, et qui déchireront les hommes qui auront eu le malheur d'avoir un méchant pour législateur ; que Dieu abandonnera à leurs déréglemens ; qu'il n'éclairera point de la lumière de son saint évangile; et dont la loi sera contenue dans un livre absurde, obscur et menteur.

CHINOIS.

PHILOSOPHIE DES CHINOIS.

Ces peuples, qui sont, d'un consentement unanime, supérieurs à toutes les nations de l'Asie, par leur ancienneté, leur esprit, leurs progrès dans les arts, leur politique, leur goût pour la philosophie, le disputent même dans tous ces points, au jugement de quelques auteurs, aux contrées de l'Europe les plus éclairées.

Si l'on en croit ces auteurs, les *Chinois* ont eu

des sages, dès les premiers âges du monde. Ils avoient des cités érudites; des philosophes leur avoient prescrit des plans sublimes de philosophie morale, dans un temps où la terre n'étoit pas encore bien essuyée des eaux du déluge; témoins Isaac Vossius, Spizelius, et cette multitude innombrable de missionnaires de la compagnie de Jésus, que le désir d'étendre les lumières de notre religion a fait passer dans ces grandes et riches contrées.

Il est vrai que Budée, Thomasius, Gundling, Heuman, et d'autres écrivains dont les lumières sont de quelque poids, ne nous peignent pas les *Chinois* en beau; que les autres missionnaires ne sont pas d'accord sur la grande sagesse de ces peuples, avec les missionnaires de la compagnie de Jesus; et que ces derniers ne les ont pas même regardés tous d'un œil également favorable.

Au milieu de tant de témoignages opposés, il sembleroit que le seul moyen qu'on eut de découvrir la vérité, ce seroit de juger du mérite des *Chinois*, par celui de leurs productions les plus vantées. Nous en avons plusieurs collections; mais malheureusement on est peu d'accord sur l'authenticité des livres qui composent ces collections. On dispute sur l'exactitude des traductions qu'on en a faites; et l'on ne rencontre que des ténèbres encore fort épaisses, du côté même d'où l'on étoit en droit d'attendre quelques traits de lumières.

La collection publiée à Paris en 1687 par les

pères Intorcetta, Hendrick, Rougemont et Couplet, nous présente d'abord le *Ta hio* ou la *scientia magna*, ouvrage de Confucius, publié par Cemçu, un de ses disciples. Le philosophe *Chinois* s'y est proposé d'instruire les maîtres de la terre dans l'art de bien gouverner, qu'il renferme dans celui de connoître et d'acquérir les qualités nécessaires à un souverain; de se commander à soi-même; de savoir former son conseil et sa cour; et d'élever sa famille.

Le second ouvrage de la collection, intitulé : *Chum-yum, ou de medio sempiterno*, ou *de mediocritate in rebus omnibus tuendâ*, n'a rien de si fort sur cet objet, qu'on ne pût aisément renfermer dans quelques maximes de Sénèque.

Le troisième est un recueil de dialogues et d'apophthegmes sur les vices, les vertus, les devoirs et la bonne conduite ; il est intitulé : *Lun-y-u*. On trouvera à la fin de cet article, les plus frappans de ces apophthegmes, sur lesquels on pourra apprécier ce troisième ouvrage de Confucius.

Les savans éditeurs avoient promis les écrits de Mencius, philosophe *Chinois*; et François Noël, missionnaire de la même compagnie, a satisfait en 1711 à cette promesse, en publiant six livres classiques chinois, entre lesquels on trouve quelques morceaux de Mencius. Nous n'entrerons point dans les différentes contestations, que cette collection et la précédente ont excitées entre les érudits. Si quelques faits hasardés par les éditeurs de ces collections, et démontrés faux par de savans Européens, tel, par exemple, que celui des tables astronomiques données pour authentiquement chinoises et convaincues d'une correction faite sur celles de Ticho, sont capables de jeter des soupçons dans les esprits sans partialité ; les moins impartiaux ne peuvent non plus se cacher que les adversaires de ces pénibles collections ont mis bien de l'humeur et de la passion dans leur critique.

La chronologie chinoise ne peut être incertaine, sans que la première origine de la philosophie chez les *Chinois* ne le soit aussi. Fo-hi est le fondateur de l'empire de la Chine, et passe pour son premier philosophe. Il régna en l'an 2954 avant la naissance de Jésus-Christ. Le cycle *Chinois* commence l'an 2647 avant la naissance de Jésus-Christ, la huitième année du règne de Hohangti. Hohangti eut pour prédécesseurs, Fo-hi et Xinung. Celui-ci régna 110 ; celui-là 140 ; mais, en suivant le système du P. Petau, la naissance de Jésus-Christ tombe l'an du monde 3889 ; et le déluge, l'an du monde 1656 ; d'où il s'ensuit que Fo-hi a régné quelques siècles avant le déluge ; et qu'il faut, ou abandonner la chronologie des livres sacrés, ou celle des *Chinois*. Je ne crois pas qu'il y ait à choisir, ni pour un chrétien, ni pour un Européen sensé, qui, lisant dans l'histoire de Fo-hi que sa mère en devint enceinte par l'arc-en-ciel, et une infinité de contes de cette force, ne peut guère regarder son règne comme une époque certaine, malgré le témoignage unanime d'une nation.

En quelque temps que Fo-hi ait régné, il paroît avoir fait dans la Chine, plutôt le rôle d'un Hermès ou d'un Orphée, que celui d'un grand philosophe ou d'un savant théologien. On raconte de lui qu'il inventa l'alphabet, et deux instrumens de musique, l'un à vingt-sept cordes, et l'autre à trente-six. On a prétendu que le livre *Ye-Kim*, qu'on lui attribue, contenoit les secrets les plus profonds ; et que les peuples qu'il avoit rassemblés et civilisés, avoient appris de lui qu'il existoit un Dieu, et la manière dont il vouloit être adoré.

Cet *Ye-Kim* est le troisième de l'*U-Kim* ou du recueil des livres les plus anciens de la Chine. C'est un composé de lignes entières et de lignes ponctuées, dont la combinaison donne 64 figures différentes. Les *Chinois* ont regardé ces figures comme une histoire emblématique de la nature ; des causes de ses phénomènes ; des secrets de la divination, et de je ne sais combien d'autres belles connoissances, jusqu'à ce que Leibnitz ait déchiffré l'énigme, et montré à toute cette Chine si pénétrante, que les deux lignes de Fo-hi n'étoient autre chose que les élémens de l'arithmétique binaire. Il n'en faut pas pour cela mépriser davantage les *Chinois* ; une nation très-éclairée a pu, sans succès et sans déshonneur, chercher pendant des siècles entiers ce qu'il étoit réservé à Léibnitz de découvrir.

L'empereur Fo-hi transmit à ses successeurs sa manière de philosopher. Ils s'attachèrent tous à perfectionner ce qu'il passe pour avoir commencé ; la science de civiliser les peuples, d'adoucir leurs mœurs, et de les accoutumer aux chaînes utiles de la société. Xin-num fit un pas de plus. On reçut de lui des préceptes d'agriculture ; quelques connoissances des plantes ; les premiers essais de la médecine. Il est très-incertain si les *Chinois* étoient alors idolâtres, athées ou déistes. Ceux qui prétendent démontrer qu'ils admettoient l'existence d'un dieu tel que nous l'adorons, par le sacrifice que fit Chin-Gtang dans un temps de famine, n'y regardent pas d'assez près.

La philosophie des souverains de la Chine paroît avoir été long-temps toute politique et morale, à en juger par le recueil des plus belles maximes des rois Yao, Xum et Yu : ce recueil est intitulé, U-Kim ; il ne contient pas seulement ces maximes : elles ne forment que la matière du premier livre qui s'appelle Xu-Kim.

Le second livre, ou le Xi-Kim, est une collection de poëmes et d'odes morales.

Le troisième est l'ouvrage linéaire de Fo-hi, dont nous avons parlé.

Le quatrième, ou le Chum-cieu, ou le printemps et l'automne, est un abrégé historique de la vie de plusieurs princes ; où leurs vices ne sont pas déguisés.

Le cinquième, ou le Li-Ki, est une espèce de rituel, où l'on a joint à l'explication de ce qui doit être observé dans les cérémonies profanes et sacrées, les devoirs des hommes en tout état, au temps des trois familles impériales, Hia, Xam et Cheu.

Confucius se vantoit d'avoir puisé ce qu'il connoissoit de plus sage, dans les écrits des anciens rois Yao et Xum.

L'U-Kim est, à la Chine, le monument littéraire le plus saint, le plus sacré, le plus authentique, le plus respecté. Cela ne l'a pas mis à l'abri des commentateurs; ces hommes, dans aucun temps, chez aucune nation, n'ont rien laissé d'intact. Le commentaire de l'U-Kim a formé la collection, Su-xu. Le Su-xu est très estimé des *Chinois* ; il contient la *scientia magna*, le *medium sempiternum*, les *ratiocinantium sermones*, et l'ouvrage de Mencius *de naturá, moribus, ritibus et officiis*.

On peut regarder la durée des règnes des rois philosophes, comme le premier âge de la philosophie chinoise. La durée du second âge où nous allons entrer, commence à Roosi ou Li-lao-Kium, et finit à la mort de Mencius. La Chine eut plusieurs philosophes particuliers long-temps avant Confucius. On fait sur-tout mention de Roosi ou Li-lao-Kium, ce qui donne assez mauvaise opinion des autres. Roosi, ou Li-lao-Kium, ou Lao-lan, naquit 346 ans après Xekia, ou 504 avant J. C., à Soko-ki, dans la province de Soo. Sa mère le porta 81 ans dans son sein; il passa pour avoir reçu l'ame de Sancti-Kasso, un des plus célèbres disciples de Xekia, et pour être profondément versé dans la connoissance des dieux, des esprits, de l'immortalité des ames, etc. Jusqu'alors, la philosophie avoit été morale. Voici maintenant de la métaphysique; et à sa suite, des sectes, des haines et des troubles.

Confucius ne paroît pas avoir cultivé beaucoup cette espèce de philosophie; il faisoit trop de cas de celle des premiers souverains de la Chine. Il naquit 451 ans avant J. C., dans le village de Ceu-ye, au royaume de Xan-tung. Sa famille étoit illustre : sa naissance fut miraculeuse, comme on pense bien. On entendit une musique céleste autour de son berceau. Les premiers services qu'on rend aux nouveaux nés, il les reçut de deux dragons. Il avoit, à six ans, la hauteur d'un homme fait et la gravité d'un vieillard. Il se livra à quinze ans à l'étude de la littérature et de la philosophie. Il étoit marié à vingt ans. Sa sagesse l'éleva aux premières dignités; mais inutile, odieux peut-être, et déplacé dans une cour voluptueuse et débauchée, il la quitta pour aller dans le royaume de *Sum*, instituer une école de philosophie morale. Cette école fut nombreuse; il en sortit une foule d'hommes habiles et d'honnêtes citoyens.

Sa philosophie étoit plus en action qu'en discours. Il fut chéri de ses disciples pendant sa vie ; ils le pleurèrent long-temps après sa mort. Sa mémoire et ses écrits sont dans une grande vénération. Les honneurs, qu'on lui rend encore aujourd'hui, ont excité entre nos missionnaires les contestations les plus vives. Ils ont été regardés par les uns comme une idolâtrie incompatible avec l'esprit du christianisme ; d'autres n'en ont pas jugé si sévèrement. Ils convenoient assez, les uns et les autres, que, si le culte qu'on rend à Confucius étoit religieux, ce culte ne pouvoit être toléré par des chrétiens : mais les missionnaires de la compagnie de Jésus ont toujours prétendu qu'il n'étoit que civil.

Voici en quoi le culte consistoit. C'est la coutume des *Chinois* de sacrifier aux ames de leurs parens morts : les philosophes rendent ce devoir particulièrement à Confucius. Il y a, proche de l'école confucienne, un autel consacré à sa mémoire ; et sur cet autel, l'image du philosophe avec cette inscription : *C'est ici le trône de l'ame de notre très-saint et très-excellent premier maître Confucius.* Là s'assemblent les lettrés, tous les équinoxes, pour honorer, par une offrande solemnelle, le philosophe de la nation. Le principal mandarin du lieu fait la fonction de prêtre ; d'autres lui servent d'acolytes ; on choisit le jour du sacrifice avec des cérémonies particulières ; on se prépare à ce grand jour par des jeûnes. Le jour venu, on examine l'hostie ; on allume des cierges; on se met à genoux; on prie; on a deux coupes, l'une pleine de sang, l'autre de vin; on les répand sur l'image de Confucius ; on bénit les assistans ; et chacun se retire.

Il est très-difficile de décider si Confucius a été le Socrate ou l'Anaxagore de la Chine : cette question tient à une connoissance profonde de la langue ; mais on doit s'appercevoir, par l'analyse que nous avons faite plus haut de quelques-uns de ses ouvrages, qu'il s'appliqua davantage à l'étude de l'homme et des mœurs, qu'à celle de la nature et de ses causes.

Mencius parut dans le siècle suivant. Nous passons tout-de-suite à ce philosophe, parce que le Ro-osi des Japonois est le même que le Li-lao-kium des *Chinois*, dont nous avons parlé plus haut. Mencius a la réputation de l'avoir emporté en subtilité et en éloquence sur Confucius : mais de lui avoir beaucoup cédé par l'innocence des mœurs, la droiture du cœur, et la modestie des discours.

Toute littérature et toute philosophie furent presque étouffées par Xi-hoamti qui régna trois siècles ou environ après celui de Confucius. Ce prince, jaloux de ses prédécesseurs, ennemi des savans, oppresseur de ses sujets, fit brûler tous les écrits qu'il put recueillir, à l'exception des livres d'agriculture, de médecine et de magie.

Quatre cent soixante savans qui s'étoient réfugiés dans des montagnes avec ce qu'ils avoient pu emporter de leurs bibliothèques, furent pris, et expirèrent au milieu des flammes. D'autres, à-peu-près en même nombre, qui craignirent le même sort, aimèrent mieux se précipiter dans les eaux du haut des rochers d'une île où ils s'étoient renfermés. L'étude des lettres fut proscrite sous les peines les plus sévères ; ce qui restoit des livres fut négligé ; et lorsque les princes de la famille de Han s'occupèrent du renouvellement de la littérature, à-peine put-on recouvrer quelques ouvrages de Confucius et de Mencius. On tira des crevasses d'un mur, un exemplaire de Confucius, à demi-pourri ; et c'est sur cet exemplaire défectueux qu'il paroît qu'on a fait les copies qui l'ont multiplié.

Le renouvellement des lettres peut servir de date à la troisième période de l'ancienne philosophie chinoise.

La secte de Foë se répandit alors dans la Chine ; et avec elle, l'idolâtrie, l'athéisme, et toutes sortes de superstitions ; en sorte qu'il est incertain si l'ignorance, dans laquelle la barbarie de Xi-hoanti avoit plongé ces peuples, n'étoit pas préférable aux fausses doctrines dont ils furent infectés. *Voyez* à l'article de la PHILOSOPHIE DES JAPONOIS, l'histoire de la philosophie de Xekia, de la secte de Ro-osi et de l'idolâtrie de Foë. Cette secte fut suivie de celle des quiétistes ou Uu-guei-kiao, *nihil agentium.*

Trois siècles après la naissance de J. C., l'empire fut plein d'une espèce d'hommes qui s'imaginèrent être d'autant plus parfaits, c'est-à-dire, selon eux, plus voisins du principe aérien, qu'ils étoient plus oisifs. Ils s'interdisoient, autant qu'il étoit en eux, l'usage le plus naturel des sens. Ils se rendoient statues pour devenir air : cette dissolution étoit le terme de leur espérance, et la dernière récompense de leur inertie philosophique. Ces quiétistes furent négligés pour les *Fan-kin*; ces épicuriens parurent dans le cinquième siècle. Le vice, la vertu, la providence, l'immortalité, etc., étoient pour ceux-ci des noms vides de sens. Cette philosophie est malheureusement trop commode pour cesser promptement; il est d'autant plus dangereux que tout un peuple soit imbu de ses principes.

On fait commencer la philosophie chinoise du moyen âge aux dixième et onzième siècles, sous les deux philosophes *Cheu-cu* et *Chim-ci*. Ce furent deux polythéistes, selon les uns; deux athées, selon les autres; deux déistes, selon quelques-uns, qui prétendent que ces auteurs, défigurés par les commentateurs, leur ont l'obligation entière de toutes les absurdités qui ont passé sous leurs noms.

La secte des lettrés est venue immédiatement

après celles de *Cheu-cu* et de *Chin-ci*. Elle a divisé l'empire sous le nom de *Ju-kiao*, avec les sectes *Foe-kiao* et *Lao-kiao*, qui ne sont vraisemblablement que trois combinaisons différentes de superstition, d'idolâtrie et de polythéisme, ou d'athéisme. C'est ce dont on jugera plus sainement par l'exposition de leurs principes, que nous allons placer ici. Ces principes, selon les auteurs qui paroissent les mieux instruits, ont été ceux des philosophes du moyen âge, et sont encore aujourd'hui ceux des lettrés, avec quelques différences qu'y aura apparemment introduites le commerce avec nos savans.

Principes des philosophes Chinois du moyen âge, et des lettrés de celui-ci.

1. Le devoir du philosophe est de chercher quel est le premier principe de l'univers ; comment les causes générales et particulières en sont émanées ; quelles sont les actions de ces causes ; quels sont leurs effets ; qu'est-ce que l'homme, relativement à son corps et à son ame ; comment il conçoit ; comment il agit ; ce que c'est que le vice, ce que c'est que la vertu ; en quoi l'habitude en consiste ; quelle est la destinée de chaque homme ; quels sont les moyens de la connoître : et toute cette doctrine doit être exposée par symboles, énigmes, nombres, figures et hiéroglyphes,

2. La science est ou antécédente, *Sien tien-hir*, et s'occupe de l'Être et de la substance du premier principe ; du lieu, du mode, de l'opération des causes premières considérées en puissance : ou elle est subséquente ; et elle traite de l'influence des principes immatériels dans les cas particuliers ; de l'application des forces actives pour augmenter, diminuer, altérer ; des ouvrages, des choses de la vie civile, de l'administration de l'empire, des conjonctures convenables ou non ; des temps propres ou non, etc.

Science antécédente.

1. La puissance qui domine sur les causes générales, s'appelle Ti-chu-chu-zai-kwin wnghuang : ces termes sont l'énumération de ses qualités.

2. Il ne se fait rien de rien. Il n'y a donc ni principe ni cause qui ait tiré tout du néant.

3. Tout n'étant pas de toute éternité, il y a donc eu de toute éternité un principe des choses, antérieur aux choses : *Li* est ce principe ; *Li* est la raison première, et le fondement de la nature.

4. Cette cause est l'être infini, incorruptible, sans commencement ni fin ; sans quoi elle ne seroit pas cause première et dernière.

5. Cette grande cause universelle n'a ni vie, ni intelligence, ni volonté ; elle est pure, tranquille, subtile, transparente, sans corporéité, sans

figure; ne s'atteint que par la pensée, comme les choses spirituelles; et quoiqu'elle ne soit point spirituelle, elle n'a ni les qualités actives, ni les qualités passives des élémens.

6. *Li*, qu'on peut regarder comme la matière première, a produit l'air à cinq émanations; et cet air est devenu, par cinq vicissitudes, sensible et palpable.

7. *Li*, devenu par lui-même un globe infini, s'appelle Tai-hien, perfection souveraine.

8. L'air qu'il a produit à cinq émanations, et rendu palpable par cinq vicissitudes, est incorruptible comme lui; mais il est plus matériel et plus soumis à la condensation, au mouvement, au repos, à la chaleur et au froid.

9. *Li* est la matière première; *Tai-kie* est la seconde.

10. Le froid et le chaud sont les causes de toute génération et de toute destruction. Le chaud naît du mouvement. Le froid naît du repos.

11. L'air contenu dans la matière seconde ou le chaos a produit la chaleur, en s'agitant de lui-même. Une portion de cet air est restée en repos et froide. L'air est donc froid ou chaud. L'air chaud est pur, clair, transparent et léger. L'air froid est impur, obscur, épais et pesant.

12. Il y a donc quatre causes physiques; le mouvement et le repos, la chaleur et le froid. On les appelle *Tung-cing-in-iang*.

13. Le froid et le chaud sont étroitement unis; c'est la femelle et le mâle. Ils ont engendré l'eau la première, et le feu après l'eau. L'eau appartient à l'*In*, le feu à l'*Iang*.

14. Telle est l'origine des cinq élémens qui constituent *Tai-kie*, ou *in-iang*, ou l'air revêtu de qualités.

15. Ces élémens sont l'eau, élément septentrional; le feu, élément austral; le bois, élément oriental; et la terre qui tient le milieu.

16. *L'in-yang* et les cinq élémens ont produit le ciel, la terre, le soleil, la lune et les planètes. L'air pur et léger, porté en-haut, a fait le ciel; l'air épais et lourd, précipité en-bas, a fait la terre.

17. Le ciel et la terre, unissant leurs vertus, ont engendré mâle et femelle. Le ciel et la mer sont d'*Iang*; la terre et la femme sont d'*In*. C'est pourquoi l'empereur de la Chine est appelé roi du ciel; et l'empire sacrifie au ciel et à la terre ses premiers parens.

18. Le ciel, la terre et l'homme sont une source féconde qui comprend tout.

19. Et voici comment le monde fut fait. Sa machine est composée de trois parties primitives, principes de toutes les autres.

20. Le ciel est la première; elle comprend le soleil, la lune, les étoiles, les planètes, et la région de l'air, où sont épars les cinq élémens, dont les choses inférieures sont engendrées.

21. Cette région est divisée en huit kuas, ou portions, où les élémens se modifient diversement, et conspirent avec les causes universelles efficientes.

22. La terre est la seconde cause primitive ; elle comprend les montagnes, les fleuves, les lacs et les mers, qui ont aussi des causes universelles efficientes, qui ne sont pas sans énergie.

23. C'est aux parties de la terre qu'appartiennent le *kang* et l'*yen*, le fort et le foible, le dur et le mou, l'âpre et le doux.

24. L'homme est la troisième cause primitive. Il a des actions et des générations qui lui sont propres.

25. Ce monde s'est fait par hazard, sans dessein, sans intelligence, sans prédestination, par une conspiration fortuite des premières causes efficientes.

26. Le ciel est rond ; son mouvement est circulaire ; ses influences suivent la même direction.

27. La terre est quarrée ; c'est pourquoi elle tient le milieu, comme le point du repos. Les quatre autres élémens sont à ses côtés.

28. Outre le ciel, il y a encore une matière première, infinie ; elle s'appelle *Li* ; le *Tai-kie* en est l'émanation : elle ne se meut point ; elle est transparente, subtile, sans action, sans connoissance ; c'est une puissance pure.

29. L'air qui est entre le ciel et la terre est divisé en huit cantons : quatre sont méridionaux, où règne *jang* ou la chaleur ; quatre sont septen-

trionaux, où dure *L'in* ou le froid. Chaque canton a son *Kua* ou sa portion d'air, c'est là le sujet de l'énigme de *Fo-hi*. Fo-hi a donné les premiers linéamens de l'histoire du monde. Confucius les a développés dans le livre *Liekien*.

Voilà le système des lettrés sur l'origine des choses. La métaphysique de la secte de *Tao-gu* est la même. Selon cette secte, *Tao* ou chaos a produit *un*; c'est *Tai-kie* ou la matière seconde; *Tai-kie* a produit *deux*, *In* et *léang*; deux ont produit trois; *Tien*, *Ty*, *Gin*, *San*, *Zay*, la terre et l'homme; trois ont produit tout ce qui existe.

Science subséquente.

Vuem-Vuam, et *Cheu-kung* son fils, en ont été les inventeurs: elle s'occupe des influences célestes sur les temps, les mois, les jours, les signes du zodiaque, et de la futurition des événemens, selon laquelle les actions de la vie doivent être dirigées. Voici ses principes.

1. La chaleur est le principe de toute action et de toute conservation; elle naît d'un mouvement produit par le soleil voisin, et par la lumière éclatante: le froid est cause de tout repos et de toute destruction; c'est une suite de la grande distance du soleil, de l'éloignement de la lumière, et de la présence des ténèbres.

2. La chaleur règne sur le printemps et sur l'été; l'automne et l'hiver sont soumis au froid.

3. Le zodiaque est divisé en huit parties; quatre appartiennent à la chaleur, et quatre au froid.

4. L'influence des causes efficientes universelles se calcule en commençant au point cardinal ou *Kua* appelé *Chin*; il est oriental; c'est le premier jour du printemps, ou le 5 ou 6 de février.

5. Toutes choses ne sont qu'une seule et même substance.

6. Il y a deux matières principales ; le chaos infini, ou *ly*; l'air, ou *tai-kié*, émanation première qui entre conséquemment dans toutes ses productions.

7. Après la formation du ciel et de la terre, entre l'un et l'autre se trouva l'émanation première, ou l'air, matière la plus voisine de toutes les choses corruptibles.

8. Ainsi, tout est sorti d'une seule et même essence, substance, nature, par la condensation, principe des figures corporelles, par les modifications variées selon les qualités du ciel, du soleil, de la lune, des étoiles, des planètes, des élémens, de la terre, de l'instant, du lieu, et par le concours de toutes ces qualités.

9. Ces qualités sont donc la forme et le principe des opérations intérieures et extérieures des corps composés.

10. La génération est un écoulement de l'air primitif ou du chaos modifié sous des figures, et doué de qualités plus ou moins pures, qualités et figures combinées selon le cours du soleil et des autres causes universelles et particulières.

11. La corruption est la destruction de la figure extérieure, et la séparation des qualités, des humeurs et des esprits unis dans l'air. Les parties d'air désunies, les plus légères, les plus chaudes et les plus pures montent; les plus pesantes, les plus froides et les plus grossières descendent; les premières s'appellent *Xin* et *Ho-en*, esprits purs, ames séparées; les secondes s'appellent *Kuei*, esprits impurs ou les cadavres.

12. Les choses diffèrent et par la forme extérieure, et par les qualités internes.

13. Il y a quatre qualités; le *Ching*, droit, pur et constant; le *Pien*, courbe, impur et variable; le *Tung*, pénétrant et subtil; le *Se*, épais, obscur et impénétrable. Les deux premières sont bonnes, et admises dans l'homme; les deux autres sont mauvaises, et reléguées dans la brute et les inanimés.

14. Des bonnes qualités naît la distinction du parfait et de l'imparfait, du pur et de l'impur dans les choses; celui qui a reçu le premier de ces modes, est un héros ou un lettré; la raison le commande; il laisse loin de lui la multitude: celui qui a reçu les secondes qualités est obscur ou cruel; sa

vie est mauvaise : celui qui participe des unes et des autres tient le milieu ; c'est un bon homme sage et prudent ; il est du nombre du *Hien-lin.*

15. *Tai-kie*, ou la substance universelle, se divise en *lieu* et *vu* : *vu* est la substance figurée corporelle, matérielle, étendue, solide et résistante ; *lieu* est la substance moins corporelle, mais sans figure déterminée, comme l'air ; on l'appelle *Vu-kung-hieu*, *Vu-kung*, néant, vide.

16. Le néant ou vide, ou la substance sans qualité et sans accident, *Tai-vu ; Tai-kung* est la plus pure, la plus subtile et la plus simple.

17. Cependant elle ne peut subsister par elle-même, mais seulement par l'air primitif : elle entre dans tout composé ; elle est aérienne ; on l'appelle *Ki* ; il ne faut pas la confondre avec la nature immatérielle et intellectuelle.

18. De *Li* pur, ou du chaos, ou séminaire universel des choses, sortent cinq vertus ; la piété, la justice, la religion, la prudence et la fidélité avec tous ses attributs : de *Li* revêtu de qualités, et combiné avec l'air primitif, naissent cinq élémens physiques et moraux, dont la source est commune.

19. *Li* est donc l'essence de tout ; ou, selon l'expression de Confucius, la raison première ou la substance universelle.

20. *Li* produit tout par *Ki*, ou son air primitif ; cet air est son instrument et son régulateur général.

21. Après un certain nombre d'ans et de révolu-

tions, le monde finira; tout retournera à sa source première, à son principe: il ne restera que *Li* et *Ki*; et *Li* reproduira un nouveau monde; et ainsi de suite à l'infini.

22. Il y a des esprits; c'est une vérité démontrée par l'ordre constant de la terre et des eaux, et la continuation réglée et non interrompue de leurs opérations.

23. Les choses ont donc un auteur, un principe invisible qui les conduit; c'est *Chu*, le maître; *Xin-Kuei*, l'esprit qui va et revient; *Ti-Kium*, le prince ou le souverain.

24. Autre preuve des esprits; ce sont les bienfaits répandus sur les hommes, amenés par cette voie au culte et aux sacrifices.

25. Nos pères ont offert quatre sortes de sacrifices; *Lui*, au ciel, et à *Xangh-ti*, son esprit; *In*, aux esprits des six causes universelles, dans les quatre temps de l'année, savoir; le froid, le chaud, le soleil, la lune, les étoiles, les pluies et la sécheresse; *Vuang*, aux esprits des montagnes et des fleuves; *Pien*, aux esprits inférieurs, et aux hommes qui ont bien mérité de la république.

D'où il suit, 1.° que les esprits des Chinois ne sont qu'une seule et même substance avec la chose à laquelle ils sont unis.

2.° Qu'ils n'ont tous qu'un principe, le chaos primitif; ce qu'il faut entendre du *Tien-Chu*, notre Dieu, et du *Xangh-ti*, le ciel ou l'esprit céleste.

3.° Que les esprits finiront avec le monde, et retourneront à la source commune de toutes choses.

4.° Que, relativement à leur substance primitive, les esprits sont tous également parfaits, et qu'ils ne sont distingués que par les parties plus grandes ou plus petites de leur résidence.

5.° Qu'ils sont tous sans vie, sans intelligence, sans liberté.

6.° Qu'ils reçoivent des sacrifices, seulement selon la condition de leurs opérations et des lieux qu'ils habitent.

7.° Que ce sont des portions de la substance universelle, qui ne peuvent être séparées des êtres où on les suppose sans la destruction de ces êtres.

26. Il y a des esprits de génération et de corruption, qu'on peut appeler *esprits physiques*, parce qu'ils sont causes des effets physiques; et il y a des esprits de sacrifices, qui sont ou bien ou mal-faisans à l'homme, et qu'on peut appeler *politiques*.

27. La vie de l'homme consiste dans l'union convenable des parties de l'homme, qu'on peut appeler l'entité du ciel et de la terre : l'entité du ciel est un air très-pur, très-léger, de nature ignée qui constitue l'*Hoen*, l'ame ou l'esprit des animaux; l'entité de la terre est un air épais, pesant, grossier, qui forme le corps et ses humeurs, et s'appelle *Pe*, corps ou cadavre.

28. La mort n'est autre chose que la séparation

de *Hoen* et de *Pe* ; chacune de ces entités retourne à sa source ; *Hoen* au ciel, *Pe* à la terre.

29. Il ne reste après la mort que l'entité du ciel et l'entité de la terre ; l'homme n'a point d'autre immortalité ; il n'y a proprement d'immortel que *Li*.

On convient assez de l'exactitude de cette exposition ; mais chacun y voit, ou l'athéisme, ou le déisme, ou le polithéisme, ou l'idolâtrie, selon le sens qu'il attache aux mots. Ceux qui veulent que le *Li* des *Chinois* ne soit autre chose que notre Dieu, sont bien embarrassés quand on leur objecte que ce *Li* est rond : mais de quoi ne se tire-t-on pas avec des distinctions ? Pour disculper les lettrés de la Chine du reproche d'athéisme et d'idolâtrie, l'obscurité de la langue prêtoit assez ; il n'étoit pas nécessaire de perdre à cela tout l'esprit que Léibnitz y a mis.

Si ce systême est aussi ancien qu'on le prétend, on ne peut être trop étonné de la multitude surprenante d'expressions abstraites et générales, dans lesquelles il est conçu. Il faut convenir que ces expressions, qui ont rendu l'ouvrage de Spinosa si long-temps inintelligible parmi nous, n'auroient guère arrêté les *Chinois* il y a six ou sept cents ans. La langue philosophique de notre athée moderne est précisément celle qu'ils parloient dans leurs écoles.

Voilà les progrès qu'ils avoient faits dans le monde intellectuel, lorsque nous leur portâmes nos connoissances. Cet événement est l'époque de la philosophie moderne des *Chinois*. L'estime singulière, dont ils honorèrent les premiers Européens qui débarquèrent dans leur contrée, ne nous donne pas une haute idée des connoissances qu'ils avoient en mécanique, en astronomie, et dans les autres parties des mathématiques. Ces Européens n'étoient même, dans leur corps, que des hommes ordinaires : s'ils avoient quelques qualités qui les rendissent particulièrement recommandables, c'étoit le zèle avec lequel ils couroient annoncer la vérité dans des régions inconnues, au hasard de les arroser de leur propre sang, comme cela est si souvent arrivé depuis à leurs successeurs. Cependant ils furent accueillis : la superstition, si communément ombrageuse, s'assoupit devant eux; ils se firent écouter; ils ouvrirent des écoles; on y accourut; on admira leur savoir. L'empereur Cham-hy, sur la fin du dernier siècle, les admit à sa cour; s'instruisit de nos sciences ; apprit d'eux notre philosophie ; étudia les mathématiques, l'astronomie, les mécaniques, etc. Son fils Yong-Tching ne lui ressembla pas ; il relégua à Canton et à Macao les virtuoses européens, excepté ceux qui résidoient à Pékin, qui y restèrent. Kien-long, fils de Yong-Tching, fut un peu plus indulgent pour eux : il défendit cependant la religion chrétienne, et persécuta même ceux de ses soldats qui l'avoient embrassée ; mais il souffrit les jésuites, qui continuèrent d'enseigner à Pékin.

Il nous reste maintenant à faire connoître la philosophie-pratique des *Chinois*. Pour cet effet, nous allons donner quelques-unes des sentences morales de ce Confucius, dont un homme, qui aspire à la réputation de lettré et de philosophe, doit savoir au-moins quelques ouvrages par cœur.

1. L'éthique politique a deux objets principaux ; la culture de la nature intelligente, l'institution du peuple.

2. L'un de ces objets demande que l'entendement soit orné de la science des choses, afin qu'il discerne le bien et le mal, le vrai et le faux ; que les passions soient modérées ; que l'amour de la vérité et de la vertu se fortifie dans le cœur ; et que la conduite envers les autres soit décente et honnête.

3. L'autre objet est que le citoyen sache se conduire lui-même, gouverner sa famille, remplir sa charge, commander une partie de la nation, posséder l'empire.

4. Le philosophe est celui qui a une connoissance profonde des choses et des livres ; qui pèse tout ; qui se soumet à la raison ; et qui marche d'un pas assuré dans les voies de la vérité et de la justice.

5. Quand on aura consommé la force intellec-

tuelle à approfondir les choses, l'intention et la volonté s'épureront ; les mauvaises affections s'éloigneront de l'ame ; le corps se conservera sain ; le domestique sera bien ordonné ; la charge, bien remplie ; le gouvernement particulier, bien administré ; l'empire, bien régi ; il jouira de la paix.

6. Qu'est-ce que l'homme tient du ciel ? La nature intelligente : la conformité à cette nature constitue la règle ; l'attention à vérifier la règle et à s'y assujettir est l'exercice du sage.

7. Il est une certaine raison ou droiture céleste donnée à tous ; il y a un supplément humain à ce don, quand on l'a perdu. La raison céleste est du saint ; le supplément est du sage.

8. Il n'y a qu'un principe de conduite ; c'est de porter en tout de la sincérité ; et de se conformer de toute son ame et de toutes ses forces à la mesure universelle : ne fais point à autrui ce que tu ne veux pas qu'on te fasse.

9. On connoît l'homme, en examinant ses actions, leur fin, les passions dans lesquels il se complaît, les choses en quoi il se repose.

10. Il faut divulguer sur-le-champ les choses bonnes à tous ; s'en réserver l'usage exclusif, une application individuelle, c'est mépriser la vertu ; c'est la forcer à un divorce.

11. Que le disciple apprenne les raisons des choses ; qu'il les examine ; qu'il raisonne ; qu'il médite ; qu'il pèse ; qu'il consulte le sage ; qu'il

s'éclaire; qu'il banisse la confusion de ses pensées et l'instabilité de sa conduite.

12. La vertu n'est pas seulement constante dans les choses extérieures.

13. Elle n'a aucun besoin de ce dont elle ne pourroit faire part à toute la terre; et elle ne pense rien, qu'elle ne puisse s'avouer à elle-même à la face du ciel.

14. Il ne faut s'appliquer à la vertu, que pour être vertueux.

15. L'homme parfait ne se perd jamais de vue.

16. Il y a trois dégrés de sagesse; savoir, ce que c'est que la vertu, l'aimer, la posséder.

17. La droiture du cœur est le fondement de la vertu.

18. L'univers a cinq règles; il faut de la justice entre le prince et le sujet; de la tendresse entre le père et le fils; de la fidélité entre la femme et le mari; de la subordination entre les frères; de la concorde entre les amis. Il y a trois vertus cardinales; la prudence, qui discerne; l'amour universel, qui embrasse; le courage, qui soutient : la droiture de cœur les suppose.

19. Les mouvemens de l'ame sont ignorés des autres : si tu es sage, veille donc à ce qu'il n'y ait que toi qui voies.

20. La vertu est entre les extrêmes; celui qui a passé le milieu n'a pas mieux fait que celui qui ne l'a pas atteint.

21. Il n'y a qu'une chose précieuse ; c'est la vertu.

22. Une nation peut plus par la vertu que par l'eau et le feu ; je n'ai jamais vu périr un aussi fort appui.

23. Il faut plus d'exemples au peuple que de préceptes ; il ne se faut charger de lui transmettre que ce dont on sera rempli.

24. Le sage est son censeur le plus sévère ; il est son témoin, son accusateur et son juge.

25. C'est avoir atteint l'innocence et la perfection, que de s'être surmonté, et que d'avoir recouvré cet ancien et primitif état de droiture céleste.

26. La paresse engourdie, l'ardeur inconsidérée, sont deux obstacles égaux au bien.

27. L'homme parfait ne prend point une voie détournée ; il suit le chemin ordinaire, et s'y tient ferme.

28. L'honnête homme est un homme universel.

29. La charité est cette affection constante et raisonnée qui nous immole au genre humain, comme s'il ne faisoit avec nous qu'un individu ; et qui nous associe à ses malheurs et à ses prospérités.

30. Il n'y a que l'honnête homme, qui ait le droit de haïr et d'aimer.

31. Compense l'injure par l'aversion, et le bienfait par la reconnoissance ; car c'est la justice.

32. Tomber et ne point se relever, voilà proprement ce que c'est que faillir.

33. C'est une espèce de trouble d'esprit, que de souhaiter aux autres, ou ce qui n'est pas en notre puissance, ou des choses contradictoires.

34. L'homme parfait agit selon son état, et ne veut rien qui lui soit étranger.

35. Celui qui étudie la sagesse a neuf qualités en vue; la perspicacité de l'œil; la finesse de l'oreille; la sérénité du front; la gravité du corps; la véracité du propos; l'exactitude, dans l'action; le conseil, dans les cas douteux; l'examen des suites, dans la vengeance et dans la colère.

La morale de Confucius est, comme l'on voit, bien supérieure à sa métaphysique et à sa physique. On peut consulter Bulfinger, sur les maximes qu'il a laissées du gouvernement de la famille, des fonctions de la magistrature, et de l'administration de l'empire.

Comme les mandarins et les lettrés ne font pas le gros de la nation, et que l'étude des lettres ne doit pas être une occupation bien commune, la difficulté en étant là beaucoup plus grande qu'ailleurs, il semble qu'il resteroit encore bien des choses importantes à dire sur les *Chinois;* et cela est vrai: mais nous ne nous sommes pas proposé de faire l'abrégé de leur histoire, mais celui seulement de leur philosophie. Nous observerons cependant, 1.° que, quoiqu'on ne puisse accorder aux *Chinois* toute l'antiquité dont ils se vantent, et qui ne leur est guère disputée par leurs panégyristes, on ne peut nier, toute-fois, que la date de leur empire ne soit très-voisine du déluge.

2.° Que plus on leur accordera d'ancienneté, plus on aura de reproches à leur faire sur l'imperfection de leur langue et de leur écriture : il est inconcevable que des peuples, à qui l'on donne tant d'esprit et de sagacité, aient multiplié à l'infini les accens, au-lieu de multiplier les mots ; et multiplié à l'infini les caractères, au-lieu d'en combiner un petit nombre.

3.° Que, l'éloquence et la poésie tenant de fort près à la perfection de la langue, ils ne sont, selon toute apparence, ni grands orateurs, ni grands poëtes.

4.° Que leurs drames sont bien imparfaits, s'il est vrai qu'on y prenne un homme au berceau ; qu'on y représente la suite de toute sa vie, et que l'action théâtrale dure plusieurs mois de suite.

5.° Que, dans ces contrées, le peuple est très-enclin à l'idolâtrie ; et que son idolâtrie est fort grossière, si l'histoire suivante, qu'on lit dans le P. le Comte, est bien vraie.

Ce missionnaire de la Chine raconte que, les médecins ayant abandonné la fille d'un Nankinois, cet homme qui aimoit éperduement son enfant, ne sachant plus à qui s'adresser, s'avisa de demander sa guérison à une de ses idoles. Il n'épargna ni les sacrifices, ni les mets, ni les parfums, ni l'argent. Il prodigua à l'idole tout ce qu'il crut lui être agréable ; cependant sa fille mourut. Son zèle alors et sa piété dégénérèrent en fureur; il résolut de se venger d'une idole qui l'avoit abusé. Il porta sa plainte devant le juge, et poursuivit cette affaire comme un procès en règle, qu'il gagna, malgré toute la sollicitation des bonzes, qui craignoient, avec juste raison, que la punition d'une idole qui n'exauçoit pas, n'eût des suites fâcheuses pour les autres idoles et pour eux.

Ces idolâtres ne sont pas toujours aussi modérés lorsqu'ils sont mécontens de leurs idoles; ils les haranguent à-peu-près en ces termes : « Crois-tu
» que nous ayons tort dans notre indignation ? sois
» juge entre nous et toi. Depuis long-temps nous
» te soignons; tu es logée dans un temple ; tu es
» adorée de la tête aux pieds ; nous t'avons tou-
» jours servi les choses les plus délicieuses ; si tu
» n'en as pas mangé, c'est ta faute. Tu ne saurois
» dire que tu aies manqué d'encens ; nous avons
» tout fait de notre part, et tu n'as rien fait de la
» tienne : plus nous te donnons, plus nous deve-
» nons pauvres; conviens que si nous te devons,
» tu nous dois aussi. Or, dis-nous de quels biens
» tu nous as comblés » ? La fin de cette harangue est ordinairement d'abattre l'idole, et de la traîner dans les boues.

Les bonzes débauchés, hypocrites et avares,

encouragent le plus qu'ils peuvent à la superstition. Ils en sont sur-tout pour les pélerinages, et les femmes aussi, *qui donnent beaucoup dans cette dévotion, qui n'est pas fort du goût des maris, jaloux au point que nos missionnaires ont été obligés de bâtir, aux nouveaux convertis, des églises séparées pour les deux sexes.* Voyez le P. le Comte.

6.° Qu'il paroît que, parmi les religions étrangères tolérées, la religion chrétienne tient le haut rang : que les mahométans n'y sont pas nombreux, quoiqu'ils y aient des mosquées superbes : que les jésuites ont beaucoup mieux réussi dans ce pays, que ceux qui y ont exercé, en-même-temps ou depuis, les fonctions apostoliques : que les femmes chinoises semblent fort pieuses, s'il est vrai, comme le dit le P. le Comte, *qu'elles voudroient se confesser tous les jours, soit goût pour le sacrement, soit tendresse de piété, soit quelqu'autre raison qui leur est particulière :* qu'à en juger par les objections de l'empereur aux premiers missionnaires, les *Chinois* ne l'ont pas embrassée en aveugles. *Si la connoissance de J. C. est nécessaire au salut,* disoit cet empereur aux missionnaires, *et que d'ailleurs Dieu nous ait voulu sincèrement sauver, comment nous a-t-il laissés si long-temps dans l'erreur ? Il y a plus de seize siècles que votre religion est établie dans le monde ; et nous n'en avons rien su. La Chine est-elle si peu de chose qu'elle ne mérite pas qu'on pense à elle, tandis que tant de barbares sont éclairés !* C'est une difficulté, qu'on propose tous les jours sur les bancs en Sorbonne. *Les missionnaires,* ajoute le P. le Comte, qui rapporte cette difficulté, *y répondirent, et le prince fut content;* ce qui devoit être. Des missionnaires seroient, ou bien ignorans, ou bien mal-adroits, s'ils s'embarquoient pour la conversion d'un peuple un peu policé, sans avoir préparé une satisfaisante réponse à cette objection commune. *Voyez* dans la première édit. de l'Encyc. les art. Foi, Grace, Prédestination.

7.º Que les *Chinois* ont d'assez bonnes manufactures en étoffes et en porcelaines; mais que s'ils excellent par la matière, ils pèchent absolument par le goût et la forme ; qu'ils en seront encore long-temps aux magots; qu'ils ont de belles couleurs et de mauvaises peintures ; en un mot, qu'ils n'ont pas le génie d'invention et de découvertes qui brille aujourd'hui dans l'Europe : que s'ils avoient eu des hommes supérieurs, leurs lumières auroient forcé les obstacles, par la seule impossibilité de rester captives; qu'en général, l'esprit d'orient est plus tranquille, plus paresseux, plus renfermé dans les besoins essentiels, plus borné à ce qu'il trouve établi, moins avide de nouveautés que l'esprit d'occident. Ce qui doit rendre, particulièrement à la Chine, les usages plus constans, le gouvernement plus uniforme, les loix plus durables ; mais que, les sciences et les arts demandant une activité plus inquiète, une curiosité qui ne se lasse point de chercher, une sorte de capacité de se satisfaire, nous y sommes plus propres ; et qu'il n'est pas étonnant que, quoique les *Chinois* soient les plus anciens, nous les ayons devancés de si loin. Voyez *les Mémoires de l'académie, année* 1727. *L'Histoire de la philosophie de Bruck*. Butfing. Léibnitz. Le P. le Comte. *Les Mémoires des missionnaires étrangers.... etc. Et les Mémoires de l'académie des inscriptions,*

CYNIQUE.

SECTE DE PHILOSOPHES ANCIENS.

Le cynisme sortit de l'école de Socrate ; et le stoïcisme, de l'école d'Antisthène. Ce dernier, dégoûté des hypothèses sublimes, que Platon et les autres philosophes de la même secte se glorifioient d'avoir apprises de leur divin maître, se tourna tout-à-fait du côté de l'étude des mœurs et de la pratique de la vertu ; et il ne donna pas en cela une preuve médiocre de la bonté de son jugement. Il falloit plus de courage pour fouler aux pieds ce qu'il pouvoit y avoir de fastueux et d'imposant dans les idées socratiques, que pour marcher sur la pourpre du manteau de Platon. Antisthène, moins connu que Diogène son disciple, avoit fait le pas difficile.

Il y avoit au midi d'Athènes, hors des murs de cette ville, non loin du Lycée, un lieu un peu plus élevé, dans le voisinage d'un petit bois. Ce lieu s'appeloit *Cynosarge*. La superstition d'un citoyen, alarmé de ce qu'un chien s'étoit emparé des viandes qu'il avoit offertes à ses dieux domestiques, et les avoit portées dans cet endroit, y avoit élevé un temple à Hercule, à l'instigation d'un oracle qu'il avoit interrogé sur ce prodige. *La superstition des anciens transformoit tout en prodiges; et leurs oracles ordonnoient toujours ou des autels, ou des sacrifices.* On sacrifioit aussi, dans ce temple, à Hébé, à Alcmène et à Jolas. Il y avoit, aux environs, un gymnase particulier pour les étrangers et pour les *enfans illégitimes*. On donnoit ce nom, dans Athènes, à ceux qui étoient nés d'un père athénien et d'une mère étrangère. C'étoit là, qu'on accordoit aux esclaves la liberté, et que des juges examinoient et décidoient les contestations occasionnées entre les citoyens, par des naissances suspectes; et ce fut aussi dans ce lieu, qu'Antisthène, fondateur de la secte *cynique*, s'établit et donna ses premières leçons. On prétend que ses disciples en furent appelés *cyniques*, nom qui leur fut confirmé dans la suite, par la singularité de leurs mœurs et de leurs sentimens, et par la hardiesse de leurs actions et de leurs discours. Quand on examine de près la bizarrerie des *cyniques*, on trouve qu'elle consistoit principalement à transporter au milieu de la société les mœurs de l'état de nature. Ou ils ne s'apperçurent point, ou ils se soucièrent peu du ridicule qu'il y avoit à affecter, parmi des hommes corrompus et délicats, la conduite et les discours de l'innocence des premiers temps, et la rusticité des siècles de l'animalité.

Les *cyniques* ne demeurèrent pas long-temps renfermés dans le cynosarge. Ils se répandirent dans toutes les provinces de la Grèce, bravant les préjugés, prêchant la vertu, et attaquant le vice sous quelque forme qu'il se présentât. Ils se montrèrent particulièrement dans les lieux sacrés et sur les places publiques. Il n'y avoit en effet que la publicité qui pût pallier la licence apparente de leur philosophie. L'ombre la plus légère de secret, de honte et de ténèbres, leur auroit attiré, dès le commencement, des dénominations injurieuses et de la persécution. Le grand jour les en garantit. Comment imaginer, en effet, que des hommes pensent qu'il y ait du mal à faire et à dire ce qu'ils font et disent sans aucun mystère ?

Antisthène apprit l'art oratoire de Gorgias le sophiste, qu'il abandonna pour s'attacher à Socrate, entraînant avec lui une partie de ses condisciples. Il sépara de la doctrine du philosophe ce qu'elle avoit de solide et de substantiel, comme il avoit démêlé des préceptes du rhéteur ce qu'ils avoient de frappant et de vrai. C'est ainsi qu'il se prépara à la pratique ouverte de la vertu, et à la profession publique de la philosophie. On le vit alors se promenant dans les rues, l'épaule chargée d'une besace, le dos couvert d'un mauvais manteau, le menton hérissé d'une longue barbe, et la main appuyée sur un bâton, mettant dans le mépris des choses extérieures un peu plus d'ostentation peut-être qu'elles n'en méritoient. C'est du-moins la conjecture qu'on peut tirer d'un mot de Socrate, qui, voyant son ancien disciple trop fier d'un mauvais habit, lui disoit avec sa finesse ordinaire : *Antisthène, je t'apperçois à travers un trou de ta robe.* Du-reste, il rejeta loin de lui toutes les commodités de la vie : il s'affranchit de la tyrannie du luxe et des richesses, et de la passion des femmes, de la réputation et des dignités, en un mot, de tout ce qui subjugue et tourmente les hommes; et ce fut en s'immolant lui-même sans réserve, qu'il crut acquérir le droit de poursuivre les autres sans ménagement. Il commença par venger la mort de Socrate; celle de Mélite et l'exil d'Anyte furent les suites de l'amertume de son ironie. La dureté de son caractère, la sévérité de ses mœurs, et les épreuves auxquelles il soumettoit ses disciples, n'empêchèrent point qu'il n'en eût ; mais il étoit d'un commerce trop difficile pour les conserver : bientôt il éloigna les uns ; les autres se retirèrent ; et Diogène fut presque le seul qui lui resta.

La secte *cynique* ne fut jamais si peu nombreuse et si respectable que sous Antisthène. Il ne suffisoit pas, pour être *cynique*, de porter une lanterne à la main, de coucher dans les rues ou dans un tonneau, et d'accabler les passans de vérités injurieuses. « Veux-tu que je sois ton maî-
» tre, et mériter le nom de mon disciple, disoit
» Antisthène à celui qui se présentoit à la porte de
» son école ? commence par ne te ressembler en
» rien, et par ne plus rien faire de ce que tu
» faisois. N'accuse de ce qui t'arrivera ni les
» hommes, ni les dieux. Ne porte ton désir et ton
» aversion que sur ce qu'il est en ta puissance
» d'approcher ou d'éloigner de toi. Songe que la
» colère, l'envie, l'indignation, la pitié, sont des
» foiblesses indignes d'un philosophe. Si tu es tel
» que tu dois être, tu n'auras jamais lieu de
» rougir. Tu laisseras donc la honte à celui qui,
» se reprochant quelque vice secret, n'ose se
» montrer à découvert. Sache que la volonté de
» Jupiter sur le *cynique* est qu'il annonce aux
» hommes le bien et le mal sans flatterie ; et
» qu'il leur mette sans cesse sous les yeux les er-
» reurs dans lesquelles ils se précipitent ; et sur-
» tout ne crains point la mort, quand il s'agira de
» dire la vérité ».

Il faut convenir que ces leçons ne pouvoient

guère germer que dans des ames d'une trempe bien forte. Mais aussi les *cyniques* demandoient peut-être trop aux hommes, dans la crainte de n'en pas obtenir assez. Peut-être seroit-il aussi ridicule d'attaquer leur philosophie par cet excès apparent de sévérité, que de leur reprocher le motif vraiment sublime sur lequel ils en avoient embrassé la pratique. Les hommes marchent avec tant d'indolence dans le chemin de la vertu, que l'aiguillon dont on les presse ne peut être trop vif ; et ce chemin est si laborieux à suivre, qu'il n'y a point d'ambition plus louable que celle qui soutient l'homme et le transporte à travers les épines dont il est semé. En un mot, ces anciens philosophes étoient outrés dans leurs préceptes, parce qu'ils savoient par expérience qu'on se relâche toujours assez dans la pratique; et ils pratiquoient eux-mêmes la vertu, parce qu'ils la regardoient comme la seule véritable grandeur de l'homme: et voilà ce qu'il a plu à leurs détracteurs d'appeler *vanité ;* reproche vide de sens, et imaginé par des hommes en qui la superstition avoit corrompu l'idée naturelle et simple de la bonté morale.

Les *cyniques* avoient pris en aversion la culture des beaux-arts. Ils comptoient tous les momens qu'on y employoit, comme un temps dérobé à la pratique de la vertu et à l'étude de la morale. Ils rejetoient, en conséquence des mêmes principes, et la connoissance des mathématiques, et celle de la physique, et l'histoire de la nature; ils affectoient sur-tout un mépris souverain pour cette élégance particulière aux Athéniens, qui se faisoit remarquer et sentir dans leurs mœurs, leurs écrits, leurs discours, leurs ajustemens, la décoration de leurs maisons, en un mot, dans tout ce qui appartenoit à la vie civile. D'où l'on voit que s'il étoit très-difficile d'être aussi vertueux qu'un *cynique*, rien n'étoit plus facile que d'être aussi ignorant et aussi grossier.

L'ignorance des beaux-arts et le mépris des décences furent l'origine du discrédit, où la secte tomba dans les siècles suivans. Tout ce qu'il y avoit, dans les villes de la Grèce et de l'Italie, de bouffons, d'impudens, de mendians, de parasites, de gloutons et de fainéans (et il y avoit beaucoup de ces gens-là sous les empereurs), prit effrontément le nom de *cynique*. Les magistrats, les prêtres, les sophistes, les poëtes, les orateurs; tous ceux qui avoient été auparavant les victimes de cette espèce de philosophie, crurent qu'il étoit temps de prendre leur revanche; tous sentirent le moment; tous élevèrent leurs cris à-la-fois; on ne fit aucune distinction dans les invectives; et le nom de *cynique* fut universellement abhorré. On va juger, par les principales maximes de la morale d'Antisthène, qui avoit encore dans ces derniers temps quelques véritables disciples, si cette condamnation des *cyniques* fut aussi juste qu'elle fut générale.

Antisthène disoit : La vertu suffit pour le bonheur ; celui qui la possède n'a plus rien à désirer, que la persévérance et la fin de Socrate.

L'exercice a quelquefois élevé l'homme à la vertu la plus sublime. Elle peut donc être d'institution, et le fruit de la discipline. Celui qui pense autrement, ne connoît pas la force d'un précepte, d'une idée.

C'est aux actions qu'on reconnoît l'homme vertueux. La vertu ornera son ame assez pour, qu'il puisse négliger la fausse parure de la science, des arts et de l'éloquence.

Celui qui sait être vertueux, n'a plus rien à apprendre ; et toute la philosophie se résout dans la pratique de la vertu.

La perte de ce qu'on appelle gloire est un bonheur ; ce sont de longs travaux abrégés.

Le sage doit être content d'un état qui lui donne la tranquille jouissance d'une infinité de choses, dont les autres n'ont qu'une contentieuse propriété. Les biens sont moins à ceux qui les possèdent, qu'à ceux qui savent s'en passer.

C'est moins selon les loix des hommes, que selon les maximes de la vertu, que le sage doit vivre dans la république.

Si le sage se marie, il prendra une femme qui soit belle, afin de faire de beaux enfans à sa femme;

Il n'y a, à proprement parler, rien d'étranger ni d'impossible à l'homme sage.

L'honnête homme est l'homme vraiment aimable.

Il n'y a d'amitié réelle qu'entre ceux qui sont unis par la vertu.

La vertu solide est un bouclier qu'on ne peut ni enlever, ni rompre. C'est la vertu seule, qui répare la différence et l'inégalité des sexes.

La guerre fait plus de malheureux qu'elle n'en emporte. Consulte l'œil de ton ennemi; car il appercevra le premier ton défaut.

Il n'y a de bien réel, que la vertu; de mal réel, que le vice.

Ce que le vulgaire appelle des *biens* et des *maux*, sont toutes choses qui ne nous concernent en rien.

Un des arts les plus importans et les plus difficiles, c'est celui de désapprendre le mal.

On peut tout souhaiter au méchant, excepté la valeur.

La meilleure provision à porter dans un vaisseau qui doit périr, c'est celle qu'on sauve toujours avec soi du naufrage.

Ces maximes suffisent pour donner une idée de la sagesse d'Antisthène; ajoutons-y quelques-uns de ses discours, sur lesquels on puisse s'en former une de son caractère. Il disoit à celui qui lui demandoit par quel motif il avoit embrassé la philosophie : *c'est pour vivre bien avec moi ;* à un prêtre qui l'initioit aux mystères d'Orphée, et qui lui vantoit le bonheur de l'autre vie : *pourquoi ne meurs-tu donc pas ?* aux Thébains énorgueillis de la victoire de Leuctres, *qu'ils ressembloient à des écoliers tout fiers d'avoir battu leur maître ;* d'un certain Isménias dont on parloit comme d'un bon flûteur : *que pour cela même il ne valoit rien ; car s'il valoit quelque chose, il ne seroit pas si bon flûteur.*

D'où l'on voit que la vertu d'Antisthène étoit chagrine. Ce qui arrivera toujours, lorsqu'on s'opiniâtrera à se former un caractère artificiel et des mœurs factices. Je voudrois bien être Caton; mais je crois qu'il m'en couteroit beaucoup, à moi et aux autres, avant que je le fusse devenu. Les fréquens sacrifices, que je serois obligé de faire au personnage sublime que j'aurois pris pour modèle, me rempliroient d'une bile âcre et caustique qui s'épancheroit à chaque instant au-dehors ; et c'est là peut-être la raison pour laquelle quelques sages et certains dévots austères sont si sujets à la mauvaise humeur. Ils ressentent sans cesse la contrainte d'un rôle qu'ils se sont imposé, et pour lequel la nature ne les a point faits ; et ils s'en prennent aux autres du tourment qu'ils se donnent à eux-mêmes. Cependant il n'appartient pas à tout le monde de se proposer Caton pour modèle.

Diogène, disciple d'Antisthène, naquit à Sinope, ville du Pont, la troisième année de la quatre-vingt-onzième olympiade. Sa jeunesse fut dissolue ; il fut banni, pour avoir rogné les espèces. Cette aventure fâcheuse le conduisit à Athènes, où il n'eut pas de peine à goûter un genre de philosophie qui lui promettoit de la célébrité, et qui ne lui prescrivoit d'abord que de renoncer à des richesses qu'il n'avoit point. Antisthène, peu disposé à prendre un faux-monnoyeur pour disciple, le rebuta ; irrité de son attachement opiniâtre, il se porta même jusqu'à le menacer de son bâton. *Frappe*, lui dit Diogène, *tu ne trouveras point de bâton assez dur pour m'éloigner de toi, tant que tu parleras.* Le banni de Sinope prit, en dépit d'Antisthène, le manteau, le bâton et la besace : c'étoit l'uniforme de la secte. Sa conversion se fit en un moment. En un moment, il conçut la haine la plus forte pour le vice, et il professa la frugalité la plus austère. Remarquant un jour une souris qui ramassoit les miettes qui se détachoient de son pain : *et moi aussi*, s'écria-t-il, *je peux me contenter de ce qui tombe de leurs tables.*

Il n'eut pendant quelque temps aucune demeure fixe ; il vécut, reposa, enseigna, conversa partout où le hasard le promena. Comme on différoit trop à lui bâtir une cellule qu'il avoit demandée, il se réfugia, dit-on, dans un tonneau, espèce de maison à l'usage de gueux, long-temps avant que Diogène les mît à la mode parmi ses disciples. La sévérité, avec laquelle les premiers cénobites se sont traités par esprit de mortification, n'a rien de plus extraordinaire que ce que Diogène et ses successeurs exécutèrent pour s'endurcir à la philosophie. Diogène se rouloit en été dans les sables brûlans ; il embrassoit en hiver des statues couvertes de neiges ; il marchoit les pieds nus sur la glace ; pour toute nourriture, il se contentoit quelquefois de brouter la pointe des herbes. Qui osera s'offenser, après cela, de le voir dans les jeux isthmiques se couronner de sa propre main, et de l'entendre lui-même se proclamer vainqueur de l'ennemi le plus redoutable de l'homme, *la volupté*.

Son enjouement naturel résista presque à l'austérité de sa vie. Il fut plaisant, vif, ingénieux, éloquent. Personne n'a dit autant de bons mots. Il faisoit pleuvoir le sel et l'ironie sur les vicieux. Les *cyniques* n'ont point connu cette espèce d'abstraction de la charité chrétienne, qui consiste à distinguer le vice de la personne. Les dangers qu'il courut de la part de ses ennemis, et auxquels il ne paroit point qu'Antisthène, son maître, ait jamais été exposé, prouvent bien que le ridicule est plus difficile à supporter que l'injure. Ici, on répondoit à ses plaisanteries avec des pierres ; là, on lui jetoit des os comme à un chien. Par-tout, on le trouvoit également insensible. Il fut pris dans le trajet d'Athènes à Egine, conduit en Crète, et mis à l'encan avec d'autres esclaves. Le crieur public lui ayant demandé ce qu'il savoit : *Commander aux hommes*, lui répondit Diogène ; *et tu peux me vendre à celui qui a besoin d'un maître*. Un Corinthien, appelé *Xéniade*, homme de jugement sans-doute, l'accepta à ce titre, profita de ses leçons, et lui confia l'éducation de ses enfans. Diogène en fit autant de petits *cyniques ;* et en très-peu de temps ils apprirent de lui à pratiquer la vertu, à manger des oignons, à marcher les pieds nus, à n'avoir besoin de rien, et à se moquer de tout. Les mœurs des Grecs étoient alors très-corrompues : libre de son métier de précepteur, il s'appliqua de toute sa force à réformer celles des Corinthiens. Il se montra donc dans leurs assemblées publiques ; il y harangua avec sa franchise et sa véhémence ordinaires ; et il réussit presque à en bannir les méchans, si-non à les corriger. Sa plaisanterie fut plus redoutée, que les loix. Personne n'ignore son entretien avec Alexandre ; mais ce qu'il importe d'observer, c'est qu'en traitant Alexandre avec la dernière hauteur, dans un temps où la Grèce entière se prosternoit à ses genoux, Diogène montra moins encore de mépris pour la grandeur prétendue de ce jeune ambitieux, que pour la lâcheté de ses compatriotes. Personne n'eut plus de fierté dans l'ame, ni de courage dans l'esprit, que ce philosophe. Il s'éleva au-dessus de tout événement ; mit sous ses pieds toutes les terreurs ; et se joua indistinctement de toutes les folies.

A-peine eut-on publié le décret qui ordonnoit d'adorer Alexandre sous le nom de *Bacchus de l'Inde*, qu'il demanda, lui, à être adoré sous le nom de *Sérapis de Grèce*.

Cependant ses ironies perpétuelles ne restèrent point sans quelque espèce de représailles. On le noircit de mille calomnies, qu'on peut regarder comme la monnoie de ses mots. Il fut accusé de son temps, et traduit chez la postérité, comme coupable de l'obscénité la plus excessive. Son tonneau ne se représente encore aujourd'hui à notre imagination prévenue, qu'avec un cortége d'images déshonnêtes : on n'ose regarder au fond. Mais les bons esprits, qui s'occuperont moins à chercher dans l'histoire ce qu'elle dit que ce qui est la vérité, trouveront que les soupçons qu'on a répandus sur ses mœurs n'ont eu d'autre fondement que la licence de ses principes. L'histoire scandaleuse de Laïs est démentie par mille circonstances ; et Diogène mena une vie si frugale et si laborieuse, qu'il put aisément se passer de femmes, sans user d'aucune ressource honteuse.

Voilà ce que nous devons à la vérité et à la mémoire de cet indécent, mais très-vertueux philosophe. De petits esprits, animés d'une jalousie basse contre toute vertu qui n'est pas renfermée dans leur secte, ne s'acharneront que trop à déchirer les sages de l'antiquité, sans que nous les secondions. Faisons plutôt ce que l'honneur de la philosophie, et même de l'humanité, doit attendre de nous : réclamons contre ces voix imbécilles ; et tâchons de relever, s'il se peut, dans nos écrits, les monumens que la reconnoissance et la vénération avoient érigés aux philosophes anciens, que le temps a détruits, et dont la superstition voudroit encore abolir la mémoire.

Diogène mourut à l'âge de 90 ans. On le trouva sans vie, enveloppé dans son manteau. Le ministère public prit soin de sa sépulture. Il fut inhumé vers la porte de Corinthe, qui conduisoit à l'isthme. On plaça sur son tombeau une colonne de marbre de Paros, avec le chien, symbole de la secte ; et ses concitoyens s'empressèrent à l'envi d'éterniser leurs regrets, et de s'honorer eux-mêmes en enrichissant ce monument d'un grand nombre de figures d'airain. Ce sont ces figures froides et muettes, qui déposent avec force contre les calomniateurs de Diogène ; et c'est elles que j'en croirai, parce qu'elles sont sans passion.

Diogène ne forma aucun systême de morale : il suivit la méthode des philosophes de son temps. Elle consistoit à rappeler toute leur doctrine à un petit nombre de principes fondamentaux, qu'ils avoient toujours présens à l'esprit, qui dictoient leurs réponses, et qui dirigeoient leur conduite. Voici ceux du philosophe Diogène.

Il y a un exercice de l'ame, et un exercice du corps. Le premier est une source féconde d'images sublimes qui naissent dans l'ame, qui l'enflamment et qui l'élevent. Il ne faut pas négliger le second, parce que l'homme n'est pas en santé, si l'une des deux parties dont il est composé est malade.

Tout s'acquiert par l'exercice; il n'en faut pas même excepter la vertu. Mais les hommes ont travaillé à se rendre malheureux, en se livrant à des exercices qui sont contraires à leur bonheur, parce qu'ils ne sont pas conformes à leur nature.

L'habitude répand de la douceur jusques dans le mépris de la volupté.

On doit plus à la nature qu'à la loi.

Tout est commun entre le sage et ses amis. Il est au milieu d'eux, comme l'être bienfaisant et suprême au milieu de ses créatures.

Il n'y a point de société sans loi. C'est par la loi, que le citoyen jouit de sa ville; et le républicain, de sa république. Mais si les loix sont mauvaises, l'homme est plus malheureux et plus méchant dans la société que dans la nature.

Ce qu'on appelle *gloire*, est l'appât de la sottise; et ce qu'on appelle *noblesse*, en est le masque.

Une république bien ordonnée seroit l'image de l'ancienne ville du monde.

Quel rapport essentiel y a-t-il entre l'astronomie, la musique, la géométrie, et la connoissance de son devoir et l'amour de la vertu?

Le triomphe de soi est la consommation de toute philosophie.

La prérogative du philosophe, est de n'être surpris par aucun événement.

Le comble de la folie, est d'enseigner la vertu, d'en faire l'éloge, et d'en négliger la pratique.

Il seroit à souhaiter que le mariage fût un vain nom, et qu'on mît en commun les femmes et les enfans.

Pourquoi seroit-il permis de prendre dans la nature ce dont on a besoin, et non pas dans un temple ?

L'amour est l'occupation des désœuvrés.

L'homme, dans l'état d'imbécillité, ressemble beaucoup à l'animal dans son état naturel.

Le médisant est la plus cruelle des bêtes farouches ; et le flatteur, la plus dangereuse des bêtes privées.

Il faut résister à la fortune, par le mépris ; à la loi, par la nature ; aux passions, par la raison.

Aie les bons pour amis, afin qu'ils t'encouragent à faire le bien ; et les méchans pour ennemis, afin qu'ils t'empêchent de faire le mal.

Tu demandes aux dieux ce qui te semble bon ; et ils t'exauceroient peut-être, s'ils n'avoient pitié de ton imbécillité.

Traite les grands comme le feu ; et n'en sois jamais ni trop éloigné, ni trop près.

Quand je vois la philosophie et la médecine, l'homme me paroît le plus sage des animaux, disoit encore Diogène ; quand je jette les yeux sur l'astrologie et la divination, je n'en trouve point de plus fou ; et il me semble, pouvoit-il ajouter, que la superstition et le despotisme en ont fait le plus misérable.

Les succès du voleur Harpalus (c'étoit un des lieutenans d'Alexandre) m'inclineroient presque à croire, ou qu'il n'y a point de dieux, ou qu'ils ne prennent aucun sourci de nos affaires.

Parcourons maintenant quelques-uns de ces bons mots. Il écrivit à ses compatriotes : *Vous m'avez banni de votre ville; et moi, je vous relègue dans vos maisons. Vous restez à Sinope, et je m'en vais à Athènes. Je m'entretiendrai tous les jours avec les plus honnêtes gens, pendant que vous serez dans la plus mauvaise compagnie.* On lui disoit un jour, *on se moque de toi, Diogène ;* et il répondit, *et moi, je ne me sens point moqué.* Il dit à quelqu'un qui lui remontroit dans une maladie, qu'au-lieu de supporter la douleur, il feroit beaucoup mieux de s'en débarrasser en se donnant la mort, lui sur-tout qui paroissoit tant mépriser la vie : *Ceux qui savent ce qu'il faut faire et ce qu'il faut dire dans le monde, doivent y demeurer ; et c'est à toi d'en sortir, qui me parois ignorer l'un et l'autre.* Il disoit de ceux qui l'avoient fait prisonnier : *Les lions sont moins les esclaves de ceux qui les nourrissent, que ceux-ci ne sont les valets des lions.* Consulté sur ce qu'on feroit de son corps après sa mort : *Vous le laisserez,* dit-il, *sur la terre*. Et sur ce qu'on lui représenta qu'il demeureroit exposé aux bêtes féroces et aux oiseaux de proie : *Non*, repliqua-t-il, *vous n'aurez qu'à mettre auprès de moi mon bâton.* J'omets ses autres bons mots, qui sont assez connus.

Ceux-ci suffisent pour montrer que Diogène avoit le caractère tourné à l'enjouement, et qu'il y avoit plus de tempérament encore que de philosophie dans cette insensibilité tranquille et gaie, qu'il a poussée aussi loin qu'il est possible à la nature humaine de la porter ; *c'étoit*, dit Montaigne dans son style énergique et original qui plaît aux personnes du meilleur goût, lors même qu'il paroît bas et trivial, *une espèce de ladrerie spirituelle, qui a un air de santé que la philosophie ne méprise pas.* Il ajoute dans un autre endroit: *Ce cynique qui baguenaudoit à part-soi, et hochoit du nez le grand Alexandre, nous estimant des mouches ou des vessies pleines de vent, étoit bien juge plus aigre et plus poignant que Timon, qui fut surnommé le haïsseur des hommes ; car ce qu'on hait, on le prend à cœur : celui-ci nous souhaitoit du mal ; étoit passionné du désir de notre ruine ; fuyoit notre conversation comme dangereuse : l'autre nous estimoit si peu, que nous ne pouvions ni le troubler, ni l'altérer par notre contagion; s'il nous laissoit de compagnie, c'étoit pour le dédain de notre commerce, et non pour la crainte qu'il en avoit ; il ne nous tenoit capables, ni de lui bien ni de lui mal faire.*

Il y eut encore des *cyniques* de réputation après la mort de Diogène. On peut compter de ce nombre:

Xéniade, dont il avoit été l'esclave. Celui-ci jeta les premiers fondemens du scepticisme, en soutenant *que tout étoit faux ; que ce qui paroissoit de nouveau, naissoit de rien; et que ce qui disparoissoit, retournoit à rien.*

Onésicrite, homme puissant et considéré d'Alexandre. Diogène Laërce raconte qu'Onésicrite ayant envoyé le plus jeune de ses fils à Athènes, où Diogène professoit alors la philosophie, cet enfant eut à-peine entendu quelques-unes de ses leçons, qu'il devint son disciple ; que l'éloquence du philosophe produisit le même effet sur son frère aîné ; et qu'Onésicrite ne put lui-même s'en défendre.

Ce *Phocion*, que Démosthène appeloit *la coignée de ses périodes ;* qui fut surnommé *l'homme de bien ;* que tout l'or de Philippe ne put corrompre ; qui demandoit à son voisin, un jour qu'il avoit harangué avec les plus grands applaudissemens du peuple, s'il n'avoit point dit de sottises.

Stilpon de Mégare, et d'autres hommes d'état.

Monime de Syracuse, qui prétendoit que *nous étions trompés sans cesse par des simulacres ;* système dont Malebranche n'est pas éloigné, et que Berkeley a suivi.

Cratès de Thèbes ; celui qui ne se vengea d'un soufflet qu'il avoit reçu d'un certain Nicodromus, qu'en faisant écrire au bas de sa joue enflée du soufflet : *C'est de la main de Nicodrome ;* Νικοδρομος εποιει ; allusion plaisante à l'usage des peintres. Cratès sacrifia les avantages de la naissance et de la fortune à la pratique de la *philosophie cynique*. Sa vertu lui mérita la plus haute considération dans Athènes. Il connut toute la force de cette espèce d'autorité publique ; et il en usa pour rendre ses compatriotes meilleurs. Quoiqu'il fût laid de visage et bossu, il inspira la passion la plus violente à Hipparchia, sœur du philosophe Métrocle. Il faut avouer, à l'honneur de Cratès, qu'il fit jusqu'à l'indécence inclusivement, tout ce qu'il falloit pour détacher une femme d'un goût un peu délicat ; et à l'honneur d'Hipparchia, que la tentative du philosophe fut sans succès. Il se présenta nud devant elle, et lui dit, en lui montrant sa figure contrefaite et ses vêtemens déchirés : *Voilà l'époux que vous demandez, et voilà tout son bien.* Hipparchia épousa son *cynique* bossu, prit la robe de philosophe, et devint aussi indécente que son mari, s'il est vrai que Cratès lui ait proposé de consommer le mariage sous le portique, et qu'elle y ait consenti. Mais ce fait, n'en déplaise à Sextus-Empiricus, à Apulée, à Théodoret, à Lactance, à S. Clément d'Alexandrie, et à Diogène Laërce, n'a pas l'ombre de la vraisemblance ;

il ne s'accorde ni avec le caractère d'Hipparchia, ni avec les principes de Cratès ; et ressemble tout-à-fait à ces mauvais contes dont la méchanceté se plaît à flétrir les grands noms, et que la crédulité sotte adopte avec avidité et accrédite avec joie.

Métrocle, frère d'Hipparchia et disciple de Cratès. On fait à celui-ci un mérite d'avoir, en mourant, condamné ses ouvrages au feu ; mais si l'on juge de ses productions par la foiblesse de son esprit et la pusillanimité de son caractère, on ne les estimera pas dignes d'un meilleur sort.

Théombrote et *Cléomène*, disciples de Métrocle. *Démétrius* d'Alexandrie, disciple de Théombrote. *Timarque* de la même ville, et *Echecle* d'Ephèse, disciples de Cléomène. *Ménédeme*, disciple d'Echecle. Le *cynisme* dégénéra dans celui-ci en frénésie ; il se déguisoit en Tysiphone ; prenoit une torche à la main, et couroit les rues, en criant que *les dieux des enfers l'avoient envoyé sur la terre, pour discerner les bons des méchans.*

Ménédeme le frénétique eut pour disciple *Clésidius*, de Chalcis, homme d'un caractère badin et d'un esprit gai, qui, plus philosophe peut-être qu'aucun de ses prédécesseurs, sut plaire aux grands, sans se prostituer ; et profiter de leur familiarité, pour leur faire entendre la vérité et goûter la vertu.

Ménippe, le compatriote de Diogène. Ce fut un des derniers *cyniques* de l'école ancienne ; il se rendit plus recommandable par le genre d'écrire, auquel il a laissé son nom, que par ses mœurs et sa philosophie. Il étoit naturel que Lucien, qui l'avoit pris pour son modèle en littérature, en fît son héros en morale. Ménippe faisoit le commerce; composoit des satyres; et prêtoit sur gage. Dévoré de la soif d'augmenter ses richesses, il confia tout ce qu'il en avoit amassé à des marchands qui le volèrent. Diogène brisa sa tasse, lorsqu'il eut reconnu qu'on pouvoit boire dans le creux de sa main. Cratès vendit son patrimoine, et en jeta l'argent dans la mer, en criant : *je suis libre.* Un des premiers disciples d'Antisthène auroit plaisanté de la perte de sa fortune, et se seroit reposé sur cet argent, qui faisoit commettre de si vilaines actions, du soin de le venger de la mauvaise foi de ses associés; le *cynique* usurier en perdit la tête, et se pendit.

Ainsi finit le *cynisme* ancien. Cette philosophie reparut, quelques années avant la naissance de Jésus-Christ, mais dégradée. Il manquoit aux *cyniques* de l'école moderne les ames fortes, et les qualités singulières d'Antisthène, de Cratès et de Diogène. Les maximes hardies, que ces philosophes avoient avancées, et qui avoient été pour eux la source de tant d'actions vertueuses, outrées, mal-entendues par leurs derniers successeurs, les précipitèrent dans la débauche et le mépris. Les noms de *Carnéade*, de *Musonius*, de *Démonax*, de *Démétrius* et d'*OEnomaüs*, de *Crescence*, de *Pérégrin* et de *Salluste*, sont toute-fois parvenus jusqu'à nous ; mais ils n'y sont pas tous parvenus sans reproche et sans tache.

Nous ne savons rien de Carnéade le *cynique*. Nous ne savons que peu de chose de Musonius. Julien a loué la patience de ce dernier. Il fut l'ami d'Apollonius de Thyane et de Démétrius ; il osa affronter *le monstre à figure d'homme et à tête couronnée*, et lui reprocher ses crimes. Néron le fit jeter dans les fers et conduire aux travaux publics de l'isthme, où il acheva sa vie à creuser la terre et à faire des ironies. La vie et les actions de Démétrius ne nous sont guère mieux connues, que celles des deux philosophes précédens ; on voit seulement que le sort de Musonius ne rendit pas Démétrius plus réservé. Il vécut sous quatre empereurs, devant lesquels il conserva toute l'aigreur cynique, et qu'il fit quelquefois pâlir sur le trône. Il assista aux derniers momens du vertueux Thraséa. Il mourut sur la paille, craint des méchans, respecté des bons, et admiré de Sénèque. OEnomaüs fut l'ennemi déclaré des prêtres et des faux *cyniques*. Il se chargea de la fonction de dévoiler la fausseté des oracles, et de démasquer l'hypocrisie des prétendus philosophes de son temps, fonction dangereuse : mais Démétrius pensoit apparemment qu'il peut y avoir du mérite, mais qu'il n'y a aucune générosité à faire le bien sans danger. Démonax vécut sous Hadrien, et peut servir de modèle à tous les philosophes ; il pratiqua la vertu sans ostentation, et reprit le vice sans aigreur ; il fut écouté, respecté et chéri pendant sa vie, et préconisé par Lucien même après sa mort. On peut regarder Crescence comme le contraste de Démonax, et le pendant de Pérégrin. Je ne sais comment on a placé au rang des philosophes un homme souillé de crimes et couvert d'opprobres, rampant devant les grands, insolent avec ses égaux, craignant la douleur jusqu'à la pusillanimité, courant après la richesse, et n'ayant du véritable *cynique* que le manteau qu'il déshonoroit. Tel fut Crescencé. Pérégrin commença par être adultère, pédéraste, parricide ; et finit par devenir *cynique*, chrétien, apostat et fou. La plus louable action de sa vie, c'est de s'être brûlé tout vif : qu'on juge par-là des autres. Salluste, le dernier des *cyniques*, étudia l'éloquence dans Athènes, et professa la philosophie dans Alexandrie. Il s'occupa particulièrement à tourner le vice en ridicule, à décrier les faux *cyniques*, et à combattre les hypothèses de la philosophie platonicienne.

Concluons, de cet abrégé historique, qu'aucune secte de philosophie n'eut, il m'est permis de m'expliquer ainsi, une physionomie plus décidée que le *cynisme*. On se faisoit académicien, éclectique, cyrénaïque, pyrrhonien, sceptique ; mais il falloit naître *cynique*. Les faux *cyniques* furent une populace de brigands travestis en philosophes ;

et les *cyniques* anciens, de très-honnêtes gens qui ne méritèrent qu'un reproche qu'on n'encourt pas communément, c'est d'avoir été des *enthousiastes de vertu*. Mettez un bâton à la main de certains cénobites du Mont-Athos, qui ont déjà l'ignorance, l'indécence, la pauvreté, la barbe, l'habit grossier, la besace et la sandale d'Antisthène; supposez-leur ensuite de l'élévation dans l'ame, une passion violente pour la vertu, et une haine vigoureuse pour le vice; et vous en ferez une secte de *cyniques*.

CYRÉNAÏQUE.

SECTE.

On vit éclore, dans l'école socratique, de la diversité des matières dont Socrate entretenoit ses disciples, de sa manière presque sceptique de les traiter, et des différens caractères de ses auditeurs, une multitude surprenante de systèmes opposés; une infinité de sectes contraires, qui en sortirent toutes formées, comme on lit dans le poëte, que les héros grecs étoient sortis tout armés du cheval de Troye, ou plutôt comme la mythologie raconte que naquirent, des dents du serpent, des soldats qui se mirent en pièces sur le champ même qui les avoit produits. Aristippe fonda dans la Lybie, et répandit dans la Grèce et ailleurs, la secte *cyrénaïque*; Euclide, la mégarique;

Phédon, l'éliaque; Platon, l'académique; Antisthène, la cynique, etc.

La secte *cyrénaïque*, dont il s'agit ici, prit son nom de Cyrène, ville d'Afrique, et la patrie d'Aristippe, fondateur de la secte. Ce philosophe ne fut ennemi, ni de la richesse, ni de la volupté, ni de la réputation, ni des femmes, ni des hommes, ni des dignités. Il ne se piqua, ni de la pauvreté d'Antisthène, ni de la frugalité de Socrate, ni de l'insensibilité de Diogène. Il invitoit ses élèves à jouir des agrémens de la vie; et lui-même ne s'y refusoit pas. La commodité de sa morale donna mauvaise opinion de ses mœurs; et la considération qu'on eut dans le monde pour lui et pour ses sectateurs excita la jalousie des autres philosophes : *tantæne animis cœlestibus*, etc. On mésinterpréta la familiarité, dont il usoit avec ses jeunes élèves; et l'on répandit, sur sa conduite secrète, des soupçons qui seroient plus sérieux aujourd'hui qu'ils ne l'étoient alors.

Cette espèce d'intolérance philosophique le fit sortir d'Athènes; il changea plusieurs fois de séjour; mais il conserva par-tout les mêmes principes. Il ne rougit point à Egine de se montrer entre les adorateurs les plus assidus de Laïs; et il répondoit aux reproches qu'on lui en faisoit, *qu'il pouvoit posséder Laïs sans cesser d'être philosophe, pourvu que Laïs ne le possédât pas;* et comme on se proposoit de mortifier son amour-propre, en lui insinuant que la courtisanne se vendoit à lui, et se donnoit à Diogène, il disoit : *je l'achète pour m'en servir, et non pour empêcher qu'un autre ne s'en serve.* Quoiqu'il en soit de ces petites anecdotes, dont un homme sage sera toujours très-réservé, soit à nier, soit à garantir la vérité, je ne comprends guère par quel travers d'esprit on permettoit à Socrate le commerce d'Aspasie, et l'on reprochoit à Aristippe celui de Laïs. Ces femmes étoient toutes deux fameuses par leur beauté, leur esprit, leurs lumières, et leur galanterie. Il est vrai que Socrate professoit une morale fort austère, et qu'Aristippe étoit un philosophe très-voluptueux; mais il n'est pas moins constant que les philosophes n'avoient alors aucune répugnance à recevoir les courtisannes dans leurs écoles, et que le peuple ne leur en faisoit aucun crime.

Aristippe se montra de lui-même à la cour de Denis, où il réussit beaucoup mieux que Platon, que Dion y avoit appelé. Personne ne sut comme lui se plier aux temps, aux lieux, et aux personnes ; jamais déplacé, soit qu'il vécût avec éclat sous la pourpre et dans la compagnie des rois, soit qu'il enseignât obscurément dans l'ombre et la poussière d'une école. Je n'ai garde de blâmer cette philosophie versatile ; j'en trouve même la pratique, quand elle est accompagnée de dignité, pleine de difficultés et fort au-dessus des talens d'un homme ordinaire. Il me paroît seulement qu'Aristippe manquoit à Socrate, à Diogène et à Platon, et s'abaissoit à un rôle indigne de lui, en jetant du ridicule sur ces hommes respectables, devant des courtisans oisifs et corrompus, qui ressentoient une joie maligne à les voir dégradés, parce que cet avilissement apparent les consoloit un peu de leur petitesse réelle. N'est-ce pas en effet une chose bien humiliante à se représenter, qu'une espèce d'amphithéâtre élevé par le philosophe Aristippe, où il se met aux prises avec les autres philosophes de l'école de Socrate, les donne et se donne lui-même en spectacle à un tyran et à ses esclaves ?

Il faut avouer cependant qu'on ne remarque pas, dans le reste de sa conduite, ce défaut de jugement, avec lequel il laissoit échapper si mal-à-propos le mépris bien ou mal fondé qu'il avoit pour les autres sectes. Sa philosophie prit autant de faces différentes, que le caractère féroce de Denis; il sut, selon les circonstances, ou le mépriser, ou le réprimer, ou le vaincre, ou lui échapper, employant alternativement, ou la prudence, ou la fermeté, ou l'esprit, ou la liberté, et en imposant toujours au maître et à ses courtisans. Il fit respecter la vertu, entendre la vérité, et rendre justice à l'innocence, sans abuser de sa considération, sans avilir son caractère, sans compromettre sa personne. Quelque forme qu'il prît, on lui remarqua toujours l'ongle du lion qui distinguoit l'élève de Socrate.

Aristippe cultiva particulièrement la morale ; et il comparoit ceux qui s'arrêtoient trop long-temps à l'étude des beaux-arts, aux amans de Pénélope, qui négligeoient la maîtresse de la maison pour s'amuser avec ses femmes. Il entendoit les mathématiques, et il en faisoit cas. Ce fut lui, qui dit à ses compagnons de voyage, en appercevant quelques figures de géométrie sur un rivage inconnu où la tempête les avoit jetés : *courage, mes amis, voici des pas d'hommes*. Il estima singulièrement la dialectique, sur-tout appliquée à la philosophie morale.

Il pensoit que nos sensations ne peuvent jamais être fausses ; qu'il est possible d'errer sur la nature de leur cause, mais non sur leurs qualités et sur leur existence.

Que ce que nous croyons appercevoir hors de nous, est peut-être quelque chose ; mais que nous l'ignorons.

Qu'il faut, dans le raisonnement, rapporter tout à la sensation, et rien à l'objet, ou à ce que nous prenons pour tel.

Qu'il n'est pas démontré que nous éprouvions tous les mêmes sensations, quoique nous convenions tous dans les termes.

Que par conséquent, en dispute rigoureuse, il est mal de conclure de soi à un autre, et du *soi* du moment présent au *soi* d'un moment à venir.

Qu'entre les sensations, il y en a d'agréables, de fâcheuses, et d'intermédiaires.

Et que dans le calcul du bonheur et du malheur, il faut tout rapporter à la douleur et au plaisir, parce qu'il n'y a que cela de réel; et, sans avoir aucun égard à leurs causes morales, compter pour du mal, les fâcheuses; pour du bien, les agréables; et pour rien, les intermédiaires.

Ces principes servoient de base à sa philosophie. Et voici les inductions qu'il en tiroit, rendues à-peu-près dans la langue de nos géomètres modernes.

Tous les instans où nous ne sentons rien, sont zéro pour le bonheur et pour le malheur.

Nous n'avons de sensations à faire entrer en compte dans l'évaluation de notre bonheur et de notre malheur, que le plaisir et la peine.

Une peine ne diffère d'une peine, et un plaisir ne diffère d'un plaisir, que par la durée et par le dégré.

Le *momentum* de la douleur et de la peine, est le produit instantané ($μονόχρονον$) de la durée par le dégré.

Ce sont les sommes des *momentum* de peine et de plaisir passés, qui donnent le rapport du malheur au bonheur de la vie.

Les *cyrénaïques* prétendoient que le corps

fournissoit plus que l'esprit dans la somme des *momentum* de plaisir.

Que l'insensé n'étoit pas toujours mécontent de son existence, ni le sage toujours content de la sienne.

Que l'art du bonheur consistoit à évaluer ce qu'une peine qu'on accepte doit rendre de plaisir.

Qu'il n'y avoit rien qui fût en soi peine ou plaisir.

Que la vertu n'étoit à souhaiter, qu'autant qu'elle étoit ou un plaisir présent, ou une peine qui devoit rapporter plus de plaisir.

Que le méchant étoit un mauvais négociant; qu'il étoit moins à propos de punir que d'instruire de ses intérêts.

Qu'il n'y avoit rien en soi de juste et d'injuste, d'honnête et de déshonnête.

Que, de même que la sensation ne s'appeloit *peine* ou *plaisir* qu'autant qu'elle nous attachoit à l'existence ou nous en détachoit, une action n'étoit juste ou injuste, honnête ou déshonnête, qu'autant qu'elle étoit permise ou défendue par la coutume ou par la loi.

Que le sage fait tout pour lui-même, parce qu'il est l'homme qu'il estime le plus; et que, quelque heureux qu'il soit, il ne peut se dissimuler qu'il mérite de l'être encore davantage.

Aristippe eut deux enfans; un fils indigne de

lui, qu'il abandonna ; une fille qui fut célèbre par sa beauté, ses mœurs et ses connoissances. Elle s'appeloit *Areté*. Elle eut un fils nommé *Aristippe*, dont elle fit elle-même l'éducation, et qu'elle rendit, par ses leçons, digne du nom qu'il portoit.

Aristippe eut pour disciples Théodore, Synale, Antipater, et sa fille Areté. Areté eut pour disciple son fils Aristippe. Antipater enseigna la doctrine *cyrénaïque* à Épimide ; Épimide, à Péribate ; et Péribate, à Hégésias et à Annicéris, qui fondèrent les sectes hégésiaque et annicérienne, dont nous allons parler.

Hégésias, surnommé le Pisithanate, étoit tellement convaincu que l'existence est un mal, préféroit si sincèrement la mort à la vie, et s'en exprimoit avec tant d'éloquence, que plusieurs de ses disciples se défirent au sortir de son école. Ses principes étoient les mêmes que ceux d'Aristippe : ils instituoient l'un et l'autre un calcul moral ; mais ils arrivoient à des résultats différens. Aristippe disoit qu'il étoit indifférent de vivre ou de mourir, parce qu'il étoit impossible de savoir si la somme des plaisirs seroit, à la fin de la vie, plus grande ou plus petite que la somme des peines ; et Hégésias, qu'il falloit mourir, parce qu'encore qu'il ne pût être démontré que la somme des peines seroit à la fin de la vie plus grande que celle des plaisirs, il y avoit cent mille à parier contre un qu'il en arriveroit ainsi, et qu'il n'y avoit qu'un fou qui dût jouer ce jeu-là : cependant Hégésias le jouoit, dans le moment même qu'il parloit ainsi.

La doctrine d'Annicéris différoit peu de celle d'Épicure ; il avoit seulement quelques sentimens assez singuliers. Il pensoit, par exemple, qu'on ne doit rien à ses parens pour la vie qu'on en a reçue ; qu'il est beau de commettre un crime pour le salut de la patrie ; et que de souhaiter avec ardeur la prospérité de son ami, c'est craindre secrètement pour soi les suites de son adversité.

Théodore l'athée jeta, par son pyrrhonisme, le trouble et la division dans la secte *cyrénaïque*. Ses adversaires trouvèrent qu'il étoit plus facile de l'éloigner, que de lui répondre ; mais il s'agissoit de l'envoyer dans quelque endroit où il ne put nuire à personne. Après y avoir sérieusement réfléchi, ils le reléguèrent, du fond de la Lybie, dans Athènes. Les juges de l'aréopage lui auroient bientôt fait préparer la ciguë, sans la protection de Démétrius de Phalère. On ne sait si Théodore nia l'existence de Dieu, ou s'il en combattit seulement les preuves ; s'il n'admit seulement qu'un Dieu, ou s'il n'en admit point du tout : ce qu'il y a de certain, c'est que le magistrat et les prêtres n'entrèrent point dans ces distinctions subtiles ; que les magistrats seulement s'apperçurent qu'elles troubloient la société ; les prêtres, qu'elles renversoient leurs autels ; et qu'il en coûta la vie à Théodore et à quelques autres.

On a attribué à Théodore des sentimens très-hardis, pour ne rien dire de plus. On lui fait soutenir que l'homme prudent ne doit point s'exposer pour le salut de la patrie, parce qu'il n'est pas raisonnable que le sage périsse pour les fous ; qu'il n'y a rien en soi ni d'injuste ni de déshonnête ; que le sage sera, dans l'occasion, voleur, sacrilège, adultère; et qu'il ne rougira jamais de se servir d'une courtisanne en public. Mais le savant et le judicieux Brucker traite toutes ces imputations de calomnieuses ; et rien n'honore plus son cœur, que le respect qu'il porte à la mémoire des anciens philosophes ; et son esprit, que la manière dont il les défend. N'est-il pas en effet bien intéressant pour l'humanité et pour la philosophie, de persuader aux peuples que les meilleurs esprits qu'ait eus l'antiquité, regardoient l'existence de Dieu comme un préjugé, et la vertu comme un vain nom !

Evhémer le *cyrénaïque* fut encore un de ceux que les prêtres du paganisme accusèrent d'impiété, parce qu'il indiquoit sur la terre les endroits où l'on avoit inhumé leurs dieux.

Bion le boristhénite passa pour un homme d'un esprit excellent et d'une piété fort suspecte. Il fut cynique sous Cratès ; il devint *cyrénaïque* sous Théodore; il se fit péripatéticien sous Théophraste; et finit par prendre de ces sectes ce qu'elles avoient de bon , et par n'être d'aucune. On lui remarqua la fermeté d'Antisthène, la politesse d'Aristippe, et la dialectique de Socrate. Il étoit né de parens très-obscurs , et ne s'en cachoit pas. On l'accuse d'avoir traité de sottise la continence de Socrate avec Alcibiade ; mais on n'a qu'à consulter l'auteur que nous avons déjà cité, pour connoître quel dégré de foi il faut accorder à ces anecdotes scandaleuses (*), et à quelques autres de la même nature. Les prêtres du paganisme ne pouvoient supporter qu'on accordât de la probité aux inconvaincus de leur temps : ou ils leur reprochoient, comme des crimes, les mêmes foiblesses qu'ils se pardonnoient ; ou ils en accusoient leur façon de penser, quoiqu'avec des sentimens plus orthodoxes ils ne fissent pas mieux qu'eux ; ou ils les calomnioient sans pudeur , lorsqu'ils en étoient réduits à cette ressource : *c'est toujours montrer de la piété envers les dieux , * disoient-ils, *que de dénigrer à tort et à travers ces hommes pervers.*

_____

(*) Consultez à ce sujet l'article ACADÉMICIENS (philosophie des), Encycl. mét. Phil. anc. et mod. tom. I , p. 29 et suiv. jusqu'à la page 40. J'ai fait voir, dans cet article , l'injustice des soupçons que la haine s'est plu dans tous les temps à jeter sur les mœurs de la plupart des philosophes grecs ; et j'ai tâché d'y réduire à leur juste valeur ces accusations calomnieuses, dont ils ont été si souvent les victimes.

NOTE DE L'ÉDITEUR.

Tels furent les principaux philosophes *cyrénaïques*. Cette secte ne dura pas long-temps. Et comment auroit-elle duré ? Elle n'avoit point d'école en Grèce ; elle étoit divisée en Lybie ; soupçonnée d'athéisme par les prêtres ; accusée de corruption par les autres philosophes ; et persécutée par les magistrats. Elle exigeoit un concours de qualités qui se rencontrent si rarement dans la même personne, qu'il n'y a jamais eu que son fondateur qui les ait bien réunies ; et elle ne se soutenoit que par quelques transfuges des stoïciens, que la douleur désabusoit de l'apathie. *Voyez Bruck, Stanley, hist. de la phil.*

ECLECTISME.

L'ÉCLECTIQUE est un philosophe, qui, foulant aux pieds le préjugé, la tradition, l'ancienneté, le consentement universel, l'autorité, en un mot tout ce qui subjugue la foule des esprits, ose penser de lui-même, remonter aux principes généraux les plus clairs, les examiner, les discuter, n'admettre rien que sur le témoignage de son expérience et de sa raison; et, de toutes les philosophies qu'il a analysées sans égard et sans partialité, s'en faire une particulière et domestique qui lui appartienne : je dis *une philosophie particulière et domestique*, parce que l'ambition de l'éclectique est moins d'être le précepteur du genre humain, que son disciple ; de réformer les autres , que de se réformer lui-même ; d'enseigner la vérité , que de la connoître. Ce n'est point un homme qui plante ou qui sème ; c'est un homme qui recueille et qui crible. Il jouiroit tranquillement de la récolte qu'il auroit faite , il vivroit heureux , et mourroit ignoré , si l'enthousiasme , la vanité , ou peut-être un sentiment plus noble ne le faisoit sortir de son caractère.

Le sectaire est un homme qui a embrassé la doctrine d'un philosophe ; l'eclectique, au contraire, est un homme qui ne reconnoît point de maître : ainsi, quand on dit des éclectiques que ce fut une secte de philosophes , on assemble deux idées contradictoires, à-moins qu'on ne veuille entendre aussi, par le terme de *secte* , la collection d'un certain nombre d'hommes qui n'ont qu'un seul principe commun , celui de ne soumettre leurs lumières à personne, de voir par leurs propres yeux, et de douter plutôt d'une chose vraie, que de s'exposer, faute d'examen , à admettre une chose fausse.

Les éclectiques et les sceptiques ont eu cette conformité , qu'ils n'étoient d'accord avec personne ; ceux-ci, parce qu'ils ne convenoient de rien ; les autres, parce qu'ils ne convenoient que de quelques points. Si les éclectiques trouvoient dans le scepticisme des vérités qu'il falloit reconnoître, ce qui leur étoit contesté même par les sceptiques; d'un autre côté, les sceptiques n'étoient point divisés entre eux : au-lieu qu'un éclectique adoptant assez communément d'un philosophe ce qu'un autre éclectique en rejetoit, il en étoit de la secte comme de ces sectes de religion, où il n'y a pas deux individus qui aient rigoureusement la même façon de penser.

Les sceptiques et les éclectiques auroient pu prendre pour devise commune : *Nullius addictus jurare in verba magistri ;* mais les éclectiques, qui, n'étant pas si difficiles que les sceptiques, faisoient leur profit de beaucoup d'idées que ceux-ci dédaignoient, y auroient ajouté cet autre mot, par lequel ils auroient rendu justice à leurs adversaires, sans sacrifier une liberté de penser dont ils étoient si jaloux : *Nullum philosophum tàm fuisse inanem, qui non viderit ex vero aliquid.* Si l'on réfléchit un peu sur ces deux espèces de philosophes, on verra combien il étoit naturel de les comparer ; on verra que le scepticisme étant la pierre de touche de *l'éclectisme,* l'éclectique devroit toujours marcher à côté du sceptique, pour recueillir tout ce que son compagnon ne réduiroit point en une poussière inutile par la sévérité de ses essais.

Il s'ensuit de ce qui précède, que l'*éclectisme,* pris à la rigueur, n'a point été une philosophie nouvelle, puisqu'il n'y a point de chef de secte qui n'ait été plus ou moins éclectique ; et conséquemment que les éclectiques sont parmi les philosophes ce que sont les souverains sur la surface de la terre, les seuls qui soient restés dans l'état de nature où tout étoit à tous.

Pour former son système, Pythagore mit à contribution les théologiens de l'Egypte, les gymnosophistes de l'Inde, les artistes de la Phénicie, et les philosophes de la Grèce. Platon s'enrichit des dépouilles de Socrate, d'Héraclite et d'Anaxagore; Zénon pilla le pythagorisme, le platonisme, l'héraclitisme, le cynisme; tous entreprirent de longs voyages. Or, quel étoit le but de ces voyages, si-non d'interroger les différens peuples; de ramasser les vérités éparses sur la surface de la terre; et de revenir dans sa patrie, remplis de la sagesse de toutes les nations? Mais, comme il est presque impossible à un homme qui, parcourant beaucoup de pays, a rencontré beaucoup de religions, de ne pas chanceler dans la sienne; il est très-difficile à un homme de jugement, qui fréquente plusieurs écoles de philosophie, de s'attacher exclusivement à quelque parti, et de ne pas tomber ou dans l'*éclectisme*, ou dans le scepticisme.

Il ne faut pas confondre l'*éclectisme* avec le sincrétisme. Le sincrétiste est un véritable sectaire: il s'est enrôlé sous des étendards, dont il n'ose presque pas s'écarter. Il a un chef dont il porte le nom. Ce sera, si l'on veut, ou Platon, ou Aristote, ou Descartes, ou Newton; il n'importe. La seule liberté qu'il se soit réservée, c'est de modifier les sentimens de son maître; de resserrer ou d'étendre les idées qu'il en a reçues ; d'en emprunter quelques autres d'ailleurs ; et d'étayer le système quand il menace ruine. Si vous imaginez un pauvre insolent, qui, mécontent des haillons dont il est couvert, se jette sur les passans les mieux vêtus, arrache à l'un sa casaque, à l'autre son manteau ; et se fait de ces dépouilles un ajustement bizarre de toute couleur et de toute pièce, vous aurez un emblême assez exact du sincrétiste. Luther, cet homme que j'appellerois volontiers, *magnus autoritatis contemptor osorque*, fut un vrai sincrétiste en matière de religion. Reste à savoir, non pour le philosophe, mais pour le chrétien, si le sincrétisme en ce genre est une action vertueuse ou un crime ; et s'il est prudent d'abandonner indistinctement les objets de la raison et de la foi au jugement de tout esprit.

Le sincrétisme est tout au plus un apprentissage de l'*éclectisme*. Cardan et Jordanus Brunus n'allèrent pas plus loin ; si l'un avoit été plus sensé, et l'autre plus hardi, ils auroient été les fondateurs de l'*éclectisme* moderne. Le chancelier Bâcon eut cet honneur, parce qu'il sentit, et qu'il osa se dire à lui-même que la nature ne lui avoit pas été plus ingrate qu'à Socrate, Epicure, Démocrite ; et qu'elle lui avoit aussi donné une tête. Rien n'est si commun que des sincrétistes ; rien n'est si rare que des éclectiques. Celui qui reçoit le système d'un autre éclectique, perd aussi-tôt le titre d'*éclectique*. Il a paru de temps-en-temps quelques vrais éclectiques ; mais le nombre n'en a jamais été assez grand, pour former une secte; et je puis assurer que, dans la multitude des philosophes qui ont porté ce nom, à-peine en comptera-t-on cinq ou six qui l'aient mérité. *Voyez* les art. Aristotélisme, Platonisme, Epicuréisme, Baconisme, etc.

L'éclectique ne rassemble point au hasard des vérités ; il ne les laisse point isolées ; il s'opiniâtre bien moins encore à les faire quadrer à quelque plan déterminé : lorsqu'il a examiné et admis un principe ; la proposition, dont il s'occupe immédiatement après, ou se lie évidemment avec ce principe, ou ne s'y lie point du tout, ou lui est opposée. Dans le premier cas, il la regarde comme vraie; dans le second, il suspend son jugement, jusqu'à ce que des notions intermédiaires, qui séparent la proposition qu'il examine du principe qu'il a admis, lui démontrent sa liaison ou son opposition avec ce principe; dans le dernier cas, il la rejette comme fausse. Voilà la méthode de l'éclectique. C'est ainsi qu'il parvient à former un tout solide, qui est proprement son ouvrage, d'un grand nombre de parties qu'il a rassemblées, et qui appartiennent à d'autres; d'où l'on voit que Descartes, parmi les modernes, fut un grand éclectique.

L'*éclectisme*, qui avoit été la philosophie des bons esprits depuis la naissance du monde, ne forma une secte, et n'eut un nom que vers la fin du second siècle et le commencement du troisième. La seule raison qu'on en puisse apporter, c'est que jusqu'alors les sectes s'étoient, pour ainsi dire, succédées ou souffertes, et que *l'éclectisme* ne pouvoit guère sortir que de leur conflit : ce qui arriva, lorsque la religion chrétienne commença à les allarmer toutes par la rapidité de ses progrès ; et à les révolter par une intolérance, qui n'avoit point encore d'exemple. Jusqu'alors on avoit été pyrrhonien, sceptique, cynique, stoïcien, platonicien, épicurien, sans conséquence. Quelle sensation ne dut point produire, au milieu de ces tranquilles philosophes, une nouvelle école qui établissoit pour premier principe, que hors de son sein il n'y avoit ni probité dans ce monde, ni salut dans l'autre, parce que sa morale étoit la seule véritable morale, et que son Dieu étoit le seul vrai Dieu! Le soulévement des prêtres, du peuple et des philosophes, auroit été général, sans un petit nombre d'hommes froids, tels qu'il s'en trouve toujours dans les sociétés, qui demeurent long-temps spectateurs indifférens, qui écoutent, qui pèsent, qui n'appartiennent à aucun parti, et qui finissent par se faire un système conciliateur, auquel ils se flattent que le grand nombre reviendra.

Telle fut à-peu-près l'origine de *l'éclectisme*. Mais par quel travers inconcevable arriva-t-il, qu'en partant d'un principe aussi sage que celui de recueillir de tous les philosophes, *tros, rutulusve fuat*, ce qu'on y trouveroit de plus conforme à la raison, on négligea tout ce qu'il falloit choisir ; on choisit tout ce qu'il falloit négliger ; et l'on forma le système d'extravagances le plus monstrueux qu'on puisse imaginer ; système, qui dura plus de quatre cents ans ; qui acheva d'inonder la surface de la terre de pratiques superstitieuses ; et dont il est resté des traces, qu'on remarquera peut-être éternellement dans les préjugés populaires de presque toutes les nations. C'est ce phénomène singulier que nous allons développer.

Tableau général de la philosophie éclectique.

La philosophie éclectique, qu'on appelle aussi le *platonisme réformé* et la *philosophie alexandrine*, prit naissance à Alexandrie en Egypte, c'est-à-dire au centre des superstitions. Ce ne fut d'abord qu'un sincrétisme de pratiques religieuses, adopté par les prêtres de l'Egypte, qui, n'étant pas moins crédules sous le règne de Tibère qu'au temps d'Hérodote, parce que le caractère d'esprit qu'on tient du climat change difficilement, avoient toujours l'ambition de posséder le système d'extravagance le plus complet qu'il y eut en ce genre. Ce sincrétisme passa de-là dans la morale, et dans les autres parties de la philosophie. Les philosophes, assez éclairés pour sentir le foible des différens systêmes anciens, mais trop timides pour les abandonner, s'occupèrent seulement à les réformer sur les découvertes du jour, ou plutôt à les défigurer sur les préjugés courans : c'est ce qu'on appela *platoniser*, *pythagoriser*, etc.

Cependant le christianisme s'étendoit ; les dieux du paganisme étoient décriés ; la morale des philosophes devenoit suspecte ; le peuple se rendoit en foule dans les assemblées de la religion nouvelle ; les disciples même de Platon et d'Aristote s'y laissoient quelquefois entraîner : les philosophes sincrétistes s'en scandalisèrent ; leurs yeux se tournèrent avec indignation et jalousie sur la cause d'une révolution qui rendoit leurs écoles moins fréquentées ; un intérêt commun les réunit avec les prêtres du paganisme, dont les temples étoient de jour en jour plus déserts : ils écrivirent d'abord contre la personne de Jésus-Christ, sa vie, ses mœurs, sa doctrine et ses miracles ; mais dans cette ligue générale, chacun se servit des principes qui lui étoient propres ; l'un accordoit ce que l'autre nioit ; et les chrétiens avoient beau jeu pour mettre les philosophes en contradiction les uns avec les autres, et les diviser ; ce qui ne manqua pas d'arriver : les objets purement philosophiques furent alors entièrement abandonnés ; tous les esprits se jetèrent du côté des matières théologiques ; une guerre intestine s'alluma dans le sein de la philosophie ; le christianisme ne fut pas plus tranquille au-dedans de lui-même ; une fureur d'appliquer les notions de la philosophie à des dogmes mystérieux, qui n'en permettoient point l'usage, fureur conçue dans les disputes des écoles, fit éclore une foule d'hérésies qui déchirèrent l'église.

Cependant le sang des martyrs continuoit de fructifier; la religion chrétienne, de se répandre malgré les obstacles; et la philosophie, de perdre sans cesse de son crédit. Quel parti prirent alors les philosophes ? Celui d'introduire le sincrétisme dans la théologie payenne, et de parodier une religion qu'ils ne pouvoient étouffer. Les chrétiens ne reconnoissoient qu'un Dieu; les sincrétistes, qui s'appelèrent alors *éclectiques,* n'admirent qu'un principe. Le dieu des chrétiens étoit en trois personnes : le Père, le Fils et le Saint-Esprit. Les éclectiques eurent aussi leur trinité : le premier principe, l'entendement divin, et l'ame du monde intelligible. Le monde étoit éternel, si l'on en croyoit Aristote; Platon le disoit engendré; Dieu l'avoit créé, selon les chrétiens. Les éclectiques en firent une émanation du premier principe, idée qui concilioit les trois systèmes, et qui ne les empêchoit pas de prétendre, comme auparavant, que rien ne se fait de rien. Le christianime avoit des anges, des archanges, des démons, des saints, des ames, des corps, etc. Les éclectiques, d'émanations en émanations, tirèrent du premier principe autant d'êtres correspondans à ceux-là :

des dieux, des démons, des héros, des ames et des corps; ce qu'ils renfermèrent dans ce vers admirable :

ἔνθεν ἄδην τρώσκει γένεσις πολυποίκιλα ὕλης :

De-là s'élance une abondance infinie d'êtres de toute espèce. Les chrétiens admettoient la distinction du bien et du mal moral, l'immortalité de l'ame, un autre monde, des peines et des récompenses à venir. Les éclectiques se conformèrent à leur doctrine dans tous ces points. L'épicuréisme fut proscrit d'un commun accord ; et les éclectiques conservèrent de Platon le monde intelligible, le monde sensible, et la grande révolution des ames à travers différens corps, selon le bon ou le mauvais usage qu'elles avoient fait de leurs facultés dans celui qu'elles quittoient. Le monde sensible n'étoit, selon eux, qu'une toile peinte qui nous séparoit du monde intelligible ; à la mort, la toile tomboit ; l'ame faisoit un pas sur son orbe ; et elle se trouvoit à un point plus voisin ou plus éloigné du premier principe, dans le sein duquel elle rentroit à la fin, lorsqu'elle s'en étoit rendue digne par les purifications théurgiques et rationnelles.

Il s'en faut bien que les idéalistes de nos jours aient poussé leur extravagance aussi loin que les éclectiques du troisième et du quatrième siècles : ceux-ci en étoient venus à admettre exactement l'existence de tout ce qui n'est pas, et à nier l'existence de tout ce qui est. Qu'on en juge sur ces derniers mots de l'entretien d'Eusèbe avec Julien : ὡς ταῦτα ἔιη τὰ ὄντως ὄντα, αἰσθὲ τὴν αἴσθησιν ἀπατῶσαι μαγγανεῖαι καὶ γοητεύουσαι, θαυματοποιῶν ἔργα : *Il n'y a de réel, que ce qui existe par soi-même (ou les idées); tout ce qui frappe les sens n'est que fausse apparence, et l'œuvre du prestige, du miracle, et de l'imposture.*

Les chrétiens avoient différens cultes. Les éclectiques imaginèrent les deux théurgies; ils supposèrent des miracles; ils eurent des extases; ils conférèrent l'enthousiasme, comme les chrétiens conféroient le Saint-Esprit; ils crurent aux visions, aux apparitions, aux exorcismes, aux révélations, comme les chrétiens y croyoient; ils pratiquèrent des cérémonies extérieures, comme il y en avoit dans l'église; ils allièrent la prêtrise avec la philosophie; ils adressèrent des prières aux dieux; ils les invoquèrent; ils leur offrirent des sacrifices; ils s'abandonnèrent à toutes sortes de pratiques, qui ne furent d'abord que fantasques et extravagantes, mais qui ne tardèrent pas à devenir criminelles. Quand la superstition cherche les ténèbres, et se retire dans des lieux souterrains pour y verser le sang des animaux, elle n'est pas éloignée d'en répandre de plus précieux; quand on a cru lire l'avenir dans les entrailles d'une brebis, on se persuade bientôt qu'il est gravé en caractères beaucoup plus clairs dans le cœur d'un homme. C'est ce qui arriva aux théurgistes-pratiques; leur esprit s'égara, leur ame devint féroce, et leurs mains sanguinaires. Ces excès produisirent deux effets opposés. Quelques chrétiens, séduits par la ressemblance qu'il y avoit entre leur religion et la philosophie moderne; trompés par les mensonges que les éclectiques débitoient sur l'efficacité et les prodiges de leurs rits, mais entraînés sur-tout à ce genre de superstition par un tempérament pusillanime, curieux, inquiet, ardent, sanguin, triste et mélancolique, regardèrent les docteurs de l'église comme des ignorans en comparaison de ceux-ci, et se précipitèrent dans leurs écoles; quelques éclectiques, au contraire, moins fougueux, mais en effet aussi crédules, à qui toute la théurgie-pratique ne parut qu'un mélange d'absurdités et de crimes, qui ne virent rien dans la théurgie rationnelle qui ne fût prescrit d'une manière beaucoup plus claire, plus raisonnable et plus précise, dans la morale chrétienne, et qui, venant à comparer le reste de l'*éclectisme* spéculatif avec les dogmes de notre religion, ne pensèrent pas plus favorablement des émanations que des théurgies, renoncèrent à cette philosophie, et se firent baptiser; les uns se convertissent, les autres apostasient; et les assemblées des chrétiens et les écoles du paganisme se remplissent de transfuges, également enthousiastes et superstitieux. La philosophie des éclectiques y gagna moins, que la théologie des chrétiens n'y perdit : celle-ci, déjà si absurde, s'accrut encore d'idées sophistiques, que proscrivit inutilement l'autorité, qui veille sans cesse dans l'église à ce que ce qu'elle appelle la doctrine orthodoxe s'y conserve inaltérable.

Lorsque les empereurs eurent embrassé le christianisme, et que la profession publique de la religion payenne fut défendue, et les écoles de la philosophie éclectique fermées ; la crainte de la persécution fut une raison de plus pour les philosophes de rapprocher encore davantage leur doctrine de celle des chrétiens ; ils n'épargnèrent rien, pour donner le change sur leurs sentimens, et aux pères de l'église, et aux maîtres de l'état. Ils insinuèrent d'abord que les apôtres avoient altéré les principes de leur chef ; que, malgré cette altération, ils différoient moins par les choses que par la manière de les énoncer: *Christum nescio quid aliud scripsisse, quàm christiani docebant; nihilque sensisse contra deos suos, sed eos potiùs magico ritu coluisse;* que J. C. étoit certainement un grand philosophe ; et qu'il n'étoit pas impossible, qu'initié à tous les mystères de la théurgie, il n'eût opéré les prodiges qu'on en racontoit, puisque ce don extraordinaire n'avoit pas été refusé à la plupart des éclectiques du premier ordre.

Porphyre disoit : *Sunt spiritus terreni minimi,*

loco quodam malorum dæmonum subjecti potestati ; ab his sapientes Hebræorum, quorum unus etiam iste Jesus fuit, etc. Ils attribuoient cet oracle à Apollon, interrogé sur J. C. : θνητὸς ἔην κατὰ σάρκα σοφὸς τιταρώδεσιν ἔργοις : *Mortalis erat, secundùm carnem philosophus ille miraculosis operibus clarus.*

Alexandre Sévère mettoit au nombre des personnages les plus respectables par leur sainteté, *inter animas sanctiores*, Abraham, Orphée, Apollonius, et J. C. D'autres ne cessoient de crier: *Discipulos ejus de illo fuisse reverà mentitos, dicendo illum Deum, per quem facta sunt omnia, cùm nihil aliud quàm homo fuerit, quamvis excellentissimæ sapientiæ.* Ils ajoutoient : *Ipse verò pius et in cœlum, sicut pii, concessit ; ita hunc quidem non blasphemabis ; misereberis autem hominum dementiam.* Porphyre se trompa: ce qui fait grande pitié à un philosophe, c'est un éclectique tel que Porphyre, qui en est réduit à ces extrémités.

Cependant les éclectiques réussirent par ces voies obliques à en imposer aux chrétiens, et à obtenir du gouvernement un peu plus de liberté; l'église même ne balança pas à élever à la dignité de l'épiscopat Synésius, qui reconnoissoit ouvertement la célèbre Hypatia pour sa maîtresse en philosophie : en un mot, il y eut un temps où les éclectiques étoient presque parvenus à se faire passer pour chrétiens, et où les chrétiens n'étoient pas éloignés de s'avouer éclectiques. C'étoit alors que S. Augustin disoit des philosophes : *Si hanc vitam illi philosophi rursùs agere potuissent, viderent prefectò cujus autoritate facilius consuleretur hominibus, et paucis mutatis verbis, Christiani fierent, sicut plerique recentiorum nostrorumque temporum Platonici fecerunt.*

L'illusion dura d'autant plus long-temps, que les éclectiques, pressés par les chrétiens, et s'enveloppant dans les distinctions d'une métaphysique très-subtile à laquelle ils étoient rompus, rien n'étoit plus difficile que de les faire entrer entièrement dans l'église, ou que de les en tenir évidemment séparés : ils avoient tellement quintessencié la théologie païenne, que, prosternés aux pieds des idoles, on ne pouvoit les convaincre d'idôlatrie ; il n'y avoit rien à quoi ils ne fissent face avec leurs émanations. Etoient-ils matérialistes ? ne l'étoient-ils pas ? C'est ce qui n'est pas même aujourd'hui trop facile à décider. Y a-t-il quelque chose de plus voisin de la monade de Léibnitz, que les petites sphères intelligentes, qu'ils appelloient *yunges*: νοούμεναί ἰυγγες πατρόθεν νοέυσι καὶ αὐταὶ; βυλαῖς ἀφτέγκλοισι κινούμεναι ὥςε νοῆςαι : *Intellectœ yunges à patre, intelligunt et ipsœ, consiliis inefabilibus motœ, ut intelligant.* Voilà le symbole des élémens des êtres, selon les éclectiques ; voilà ce dont tout est composé, et le monde intelligible, et le monde sensible, et les esprits créés, et les corps. La définition qu'ils donnent de la mort, a tant de liaison avec le système de l'harmonie préétablie de Léibnitz, que M. Brucker n'a pu se dispenser d'en convenir. Plotin dit : *L'homme meurt, ou l'ame se sépare du corps, quand il n'y a plus de force dans l'ame qui l'attache au corps ;* et cet instant arrive, *perditâ harmoniâ quam olim habens, habebat et anima.* Et M. Brucker ajoute : *En vero harmoniam prœstabilitam inter animam et corpus jam Plotino ex parte notam.*

On sera d'autant moins surpris de ces ressemblances, qu'on connoîtra mieux la marche désordonnée et les écarts du génie poétique, de l'enthousiasme, de la métaphysique et de l'esprit systématique. Qu'est-ce que le talent de la fiction dans un poëte, si-non l'art de trouver des causes imaginaires à des effets réels et donnés ? Quel est l'effet de l'enthousiasme dans l'homme qui en est transporté, si ce n'est de lui faire appercevoir, entre des êtres éloignés, des rapports que personne n'y a jamais vus ni opposés ? Où ne peut point arriver un métaphysicien, qui, s'abandonnant entièrement à la méditation, s'occupe profondément de Dieu, de la nature, de l'espace et du temps ? A quel résultat ne sera point conduit un philosophe, qui poursuit l'explication d'un phénomène de la nature, à travers un long enchaînement de conjectures ? qui est-ce qui connoit toute l'immensité du terrein que

G *

ces différens esprits ont battu, la multitude infinie de suppositions singulières qu'ils ont faites, la foule d'idées qui se sont présentées à leur entendement, qu'ils ont comparées, et qu'ils se sont efforcés de lier ? J'ai entendu raconter plusieurs fois à un de nos premiers philosophes, que s'étant occupé pendant long-temps d'un phénomène de la nature, il avoit été conduit, par une très-longue suite de conjectures, à une explication systématique de ce phénomème si extravagante et si compliquée, qu'il étoit demeuré convaincu qu'aucune tête humaine n'avoit jamais rien imaginé de semblable. Il lui arriva cependant de retrouver dans Aristote, précisément le même résultat d'idées et de réflexions, le même système de déraison. Si ces rencontres des modernes avec les anciens, des poëtes tant anciens que modernes avec les philosophes, et des poëtes et des philosophes entre eux, sont déjà si fréquentes, combien les exemples n'en seroient-ils pas encore plus communs, si nous n'avions perdu aucune des productions de l'antiquité ; ou s'il y avoit en quelqu'endroit du monde un livre magique qu'on pût toujours consulter, et où toutes les pensées des hommes allassent se graver au moment où elles existent dans l'entendement ?

La ressemblance des idées des éclectiques avec celles de Léibnitz n'est donc pas un phénomène qu'il faille admettre sans précaution, ni rejeter sans examen ; et la seule conséquence équitable qu'on en puisse tirer, dans la supposition que cette ressemblance soit réelle, c'est que les hommes d'un siècle ne diffèrent guère des hommes d'un autre siècle ; que les mêmes circonstances amènent presque nécessairement les mêmes découvertes; et que ceux qui nous ont précédés avoient vu beaucoup plus de choses, que nous n'avons généralement de disposition à le croire.

Après ce tableau général de l'*éclectisme*, nous allons donner un abrégé historique de la vie et des mœurs des principaux philosophes de cette secte ; d'où nous passerons à l'exposition des points fondamentaux de leur système.

Histoire de l'éclectisme.

La philosophie éclectique fut sans chef et sans nom (ακεφαλος και ανόυμος) jusqu'à Potamon d'Alexandrie. L'histoire de ce Potamon est fort brouillée : on est très-incertain sur le temps où il parut; on ne sait rien de sa vie ; on sait très-peu de chose de sa philosophie. Trois auteurs en ont parlé, Diogène Laërce, Suidas et Porphyre. Ce dernier dit, à l'occasion de Plotin : *Sa maison étoit pleine de jeunes garçons et de jeunes filles. C'étoient les enfans des citoyens les plus considérés par leur naissance et par leur fortune. Telle étoit la confiance qu'ils avoient dans les lumières et la vertu de ce philosophe, qu'ils croyoient tous n'avoir rien de* mieux à faire en mourant, que de lui recommander ce qu'ils laissoient au monde de plus cher; de ce nombre étoit Potamon, qu'il se plaisoit à entendre sur une philosophie dont il jetoit les fondemens, ou sur une philosophie qui consiste à fondre plusieurs systêmes en un. (διὸ καὶ ἐπελήρωτο αυτῶ ἡ οἰκία, παίδων καὶ παρθένων· ἐν τύτοις καὶ ἦ ὁ Ποτάμων, ὃς, τῆς παιδεύσεος φρονλίζων πολλακις ἕν καὶ μεταποιῦντος ἠκροάσατο).

C'est un logogryphe, que ce passage de Porphyre: *de ce nombre* (ἐν τύτοις) *étoit Potamon*. On ne sait si cela se rapporte aux pères ou aux enfans. Si c'est des pères qu'il faut entendre cet endroit, Potamon étoit contemporain de Plotin. Si c'est des enfans, il étoit postérieur à ce philosophe. Le reste du passage ne présente pas moins de difficultés : les uns lisent πολλάκις ἕν καὶ, qui ne présente presqu'aucun sens; d'autres, πολλάκις μὲν ou πολλάκις ἕν, que nous avons rendu par *qu'il se plaisoit à entendre sur une philosophie dont il jetoit les fondemens, ou qui consiste à fondre plusieurs systêmes en un*. Suidas dit de son Potamon, qu'*il vécut avant et sous le règne d'Auguste* (πρὸ καὶ μετὰ Αυγυστυ). En ce cas, ou cet auteur s'est trompé dans cette occasion, comme il lui est arrivé dans beaucoup d'autres, ou le Potamon dont il parle, n'est pas le fondateur de la secte éclectique; car Diogène Laërce dit de celui-ci, *qu'il avoit tiré de chaque philosophie ce qui lui convenoit ; qu'il* en avoit formé sa philosophie, et que cet éclectisme étoit tout nouveau (ἔτι δέ πρὸ ὀλίγου καὶ ἐκλεκτικήτις αἱρέσις εἰσήχθη ὑπὸ Ποτάμωνος τῦ Ἀλεξανδρέος, ἐκλεξαμένυ τὰ ἀρέσαντα ἐξ ἐκάσης τῶν αἱρέσεων).

Voilà le passage auquel il faut s'en tenir ; il l'emporte, par la clarté, sur celui de Porphyre ; et par l'autorité, sur celui de Suidas. D'où il s'ensuit que Potamon naquit sous Alexandre Sévère ; et que sa philosophie se répandit sous la fin du second siècle, et le commencement du troisième. En effet, si l'*éclectisme* étoit antérieur à ces temps, comment seroit-il arrivé à Galien, à Sextus Empiricus, à Plutarque sur-tout, qui a fait mention des sectes les plus obscures, de ne rien dire de celle-ci ?

Potamon pouvoit avoir autant de sens qu'il en falloit, pour jeter les premiers fondemens de l'*éclectisme* ; mais il lui manquoit, et l'impartialité nécessaire pour faire un bon choix parmi les principes des autres philosophes, et des qualités personnelles, telles que l'enthousiasme, l'éloquence, l'esprit, et même un extérieur intéressant, sans lesquelles on réussit difficilement à s'attacher un grand nombre d'auditeurs. Il avoit d'ailleurs pour le platonisme une prédilection incompatible avec son système ; il se renfermoit entièrement dans les matières purement philosophiques ; et, grace aux querelles des chrétiens et des payens, qui étoient alors plus violentes qu'elles ne l'ont jamais été, les seules matières de religion étoient à la mode. Telles furent les causes principales de l'obscurité, dans laquelle la philosophie de Potamon tomba, et du peu de progrès qu'elle fit.

Potamon soutenoit, *en métaphysique*, que nous avons, dans nos facultés intellectuelles, un moyen sûr de connoître la vérité, et que l'évidence est le caractère distinctif des choses vraies: en *physique*, qu'il y a deux principes de la production générale des êtres; l'un passif, ou la matière; l'autre actif, ou toute cause efficiente qui la combine. Il distinguoit dans les corps naturels, le lieu et les qualités; et il demandoit d'une substance, quelle qu'elle fût, quelle en étoit la cause, quels en étoient les élémens, quelle étoit sa constitution et sa forme, et en quel endroit elle avoit été produite. Il réduisoit toute la morale, à rendre la vie de l'homme la plus vertueuse qu'il étoit possible; ce qui, selon lui, excluoit l'abus, mais non l'usage des biens et des plaisirs.

Ammonius Saccas, disciple et successeur de Potamon, étoit d'Alexandrie. Il professa la philosophie éclectique sous le règne de l'empereur Commode. Son éducation fut chrétienne; mais un goût décidé pour la philosophie régnante ne tarda pas à l'entraîner dans les écoles du paganisme. A-peine eut-il reçu les premières leçons d'*éclectisme*, qu'il sentit qu'une religion telle que la sienne étoit incompatible avec ce système. En effet, le christianisme ne souffre aucune exception. Rejeter un de ses dogmes, c'est n'en admettre aucun. Ammonius apostasia, et revint à la religion autorisée par les loix, ce qu'ils appeloient την κατα νομυς πολιτειαν; c'est-à-dire, qu'à parler exactement, il n'en avoit point; car celui à qui l'on demande *quelle est sa religion*, et qui répond, *la religion du prince*, se montre plus courtisan que religieux.

Ammonius l'éclectique n'écrivit point, ce qui le distingue de l'Ammonius d'Eusèbe. Il imposa à ses disciples un profond silence sur la nature et l'objet de ses leçons. Il craignit que les disputes, qui ne manqueroient pas de s'élever entre ses disciples et les autres philosophes, n'augmentassent le mépris de la philosophie et le scandale des petits esprits ; ce qui est très-conforme à ce que nous lisons de lui dans Hiéroclès : *Cum hactenus magnæ inter platonicos et aristotelicos, cæterosque philosophos extitissent contentiones, quorum insania eò usquè erat provecta, ut scripta quoque præceptorum suorum depravarent, quo magis viros hos inter se pugnantes sisterent, œstu quodam raptus ad philosophiam Ammonius, vir* θεοδιδακτος *rejectis, quæ philosophiæ contemtui erant et opprobrio, opinionum dissentionibus, perpurgatisque et resectis, quæ utrinque excreverant nugis, in præcipuis quibusque et maximè necessariis dogmatibus concordem esse Platonis et Aristotelis philosophiam demonstravit, sicque philosophiam à contentionibus liberam suis discipulis tradidit.*

Ammonius dit donc à ses disciples : « Commen-
» çons par nous séparer de ces auditeurs oisifs,
» dont nous n'avons aucun secours à attendre dans
» la recherche de la vérité ; ils se sont amusés assez
» long-temps aux dépens d'Aristote et de Platon ;
» méditons dans le silence ces précepteurs du genre
» humain. Attachons-nous particulièrement à ce
» qui peut étendre l'esprit, purifier l'ame, élever
» l'homme au-dessus de sa condition, et l'appro-
» cher des immortels. Que ces sources fécondes de
» doctrine ne nous fassent ni mépriser ni négliger
» celles où nous espérions de puiser encore une
» seule goutte d'instruction solide. Tout ce que
» les hommes ont produit de bon, nous appartient.
» Si la secte intolérante qui nous persécute au-
» jourd'hui, peut nous procurer quelques lumières
» sur Dieu, sur l'origine du monde, sur l'ame,
» sur sa condition présente, sur son état à venir,
» sur le bien, sur le mal moral ; profitons-en. Au-
» rions-nous la mauvaise honte de rejeter des
» principes qui tendroient à nous rendre meilleurs,
» parce qu'ils seroient renfermés dans les livres de
» nos ennemis ? Mais avant tout, engageons-nous
» à ne révéler notre philosophie à ces hommes que
» le torrent de la superstition nouvelle entraîne,
» que quand ils seront capables d'en profiter. Que
» le serment en soit fait à la face du ciel ».

Cette philosophie conciliatrice, paisible et secrète, qui s'imposoit un silence rigoureux, et qui étoit toujours disposée à écouter et à s'instruire, plut beaucoup aux hommes sensés. Elle fut aussi favorisée par le gouvernement, qui ne demandoit pas mieux de voir les esprits se porter de ce côté : non qu'il se souciât beaucoup que telle secte prévalût sur telle autre; mais il n'ignoroit pas que tous ceux qui entroient dans l'école d'Ammonius, étoient perdus pour celle de Jésus - Christ.

Ammonius eut un grand nombre de disciples. Ils gardèrent, du-moins pendant la vie de leur maître, un silence si religieux sur sa doctrine, que nous n'en parlerions que par conjecture. Cependant, Ammonius s'étant proposé de donner à l'*éclectisme* toute la faveur possible, il est certain qu'il eut de l'indulgence pour le goût dominant de son temps; et que ses leçons furent mêlées de théologie et de philosophie. Ce mélange monstrueux produisit dans la suite les plus mauvais effets. L'*éclectisme* dégénéra, sous les successeurs d'Ammonius, en une théurgie abominable. Ce ne fut plus qu'un rituel extravagant d'exorcismes, d'incantations, d'évocations et d'opérations nocturnes, superstitieuses, souterraines et magiques ; et ses disciples ressemblèrent moins à des philosophes, qu'à des sorciers.

Denis Longin, ce rhéteur célèbre, de qui nous avons un traité du sublime, fut un des philosophes de l'école d'Ammonius. Longin voyagea: les voyages étoient beaucoup selon l'esprit de la secte éclectique. Il conféra avec les orateurs, les philosophes, les grammairiens, et tous ceux qui, de son temps, avoient quelque réputation dans les lettres. Il eût passé pour un grand philosophe, s'il n'eût pas été le premier philologue du monde; mais il excella tellement dans les lettres, qu'on ne parla point de lui comme philosophe. Eunapius nous le donne encore comme un homme profondément versé dans l'histoire. Il l'appelle βιβλιοθήκην τινά ἔμψυχον, *bibliothèque vivante*, éloge qu'on a donné depuis à tant d'autres. Il eut pour disciples Porphyre et Zénobie, reine d'Orient. L'honneur d'enseigner la philosophie et les lettres à une reine lui coûta la vie. Zénobie, seule maîtresse du trône des Palmiréniens, après le meurtre d'Odenathe son mari, envahit l'Egypte et quelques provinces de l'empire. Aurélien marcha contre elle, la vainquit, et la fit prisonnière. Longin, soupçonné d'avoir mal conseillé Zénobie, fut condamné à mort par l'empereur. Il apprit l'ordre de son supplice avec fermeté; et il employa l'art dans lequel il excelloit, à relever le courage de ses complices, et à les détacher de la vie. Il avoit beaucoup écrit : les fragmens qui nous restent de son traité du sublime, suffisent pour nous montrer quelle étoit la trempe de son esprit.

Hérennius et Origène sont les deux éclectiques de l'école d'Ammonius, que l'histoire de la secte nous offre immédiatement après Longin. Nous ne savons d'Hérennius, qu'une chose ; c'est qu'il viola le premier le secret qu'il avoit juré à Ammonius ; et qu'il entraîna, par son exemple, Origène et Plotin à divulguer la philosophie éclectique. Cet Origène n'est point celui des chrétiens. L'éclectique mourut âgé de soixante-dix ans, peu de temps avant la fin du règne des empereurs Gallus et Volusien.

Voici un des plus célèbres défenseurs de l'école ammonienne ; c'est Plotin : Porphyre, son condisciple et son ami, nous a laissé sa vie. Mais quel fond peut-on faire sur le récit d'un homme, qui s'étoit proposé de mettre Plotin en parallèle avec Jésus-Christ, et qui étoit assez peu philosophe pour s'imaginer qu'il les placeroit de niveau dans la mémoire des hommes, en attribuant des miracles à Plotin ? Si l'on rendoit justice à Porphyre sur cette misérable supercherie, loin d'ajouter foi aux miracles de Plotin, on regarderoit son historien, malgré toute la violence avec laquelle on sait qu'il s'est déchaîné contre la religion chrétienne, comme peu convaincu de la fausseté des miracles de Jésus-Christ.

Plotin naquit dans l'une des deux Lycopolis d'Egypte, la treizième année du règne d'Alexandre Sévère, et se livra à l'étude de la philosophie à l'âge de vingt-huit ans. Il suivit les maîtres les plus célèbres d'Alexandrie ; mais il sortit chagrin de leurs écoles. C'étoit un homme mélancolique et superstitieux: et comme les philosophes, qu'il avoit écoutés, faisoient assez peu de cas des mystères de son pays, il les regarda comme des gens qui promettoient la sagesse1, sans la posséder. Le dégoût de leurs principes le conduisit dans l'école d'Ammonius. A-peine eut-il entendu celui-ci disserter *du grand principe et de ses émanations*, qu'il s'écria : *voilà l'homme que je cherchois*. Il étudia sous Ammonius pendant onze ans. Il ne se détermina à quitter son école que pour parcourir l'Inde et la Perse, et s'instruire plus à fond des rêveries mystiques et des opérations théurgiques des mages et des gymnosophistes ; car il prenoit ces choses pour la seule véritable science. Une circonstance qu'il regarda comme favorable à son dessein, ce fut le départ de l'empereur Gordien pour son expédition contre les Parthes : mais Gordien fut tué dans la Mésopotamie ; et notre philosophe risqua plusieurs fois de perdre la vie, avant que d'avoir regagné Antioche. Il passa d'Antioche à Rome ; il avoit alors quarante ans ; il se trouvoit sur un grand théâtre ; rien ne l'empêchoit de s'y montrer, que le serment qu'il avoit fait à Ammonius : l'indiscrétion d'Hérennius leva cet obstacle. Plotin se croyant dégagé de son serment par le parjure d'Hérennius, professa publiquement l'*éclectisme* pendant dix ans, mais seulement de vive voix, sans rien dicter. On l'interrogeoit, et il répondoit. Cette manière de philosopher devenant de jour en jour plus bruyante, par les disputes qu'elle excitoit entre ses disciples, et plus fatigante pour lui par la nécessité où il se

DES ANCIENS PHILOSOPHES. 173

trouvoit à chaque instant de répondre aux mêmes questions, il prit le parti d'écrire. Il commença, la première année de Gallien ; et la dixième, il avoit composé vingt et un ouvrages sur différens sujets. On ne se les procuroit pas facilement : pour conserver encore quelques vestiges de la discipline philosophique d'Ammonius, on ne les communiquoit qu'à des élèves bien éprouvés, qu'aux éclectiques d'un jugement sain et d'un âge avancé. C'étoit, comme on le verra dans la suite, tout ce que la métaphysique peut avoir de plus entortillé et de plus obscur ; la dialectique, de plus subtil et de plus ardu ; un peu de morale, et beaucoup de fanatisme et de théurgie. Mais s'il y avoit peu de danger à lire Plotin, il y en avoit beaucoup à l'entendre. La présence d'un auditoire nombreux élevoit son esprit ; sa bile s'enflammoit ; il voyoit en grand ; on se laissoit insensiblement entraîner et séduire par la force des idées et des images qu'il déployoit en abondance ; on partageoit son enthousiasme : et comme l'on jugeoit de la vérité et de la beauté de ce qu'on venoit d'entendre par la violence de l'émotion qu'on en avoit éprouvée, on s'en retournoit convaincu que Plotin étoit le premier homme du monde ; et en effet, c'étoit une tête de la trempe de celle de nos Cardan, de nos Kirkher, de nos Malebranche, de ces hommes moins utiles que rares :
Quorum ingenium miro ardore inflammatum, et nescio quâ ambitione ductum, sese judicii habe-

nis coerceri œgrè fert et indignatur ; qui, objectorum magnitudine capti et abrepti, sibi sœpe ipsi non sunt præsentes : ex horum numero, qui non quid dicant sentiantve perpendunt, sed cogitationum vividissimarum fertilissimarumque fluctibus obvoluti, amplectuntur; quidquid œstuanti imaginationi occurrit altum, singulare et ab aliis diversum, fundamento fulciatur aliquo vel nullo, dummodò mentibus aliorum attonitis offeratur aliquid portentosum et enorme.

Voilà ce que Plotin possédoit dans un dégré surprenant ; sa figure, d'ailleurs, étoit imposante et noble. Tous les mouvemens de son ame venoient se peindre sur son visage ; et lorsqu'il parloit, il s'échappoit de son regard, de son geste, de son action et de toute sa personne, une persuasion dont il étoit difficile de se défendre, sur-tout quand on apportoit de son côté quelque disposition naturelle à l'enthousiasme. C'est ce qui arriva à un certain Rogatien ; les discours de Plotin lui échauffèrent tellement la tête, qu'il abandonna le soin de ses affaires, chassa ses domestiques, méprisa des dignités auxquelles il étoit désigné, et tomba dans une misère affreuse, mais au milieu de laquelle il eut le bonheur de conserver sa frénésie.

Avec des qualités telles que celles que l'histoire accorde à Plotin, on ne manque pas de disciples ; aussi en eut-il beaucoup, parmi lesquels on nomme quelques femmes. Ses vertus lui méritèrent la considération des citoyens les plus distingués ; ils lui confièrent en mourant la fortune et l'éducation de leurs enfans. Pendant les vingt-six ans, qu'il vécut à Rome, il fut l'arbitre d'un grand nombre de différends, qu'il termina avec tant d'équité, que ceux-mêmes qu'il avoit condamnés devinrent ses amis. Il fut honoré des grands. L'empereur Gallien et sa femme Salonine en firent un cas particulier. Il ne leur demanda jamais qu'une grace, qu'il n'obtint pas ; c'étoit la souveraineté d'une petite ville de la Campanie, qui avoit été ruinée, et du petit territoire qui en dépendoit. La ville devoit s'appeler *Platonopolis* ou *la ville de Platon*. Plotin s'engageoit à s'y renfermer avec ses amis, et à y réaliser la république de ce philosophe : mais il arriva alors ce qui arriveroit encore aujourd'hui, les courtisans tournèrent ce projet en ridicule, traduisirent Plotin comme une espèce de fou, en dégoûtèrent l'empereur, et empêchèrent qu'une expérience très-intéressante ne fût tentée.

Ce philosophe vivoit durement, ainsi qu'il convenoit à un homme qui regardoit ce monde comme le lieu de son exil, et son corps comme la prison de son ame ; il professoit la philosophie sans relâche ; il abusoit trop de sa santé pour se bien porter ; et il en faisoit trop peu de cas pour appeler le médecin quand il étoit indisposé : il fut attaqué d'une esquinancie, dont il mourut à l'âge de 66 ans, la seconde année du règne de l'empereur Claude. Il disoit en mourant : *equidem jam enitor quod in nobis divinum est ad divinum ipsum, quod viget in universo, adjungere :* « je m'efforce de rendre à l'ame du monde, la particule divine que j'en tiens séparée ». Il admettoit la métempsycose comme une manière de se purifier ; mais il mourut convaincu que son ame étoit devenue si pure par l'étude continuelle de la philosophie, qu'elle alloit rentrer dans le sein de Dieu, sans passer par aucune épreuve nouvelle. Sa philosophie fut généralement adoptée ; et l'école d'Alexandrie le regarda comme son chef, quoiqu'il eût pour prédécesseurs Ammonius et Potamon.

Amélius, successeur de Plotin, avoit passé ses premières années sous l'institution du stoïcien Lisimaque. Il s'attacha ensuite à Plotin. Il travailla pendant vingt-quatre ans à débrouiller le chaos des idées moitié philosophiques, moitié théurgiques de ce vertueux et singulier fanatique. Il écrivit beaucoup ; et quand ses ouvrages n'auroient servi qu'à réconcilier Porphyre avec l'*éclectisme* de Plotin, ils n'auroient pas été inutiles au progrès de la secte.

Porphyre, cet ennemi si fameux du nom chrétien, naquit à Tyr la douzième année du règne d'Alexandre Sévère, 233 ans après la naissance de Jésus-Christ. Il apostasia pour quelques coups de bâton que des chrétiens lui donnèrent mal-à-propos. Il étudia à Athènes sous Longin, qui l'appela

Porphyre ; Malchus, son nom de famille, paroissoit trop dur à l'oreille du rhéteur. Malchus ou Porphyre avoit alors dix-huit ans ; il étoit déjà très-versé dans la philosophie et dans les lettres. A l'âge de vingt ans, il vint à Rome étudier la philosophie sous Plotin. Une extrême sobriété, de longues veilles, des disputes continuelles lui brûlèrent le sang, et tournèrent son esprit à l'enthousiasme et à la mélancolie.

J'observerai, ici en passant, qu'il est impossible en poésie, en peinture, en éloquence, en musique, de rien produire de sublime sans enthousiasme. L'enthousiasme est un mouvement violent de l'ame, par lequel nous sommes transportés au milieu des objets que nous avons à représenter ; alors nous voyons une scène entière se passer dans notre imagination, comme si elle étoit hors de nous : elle y est en effet ; car tant que dure cette illusion, tous les êtres présens sont anéantis, et nos idées sont réalisées à leur place : ce ne sont que nos idées que nous appercevons ; cependant nos mains touchent des corps, nos yeux voient des êtres animés, nos oreilles entendent des voix. Si cet état n'est pas de la folie, il en est bien voisin. Voilà la raison pour laquelle il faut un très-grand sens, pour balancer l'enthousiasme. L'enthousiasme n'entraîne, que quand les esprits ont été préparés et soumis par la force de la raison ; c'est un principe que les poëtes ne doivent jamais perdre de vue dans leurs fictions, et que les hommes éloquens ont toujours observé dans leurs mouvemens oratoires. Si l'enthousiasme prédomine dans un ouvrage, il répand dans toutes ses parties je ne sais quoi de gigantesque, d'incroyable et d'énorme. Si c'est la disposition habituelle de l'ame, et la pente acquise ou naturelle du caractère, on tient des discours alternativement insensés et sublimes ; on se porte à des actions d'un héroïsme bizare, qui marquent en-même-temps la grandeur, la force, et le désordre de l'ame. L'enthousiasme prend mille formes diverses : l'un voit les cieux ouverts sur sa tête ; l'autre, les enfers s'ouvrir sous ses pieds : celui-ci se croit au milieu des esprits célestes ; il entend leurs divins concerts ; il en est transporté : celui-là s'adresse aux furies ; il voit leurs torches allumées ; il est frappé de leurs cris ; elles le poursuivent ; il fuit effrayé devant elles.

Porphyre n'étoit pas éloigné de cet état enchanteur ou terrible, lorsque Plotin, qui le suivoit à la piste, l'atteignit ; il étoit assis à la pointe du promontoire de Lilybée ; il versoit des larmes ; il tiroit de profonds soupirs de sa poitrine; il avoit les yeux fixement attachés sur les eaux ; il repoussoit les alimens qu'on lui présentoit ; il craignoit l'approche d'un homme ; il vouloit mourir. Il étoit dans un accès d'enthousiasme, qui grossisoit à son imagination les misères de la nature humaine, et qui lui représentoit la mort comme le plus grand bonheur d'un être qui pense, qui sent, qui a le malheur de vivre. Voici un autre enthousiaste ; c'est Plotin qui, fortement frappé du péril où il apperçoit son disciple et son ami, éprouve sur-le-champ un autre accès d'enthousiasme, qui sauve Porphyre de la fureur tranquille et sourde dont il est possédé. Ce qu'il y a de singulier, c'est que celui-ci se prend pour un homme sensé ; écoutez-le : *studium nunc istud, ô Porphyri, tuum, non sanœ mentis est, sed animi atrâ bile furentis.* Un troisième, qui eût été témoin, de sang-froid, de l'action outrée et du ton emphatique de Plotin, n'auroit-il pas été tenté de lui rendre à lui-même son apostrophe, et de lui dire, en imitant son action et son emphase : *studium nunc istud, ô Plotine, tuum, honestœ reverâ mentis est, sed animi splendidâ bile furentis ?* Au reste, si un accès d'enthousiasme peut être réprimé, c'est par un autre accès d'enthousiasme. La véritable éloquence seroit, en pareil cas, foible, froide, et resteroit sans effet : il faut un choc plus violent, et la secousse d'un instrument plus analogue.

Porphyre, fortement persuadé que le christianisme rend les hommes méchans et misérables (méchans, disoit-il, en multipliant les devoirs à l'infini, et en pervertissant l'ordre des devoirs ; misérables, en remplissant les ames de remords et de terreurs), écrivit quinze livres, pour les détromper. Je crains bien que Théodose ne leur ait fait trop d'honneur par l'édit qui les supprima ; et j'oserois presqu'assurer, sur les fragmens qui nous en restent dans les pères qui l'ont réfuté, qu'il y avoit beaucoup plus d'éloquence et d'enthousiasme que de bon sens et de philosophie. Il m'a semblé que l'enthousiasme étoit une maladie épidémique particulière à ces temps, qui n'avoit pas entièrement épargné les hommes les plus respectables par leurs talens, leurs connoissances, leur état, et leurs mœurs. L'un croyoit avoir répondu à Porphyre, lorsqu'il lui avoit dit qu'*il étoit l'ami intime du diable ;* un autre prenoit, sans s'en appercevoir, le ton de Porphyre, lorsqu'il l'appeloit *impie, blasphémateur, fou, calomniateur, impudent, sycophante.* La cause du christianisme étoit trop bonne ; et les pères avoient trop de raisons, pour accumuler tant d'injures. Cet endroit ne sera pas le seul de cet article où nous aurons lieu de remarquer, pour la consolation des ames foibles et la nôtre, que dans les plus grands saints, l'homme perce toujours par quelqu'endroit. Porphyre vécut plus long-temps qu'on ne pouvoit l'espérer d'un homme de son caractère. Il atteignit l'âge de soixante et douze ans ; et ne mourut que l'an 305 de Jésus-Christ.

Jamblique, disciple de Porphyre, fut une des lumières principales de l'école d'Alexandrie. Le paganisme menaçoit ruine de toutes parts, lorsque ce philosophe théurgiste parut. Il combattit pour ses dieux, et ne combattit pas sans succès.

C'est une chose remarquable, que l'aversion presque générale des philosophes éclectiques pour le christianisme, et leur attachement opiniâtre à l'idolâtrie. Pouvoit-il donc y avoir un systême plus ridicule, que celui de la mythologie? S'il étoit naturel que le sacrifice exigé dans la religion chrétienne, de l'esprit de l'homme, par des mystères; de son corps, par des jeûnes et des mortifications; de son cœur, par une abnégation entière de soi-même, en éloignât des hommes charnels et des raisonneurs orgueilleux; l'étoit-il qu'un Potamon, un Ammonius, un Longin, un Plotin, un Jamblique, ou fermassent les yeux sur les absurdités de l'histoire de Jupiter, ou ne les apperçussent point?

Jamblique étoit de Chalcis, ville de Célésyrie; il descendoit de parens illustres : il eut pour instituteur Anatolius, philosophe d'un mérite peu inférieur à Porphyre. Il fut d'un caractère doux; un peu renfermé; ne s'ouvrant guère qu'à ses disciples; moins éloquent que Porphyre : et l'éloquence ne devoit pas être comptée pour peu de chose dans des écoles, où l'on professoit particulièrement la théurgie; systême auquel il étoit impossible de donner quelques couleurs séduisantes, sans le secours du sublime et de l'enthousiasme : cependant il ne manqua pas d'auditeurs; mais il les dut moins à ses connoissances qu'à son affabilité. Il avoit de la gaîté avec ses amis ; et il leur en inspiroit : ceux qui avoient une fois goûté les charmes de sa société, ne pouvoient plus s'en détacher. L'histoire ne nous a rien raconté de nos mystiques, que nous ne trouvions dans Jamblique. Il avoit des extases ; son corps s'élevoit dans les airs pendant ses entretiens avec les dieux ; ses vêtemens s'éclairoient de lumière ; il prédisoit l'avenir ; il commandoit aux démons ; il évoquoit des génies du fond des eaux.

Jamblique écrivit beaucoup ; il laissa la vie de Pythagore ; une exposition de son système théologique ; des exhortations à l'étude de l'*éclectisme* ; un traité des sciences mathématiques ; un commentaire sur les institutions arithmétiques de Nicomaque ; une exposition des mystères égyptiens. Parmi ces ouvrages, il y en a plusieurs où l'on auroit peine à reconnoître un prétendu faiseur de miracles : mais qui reconnoîtroit Newton dans un commentaire sur l'Apocalypse ? et qui croiroit que cet homme, qui a assemblé tout Londres dans une église, pour être témoin des resurrections qu'il promet sérieusement d'opérer, est le géomètre Fatio ? Jamblique mourut l'an de J. C. 333, sous le règne de Constantin. La conversion de ce prince à la religion chrétienne, fut un événement fatal pour la philosophie ; les temples du paganisme furent renversés ; les portes des écoles *éclectiques*, fermées ; les philosophes, dispersés : il en coûta même la vie à quelques-uns de ceux qui osèrent braver les conjonctures.

Tel fut le sort de Sopatre, disciple de Jamblique : il étoit d'Apamée, ville de Syrie. Eunape en parle comme d'un homme éloquent dans ses écrits et dans ses discours. Il ajoute que l'étendue de ses connoissances lui avoit acquis, parmi les Grecs, la réputation du premier philosophe de son temps (τον επισημότατον τὸν τὲ παρ' ἕλλησιν επι παιδεύσει γεγενημηνον).

Voici le fait, tel qu'on le lit dans Eunape. Constantinople ou Byzance (car c'est la même ville sous deux noms différens) fournissoit anciennement l'Attique de vivres ; et il est incroyable la quantité de grains que cette province de la Grèce en tiroit : mais il arriva, dans ces temps, que les vaisseaux qui venoient chargés d'Egypte, et que toutes les provisions qu'on tiroit de la Syrie, de la Phénicie, de l'Asie entière, et d'une infinité d'autres contrées nourricières, de l'empire, ne purent suffire aux besoins de la multitude innombrable de prisonniers que l'empereur avoit rassemblés dans Byzance ; et cela, par la vanité puérile de recueillir au théâtre un plus grand nombre d'applaudissemens ; et de quelle sorte, encore ; et de quels gens ? d'une populace pleine de vin ; d'hommes à qui l'ivresse ne permettoit ni de parler, ni de se tenir debout ; de barbares et d'étrangers, qui savoient à-peine prononcer son nom. Mais telle étoit la situation du port de Constantinople, que, couvert par des montagnes, il n'y avoit qu'un seul vent qui en favorisât l'entrée; et ce vent ayant cessé de souffler, et suspendu trop long-temps l'arrivée des vivres dans une conjoncture où la ville, qui regorgeoit d'habitans, en avoit un besoin plus pressant, la famine se fit sentir. On se rendit à jeun au théâtre; et comme il n'y avoit presque point de gens ivres, il y eut peu d'applaudissemens, au grand étonnement de l'empereur, qui n'avoit pas rassemblé tant de bouches pour qu'elles restassent muettes. Les ennemis de Sopatre et des philosophes, attentifs à saisir toutes les occasions de les desservir et de les perdre, crurent en avoir trouvé une très-favorable dans ce contre-temps: *C'est ce Sopatre*, dirent-ils au crédule empereur, *cet homme que vous avez comblé de tant de bienfaits, et qui est parvenu, par sa politique, à s'asseoir sur le trône à côté de vous; c'est lui qui, par les secrets de sa philosophie malfaisante, tient les vents enchaînés, et s'oppose à votre triomphe et à votre gloire, tandis qu'il vous séduit par les faux éloges qu'il vous prodigue.* L'empereur, irrité, ordonne la mort de Sopatre; et le malheureux philosophe tombe sur-le-champ, frappé d'un coup de hache. Hélas! il étoit arrivé à la cour, dans le dessein de défendre la cause des philosophes, et d'arrêter, s'il étoit possible, la persécution qu'on exerçoit contre eux. Il avoit présumé quelques succès de la force de son éloquence et de la droiture de ses intentions; et en effet il avoit réussi au-delà de ses espérances : l'empereur l'avoit admis au nombre de ses favoris; et les philosophes commençoient à prendre crédit à la cour ; et les courtisans, à s'en allarmer; et les intolérans, à s'en plaindre. Ceux-ci s'étoient apparemment déjà rendus redoutables au prince même, qu'ils avoient entraîné dans leurs sentimens, puisqu'il paroît que Sopatre fut une victime qu'il leur immola malgré lui, afin de calmer les murmures qui commençoient à s'élever. « Pour dissiper les » soupçons qu'on pourroit avoir que celui, qui » avoit accueilli favorablement un hiérophante, un » théurgiste, ne fût un néophite équivoque, il se » détermina (dit Suidas) à faire mourir le phi- » losophe Sopatre », *ut fidem faceret se non amplius religioni gentili addictum esse*. Ablabius, courtisan vil, sans naissance, sans ame, sans vertus ; un de ces hommes faits pour capter la faveur des grands par toutes sortes de voies, et pour les déshonorer ensuite par les mauvais conseils qu'ils leur donnent en échange des bienfaits qu'ils en reçoivent, étoit devenu jaloux de Sopatre; et ce fut cette jalousie, qui accéléra la perte du philosophe. Pourquoi faut-il que tant de rois commandent toujours, et ne lisent jamais !

Edésius étoit de Cappadoce; sa famille étoit

considérée ; mais elle n'étoit pas opulente. Il se livra à l'étude de la philosophie, dans Athènes, où on l'avoit envoyé pour apprendre quelqu'art lucratif : c'etoit répondre aussi mal qu'il étoit possible aux intentions de ses parens, qui auroient donné, pour une pièce d'or, tous les livres de la République de Platon. Cependant sa sagesse, sa modération, son respect, sa patience, ses discours, parvinrent à réconcilier son père avec la philosophie : le bon-homme conçut enfin qu'une science, qui rendoit son fils heureux sans les richesses, étoit préférable à des richesses qui n'avoient jamais fait le bonheur de personne sans cette science.

La réputation de Jamblique appela Edésius en Syrie; Jamblique le chérit, l'instruisit, et lui conféra le grand don, le don par excellence, le don d'enthousiasme. Les théurgistes ne pouvoient donner de meilleures preuves du cas infini qu'ils faisoient de la religion chrétienne, que de s'attacher à le copier en tout. Les apôtres avoient conféré le Saint-Esprit, ou cette qualité divine, en vertu de laquelle on persuade fortement ce dont on est fortement persuadé : les *éclectiques* parodièrent fort heureusement ces effets avec leur enthousiasme.

Cependant la persécution, que l'empereur exerçoit contre les philosophes, augmentoit de jour en jour. Edésius, épouvanté, eut recours aux opérations de la théurgie, pour en être éclairci sur son sort : les dieux lui promirent, ou la plus grande réputation, s'il demeuroit dans la société, ou une sagesse qui l'égaleroit aux dieux, s'il se retiroit d'entre les hommes. Edésius se disposoit à prendre ce dernier parti, lorsque ses disciples s'assemblent en tumulte, l'entourent, le prient, le conjurent, le menacent et l'empêchent d'aller, par une crainte indigne d'un philosophe, se reléguer dans le fond d'une forêt, et de priver les hommes des exemples de sa vertu et des préceptes de sa philosophie, dans un temps où la superstition, disoient-ils, s'avançoit à grands pas, et entraînoit la multitude des esprits. Edésius établit son école à Pergame : Julien le consulta, l'honora de son estime, et le combla de présens : la promesse des dieux qu'il avoit consultés, s'accomplit; son nom se répandit dans la Grèce ; on se rendit à Pergame, de toutes les contrées voisines. Il avoit un talent particulier, pour humilier les esprits fiers et transcendans, et pour encourager les esprits foibles et timides. Les ateliers des artistes étoient les endroits qu'il fréquentoit le plus volontiers au sortir de son école ; ce qui prouve que l'enthousiasme et la théurgie n'avoient point éteint en lui le goût des connoissances utiles. Il professa la philosophie jusques dans l'âge le plus avancé.

Eustathe, disciple de Jamblique et d'Edésius, fut un homme éloquent et doux, sur le compte

duquel on a débité beaucoup de sottises. J'en dis
autant de Sosipatra. Des vieillards la demandent à
son père, et lui prouvent, par des miracles, qu'il
ne peut, en conscience, la leur refuser: le père cède
sa fille ; les vieillards s'en emparent, l'initient
tous les mystères de l'*éclectisme* et de la théurgie
lui confèrent le don d'enthousiasme, et disparoissent, sans qu'on ait jamais su ce qu'ils étoient
devenus. J'en dis autant d'Antonin, fils de Sosipatra ; je remarquerai seulement de celui-ci,
qu'il ne fit point de miracles, parce que l'empereur n'aimoit pas que les philosophes en fissent.

Il y eut un moment, où la frayeur pensa faire ce
qu'on devoit attendre du sens commun ; ce fut de
séparer la philosophie de la théurgie, et de renvoyer celle-ci aux diseurs de bonne aventure, aux
saltimbanques, aux fripons, et aux prestigiateurs.
Eusèbe de Minde en Carie, qui parut alors sur la
scène, distingua les deux espèces de purifications,
que la philosophie *éclectique* recommandoit également : il appela l'une, *théurgique*; et l'autre, *rationnelle* ; et s'occupa sérieusement à décrier la
première : mais les esprits en étoient trop infectés : c'étoit une trop belle chose, que de commercer avec les dieux, que d'avoir les démons à son
commandement, que de les appeler à soi par des
incantations, ou de s'élever à eux par l'extase,
pour qu'on pût détromper facilement les hommes
d'une science, qui s'arrogeoit ces merveilleuses

prérogatives. S'il y avoit un homme alors auprès duquel la philosophie d'Eusèbe devoit réussir, c'étoit l'empereur Julien. Cependant il n'en fut rien ; Julien quitta ce philosophe sensé, pour se livrer aux deux plus violens théurgistes que la secte éclectique eût encore produits, Maxime d'Ephèse et Chrysanthius.

Maxime d'Ephèse étoit né de parens nobles et riches ; il eut donc à fouler aux pieds les espérances les plus flatteuses, pour se livrer à la philosophie : c'est un courage trop rare, pour ne pas lui en faire un mérite. Personne ne fut plus évidemment appelé à la théurgie et à l'*éclectisme*, si l'on regarde l'éloquence comme le caractère de la vocation. Maxime paroissoit toujours agité par la présence intérieure de quelque démon ; il mettoit tant de force dans ses pensées, tant d'énergie dans son expression, tant de noblesse et de grandeur dans ses images, je ne sais quoi de si frappant et de si sublime, même dans sa déraison, qu'il ôtoit à ses auditeurs la liberté de le contredire : c'étoit Apollon sur son trépied, qui maîtrisoit les ames et commandoit aux esprits. Il étoit savant; des connoissances profondes et variées fournissoient un aliment inépuisable à son enthousiasme : il eut Edésius pour maître, et Julien pour disciple. Il accompagna Julien dans son expédition de Perse : Julien périt, et Maxime tomba dans un état déplorable : mais son ame se montra toujours supérieure à l'adversité. Valentinien et Valens, irrités par les chrétiens, le font charger de chaînes, et jeter dans le fond d'un cachot : on ne l'en tire, que pour l'exposer sur un théâtre ; il y paroît avec fermeté. On l'accuse ; il répond sans manquer à l'empereur, et sans se manquer à lui-même. On prétendoit le rendre responsable de tout ce qu'on reprenoit dans la conduite de Julien ; il intéressa l'empereur même à rejeter cette accusation : *S'il est permis*, disoit-il, *d'accuser un sujet de tout ce que son souverain peut avoir fait de mal, pourquoi ne le louera-t-on pas de tout ce qu'il aura fait de bien ?* On cherchoit à le perdre ; chose surprenante ! on n'en vint point à bout. Dans l'impossibilité de le convaincre, on lui rendit la liberté : mais comme on étoit persuadé qu'il s'étoit servi de son crédit auprès de Julien, pour amasser des trésors ; on le condamna à une amende exorbitante, qu'on réduisit à très-peu de chose ; ceux qu'on avoit chargés d'en poursuivre le paiement n'ayant trouvé à notre philosophe que sa besace et son bâton. La présence d'un homme avec lequel on avoit de si grands torts, étoit trop importune, pour qu'on la souffrît : Maxime fut relégué dans le fond de l'Asie, où de plus grands malheurs l'attendoient. La haine implacable de ses ennemis l'y suivit ; à-peine est-il arrivé au lieu de son exil, qu'il est saisi, emprisonné, et livré à l'inhumanité de ces hommes que la justice emploie à tourmenter les coupables, et qui, corrompus par ses persécuteurs, inventèrent pour lui des supplices nouveaux : ils en firent alternativement l'objet de leur brutalité et de leur fureur. Maxime, lassé de vivre, demanda du poison à sa femme, qui ne balança pas à lui en apporter ; mais, avant que de lui présenter, elle en prit la plus grande partie et tomba morte : Maxime lui survécut. On cherche, en lisant l'histoire de ce philosophe, la cause de ses nouveaux malheurs ; et l'on n'en trouve point d'autre, que d'avoir déplu aux défenseurs de certaines opinions dominantes ; leçon terrible pour les philosophes, gens raisonneurs qui leur ont été et qui leur seront suspects dans tous les temps.

La providence, qui sembloit avoir oublié Maxime depuis la mort de Julien, laissa tomber enfin un regard de pitié sur ce malheureux. Cléarque, homme de bien, que par hasard Valens avoit nommé préfet en Asie, trouva, en arrivant dans sa province, le philosophe exposé sur un chevalet, et prêt à expirer dans les tourmens. Il vole à son secours ; il le délivre ; il lui procure tous les soins dont il étoit pressé dans le déplorable état où on l'avoit réduit : il l'accueille ; il l'admet à sa table ; il le réconcilie avec l'empereur ; il fait subir à ses ennemis la peine du talion ; il le rétablit dans le peu de fortune qu'il devoit à la commisération de ses amis et de ses parens ; il y ajoute des bienfaits, et le renvoie triomphant à Constantinople; où la considération générale du peuple et des grands sembloit lui assurer du-moins quelque tranquillité pour les dernières années de sa vie; mais il n'en fut pas ainsi. Des mécontens formèrent une conspiration contre Valens; Maxime n'étoit point du nombre; mais il avoit eu malheureusement d'anciennes liaisons avec la plupart d'entre eux. On le soupçonna d'avoir eu connoissance de leur dessein; ses ennemis insinuèrent à l'empereur, qu'il avoit été consulté, en qualité de théurgiste; et le proconsul Festus eut l'ordre de l'arrêter, et de le faire mourir; ce qui fut exécuté.

Telle fut la fin tragique d'un des plus habiles et des plus honnêtes hommes de son siècle, à qui l'on ne peut reprocher que son enthousiasme et sa théurgie. Festus ne lui survécut pas long-temps; son esprit s'altéra; il crut voir en songe Maxime qui le traînoit par les cheveux devant les juges des enfers : ce songe le suivoit par-tout; il en perdit tout-à-fait le jugement, et mourut fou. Le peuple, oubliant les disgraces cruelles auxquelles les dieux avoient abandonné Maxime pendant sa vie, regarda la mort de Festus comme un exemple éclatant de leur justice. Festus étoit odieux; Maxime n'étoit plus; la vénération qu'on lui portoit en devint d'autant plus grande : le moyen que le peuple ne vît pas du surnaturel dans le songe du proconsul, et dans une mort qui le surprend, sans aucune cause apparente, au milieu de ses prospérités ! On n'est pas communément assez instruit, pour savoir qu'un homme menacé de mort subite, sent de loin des mouvemens avant-coureurs de cet événement : ce sont des atteintes sourdes, qu'il néglige, parce qu'il n'en prévoit ni n'en craint les suites ; ce sont des frissons passagers, des inquiétudes vagues, de l'abattement, de l'agitation, des accès de pusillanimité. Qu'au milieu de ces approches secrètes, un homme superstitieux et méchant ait la conscience chargée de quelque crime atroce et récent, il en voit les objets ; il en est obsédé ; il prend cette obsession pour la cause de son mal-aise; et au-lieu d'appeler un médecin, il s'adresse aux dieux : cependant le germe de mort qu'il portoit en lui-même se développe, et le tue ; et le peuple imbécille crie au prodige. C'est faire injure à l'Etre Suprême ; c'est s'exposer même à douter de son existence, que de chercher, dans les afflictions et les prospérités de ce monde, des marques de la justice ou de la bonté divine. Le méchant peut avoir tout, excepté cette paix de l'ame, ce doux repos d'une bonne conscience, et la sécurité qui en est l'effet.

Prisque, ami et condisciple de Maxime, étoit de Thesprotie. Il avoit beaucoup étudié la philosophie des anciens; il s'accordoit avec Eusèbe de Minde à regarder la théurgie comme la honte de l'*éclectisme*; mais né taciturne, renfermé, ennemi des disputes scholastiques, ayant à-peu-près du vulgaire l'opinion qu'il en faut avoir, c'est-à-dire n'en faisant pas assez de cas pour lui dire la vérité; ce fut un homme peu propre à s'attacher des disciples, et à répandre ses opinions. Cette manière de philosopher, tranquille et retirée, jeta sur lui une obscurité salutaire; les ennemis de la philosophie l'oublièrent. Les autres éclectiques en furent réduits ou à se donner la mort à eux-mêmes, ou à perdre la vie dans les tourmens; Prisque, ignoré, acheva tranquillement la sienne dans les temples déserts du paganisme.

Chrysanthius, disciple d'Edésius, et instituteur de Julien, joignit l'étude de l'art oratoire à celle de la philosophie : *C'est assez pour soi, disoit-il, de connoître la vérité ; mais pour les autres, il faut encore savoir la dire et la faire aimer. La philantropie est le caractère distinctif de l'homme de bien ; il ne doit pas se contenter d'être bon ; il doit travailler à rendre ses semblables meilleurs : la vertu ne le domine pas assez fortement, s'il peut la contenir au-dedans de lui-même. Lorsque la vertu est devenue la passion d'un homme, elle remplit son ame d'un bonheur qu'il ne sauroit cacher, et que les méchans ne peuvent feindre. C'est à la vertu qu'il appartient de faire de véritables enthousiastes ; c'est elle seule qui connoit le prix des biens, des dignités et de la vie, puisqu'il n'y a* qu'elle qui sache quand il convient de les perdre ou de les conserver.

La théurgie, si fatale à Maxime, servit utilement Chrysanthius : ce dernier s'en tint avec fermeté à l'inspection des victimes, et aux règles de la divination, qui lui annonçoient les plus grands malheurs s'il quittoit sa retraite ; ni les instances de Maxime, ni les invitations réitérées de l'empereur, ni des députations expresses, ni les prières d'une épouse qu'il aimoit tendrement, ni les honneurs qu'on lui offroit, ni le bonheur qu'il pouvoit se promettre, ne purent l'emporter sur ses sinistres pressentimens, et l'attirer à la cour de Julien. Maxime partit, *résolu*, disoit-il, *de faire violence à la nature et aux destins*. Julien se vengea des refus de Chrysanthius, en lui accordant le pontificat de Lydie, où il l'exhortoit à relever les autels des dieux, et à rappeler dans leurs temples les peuples, que le zèle de ses prédécesseurs en avoit éloignés.

Chrysanthius, philosophe et pontife, se conduisit avec tant de discrétion dans sa fonction délicate, qu'il n'excita pas même le murmure des intolérans ; aussi ne fut-il point enveloppé dans les troubles qui suivirent la mort de Julien. Il demeura désolé, mais tranquille au milieu des ruines de la secte éclectique et du paganisme ; il fut même protégé des empereurs chrétiens. Il se retira dans Athènes, où il montra qu'il étoit plus facile à un homme comme lui de supporter l'adversité, qu'à la plupart des autres hommes de bien user du bonheur. Il employoit ses journées à honorer les dieux, à lire les auteurs anciens, à inspirer le goût de la théurgie, de l'*éclectisme*, et de l'enthousiasme à un petit nombre de disciples choisis, et à composer des ouvrages de philosophie. Les tendons de ses doigts s'étoient retirés à force d'écrire. La promenade étoit son unique délassement; il le prenoit dans les rues spacieuses, marchant lentement, gravement, et s'entretenant avec ses amis. Il évita le commerce des grands, non par mépris, mais par goût. Il mit dans son commerce avec les hommes tant de douceur et d'aménité, qu'on le soupçonna d'affecter un peu ces qualités. Il parloit bien, on le louoit sur-tout de savoir prendre le ton des choses. S'il ouvroit la bouche, tout le monde restoit en silence. Il étoit ferme dans ses sentimens : ceux qui ne le connoissoient pas assez, s'exposoient facilement à le contredire ; mais ils ne tardoient pas à sentir à quel homme ils avoient affaire. Nous serions étonnés qu'avec ces qualités de cœur et d'esprit, Chrysanthius ait été un des plus grands défenseurs du paganisme, si nous ne savions combien le mystère de la croix est une étrange folie pour des hommes instruits, mais surtout pour des philosophes. Il jouissoit, à l'âge de quatre-vingts ans, d'une santé si vigoureuse, qu'il étoit obligé d'observer des saignées de précautions,

Eunape étoit son médecin : cependant une de ces saignées, faite imprudemment en l'absence d'Eunape, lui coûta la vie : il fut saisi d'un froid et d'une langueur dans tous les membres, qu'Oribase dissipa pour le moment par des fomentations chaudes, mais qui ne tardèrent pas à revenir, et qui l'emportèrent.

Julien, le fléau du christianisme, l'honneur de *l'éclectisme*, et un des hommes les plus extraordinaires de son siècle, fut élevé par les soins de l'empereur Constance ; il apprit la grammaire, de Nicoclès ; et l'art oratoire, d'Eubole : ses premiers maîtres étoient tous chrétiens ; et l'eunuque Mardonius avoit l'inspection sur eux. Il ne s'agit ici ni du conquérant, ni du politique, mais du philosophe. Nous préviendrons seulement ceux qui voudront se former une idée juste de ses qualités, de ses défauts, de ses projets, de sa rupture avec Constance, de ses expéditions contre les Parthes, les Gaulois et les Germains, de son retour à la religion de ses ayeux, de sa mort prématurée et des événemens de sa vie, de se méfier également et des éloges que la flaterie lui a prodigués dans l'histoire profane, et des injures que le ressentiment a vomies contre lui dans l'histoire de l'église.

C'est ici qu'il importe sur-tout de suivre une règle de critique, qui, dans une infinité d'autres conjonctures, conduiroit à la vérité plus sûrement qu'aucun témoignage ; c'est de laisser à l'écart ce que les auteurs ont écrit d'après leurs passions et leurs préjugés; et d'examiner, d'après notre propre expérience, ce qui est vraisemblable. Pour juger, avec indulgence ou avec sévérité, du goût éffréné de Julien pour les cérémonies du paganisme ou de la théurgie, ce n'est point avec les yeux de notre siècle qu'il faut considérer ces objets ; mais il faut se transporter au temps de cet empereur, et au milieu d'une foule de grands hommes, tous entêtés de ces doctrines superstitieuses : se sonder soi-même, et voir, sans partialité, dans le fond de son cœur, si l'on eût été plus sage que lui. On craignit de bonne heure qu'il n'abandonnât la religion chrétienne ; mais l'on étoit bien éloigné de prévoir que la médiocrité de ses maîtres occasionneroit infailliblement son apostasie. En effet, lorsque l'exercice assidu de ses talens naturels l'eut mis au-dessus de ses instituteurs, la curiosité le porta dans les écoles des philosophes. Ses maîtres, fatigués d'un disciple qui les embarrassoit, ne répondirent pas avec assez de scrupule à la confiance de Constance. Il fréquenta à Nicomédie ce Libanius, avec lequel l'empereur avoit si expressément défendu qu'il ne s'entretînt, et qui se plaignoit si amèrement d'une défense qui ne lui permettoit pas, disoit-il, *de répandre un seul grain de bonne semence dans un terrain précieux, dont on abandonnoit la culture à un misérable rhéteur, parce qu'il avoit le talent si petit et si commun de médire des dieux.*

Les disputes des catholiques entre eux et avec

les ariens achevèrent d'étouffer dans son cœur le peu de christianisme, que les leçons de Libanius n'en avoient point arraché. Il vit le philosophe Maxime. On prétend que l'empereur n'ignora pas ces démarches inconsidérées ; mais que les qualités supérieures de Julien commençant à l'inquiéter, il imagina, par un pressentiment qui n'étoit que trop juste, que, pour la tranquillité de l'empire et pour la sienne propre, il valoit mieux que cet esprit ambitieux se tournât du côté des lettres et de la philosophie, que du côté du gouvernement et des affaires publiques. Julien embrassa l'*éclectisme*. Comment se seroit-il garanti de l'enthousiasme, avec un tempérament bilieux et mélancolique, un caractère impétueux et bouillant, et l'imagination la plus prompte et la plus ardente ? Comment auroit-il senti toutes les puérilités de la théurgie et de la divination, tandis que les sacrifices, les évocations, et tous les prestiges de ces espèces de doctrines, ne cessoient de lui promettre la souveraineté ? il est bien difficile de rejeter en doute les principes d'un art qui nous appelle à l'empire ; et ceux qui méditeront un peu profondément sur le caractère de Julien, sur celui de ses ennemis, sur les conjonctures dans lesquelles il se trouvoit, sur les hommes qui l'environnoient, seront peut-être plus étonnés de sa tolérance que de sa superstition. Malgré la fureur du paganisme dont il étoit possédé, il ne répandit pas une goutte de sang chrétien ; et il seroit à couvert de tout reproche, si, pour un prince qui commande à des hommes qui pensent autrement que lui en matière de religion, c'étoit assez que de n'en faire mourir aucun. Les chrétiens demandoient à Julien un entier exercice de leur religion ; la liberté de leurs assemblées et de leurs écoles ; la participation à tous les honneurs de la société, dont ils étoient des membres utiles et fidèles ; et en cela ils avoient juste raison. Les chrétiens n'exigeoient point de lui qu'il contraignît par la force les payens à renoncer aux faux dieux ; ils n'avoient garde de lui en accorder le droit : ils lui reprochoient, au contraire, si-non la violence, du-moins les voies indirectes et sourdes dont il se servoit pour déterminer les chrétiens à renoncer à J. C. *Abandonnez à elle-même*, lui disoient-ils, *l'œuvre de Dieu : les loix de notre église ne sont point les loix de l'empire ; ni les loix de l'empire, les loix de notre église. Punissez-nous, s'il nous arrive jamais d'enfreindre celles-là ; mais n'imposez à nos consciences aucun joug. Mettez-vous à la place d'un de vos sujets payens, et supposez à votre place un prince chrétien : que penseriez-vous de lui, s'il employoit toutes les ressources de la politique pour vous attirer dans nos temples ? Vous en faites trop, si l'équité ne vous autorise pas ; vous n'en faites pas assez, si vous avez pour vous cette autorité.*

Quoi qu'il en soit, si Julien eût réfléchi sur ce

qui lui étoit arrivé à lui-même, il eût été convaincu qu'au-lieu d'interdire l'étude aux chrétiens, il n'avoit rien de mieux à faire que de leur ouvrir les écoles de *l'éclectisme* ; ils y auroient été infailliblement attirés par l'extrême conformité des principes de cette secte avec les dogmes du christianisme : mais il ne lui fut pas donné de tendre un piége si dangéreux à la religion.

La providence (*), qui répandit cet esprit de ténèbres sur son ennemi, ne protégea pas le christianisme d'une manière moins frappante, lorsqu'elle fit sortir des entrailles de la terre ces tourbillons de flammes qui dévorèrent les juifs, qu'il employoit à creuser les fondemens de Jérusalem, dont il se proposoit de relever le temple et les murs. Julien, trompé de rechef dans la malice de ces projets, consomma la prophétie, qu'il se proposoit de rendre mensongère ; et l'endurcissement fut sa punition et celle de ses complices. Il persévéra dans son apostasie ; les juifs qu'il avoit rassemblés se dispersèrent comme auparavant ; Ammien-Marcellin, qui nous a transmis ce fait, n'abjura point le paganisme ; et Dieu voulut qu'un des miracles les plus grands et les plus certains qui se soient jamais faits, qui met en défaut la mal-

---

(*) *Voyez* sur cette expression orthodoxe, si *disconvenante* aux principes philosophiques de Diderot, l'avertissement de l'éditeur, tome I de ce recueil.

heureuse dialectique des philosophes de nos jours, et qui remplit de trouble leurs ames incrédules, ne convertit (*) personne dans le temps où il fut opéré.

On raconte de cet empereur superstitieux, qu'assistant un jour à une évocation de démons, il fut tellement effrayé à leur apparition, qu'il fit le signe de la croix, et qu'aussitôt les démons s'évanouirent. Je demanderois volontiers à un chrétien s'il croit ce fait ou non : s'il le nie, je lui demanderai encore si c'est ou parce qu'il ne croit point aux démons, ou parce qu'il ne croit point à l'efficacité du signe de la croix, ou parce qu'il ne croit point à l'efficacité des évocations ; mais s'il croit aux démons, il ne peut être assez convaincu de l'efficacité du signe de la croix ; et pourquoi douteroit-il de l'efficacité des évocations, tandis que les livres saints lui en offrent plusieurs exemples ? Il ne peut donc se dispenser d'admettre le fait de Julien ; et, conséquemment, la plupart des prodiges de la théurgie : et quelle raison auroit-il de nier ces prodiges ? J'avoue, pour moi, que je n'accuserois point un bon dialecticien bien instruit des faits, de trop présumer de ses forces, s'il s'engageoit, avec le P. Balthus, de démontrer à l'au-

---

(*) . . . . ridiculum acri
Fortiùs et meliùs magnas plerumque secat res.

NOTE DE L'ÉDITEUR.

teur des oracles, et à tous ceux qui pensent comme lui, qu'il faut ou donner dans un pyrrhonisme général sur tous les faits surnaturels, ou convenir de la vérité de plusieurs opérations théurgiques.

Nous ne nous étendrons pas davantage sur l'histoire de Julien ; ce que nous pourrions ajouter d'intéressant, seroit hors de notre objet. Julien mourut à l'âge de trente-trois ans. Il faut se souvenir, en lisant son histoire, qu'une grande qualité naturelle prend le nom d'un grand vice ou d'une grande vertu, selon le bon ou mauvais usage qu'on en a fait ; et qu'il n'appartient qu'aux hommes sans préjugés, sans intérêt et sans partialité, de prononcer sur ces objets importans.

Eunape fleurit au temps de Théodose ; disciple de Maxime et de Chrysanthius, voilà les maîtres sous lesquels il avoit étudié l'art oratoire et la philosophie alexandrine. Les empereurs exerçoient alors la persécution la plus vive contre les philosophes.

Il se présenteroit ici un problême singulier à résoudre ; c'est de savoir pourquoi la persécution a fait fleurir le christianisme, et éteint l'*éclectisme*. Les philosophes théurgistes étoient des enthousiastes : comment n'en a-t-on pas fait des martyrs ? les croyoit-on moins convaincus de la vérité de la théurgie, que les chrétiens, de la résurrection ? Oui, sans-doute. D'ailleurs, quelle différence d'une croyance publique, à un système de philosophie ; d'un temple, à une école ; d'un peuple, à un petit nombre d'hommes choisis ; de l'œuvre de Dieu, aux projets des hommes ? La théurgie et l'*éclectisme* ont passé ; la religion chrétienne dure et durera dans tous les siècles. Si un système de connoissances humaines est faux, il se rencontre tôt ou tard un fait, une observation qui le renverse. Il n'en est pas ainsi des notions, qui ne tiennent à rien de ce qui se passe sur la terre ; il ne se présente dans la nature aucun phénomène qui les contredise ; elles s'établissent dans les esprits, presque sans aucun effort ; et elles y durent par prescription. La seule révolution qu'elles éprouvent, c'est de subir une infinité de métamorphoses, entre lesquelles il n'y en a jamais qu'une qui puisse les exposer ; c'est celle qui, leur faisant prendre une forme naturelle, les rapprocheroit des limites de notre foible raison, et les soumettroit malheureusement à notre examen. Tout est perdu, et lorsque la théologie dégénère en philosophie, et lorsque la philosophie dégénère en théologie : c'est un monstre ridicule, qu'un composé de l'une et de l'autre. Et telle fut la philosophie de ces temps ; système de purifications théurgiques et rationnelles, qu'Horace n'auroit pas mieux représenté, quand il l'auroit eu en vue au commencement de son *art poétique* :

n'étoit-ce pas en effet une tête d'homme, un cou de cheval, des plumes de toute espèce, les membres de toutes sortes d'animaux :

> Undique collatis membris, ut turpiter atrum
> Desinat in piscem mulier formosa supernè !

Eunape séjourna à Athènes, voyagea en Egypte, et se transporta par-tout où il crut appercevoir de la lumière ; semblable à un homme égaré dans les ténèbres, qui dirige ses pas où des bruits lointains et quelques lueurs intermittentes lui annoncent le séjour des hommes : il devint médecin, naturaliste, orateur, philosophe, et historien. Il nous reste de lui un commentaire sur les vies des sophistes, qu'il faut lire avec précaution.

Hiéroclès succéda à Eunape : il professa la philosophie alexandrine, dans Athènes, à-peu-près sous le règne de Théodose le jeune. Sa tête étoit un chaos d'idées platoniciennes, aristotéliques et chrétiennes ; et ses cahiers ne prouvoient clairement qu'une chose, c'est que le véritable *éclectisme* demandoit plus de jugement que beaucoup de gens n'en avoient. Ce fut sous Hiéroclès, que cette philosophie passa d'Alexandrie dans Athènes.

Plutarque, fils de Nestorius, l'y professa publiquement après la mort d'Hiéroclès. C'étoit toujours un mélange de dialectique, de morale, d'enthousiasme, et de théurgie : *humanum caput et cervix equina*. Plutarque laissa sa chaire en mourant, à Syrianus, qui eut pour successeur Hermès ou Herméas, bon homme, s'il en fut; c'est lui qui prouvoit un jour à un égyptien moribond, que l'ame étoit mortelle, par un argument assez semblable à celui d'un luthérien mal instruit, qui diroit à un catholique ou à un protestant, à qui il se proposeroit de faire croire l'impanation : *Nous admettons tous les deux l'existence du diable ; eh bien! mon cher ami, que le diable m'emporte, si ce que je vous dis n'est pas vrai.* Herméas avoit un frère, qui n'étoit pas si honnête homme que lui ; mais qui avoit plus d'esprit.

Herméas enseigna l'*éclectisme* à Edésia sa femme ; à l'arithméticien Domninus ; et à Proclus, le plus fou de tous les éclectiques. Il s'étoit rempli la tête de gymnosophisme, de notions hermétiques, homériques, orphéiques, pythagoriciennes, platoniques, et aristotéliciennes ; il s'étoit appliqué aux mathématiques, à la grammaire, et à l'art oratoire ; il joignoit à toutes ces connoissances acquises, une forte dose d'enthousiasme naturel. En conséquence, personne n'a jamais commercé plus assidument avec les dieux ; n'a débité tant de merveilles et de sublime, et n'a fait plus de prodiges. Il n'y avoit que l'enthousiasme, qui pût rapprocher des idées aussi disparates que celles qui remplissoient la tête de Proclus, et les rendre éloquentes sans le secours des liaisons. Lorsque les choses sont grandes, le défaut d'enchaînement achève de leur donner de l'élévation. Il est inconcevable combien le dessein de balancer les miracles du christianisme par d'autres miracles a fait débiter de rêveries, de mensonges et de puérilités, aux philosophes de ces temps. Un philosophe éclectique se regardoit comme un pontife universel, c'est-à-dire comme le plus grand menteur qu'il y eût au monde : *Dicere philosophum*, dit le sophiste Marinus, *non unius cujusdam civitatis, neque cœterarum tantùm gentium institutorum ac rituum curam agere, sed esse in universum totius mundi sacrorum antistitem.* Voilà le personnage, que Proclus prétendoit représenter : aussi il faisoit pleuvoir, quand il lui plaisoit ; et cela par le moyen d'un yunge, ou petite sphère ronde ; il faisoit venir le diable; il faisoit en aller les maladies : que ne faisoit-il pas ? *Quæ omnia eum habuerunt finem, ut purgatus defœcatusque, et nativitatis suæ victor, ipse adita sapientiæ feliciter penetraret : et contemplator factus beatorum ac revera existentium spectaculorum, non ampliùs prolixis dissertationibus indigeret ad colligendam sibi earum sapientiam ; sed simplici intuitu fruens, et mentis actu spectans exemplar mentis divinæ, assequeretur virtutem quam nemo prudentiam dixerit, sed sapientiam.*

J'ai rapporté ce long passage, mot pour mot, où l'on retrouve les mêmes prétentions absurdes, les mêmes extravagances, les mêmes visions, le même langage, que dans nos mystiques et nos quiétistes, afin de démontrer que l'entendement humain est un instrument plus simple qu'on ne l'imagine; et que la succession des temps ramène sur la surface de la terre jusqu'aux mêmes folies et à leur idiome.

Proclus eut pour successeur son disciple Marinus, qui eut pour successeurs et pour disciples, Hégias, Isidore et Zénodote, qui eut pour disciple et pour successeur, Damascius, qui ferma la grande chaîne platonicienne. Nous ne savons rien d'important sur Marinus. La théurgie déplut à Hégias; il la regardoit comme une pédanterie de sabbat. Zénodote prétendoit être éclectique, sans prendre la peine de lire : *Toutes ces lectures*, disoit-il, *donnent beaucoup d'opinions, et presque point de connoissance*. Quant à Damascius, voici le portrait que Photius nous en a laissé : *fuisse Damascium summé impium quoad religionem*, c'est-à-dire, qu'il eut le malheur de n'être pas chrétien; *et novis atque anilibus fabulis scriptionem suam replevisse*, c'est-à-dire, qu'il avoit rempli sa philosophie de révélations, d'extases, de guérisons de maladies, d'apparitions, et autres sottises théurgiques : *sanctamque fidem nostram, quamvis timidé tectèque, allatravisse.*

Les payens injurioient les chrétiens; les chrétiens le leur rendoient quelquefois. La cause des premiers étoit trop mauvaise ; et les seconds étoient trop ulcérés des maux qu'on leur avoit faits, pour qu'ils pussent, ni les uns, ni les autres, se contenir dans les bornes étroites de la modération. Si les temples du paganisme étoient renversés, ses autels détruits, et ses dieux mis en pièces, la terre étoit encore trempée et fumante du sang chrétien : *eis etiam, quos ob eruditionem summis laudibus extulerat, rursus detraxisse ;* c'étoit alors comme aujourd'hui. On ne disoit le bien que pour faire croire le mal : *seque eorum judicem constituendo, nullum non perstrinxisse; in singulis quos laudarat aliquid desiderando, et quos in cœlum evexerat, humi rursus allidendo.* C'est ainsi qu'il en usoit avec ses bons amis. Je ne crois pas qu'il eût tant de modération avec les autres.

Les éclectiques comptèrent aussi des femmes parmi leurs disciples. Nous ne parlerons pas de toutes; mais nous mériterions les plus justes reproches de la partie de l'espèce humaine à laquelle nous craignons le plus de déplaire, si nous passions sous silence le nom de la célèbre et trop malheureuse Hypatie. Hypatie naquit à Alexandrie, sous le règne de Théodose le jeune ; elle étoit fille de Théon, contemporain de Pappus son ami, et son émule en mathématiques. La nature n'avoit donné à personne, ni une ame plus élevée, ni un génie plus heureux, qu'à la fille de Théon. L'éducation en fit un prodige. Elle apprit de son père la géométrie et l'astronomie ; elle puisa dans la conversation et dans les écoles des philosophes célèbres, qui fleurissoient alors dans Alexandrie, les principes fondamentaux des autres sciences.

De quoi ne vient-on point à bout, avec de la pénétration et de l'ardeur pour l'étude ! Les connoissances prodigieuses, qu'exigeoit la profession ouverte de la philosophie éclectique, n'effrayèrent point Hypatie ; elle se livra toute entière à l'étude d'Aristote et de Platon ; et bientôt il n'y eut personne dans Alexandrie, qui possédât comme elle ces deux philosophes. Elle n'eut pas plus-tôt approfondi leurs ouvrages, qu'elle entreprit l'examen des autres systêmes philosophiques ; cependant elle cultivoit les beaux-arts et l'art oratoire. Toutes les connoissances qu'il étoit possible à l'esprit humain d'acquérir, réunies dans cette femme à une éloquence enchanterresse, en firent un phénomène surprenant, je ne dis pas pour le peuple qui admire tout, mais pour les philosophes même qu'on étonne difficilement. On vit arriver dans Alexandrie une foule d'étrangers, qui s'y rendoient de toutes les contrées de la Grèce et de l'Asie, pour la voir et l'entendre. Peut-être n'eussions-nous point parlé de sa figure et de son extérieur, si nous n'avions eu à dire qu'elle joignoit la vertu la plus pure à la beauté la plus touchante. Quoiqu'il n'y eut dans la capitale aucune femme qui l'égalât en beauté ; et que les philosophes et les mathématiciens de son temps lui fussent très-inférieurs en mérite, c'étoit la modestie même. Elle jouissoit d'une considération si grande, et l'on avoit conçu une si haute opinion de sa vertu, que, quoiqu'elle eut inspiré de grandes passions, et qu'elle rassemblât chez elle les hommes les plus distingués par les talens, l'opulence, et les dignités, dans une ville partagée en deux factions, jamais la calomnie n'osa soupçonner ses mœurs et attaquer sa réputation. Les chrétiens et les payens, qui nous ont transmis son histoire et ses malheurs, n'ont qu'une voix sur sa beauté, ses connoissances et sa vertu ; et il règne tant d'unanimité dans leurs éloges, malgré l'opposition de leurs croyances, qu'il seroit impossible de connoître, en comparant leurs récits, quelle étoit la religion d'Hypatie, si nous ne savions pas d'ailleurs qu'elle étoit payenne. La providence avoit pris tant de soin à former cette femme, que nous l'accuserions peut-être de n'en avoir pas pris assez pour la conserver, si mille expériences ne nous apprenoient à respecter la profondeur de ses desseins. Cette considération même dont elle jouissoit, à si juste titre, parmi ses concitoyens, fut l'occasion de sa perte.

Celui qui occupoit alors le siége patriarchal d'Alexandrie, étoit un homme impérieux et violent : cet homme, entraîné par un zèle mal entendu pour sa religion, ou plutôt, jaloux d'augmenter son autorité dans Alexandrie, avoit médité d'en bannir les juifs. Un différend survenu entre eux et les chrétiens, à l'occasion des spectacles publics, lui parut une conjoncture propre à servir ses vues ambitieuses ; il n'eut pas de peine à émouvoir un peuple naturellement porté à la révolte. Le préfet, chargé par état, de la ville, prit connoissance de cette affaire, et fit saisir et appliquer à la torture, un des partisans les plus séditieux du patriarche ; celui-ci, outré de l'injure qu'il croyoit faite à son caractère et à sa dignité, et de l'espèce de protection que le magistrat sembloit accorder aux juifs, envoie chercher les principaux de la synagogue, et leur enjoint de renoncer à leurs projets, sous peine d'encourir tout le poids de son indignation. Les juifs, loin de redouter ses menaces, excitent de nouveaux tumultes, dans lequels il y eut même quelques citoyens massacrés. Le patriarche, ne se contenant plus, rassemble un grand nombre de chrétiens, marche droit aux synagogues, s'en empare, chasse les juifs d'une ville où ils étoient établis depuis le règne d'Alexandre-le-Grand, et abandonne leurs maisons au pillage.

On présumera sans peine que le préfet ne vit pas tranquillement un attentat commis évidemment sur ses fonctions, et la ville privée d'une multitude de riches habitans. Ce magistrat et le patriarche portèrent en-même-temps cette affaire devant l'empereur; le patriarche, se plaignant des excès des juifs; et le préfet, des excès du patriarche.

Dans ces entrefaites, cinq cents moines du mont de Nitrie, persuadés qu'on en vouloit à la vie de leur chef, et qu'on méditoit la ruine de leur religion, accourent furieux; attaquent le préfet dans les rues; et non contens de l'accabler d'injures, le blessent à la tête, d'un coup de pierre. Le peuple, indigné, se rassemble en tumulte; met les moines en fuite; saisit celui qui avoit jeté la pierre, et le livre au préfet, qui le fait mourir à la question. Le patriarche enlève le cadavre; lui ordonne des funérailles; et ne rougit point de prononcer, en l'honneur d'un moine séditieux, un panégyrique, dans lequel il l'élève au rang des martyrs. Cette conduite ne fut pas généralement approuvée; les plus sensés d'entre les chrétiens en sentirent et en blâmèrent toute l'indiscrétion. Mais le patriarche s'étoit trop avancé, pour en demeurer là. Il avoit fait quelques démarches pour se réconcilier avec le préfet; ces tentatives ne lui avoient pas réussi; et il portoit au-dedans de lui-même le ressentiment le plus vif contre ceux qu'il soupçonnoit de l'avoir traversé dans cette occasion. Hypatie en devint l'objet particulier. Le patriarche ne put lui pardonner ses liaisons étroites avec le préfet, ni peut-être l'estime qu'en faisoient tous les honnêtes gens; il irrita contre elle la populace. Un certain Pierre, lecteur dans l'église d'Alexandrie, un de ces vils esclaves, sans-doute, tels que les hommes en place n'en ont malheureusement que trop autour d'eux, qui attendent avec impatience et saisissent toujours avec joie l'occasion de commettre quelque grand forfait qui les rende agréables à leur supérieur ; cet homme, donc, ameute une troupe de scélérats, et se met à leur tête ; ils attendent Hypatie à sa porte ; fondent sur elle, comme elle se disposoit à rentrer ; la saisissent ; l'entraînent dans l'église appelée la *Césarée ;* la dépouillent ; l'égorgent ; coupent ses membres par morceaux, et les réduisent en cendres. Tel fut le sort d'Hypatie, l'honneur de son sexe, et l'étonnement du nôtre.

L'empereur auroit fait rechercher et punir les auteurs de cet assassinat, si la faveur et l'intrigue ne s'en étoient point mêlées ; l'historien Socrate et le sage M. Fleuri, qu'on en croira facilement, disent que cette action violente, indigne de gens qui portent le nom de chrétien et qui professent notre foi, couvrit de déshonneur l'église d'Alexandrie et son patriarche. Je ne prononcerai point, ajoute M. Brucker dans son histoire critique de la philosophie, s'il en faut rassembler toute l'horreur sur cet homme : je sais qu'il y a des historiens, qui ont mieux aimé la rejeter sur une populace effrénée : mais ceux qui connoîtront bien la hauteur de caractère de l'impétueux patriarche, croiront le traiter assez favorablement, en convenant que, s'il ne trempa point ses mains dans le sang d'Hypatie, du-moins il n'ignora pas entièrement le dessein qu'on avoit de le répandre. M. Brucker oppose à l'innocence du patriarche, des présomptions assez fortes ; telles que le bruit public, le caractère impétueux de l'homme, le rôle turbulent qu'il a fait de son temps, la canonisation du moine de Nitrie, et l'impunité du lecteur Pierre. Ce fait est du règne de Théodose le jeune, et de l'an 415 de Jésus-Christ.

La secte éclectique ancienne finit à la mort d'Hypatie : c'est une époque bien triste. Cette philosophie s'étoit répandue successivement en Syrie, dans l'Égypte, et dans la Grèce. On pourroit encore mettre au nombre de ces platoniciens réformés, Macrobe, Chalcidius, Ammien Marcellin, Dexippe, Thémistius, Simplicius, Olimpiodore, et quelques autres ; mais à considérer plus attentivement Olimpiodore, Simplicius, Thémistius, Dexippe, on voit qu'ils appartiennent à l'école péripatéticienne ; Macrobe, au platonisme ; et Chalcidius, à la religion chrétienne.

L'éclectisme, cette philosophie si raisonnable, qui avoit été pratiquée par les premiers génies, long-temps avant que d'avoir un nom, demeura dans l'oubli jusqu'à la fin du seizième siècle. Alors la nature, qui étoit restée si long-temps engourdie et comme épuisée, fit un effort, produisit enfin quelques hommes jaloux de la prérogative la plus belle de l'humanité, la liberté de penser par soi-même : l'on vit renaître la philosophie éclectique sous Jordanus Brunus de Nole, Jérôme Cardan, *voyez l'article* Cardan ; François Bâcon de Verulam, *voyez l'article* Baconisme ; Thomas Campanella, *voyez l'article* Campanella ; René Descartes, *voyez l'article* Cartésianisme (*) ; Thomas Hobbes, *voyez l'article* Hobbisme ; Godefroi Guillaume Léibnitz, *voyez l'article* Léibnitzianisme ; Christian Thomasius, *voyez l'article philosophie de Thomasius, au mot* Thomasius ; Nicolas-Jérôme Gundlingius, François Buddée, André Rudigerus, Jean-Jacques Syrbius, Jean Leclerc, Malebranche, *etc.*

Nous ne finirions point, si nous entreprenions d'exposer ici les travaux de ces grands hommes ; de suivre l'histoire de leurs pensées, et de marquer ce qu'ils ont fait pour le progrès de la philosophie en général, et pour celui de la philosophie éclectique moderne en particulier. Nous aimons mieux renvoyer ce qui les concerne aux articles de leurs noms, nous bornant à ébaucher en peu de mots le tableau du renouvellement de la philosophie éclectique.

Le progrès des connoissances humaines est une

(*) Sur ces quatre premiers articles, *voyez* l'Encyclop. méthod., Dict. de la Philos. anc. et mod., tom. I et II.

route tracée, d'où il est presque impossible à l'esprit humain de s'écarter. Chaque siècle a son genre et son espèce de grands hommes. Malheur à ceux qui, destinés par leurs talens naturels à s'illustrer dans ce genre, naissent dans le siècle suivant, et sont entraînés, par le torrent des études régnantes, à des occupations littéraires, pour lesquelles ils n'ont point reçu la même aptitude : ils auroient travaillé avec succès et facilité ; ils se seroient fait un nom ; ils travaillent avec peine, avec peu de fruit, et sans gloire, et meurent obscurs. S'il arrive à la nature, qui les a mis au monde trop tard, de les ramener par hasard à ce genre épuisé, dans lequel il n'y a plus de réputation à se faire, on voit, par les choses dont ils viennent à bout, qu'ils auroient égalé les premiers hommes dans ce genre, s'ils en avoient été les contemporains. Nous n'avons aucun recueil d'académie, qui n'offre en cent endroits la preuve de ce que j'avance. Qu'arriva-t-il donc au renouvellement des lettres parmi nous ? On ne songea point à composer des ouvrages : cela n'étoit pas naturel, tandis qu'il y en avoit tant de composés, qu'on n'entendoit pas ; aussi les esprits se tournèrent-ils du côté de l'art grammatical, de l'érudition, de la critique, des antiquités, de la littérature. Lorsqu'on fut en état d'entendre les auteurs anciens, on se proposa de les imiter ; et l'on écrivit des discours oratoires et des vers de toute espèce. La lecture des philosophes produisit aussi son genre d'émulation ; on argumenta; on bâtit des systêmes, dont la dispute découvrit bientôt le fort et le foible : ce fut alors qu'on sentit l'impossibilité et d'en admettre et d'en rejeter aucun en entier. Les efforts que l'on fit pour relever celui auquel on s'étoit attaché, en réparant ce que l'expérience journalière détruisoit, donnèrent naissance au sincrétisme. La nécessité d'abandonner à la fin une place qui tomboit en ruine de tout côté ; de se jeter dans une autre, qui ne tardoit pas à éprouver le même sort; et de passer ensuite de celle-ci dans une troisième, que le temps détruisoit encore, détermina enfin d'autres entrepreneurs, (pour ne point abandonner ma comparaison), à se transporter en rase campagne, enfin d'y construire, des matériaux de tant de places ruinées, auxquels on reconnoîtroit quelque solidité, une cité durable, éternelle, et capable de résister aux efforts qui avoient détruit toutes les autres : ces nouveaux entrepreneurs s'appelèrent *éclectiques*. Ils avoient à-peine jeté les premiers fondemens, qu'ils s'apperçurent qu'il leur manquoit une infinité de matériaux; qu'ils étoient obligés de rebuter les plus belles pierres, faute de celles qui devoient les lier dans l'ouvrage ; et ils se dirent entre eux : *Mais ces matériaux qui nous manquent sont dans la nature ; cherchons-les donc.* Ils se mirent à les chercher dans le vague des airs, dans les entrailles de la terre, au fond des eaux; et c'est ce qu'on appela *cultiver la phi-*

losophie expérimentale. Mais, avant que d'abandonner le projet de bâtir, et que de laisser les matériaux épars sur la terre, comme autant de pierres d'attente, il fallut s'assurer, par la combinaison, qu'il étoit absolument impossible d'en former un édifice solide et régulier, sur le modèle de l'univers qu'ils avoient devant les yeux : car ces hommes ne se proposent rien de moins, que de retrouver le porte-feuille du grand architecte, et les plans perdus de cet univers; mais le nombre de ces combinaisons est infini. Ils en ont déjà essayé un grand nombre avec assez peu de succès ; cependant ils continuent toujours de combiner : on peut les appeler *éclectiques systématiques*.

Ceux qui, convaincus non-seulement qu'il nous manque des matériaux, mais qu'on ne fera jamais rien de bon de ceux que nous avons dans l'état où ils sont, s'occupent sans relâche à en rassembler de nouveaux: ceux qui pensent au contraire qu'on est en état de commencer quelque partie du grand édifice, ne se lassent point de les combiner; ils parviennent, à force de temps et de travail, à soupçonner les carrières d'où l'on peut tirer quelques-unes des pierres dont ils ont besoin.

Voilà l'état où les choses en sont en philosophie; où elles demeureront encore long-temps ; et où le cercle que nous avons tracé les ramèneroit nécessairement, si, par un événement qu'on ne conçoit guère, la terre venoit à se couvrir de longues et épaisses ténèbres ; et que les travaux en tout genre fussent suspendus pendant quelques siècles.

D'où l'on voit qu'il y a deux sortes d'*éclectisme* ; l'un, expérimental, qui consiste à rassembler les vérités connues et les faits donnés, et à en augmenter le nombre par l'étude de la nature ; l'autre, systématique, qui s'occupe à comparer entre elles les vérités connues et à combiner les faits donnés, pour en tirer ou l'explication d'un phénomène, ou l'idée d'une expérience. L'*éclectisme* expérimental est le partage des hommes laborieux ; l'*éclectisme* systématique est celui des hommes de génie : celui qui les réunira verra son nom placé entre les noms de Démocrite, d'Aristote et de Bâcon.

Deux causes ont retardé les progrès de cet *éclectisme* ; l'une, nécessaire, inévitable et fondée dans la nature des choses ; et l'autre, accidentelle et conséquente à des événemens que le temps pouvoit ou ne pas amener, ou du-moins amener dans des circonstances moins défavorables. Je me conforme, dans cette distinction, à la manière commune d'envisager les choses ; et je fais abstraction d'un système, qui n'entraîneroit que trop facilement un homme, qui réfléchit avec profondeur et précision, à croire que tous les événemens dont je vais parler, sont également nécessaires.

La première des causes du retardement de l'*éclectisme* moderne, est la route que suit natutellement l'esprit humain dans ses progrès, et qui l'occupe invinciblement pendant des siècles entiers à des connoissances qui ont été et qui seront dans tous les temps antérieures à l'étude de la philosophie. L'esprit humain a son enfance et sa virilité : plût au ciel qu'il n'eût pas aussi son déclin, sa vieillesse et sa caducité. L'érudition, la littérature, les langues, les antiquités, les beaux-arts, sont les occupations de ses premières années et de son adolescence ; la philosophie ne peut être que l'occupation de sa virilité, et la consolation ou le chagrin de sa vieillesse : cela dépend de l'emploi du temps et du caractère ; or l'espèce humaine a le sien ; et elle apperçoit très-bien, dans son histoire générale, les intervalles vides, et ceux qui sont remplis de transactions qui l'honorent ou qui l'humilient.

Quant aux causes du retardement de la philosophie éclectique, dont nous formons une autre classe, il suffit d'en faire l'énumération. Ce sont les disputes de religion, qui occupent tant de bons esprits; l'intolérance de la superstition, qui en persécute et décourage tant d'autres ; l'indigence, qui jette un homme de génie du côté opposé à celui où la nature l'appeloit ; les récompenses mal placées, qui l'indignent et lui font tomber la plume des mains ; l'indifférence du gouvernement, qui, dans son calcul politique, fait entrer, pour infiniment moins qu'il ne vaut, l'éclat que la nation reçoit des lettres et des arts d'agrément ; et qui, négligeant les progrès des arts utiles, ne sait pas sacrifier une somme aux tentatives d'un homme de génie, qui meurt avec ses projets dans sa tête, sans qu'on puisse conjecturer si la nature réparera jamais cette perte : car dans toute la suite des individus de l'espèce humaine qui ont existé et qui existeront, il est impossible qu'il y en ait deux qui se ressemblent parfaitement; d'où il s'ensuit, pour ceux qui savent raisonner, que toutes les fois qu'une découverte utile, attachée à la différence spécifique qui distinguoit tel individu de tous les autres, et qui le constituoit tel, ou n'aura point été faite, ou n'aura point été publiée, elle ne se fera plus ; c'est autant de perdu pour le progrès des sciences et des arts, et pour le bonheur et la gloire de l'espèce.

J'invite ceux qui seront tentés de regarder cette considération comme trop subtile, d'interroger là-dessus quelques-uns de nos illustres contemporains ; je m'en rapporte à leur jugement. Je les invite encore à jeter les yeux sur les productions originales, tant anciennes que modernes, en quelque genre que ce soit ; à méditer un moment sur ce que c'est que l'originalité ; et à me dire s'il y a deux originaux qui se ressemblent, je ne dis pas exactement, mais à de petites différences près. J'ajouterai enfin la protection mal placée, qui abandonne les hommes de la nation, ceux qui la représentent avec dignité parmi les nations subsistantes ; ceux à qui elle devra son rang parmi les peuples à venir ; ceux qu'elle révère dans son sein, et dont on s'entretient avec admiration dans les contrées éloignées, à des malheureux condamnés au personnage qu'ils font, ou par la nature qui les a produits médiocres et méchans, ou par une dépravation de caractère qu'ils doivent à des circonstances telles que la mauvaise éducation, la mauvaise compagnie, la débauche, l'esprit d'intérêt et la petitesse de certains hommes pusillanimes qui les redoutent, qui les flattent, qui les irritent peut-être, qui rougissent d'en être les protecteurs déclarés, mais que le public, à qui rien n'échappe, finit par compter au nombre de leurs protégés. Il semble que l'on se conduise dans la république littéraire par la même politique cruelle, qui régnoit dans les démocraties anciennes, où tout citoyen qui devenoit trop puissant étoit exterminé. Cette comparaison est d'autant plus juste, que, quand on eut sacrifié par l'ostracisme quelques honnêtes gens, cette loi commença à déshonorer ceux qu'elle épargnoit. J'écrivois ces réflexions, le 11 février 1755, au retour des funérailles d'un de nos plus grands hommes, désolé de la perte que la nation et les lettres faisoient en sa personne, et profondément indigné des persécutions qu'il avoit essuyées. La vénération que je portois à sa mémoire, gravoit sur son tombeau ces mots que j'avois destinés quelque temps auparavant à servir d'inscription à son grand ouvrage de l'Esprit des loix : *Alto quæsivit cœlo lucem , ingemuitque repertâ.* Puissent-ils passer à la posterité, et lui apprendre qu'alarmé du murmure d'ennemis qu'il redoutoit, et sensible à des injures périodiques, qu'il eût méprisées sans-doute, sans le sceau de l'autorité dont elles lui paroissoient revêtues ; la perte de la tranquillité, ce bien si précieux à tout homme, fut la triste récompense de l'honneur qu'il venoit de faire à la France, et du service important qu'il venoit de rendre à l'univers !

Jusqu'à-présent on n'a guère appliqué l'*éclectisme* qu'à des matières de philosophie ; mais il n'est pas difficile de prévoir, à la fermentation des esprits, qu'il va devenir plus général. Je ne crois pas, peut-être même n'est-il pas à souhaiter, que ses premiers effets soient rapides; parce que ceux qui sont versés dans la pratique des arts, ne sont pas assez raisonneurs ; et que ceux qui ont l'habitude de raisonner, ne sont ni assez instruits, ni assez disposés à s'instruire de la partie mécanique. Si l'on met de la précipitation dans la forme, il pourra facilement arriver qu'en voulant tout corriger on gâtera tout. Le premier mouvement est de se porter aux extrêmes. J'invite les philosophes à s'en méfier : s'ils sont prudens, ils se résoudront à devenir disciples en beaucoup de genres, avant que de vouloir être maîtres; ils hasarderont quelques conjectures, avant que de poser des principes. Qu'ils songent qu'ils ont affaire à des espèces d'automates, auxquels il faut communiquer une impulsion d'autant plus ménagée, que les plus estimables d'entre eux sont les moins capables d'y résister. Ne seroit-il pas raisonnable d'étudier d'abord les ressources de l'art, avant que de prétendre agrandir ou resserrer ses limites ? c'est faute de cette initiation, qu'on ne sait ni admirer, ni reprendre. Les faux amateurs corrompent les artistes ; les demi-connoisseurs les découragent: je parle des arts libéraux. Mais tandis que la lumière, qui fait effort en tout sens, pénétrera de toutes parts, et que l'esprit du siècle avancera la révolution qu'il a commencée, les arts mécaniques s'arrêteront où ils en sont, si le gouvernement dédaigne de s'intéresser à leur progrès d'une manière plus utile. Ne seroit-il pas à souhaiter qu'ils eussent leur académie ? Croit-on que les cinquante mille francs que le gouvernement emploieroit par an à la fonder et à la soutenir, fussent mal employés ? Quant à moi, il m'est démontré qu'en vingt ans de temps il en sortiroit cinquante volumes *in*-4.° où l'on trouveroit à-peine cinquante lignes inutiles ; les inventions dont nous sommes en possession, se perfectionneroient ; la communication des lumières en feroit nécessairement naître de nouvelles, et recouvrer d'anciennes qui se sont perdues ; et l'état présenteroit à quarante malheureux citoyens qui se sont épuisés de travail, et à qui il reste à-peine du pain pour eux et pour leurs enfans, une ressource honorable et le moyen de continuer à la société des services plus grands peut-être encore que ceux qu'ils lui ont rendus, en consignant dans des mémoires les observations précieuses qu'ils ont faites pendant un grand nombre d'années. De quel avantage ne seroit-il pas pour ceux qui se destineroient à la même carrière, d'y entrer avec toute l'expérience de ceux qui n'en sortent qu'après y avoir blanchi ? Mais, faute de l'établissement que je propose, toutes ces observations sont perdues; toute cette expérience s'évanouit ; les siècles s'écoulent, le monde vieillit ; et les arts mécaniques restent toujours enfans.

Après avoir donné un abrégé historique de la vie des principaux éclectiques, il nous reste à exposer les points fondamentaux de leur philosophie. C'est la tâche que nous nous sommes imposée dans le reste de cet article. Malgré l'attention que nous avons eue d'en écarter tout ce qui nous a paru inintelligible (quoique peut-être il ne l'eût pas été pour d'autres), il s'en faut beaucoup que nous ayons réussi à répandre sur ce que nous avons conservé une clarté que quelques lecteurs pourront désirer. Au reste, nous conseillons à ceux, à qui le jargon de la philosophie scholastique ne sera pas familier, de s'en tenir à ce qui précéde ; et à ceux qui auront les connoissances nécessaires pour entendre ce qui suit, de ne pas s'en estimer davantage.

PHILOSOPHIE DES ÉCLECTIQUES.

Principes de la dialectique des éclectiques.

CETTE partie de leur philosophie n'est pas sans obscurité; ce sont des idées aristotéliques, si quintessentiées et si raffinées, que le bon sens s'en est évaporé, et qu'on se trouve à tout moment sur les confins du verbiage : au reste, on est presque sûr d'en venir là, toutes les fois qu'on ne mettra aucune sobriété dans l'argumentation, et qu'on la poussera jusqu'où elle peut aller. C'étoit une des ruses du scepticisme. Si vous suiviez le sceptique, il vous égareroit dans des ténèbres inextricables ; si vous refusiez de le suivre, il tireroit de votre pusillanimité des inductions assez vraisemblables, et contre votre thèse en particulier, et contre la philosophie dogmatique en général. Les éclectiques disoient :

1. On ne peut appeler véritablement *être*, que ce qui exclut absolument la qualité la plus contraire à l'entité, *la privation d'entité*.

2. Il y a dans le premier être, des qualités qui ont pour principe l'unité; mais, l'unité ne se comptant point parmi les genres, elle n'empêche point l'être premier d'être premier, quoiqu'on dise de lui qu'il est un.

3. C'est par la raison que tout ce qui est un, n'est ni même, ni semblable, que l'unité n'empêche pas l'être premier d'être le premier genre, *le genre suprême*.

4. Ce qu'on apperçoit d'abord, c'est l'existence, l'action et l'état; ils sont un dans le sujet; en eux-mêmes, ils sont trois.

Voilà les fondemens sur lesquels Plotin élève son système de dialectique. Il ajouté :

5. Le nombre, la quantité, la qualité ne sont pas des êtres premiers entre les êtres; ils sont postérieurs à l'essence : car il faut commencer par être possible.

6. La séité ou le soi, la quiddité ou le ce, l'identité, la diversité ou l'altérité, ne sont pas, à proprement parler, les qualités de l'être; mais ce sont ses propriétés, des concomitans nécessaires de l'existence actuelle.

7. La relation, le lieu, le temps, l'état, l'habitude, l'action, ne sont point genres premiers ; ce sont des accidens qui marquent composition ou défaut.

8. Le retour de l'entendement sur son premier acte lui offre nombre, c'est-à-dire un et plusieurs; force, intensité, rémission, puissance, grandeur, infini, quantité, qualité, quiddité, similitude, différence, diversité, etc.; d'où découle une infinité d'autres notions. L'entendement se joue, en allant même aux objets, en revenant des objets à lui-même,

9. L'entendement occupé de ses idées, ou l'intelligence est inhérente à je ne sais quoi de plus général qu'elle.

10. Après l'entendement, je descends à l'ame qui est une en soi, et en chaque partie d'elle-même à l'infini. L'intelligence est une de ses qualités ; c'est l'acte pur d'elle une en soi, ou d'elle une en chaque partie d'elle-même à l'infini.

11. Il y a cinq genres analogues les uns aux autres, tant dans le monde intelligible que dans le monde corporel.

12. Il ne faut pas confondre l'essence avec la corporéité, ou matérialité ; celle-ci renferme la notion de flux, et on l'appelleroit plus exactement *génération*.

13. Les cinq genres du monde corporel, qu'on pourroit réduire à trois, sont la substance, l'accident, qui est dans la substance ; l'accident, dans lequel est la substance ; le mouvement et la relation. *Accident* se prend évidemment ici pour mode ; et l'*accident dans lequel est la substance*, est, selon toute apparence, *le lieu*.

14. La substance est une espèce de base, de suppôt ; elle est par elle-même, et non par un autre ; c'est ou un tout, ou une partie : si c'est une partie, c'est là la partie d'un composé qu'elle peut compléter, et qu'elle complète, tant que le tout est tout.

15. Il est essentiel à une substance qu'on ne

puisse dire d'elle qu'elle est un sujet. *Sujet se prend ici logiquement.*

16. On seroit conduit à la division des substances génériques en espèces, par la sensation, ou par la considération des qualités simples ou composées, par les formes, les figures et les lieux.

17. C'est le nombre et la grandeur qui constituent la quantité ; c'est la relation qui constitue le temps et l'espace. Il ne faut point compter ces êtres parmi les quantités.

18. Il faut considérer la qualité en elle-même dans son mouvement et dans son sujet.

19. Le mouvement sera ou ne sera pas un genre, selon la manière dont on l'envisagera ; c'est une progression de l'être, la nature de l'être restant la même ou changeant.

20. L'idée de progression commune à tout mouvement entraîne l'idée d'exercice d'une puissance ou force.

21. Le mouvement dans les corps est une tendance d'un corps vers un autre, qui doit en être sollicité au mouvement. Il ne faut pas confondre cette tendance avec les corps mus.

22. Pour rencontrer la véritable distribution des mouvemens, il vaut mieux s'attacher aux différences intérieures qu'aux différences extérieures ; et distinguer les forces, en forces animées et forces inanimées ; ou mieux encore, en forces animées par l'art ou par la sensation.

23. Le repos est une privation, à-moins qu'il ne soit éternel.

24. Les qualités actives et passives ne sont que des manières différentes de se mouvoir.

25. Quant à la relation, elle suppose pluralité d'êtres considérés par quelque qualité qui naisse essentiellement de la pluralité.

Voilà le systême des genres ou des prédicamens que la secte éclectique avoit adopté. On ne disconviendra pas, si l'on se donne la peine de le lire avec attention, qu'à travers bien des notions obscures et puériles, il n'y en ait quelques-unes de fortes et de très-philosophiques.

Principes de la métaphysique des éclectiques.

Autre labyrinthe d'idées sophistiques, où Plotin se perd lui-même, et où le lecteur nous pardonnera bien de nous égarer quelquefois. Les éclectiques disoient :

1. Il y a les choses et leur principe ; le principe est au-dessus des choses ; sans le principe, les choses ne seroient pas. Tout procède de l'être principe ; cependant, c'est sans mouvement, division, ni multiplication de lui-même. *Voilà la source des émanations éclectiques.*

2. Ce principe est l'auteur de l'essence et de l'être ; il est le premier ; il est un ; il est simple: c'est la cause de l'existence intelligible. Tout

émane de lui, et le mouvement et le repos ; cependant il n'a besoin ni de l'un ni de l'autre. Le mouvement n'est point en lui ; et il n'y a rien en quoi il puisse se reposer.

3. Il est indéfinissable. On l'appelle *infini,* parce qu'il est un ; parce que l'idée de limite n'a rien d'analogue avec lui ; et qu'il n'y a rien à quoi il aboutisse ; mais son infinitude n'a rien de commun avec celle de la matière.

4. Comme il n'y a rien de meilleur que le principe de tout ce qui est, il s'ensuit que ce qu'il y a de meilleur, est.

5. Il est de la nature de l'excellent, de se suffire à soi-même. Qu'appellerons-nous donc *excellent,* si ce n'est ce qui étoit avant qu'il y eût rien, c'est-à-dire avant que le mal fût.

6. L'excellent est la source du beau ; il en est l'extrême ; il doit en être la fin.

7. Ce qui n'a qu'une raison d'agir, n'en agit pas moins librement : car l'unité du motif n'offre point l'idée de privation, quand cette unité émane de la nature de l'être ; c'est un corrollaire de son excellence. Le premier principe est donc libre.

8. La liberté du premier principe n'a rien de semblable dans les êtres émanés de lui. Il en faut dire autant de ses autres attributs.

9. Si rien n'est au-dessus de ce qui étoit avant tout, il ne faut point remonter au-delà ; il faut s'arrêter à ce premier principe ; garder le silence,

sur sa nature; et tourner toutes ses recherches sur ce qui en est émané.

10. Ce qui est identique avec l'essence, prédomine, sans ôter la liberté; l'acte est essentiel, sans être contraint.

11. Lorsque nous disons du premier principe, qu'il est juste, excellent, miséricordieux, etc., cela signifie que sa nature est toujours une et la même.

12. Le premier principe posé, d'autres causes sont superflues; il faut descendre de ce principe, à l'entendement, ou à ce qui conçoit; et de l'entendement, à l'ame: c'est là l'ordre naturel des êtres. Le genre intelligible est borné à ces objets; il n'en renferme ni plus ni moins. Il n'y en a pas moins, parce qu'il y a diversité entre eux: il n'y en a pas davantage, parce que la raison démontre que l'énumération est complète. Le premier principe, tel que nous l'admettons, ne peut être simplifié; et l'entendement est, mais simplement, c'est-à-dire sans qu'on puisse dire qu'il soit ou en repos ou en mouvement. De l'idée de l'entendement à l'idée de raison, et de celle-ci à l'idée d'ame, il y a procession ininterrompue; on ne conçoit aucune nature moyenne entre l'ame et l'entendement. Plotin file ces notions avec une subtilité infinie; et les dirige contre les gnostiques, dont il bouleverse les Éons et toutes les familles divines. Mais ce n'étoit là que la moitié de son but; il en déduit en-

K *

core une trinité hypostatique, qu'il oppose à celle des chrétiens.

13. Il y a un centre commun entre les attributs divins : ces attributs sont autant de rayons qui en émanent ; ils forment une sphère, au-delà des limites de laquelle rien n'est lumineux : tout veut être éclairé.

14. Il n'y a que l'être simple, premier et immobile, qui puisse expliquer comment tout est émané de lui ; c'est à lui, qu'il faut s'adresser pour s'en instruire, non par une prière vocale, mais par des élans réitérés qui portent l'ame au-delà des espaces ténébreux qui la séparent du principe éternel dont elle est émanée. *Voilà le fondement de l'enthousiasme éclectique.*

15. Lorsqu'on applique le terme de *génération* à la production des principes divins, il en faut écarter l'idée du temps. Il s'agit ici de transactions qui se sont passées dans l'éternité.

16. Ce qui émane du premier principe, s'en émane sans mouvement. S'il y avoit mouvement dans le premier principe, l'être émané seroit le troisième être mu, et non pas le second. Cette émanation se fait, sans qu'il y ait dans le premier principe, ni répugnance, ni consentement.

17. Le premier principe est au centre des êtres qui s'en émanent ; en repos, comme le soleil au centre de la lumière et du monde.

18. Ce qui est fécond et parfait, engendre de toute éternité.

19. L'ordre de perfection suit l'ordre d'émanation; l'être de la première émanation est l'être le plus parfait après le principe : cet être fut l'entendement, *voũs*.

20. Toute émanation tend à son principe ; c'est un centre, où il a été nécessaire qu'elle se reposât pendant toute la durée où il n'y avoit d'être qu'elle et son principe : alors ils étoient réunis, mais distingués; car l'un n'étoit pas l'autre.

21. L'émanation première est l'image la plus parfaite du premier principe ; elle est de lui sans intermède.

22. C'est de cette émanation, la première, la plus pure, la plus digne du premier principe, qui n'a pu naître que de ce principe, qui en est la vive image, qui lui ressemble plus que la lumière au corps lumineux, que sont émanés tous les êtres, toute la sublimité des idées, tous les dieux intelligibles.

23. Le premier principe, d'où tout est émané, réabsorbe tout ; c'est en rappelant les émanations dans son sein, qu'il les empêche de dégénérer en matière.

24. L'entendement ou la première émanation, ne peut être stérile, si elle est parfaite. Qu'a-t-elle donc engendré ? L'ame, seconde émanation, moins

parfaite que la première, plus parfaite que toutes les émanations qui l'ont suivie.

25. L'ame est une hypostase du premier principe ; elle y est inhérente ; elle en est éclairée ; elle la représente ; elle est féconde à son tour ; et laisse échapper d'elle des êtres à l'infini.

26. Ce qui entend, est différent de ce qui est entendu ; mais de ce que l'un entend et l'autre est entendu, sans être identiques ils sont co-existans ; et celui qui entend a en soi tout ce qu'il peut avoir de ressemblance et d'analogie avec ce qu'il entend : d'où il s'ensuit :

27. Qu'il y a je ne sais quoi de suprême, qui n'entend rien ; une première émanation, qui entend ; une seconde, qui est entendue, et qui, conséquemment n'est pas sans ressemblance et sans affinité avec ce qui entend.

28. Où il y a intelligence, il y a multitude. L'intelligent ne peut être ce qu'il y a de premier, de simple et d'un.

29. L'intelligent s'applique à lui-même, et à sa nature ; s'il rentre dans son sein, et qu'il y consomme son action, il en découlera la notion de duité, de pluralité, et celle de tous les nombres.

30. Les objets des sens sont quelque chose ; ce sont les images d'êtres ; l'entendement connoît et ce qui est en lui, et ce qui est hors de lui ; et il sait que les choses existent, sans quoi il n'y auroit point d'images.

31. Les intelligibles diffèrent des sensibles, comme l'entendement diffère des sens.

32. L'entendement est en-même-temps une infinité de choses dont il est distingué.

33. Autant que le monde a de principes divers de fécondité, autant il a d'ames différentes, autant il y a d'idées dans l'entendement divin.

34. Ce que l'on entend devient intime ; il s'institue une espèce d'unité entre l'entendement et la chose entendue.

35. Les idées sont d'abord dans l'entendement : l'entendement en acte ou l'intelligence, s'applique aux idées. La nature de l'entendement et des idées est donc une : si nous les divisons, si nous en faisons des êtres essentiellement différens, c'est une suite de la marche de notre esprit, et de la manière dont nous acquérons nos connoissances. *Voilà le principe fondamental de la doctrine des idées innées.*

36. L'entendement divin agit sur la matière, par ses idées, non d'une action extérieure et mécanique, mais d'une action intérieure et générale, qui n'est toute-fois ni identique avec la matière, ni séparée d'elle.

37. Les idées des irrationnels sont dans l'entendement divin ; mais elles n'y sont pas sous une forme irrationnelle.

38. Il y a deux espèces de dieux dans le ciel incorporel ; les uns, intelligibles ; les autres, intelligens ;

ceux-ci sont des idées ; ceux-là sont des entendemens béatifiés par la contemplation des idées.

39. Le troisième principe émané du premier, est l'ame du monde.

40. Il y a deux Vénus; l'une, fille du ciel; l'autre, fille de Jupiter et de Dioné : celle-ci préside aux amours des hommes ; l'autre n'a point eu de mère : elle est née avant toute union corporelle, car il ne s'en fait point dans les cieux. Cette Vénus céleste est un esprit divin ; c'est une ame aussi incorruptible que l'être dont elle est émanée : elle réside au-dessus de la sphère sensible ; elle dédaigne de la toucher du pied : que dis-je, du pied, elle n'a point de corps; c'est un pur esprit ; c'est une quintessence de ce qu'il y a de plus subtil; inférieure, mais co-existante à son principe. Ce principe vivant la produisit : elle en fut un acte simple ; il étoit avant elle ; il l'a aimée de toute éternité ; il s'y complaît ; son bonheur est de la contempler.

41. De cette ame divine en sont émanées d'autres, quoiqu'elle soit une ; les ames qui en sont émanées, sont des parties d'elle-même qui pénètrent tout.

42. Elle se repose en elle-même; rien ne l'agite et ne la distrait : elle est toujours une, entière, et par-tout.

43. Il n'y a point eu de temps où l'ame manquât à cet univers : il ne pouvoit durer sans elle ; il a toujours été ce qu'il est. L'existence d'une masse informe ne se conçoit pas.

44. S'il n'y avoit point de corps, il n'y auroit point d'ame. Un corps est le seul lieu où une ame puisse exister; elle n'a aucun mouvement progressif sans lui; elle se meut, dégénère, et prend un corps en s'éloignant de son principe, comme un feu allumé sur une haute montagne, dont l'éclat va toujours en s'affoiblissant jusqu'où les ombres commencent.

45. Le monde est un grand édifice co-existant avec l'architecte: mais l'édifice et l'architecte ne sont pas un, quoiqu'il n'y ait pas une molécule de l'édifice où l'architecte ne soit présent. Il a fallu que ce monde fût; il a fallu qu'il fût beau; il a fallu qu'il le fût autant qu'il étoit possible.

46. Le monde est animé; mais il est plutôt en son ame, que son ame n'est en lui : elle le renferme; il lui est intime; il n'y a pas un point où elle ne soit appliquée, et qu'elle n'informe.

47. Cette ame, si grande par sa nature, suit le monde par-tout; elle est par-tout où il est.

48. La perfection des êtres, auxquels l'ame du monde est présente, est proportionnée à la distance du premier principe.

49. La beauté des êtres est en raison de l'énergie de l'ame en chaque point; ils ne sont que ce qu'elle les fait.

50. L'ame est comme assoupie dans les êtres inanimés : mais ce qui s'allie à un autre, tend à se

l'assimiler; c'est ainsi qu'elle vivifie, autant qu'il est en elle, ce qui de soi n'est point vivant.

51. L'ame se laisse diriger sans effort : on la captive, en lui offrant quoi que ce soit qu'elle puisse supporter, et qui la contraigne à céder une portion d'elle-même; elle n'est pas difficile sur tout ce qu'on lui expose : un miroir n'admet pas plus indistinctement la représentation des objets.

La nature universelle contient en soi la raison d'une infinité de phénomènes; et elle les produit, quand on sait la provoquer.

Voilà les principes d'où Plotin et les éclectiques déduisirent leur enthousiasme, leur trinité et leur théurgie spéculative et pratique; voilà le labyrinthe dans lequel ils s'égarèrent. Si l'on veut en suivre tous les détours, on conviendra qu'il leur en auroit coûté beaucoup moins d'efforts pour rencontrer la vérité.

Principes de la psychologie des éclectiques.

Ce que l'on enseignoit dans l'école alexandrine sur la nature de l'ame de l'homme, n'étoit ni moins obscur, ni plus solide que ce qu'on y débitoit sur la nature du premier principe de l'entendement divin et de l'ame du monde.

1. L'*ame* de l'homme et l'*ame* du monde ont la même nature; ce sont comme les deux sœurs.

2. Cependant les *ames* des hommes ne sont pas à l'*ame* du monde, ce que les parties sont au tout ; autrement l'ame du monde, divisée, ne seroit pas toute entière par-tout.

3. Il n'y a qu'une ame dans le monde ; mais chaque homme a la sienne. Ces ames diffèrent, parce qu'elles n'ont pas été des écoulemens de l'ame universelle. Elles y reposoient seulement, en attendant des corps ; et les corps leur ont été départis dans le temps par l'ame universelle qui les domine toutes.

4. Les essences vraies ne résident que dans le monde intelligible : c'est aussi le séjour des ames ; c'est de-là qu'elles passent dans notre monde : ici, elles sont unies à des corps ; là, elles en attendent, et n'en ont point encore.

5. L'entendement est la plus importante des essences vraies. Il n'est ni divisé, ni discret. Les ames lui sont co-existantes dans le monde intelligible ; aucun intervalle ne les sépare, ni de lui, ni les unes-des autres. Si les ames éprouvent une sorte de division, ce n'est que dans ce monde, où leur union avec les corps les rend susceptibles de mouvement. Elles sont présentes, absentes, éloignées, étendues : l'espace qu'elles occupent a ses dimensions ; on y distingue des parties ; mais elles sont indivisibles.

6. Les ames ont d'autres différences, que celles qui résultent de la diversité des corps : elles ont

chacune une manière propre de sentir, d'agir, de penser. Ce sont les vestiges des vies antérieures. Cela n'empêche point qu'elles n'aient conservé des analogies, qui les portent les unes vers les autres. Ces analogies sont aussi dans les sensations, les actions, les passions, les pensées, les goûts, les désirs, etc.

7. L'ame n'est ni matérielle, ni composée ; autrement on ne pourroit lui attribuer ni la vie, ni l'intelligence.

8. Il y a des ames bonnes ; il y en a de mauvaises. Elles forment une chaîne de différens ordres. Il y a des ames du premier, du second, du troisième ordre, etc.; cette inégalité est en partie originelle, en partie accidentelle.

9. L'ame n'est point dans le corps, comme l'eau dans un vase. Le corps n'en est point le sujet ; ce n'est point non plus un tout, dont elle soit une partie ; nous savons seulement qu'elle y est présente, puisqu'elle l'anime.

10. A parler exactement, l'ame est moins dans le corps, que le corps n'est dans l'ame. Entre les fonctions de l'homme, la faculté de sentir et de végéter est du corps ; celle d'appercevoir et de réfléchir est de l'ame.

11. Les puissances de l'ame sont toutes sous chaque partie du corps ; mais l'exercice en chaque point est analogue à la nature de l'organe.

12. L'ame séparée du corps ne reste point ici,

où il n'y a point de lieu pour elle : elle rentre dans le sein du principe d'où elle est émanée; les places n'y sont pas indifférentes; la raison et la justice les distribuent.

13. L'ame ne prend point les formes des corps; elle ne souffre rien des objets. S'il se fait une impression sur le corps, elle s'en apperçoit; et appercevoir, c'est agir.

14. L'ame est la raison dernière des choses du monde intelligible, et la première raison des choses de celui-ci. Alternativement citoyenne de l'un et de l'autre, elle ne fait que se ressouvenir de ce qui se passoit dans l'un, quand elle croit apprendre ce qui se passe dans l'autre.

15. C'est l'ame qui constitue le corps. Le corps ne vit point; il se dissout. La vie et l'indissolubilité ne sont que de l'ame.

16. Le commerce de l'ame avec le corps élève à l'existence de quelque être, qui n'est ni le corps, ni l'ame; qui réside en nous; qui n'a point été créé; qui ne périt point; et par lequel tout persévère et dure.

16. Cet être est le principe du mouvement; c'est lui qui constitue la vie du corps, par une qualité qui lui est essentielle, qu'il tient de lui-même, et qu'il ne perd point. *Les platoniciens l'appeloient* ἀυτοκινησία, *autoquinésie.*

18. Les ames sont alliées par le même principe éternel et divin qui leur est commun.

19. Le vice et la peine leur sont accidentels. Celui qui a l'ame pure, ne doute point de son immortalité.

20. Il règne entre les ames la même harmonie que dans l'univers. Elles ont leurs révolutions, comme les astres ont leur apogée et leur périgée. Elles descendent du monde intelligible, dans le monde matériel; et remontent du monde matériel, dans le monde intelligible : de-là vient qu'on lit au ciel leurs destinées.

21. Leur révolution périodique est un enchaînement de transformations, à travers lesquelles elles passent d'un mouvement tantôt accéléré, tantôt retardé. Elles descendent du sein du premier principe, jusqu'à la matière brute; et remontent de la matière brute, jusqu'au premier principe.

22. Dans le point de leur orbe le plus élevé, il leur reste de la tendance à descendre; dans le point le plus bas, il leur en reste à remonter. Dans le premier cas, c'est le caractère d'émanation qui ne peut jamais être détruit; dans le second, c'est le caractère d'émanation divine, qui ne peut jamais être effacé.

23. L'ame, en qualité d'être créé, souffre et se détériore; en qualité d'être éternel, elle reste la même, sans souffrir, s'améliorer, ni se détériorer. Elle est différente ou la même, selon qu'on la considère dans un point distinct de sa révolution périodique, ou relativement à son entière

révolution; elle se détériore, en descendant du premier principe vers le point le plus bas de son orbe; elle s'améliore, en remontant de ce point vers le premier principe.

24. Dans son périgée, elle est comme morte. Le corps qu'elle informe est une espèce de sépulcre, où elle conserve à-peine la mémoire de son origine. Ses premiers regards vers le monde intelligible, qu'elle a perdu de vue, et dont elle est séparée par des espaces immenses, annoncent que son état stationnaire va finir.

25. La liberté cesse, lorsque la violence de la sensation ou de la passion ôte tout usage de la raison; on la recouvre, à-mesure que la sensation ou la passion perd de sa force. On est parfaitement libre, lorsque la passion et la sensation gardent le silence, et que la raison parle seule; c'est l'état de contemplation : alors l'homme s'apperçoit, se juge, s'accuse, s'absout, se réforme sur ce qu'il observe dans son entendement. Ainsi la vertu n'est autre chose qu'une obéissance habituelle de la volonté à la lumière et aux conseils de l'entendement.

26. Tout acte libre change l'état de l'ame, soit en bien, soit en mal, par l'addition d'un nouveau mode. Le nouveau mode ajouté la détériore toujours lorsqu'elle descend dans sa révolution, s'éloignant du premier principe, s'attachant à ce qu'elle rencontre, en conservant en elle le simu-

lacre. Ainsi dans la contemplation qui l'améliore et qui la ramène au premier principe, il faut qu'il y ait abstraction de corps et de tout ce qui y est analogue. C'est le contraire, dans tout acte de la volonté qui altère la pureté originelle et première de l'ame ; elle fuit l'intelligible ; elle se livre au corporel ; elle se matérialise de plus en plus ; elle s'enfonce dans ce tombeau ; l'énergie de l'entendement pur et de l'habitude contemplative s'évanouit ; l'ame se perd dans un enchaînement de métamorphoses, qui la défigurent de plus en plus, et d'où elle ne reviendroit jamais, si son essence n'étoit indestructible. Reste cette essence vivante, et avec elle une sorte de mémoire ou de conscience ; ces germes de la contemplation éclosent dans le temps, et commencent à tirer l'ame de l'abîme de ténèbres où elle s'est précipitée, et à l'élancer vers la source de son émanation, ou vers Dieu.

27. Ce n'est ni par l'intelligence naturelle, ni par l'application, ni par aucune des manières d'appercevoir les choses de ce monde, que nous nous élevons à la connoissance et à la participation de Dieu ; c'est par la présence intime de cet être à notre ame, lumière bien supérieure à toute autre. Nous parlons de Dieu ; nous nous en entretenons ; nous en écrivons : ces exercices excitent l'ame, la dirigent, la préparent à sentir la présence de Dieu ; mais c'est autre chose qui la lui communique.

28. Dieu est présent à tous, quoiqu'il paroisse absent de tous. Sa présence n'est sensible qu'aux ames qui ont établi entre elles et cet être excellent quelqu'analogie, quelque similitude; et qui, par des purifications réitérées, se sont restituées dans l'état de pureté originelle et première, qu'elles avoient au moment de l'émanation : alors elles voient Dieu autant qu'il est visible par sa nature.

29. Alors les voiles, qui les enveloppoient, sont déchirées; les simulacres, qui les obsédoient et les éloignoient de la présence divine, se sont évanouis. Il ne leur reste aucune ombre, qui empêche la lumière éternelle de les éclairer et de les remplir.

30. L'occupation la plus digne de l'homme, est donc de séparer son ame de toutes les choses sensibles; de la ramener profondément en elle-même; de l'isoler, et de la perdre dans la contemplation jusqu'à l'entier oubli d'elle-même et de tout ce qu'elle connoît. *Le quiétisme est bien ancien, comme on voit.*

31. Cette profonde contemplation n'est pas notre état habituel; mais c'est le seul où nous atteignions la fin de nos désirs, et ce repos délicieux où cessent toutes les dissonances qui nous environnent, et qui nous empêchent de goûter la divine harmonie des choses intelligibles. Nous sommes alors à la source de vie, à l'essence de l'entendement, à l'origine de l'être, à la région des vérités, au centre de tout bien, à l'océan d'où les ames s'élèvent sans

cesse, sans que ces émanations éternelles l'épuisent ; car Dieu n'est point une masse : c'est là que l'homme est véritablement heureux ; c'est là que finissent ses passions, son ignorance et ses inquiétudes : c'est là qu'il vit, qu'il entend, qu'il est libre, et qu'il aime ; c'est là que nous devons hâter notre retour, foulant aux pieds tous les obstacles qui nous retiennent, écartant tous ces fantômes trompeurs qui nous égarent et qui nous jouent, et bénissant le moment heureux qui nous rejoint à notre principe, et qui rend au tout éternel son émanation.

32. Mais il faut attendre ce moment. Celui qui, portant sur son corps une main violente, l'accéléreroit, auroit au-moins une passion ; il emporteroit encore avec lui quelque vain simulacre. Le philosophe ne chassera donc point son ame ; il attendra qu'elle sorte ; ce qui arrivera lorsque, son domicile dépérissant, l'harmonie constituée de toute éternité entre elle et lui cessera. *On retrouve ici des vestiges du leibnitzianisme.*

33. L'ame, séparée du corps, reste, dans ses révolutions à travers les cieux, ce qu'elle a le plus été pendant cette vie, ou rationnelle, ou sensitive, ou végétale. La fonction, qui la dominoit dans le monde corporel, la domine encore dans le monde intelligible ; elle tient ses autres puissances inertes, engourdies et captives. Le mauvais n'anéantit pas le bon, mais ils co-existent subordonnés.

34. Exerçons donc notre ame, dans ce monde, à s'élever aux choses intelligibles, si nous ne voulons pas qu'accompagnée dans l'autre de simulacres vicieux, elle ne soit précipitée de rechef du centre des émanations, condamnée à la vie sensible, animale ou végétale, et assujettie aux fonctions brutales d'engendrer et de croître.

35. Celui qui aura respecté en lui la dignité de l'espèce humaine, renaîtra homme; celui qui l'aura dégradée, renaîtra bête; celui qui l'aura abrutie, renaîtra plante. Le vice dominant déterminera l'espèce. Le tyran planera dans les airs sous la forme de quelque oiseau de proie.

Principes de la cosmologie des éclectiques.

Voici ce qu'on peut tirer de plus clair de notre très-inintelligible philosophe Plotin.

1. La matière est la base et le suppôt des modifications diverses. Cette notion a été jusqu'à-présent commune à tous les philosophes; d'où il s'ensuit qu'il y a de la matière dans le monde intelligible même; car il y a des idées qui sont modifiées; or, tout mode suppose un sujet. D'ailleurs, le monde intelligible n'étant qu'une copie du monde sensible, la matière doit avoir sa représentation dans l'un, puisqu'elle a son existence dans l'autre; or, cette représentation suppose une toile matérielle à laquelle elle soit attachée.

2. Les corps ont, dans ce monde sensible, un sujet qui ne peut être corps; en effet, leurs transmutations ne supposent point diminution; autrement les essences se réduiroient à rien; car il n'est pas plus difficile d'être réduit à rien qu'à moins; d'ailleurs, ce qui renaît ne peut renaître de ce qui n'est plus.

3. La matière première n'a rien de commun avec les corps; ni figure, ni qualité, ni grandeur, ni couleur; d'où il s'ensuit qu'on n'en peut donner qu'une définition négative.

4. La matière, en général, n'est point une quantité; les idées de grandeur, d'unité, de pluralité, ne lui sont point applicables, parce qu'elle est indéfinie; elle n'est jamais en repos; elle produit une infinité d'espèces diverses, par une fermentation intestine, qui dure toujours et qui n'est jamais stérile.

5. Le lieu est postérieur d'origine à la matière et au corps; il ne lui est donc pas essentiel: les formes ne sont donc pas des attributs nécessaires de la quantité corporelle.

6. Qu'on ne s'imagine pas, sur ces principes, que la matière est un vain nom; elle est nécessaire; les corps en sont produits. Elle devient alors le sujet de la qualité et de la grandeur, sans perdre ses titres d'invisible et d'indéfinie.

7. C'est n'avoir ni sens, ni entendement, que de rapporter l'essence et la production de l'univers au hasard.

8. Le monde a toujours été. L'idée, qui en étoit le modèle, ne lui est antérieure que d'une priorité d'origine et non de temps. Comme il est très-parfait, il est la démonstration la plus évidente de la nécessité et de l'existence d'un monde intelligible; et ce monde intelligible n'étant qu'une idée, il est éternel, inaltérable, incorruptible, un.

9. Ce n'est point par induction, c'est par nécessité que l'univers existe. L'entendement agissoit sur la matière, qui lui obéissoit sans effort; et toutes choses naissoient.

10. Il n'y a nul effet contradictoire dans la génération d'un être par le développement de son germe; il y a seulement une multitude de forces opposées les unes aux autres, qui réagissent et se balancent. Ainsi, dans l'univers, une partie est l'antagoniste d'une autre; celle-ci veut; celle-là se refuse; elles disparoissent quelquefois les unes et les autres dans ce conflit, pour renaître, s'entrechoquer, et disparoître encore; et il se forme un enchaînement éternel de générations et de destructions, qu'on ne peut reprocher à la nature, parce que ce seroit une folie que d'attaquer un tout dans une de ses parties.

11. L'univers est parfait; il a tout ce qu'il peut avoir; il se suffit à lui-même; il est rempli de dieux, de démons; d'ames justes, d'hommes que la vertu rend heureux, d'animaux et de plantes. Les ames justes, répandues dans la vaste étendue des cieux,

donnent le mouvement et la vie aux corps célestes.

12. L'ame universelle est immuable. L'état de tout ce qui est digne, après elle, de notre admiration et de nos hommages, est permanent. Les ames circulent dans les corps, jusqu'à ce que, exaltées et portées hors de l'état de génération, elles vivent avec l'ame universelle. Les corps changent continuellement de formes, et sont alternativement, ou des animaux, ou les plantes qui les nourrissent.

13. Il n'y a point de mal absolu : l'homme injuste laisse à l'univers sa bonté ; il ne l'ôte qu'à son ame, qu'il dégrade dans l'ordre des êtres. C'est la loi générale, à laquelle il est impossible de se soustraire.

14. Cessons donc de nous plaindre de cet univers ; tâchons d'être bons ; plaignons les méchans; et laissons à la raison universelle des choses le soin de les punir et de tirer avantage de leur malice.

15. Les hommes ont les dieux au-dessus d'eux, et les animaux au-dessous; et ils sont libres de s'élever à l'état des dieux, par la vertu; ou de s'abaisser, par le vice, à la condition des animaux.

16. La raison universelle des choses a distribué à chacune toute la bonté qui lui convenoit. Si elle a placé des dieux au-dessus des démons ; des démons, au-dessus des ames; des ames, au-dessus

des hommes ; des hommes, au-dessus des animaux, ce n'est ni par choix ni par prédilection ; la nature de son ouvrage l'exigeoit, ainsi que l'enchaînement et la nécessité des transmutations le démontrent.

17. Le monde, renfermant tout ce qui est possible, ne pouvant ni rien perdre ni rien acquérir, il durera éternellement tel qu'il est.

18. Le ciel et tout ce qu'il contient est éternel. Les astres brillent d'un feu inépuisable, uniforme et tranquille. Il n'y a dans la nature aucun lien aussi fort que l'ame, qui lie toutes ces choses.

19. C'est l'ame des cieux qui peuple la terre d'animaux ; elle imprime au limon une ombre de vie ; et le limon sent, respire et se meut.

20. Il n'y a dans les cieux que du feu ; mais ce feu contient de l'eau, de la terre, de l'air ; en un mot toutes les qualités des autres élémens.

21. Comme il est de la nature de la chaleur de s'élever, la source des feux célestes ne tarira jamais. Il ne s'en peut rien dissiper par effort ; et le mouvement circulaire y ramène tout ce qui s'en dissipe.

22. Les astres changent dans leurs aspects et dans leurs mouvemens ; mais leur nature ne change point.

23. C'est parce que les astres annoncent l'avenir, que leur marche est réglée, et qu'ils portent les empreintes des choses. L'univers est plein de

signes; le sage les connoît, et en tire des inductions: c'est une suite nécessaire de l'harmonie universelle.

24. L'ame du monde est le principe des choses naturelles; et elle a parsemé l'étendue des cieux de corps lumineux qui l'embellissent et qui annoncent les destinées.

25. L'ame, qui s'éloigne du premier principe, est soumise à la loi des cieux dans ses différens changemens de domicile : il n'en est pas ainsi de l'ame qui s'en approche ; elle fait elle-même sa destinée.

26. L'univers est un être vivant, qui a son corps et son ame; et l'ame de l'univers, qui n'est attachée à aucun corps particulier, exerce une influence générale sur les ames attachées à des corps.

27. L'influence céleste n'engendre point les choses; elle dispose seulement la matière aux phénomènes; et la raison universelle les fait éclore.

28. La raison universelle des êtres n'est point une intelligence ; mais une force intestine et agitatrice, qui opère sans dessein ; et qui, exerçant son énergie de quelque point central, met tout en mouvement, comme on voit des ondulations naître dans un fluide, les unes des autres, et s'étendre à l'infini.

29. Il faut distinguer dans le monde, les dieux, des démons. Les dieux sont sans passions ; les démons ont des passions : ils sont éternels comme

les dieux, mais inférieurs d'un dégré : dans l'échelle universelle des êtres, ils tiennent le milieu entre nous et les dieux.

30. Il n'y a point de démons dans le monde intelligible : ce qu'on y appelle des *démons* sont des dieux.

31. Ceux qui habitent la région du monde sensible, qui s'étend jusqu'à la lune, sont des dieux visibles, des dieux du second ordre : ils sont aux dieux intelligibles, ce que la splendeur est aux étoiles.

32. Ces démons sont des sympathies émanées de l'ame, qui fait le bien de l'univers ; elle les a engendrées, afin que chaque partie eût dans le tout la perfection et l'énergie qui lui conviennent.

33. Les démons ne sont point des êtres corporels, mais ils mettent en action l'air, le feu et les élémens : s'ils étoient corporels, ce seroit des animaux sensibles.

34. Il faut supposer une matière générale intelligible, qui soit un véhicule, un intermède entre la matière sensible et les êtres auxquels elle est subordonnée.

35. Il n'y a point d'élémens, que la terre ne contienne. La génération des animaux et la végétation des plantes démontrent que c'est un animal : et comme la portion d'esprit qu'elle renferme est grande, on est bien fondé à la prendre pour une divinité; elle ne se meut point d'un mouvement de

translation ; mais elle n'est pas incapable de se mouvoir. Elle peut sentir, parce qu'elle a une ame, comme les astres en ont une, comme l'homme a la sienne.

Principes de la théologie éclectique, tels qu'ils sont répandus dans les ouvrages de Jamblique, le théologien par excellence de la secte.

1. Il y a des dieux : nous portons en nous-mêmes la démonstration de cette vérité. La connoissance nous en est innée: elle existe dans notre entendement, antérieur à toute induction, à tout préjugé, à tout jugement. C'est une conscience simultanée de l'union nécessaire de notre nature avec sa cause génératrice ; c'est une conséquence immédiate de la co-existence de cette cause avec notre amour pour le bon, le vrai et le beau.

2. Cette espèce de contact intime de l'ame et de la divinité ne nous est pas subordonnée ; notre volonté ne peut ni l'altérer, ni l'éviter, ni le nier, ni le prouver. Il est nécessairement en nous; nous le sentons; et il nous convainc de l'existence des dieux par ce que nous sommes, quelque chose que nous soyons.

3. Mais l'idée des compagnons immortels des dieux ne nous est ni moins intime, ni moins innée, ni moins perceptible que celle des dieux. La connoissance naturelle que nous avons de leur existence est immuable, parce que leur essence ne change point. Ce n'est point non plus une vérité de

conséquence et d'induction ; c'est une notion simple, pure et première, puisée de toute éternité dans le sein de la divinité, à laquelle nous sommes restés unis dans le temps par ce lien indissoluble.

4. Il y a des dieux, des démons et des héros ; et ces êtres célestes sont distribués en différentes classes. Les ressemblances et les différences qui les distinguent, et qui les rapprochent, ne nous sont connues que par analogie. Il faut, par exemple, que la bonté leur soit une qualité commune, parce qu'elle est essentielle à leur nature. Il en est autrement des ames qui participent seulement à cet attribut par communication.

5. Les dieux et les ames sont les deux extrêmes des choses célestes. Les héros constituent l'ordre intermédiaire. Ils sont supérieurs en excellence, en nature, en puissance, en vertu, en beauté, en grandeur, et généralement en toute bonne qualité, aux ames qu'ils touchent immédiatement, et avec lesquelles ils ont de la ressemblance et de la sympathie par la vie qui leur a été commune. Il faut encore admettre une sorte de génies subordonnés aux dieux, et ministres de leur bienfaisance, dont ils sont épris, et qu'ils aiment. Ils sont le milieu à travers lequel les êtres célestes prennent une forme qui nous les rend visibles ; le véhicule qui porte à nos oreilles les choses ineffables, et à notre entendement l'incompréhensible ; la glace qui fait passer

dans notre ame des images qui n'étoient point faites pour y pénétrer sans son secours.

6. Ce sont ces deux classes qui forment le lien et le commerce des dieux et des ames; qui rendent l'enchaînement des choses célestes indissoluble et continu; qui facilitent aux dieux le moyen de descendre jusqu'aux hommes; des hommes, jusqu'aux derniers êtres de la nature; et à ces êtres, de remonter jusqu'aux dieux.

7. L'unité, une existence plus parfaite que celle des êtres inférieurs, l'immutabilité, l'immobilité, la puissance de mouvoir sans perdre l'immobilité, la providence, sont encore des qualités communes des dieux. On peut conjecturer, par la différences des extrêmes, quelle est celle des intermédiaires. Les actions des dieux sont excellentes; celles des ames sont imparfaites. Les dieux peuvent tout, également, en-même-temps, sans obstacle et sans délai. Il y a des choses qui sont impossibles aux ames; il leur faut du temps pour toutes celles qu'elles peuvent; elles ne les exécutent que séparément et avec peine. La divinité produit sans effort, et gouverne: l'ame se tourmente pour engendrer, et sert. Tout est soumis aux dieux, jusqu'aux actions et à l'existence des ames: ils voient les essences des choses et le terme des mouvemens de la nature. Les ames passent d'un effet à un autre, et s'élèvent par dégré. La divinité est in-

compréhensible, incommensurable, illimitée. Les ames éprouvent toutes sortes de passions et de formes. L'intelligence qui préside à tout, la raison universelle des êtres, est présente aux dieux sans nuage et sans réserve, sans raisonnement et sans induction, par un acte pur, simple et invariable. L'ame n'en est éclairée qu'imparfaitement et par intervalle. Les dieux ont donné les loix à l'univers : les ames suivent les loix données par les dieux.

8. C'est la vie que l'ame a reçue dans le commencement, et le premier mouvement de sa volonté, qui ont déterminé l'espèce d'être organique qu'elle informeroit, et la tendance qu'elle auroit à se perfectionner ou à se détériorer.

9. Les choses excellentes et universelles contiennent en elles la raison des choses moins bonnes et moins générales. Voilà le fondement des révolutions des êtres, de leurs émanations, de l'éternité de leur principe élémentaire, de leur rapport indélébile avec les choses célestes, de leur dépravation, de leur perfectibilité, et de tous les phénomènes de la nature humaine.

10. Les dieux ne sont attachés à aucune partie de l'univers : ils sont présens même aux choses de ce monde : ils contiennent, et rien ne les contient : ils sont par-tout ; tout en est rempli. Si la divinité s'empare de quelque substance corporelle, du ciel, de la terre, d'une ville sacrée, d'un bois, d'une statue ; son empire et sa présence s'en répandent

au-dehors, comme la lumière s'échappe en tout sens du soleil. La substance en est pénétrée. Elle agit au-dedans et à l'extérieur, de près et au loin, sans affoiblissement et sans interruption. Les dieux ont ici-bas différens domiciles, selon leur nature innée, terrestre, aërienne, aquatique. Ces distinctions, et celles des dons qu'on en doit attendre, sont les fondemens de la théurgie et des évocations.

11. L'ame est impassible; mais sa présence dans un corps rend passible l'être composé. Si cela est vrai de l'ame, à plus forte raison des héros, des démons et des dieux.

12. Les démons et les dieux ne sont pas également affectés de toutes les parties d'un sacrifice; il y a le point important, la chose énergique et secrète : ils ne sont pas non plus également sensibles à toutes sortes de sacrifices. Il faut aux uns des symboles; aux autres, ou des victimes, ou des représentations, ou des hommages, ou de bonnes œuvres.

13. Les prières sont superflues. La bienfaisance des dieux, qui connoît nos véritables besoins, est attentive à prévenir nos demandes. Les prières ne sont qu'un moyen de s'élever vers les dieux, et d'unir son esprit au leur. C'est ainsi que le prêtre se garantit des passions, conserve sa pureté, etc.

14. Si l'idée de la colère des dieux étoit mieux connue, on ne chercheroit point à l'appaiser par des sacrifices. La colère céleste n'est point un res-

sentiment de la part des dieux, dont la créature ait à craindre quelque mauvais effet ; c'est une aversion de sa part pour leur bienfaisance. Les holocaustes ne sont utiles, que quand ils sont la marque de la résipiscence. C'est un pas que le coupable a fait vers les dieux dont il s'étoit éloigné : le méchant fuit les dieux, mais les dieux ne le poursuivent point ; c'est lui seul qui se rend malheureux, et qui se perd par sa méchanceté.

15. Il est pieux, d'attendre des dieux tout le bien qu'il leur est imposé de faire par la nécessité de leur nature. Il est impie, de croire qu'on leur fait violence. Il ne faut donc s'adresser aux dieux, que pour se rendre meilleur soi-même. Si les lustrations ont écarté de dessus nos têtes quelques calamités imminentes, c'étoit afin que nos ames n'en reçussent aucune tache.

16. Ce n'est point par des organes que les dieux nous entendent ; c'est qu'ils ont en eux la raison et les effets de toutes les prières des hommes pieux, et sur-tout de leurs ministres. Ils sont présens à ces hommes consacrés ; et nous parlons immédiatement aux dieux par leur intermission.

17. Les astres, que nous appelons des *dieux*, sont des substances très-analogues à ces êtres immatériels ; mais c'est à ces êtres qu'il faut spécialement s'adresser dans les astres qu'ils informent. Ils sont tous bienfaisans ; il s'en écoule sur les corps des influences indélébiles. Il n'y a pas un point de l'es-

pace, où leurs vertus ne fassent sentir leur énergie; mais leur action sur les parties de l'univers est proportionnée à la nature de ces parties. Elle répand de la diversité, mais elle ne produit jamais aucun mal absolu.

18. Ce n'est pas que ce qui est excellent, relativement à l'harmonie universelle, ne puisse devenir nuisible à quelque partie en particulier.

19. Les dieux intelligibles qui président aux sphères célestes, sont des êtres originaires du monde intelligible; et c'est par l'attention qu'ils donnent à leurs propres idées, en se renfermant en eux-mêmes, qu'ils gouvernent les cieux.

20. Les dieux intelligibles ont été les paradigmes des dieux sensibles. Ces simulacres une fois engendrés ont conservé, sans aucune altération, l'empreinte des êtres divins dont ils étoient les images.

21. C'est cette ressemblance inaltérable, que nous devons regarder comme la base du commerce éternel qui règne entre les dieux de ce monde, et les dieux du monde supérieur. C'est par cette analogie indestructible, que tout ce qui en émane revient à l'être unique dont il est l'émanation, et en est réabsorbé. C'est l'identité, qui lie les dieux entre eux dans le monde intelligible, et dans le monde sensible; c'est la similitude, qui établit le commerce des dieux d'un monde aux dieux de l'autre.

22. Les démons ne sont point perceptibles, soit

à la vue, soit au toucher. Les dieux sont plus forts que tout obstacle matériel. Les dieux gouvernent le ciel, l'univers, et toutes les puissances secrètes qui y sont renfermées. Les démons n'ont l'administration que de quelques portions, qui leur ont été abandonnées par les dieux. Les démons sont alliés et presque inséparables des êtres qui leur ont été concédés. Les dieux dirigent les corps, sans leur être présens. Les dieux commandent. Les démons obéissent, mais librement.

23. La génération des démons est le dernier effort de la puissance des dieux : les héros en sont émanés, comme une simple conséquence de leur existence vivante ; il en est de même des ames. Les démons ont la faculté génératrice ; c'est à eux que le soin d'unir les ames aux corps a été remis. Les héros vivifient, inspirent, dirigent ; mais n'engendrent point.

24. Il a été donné aux ames, par une grace spéciale des dieux, de pouvoir s'élever jusqu'à la sphère des anges. Alors elles ont franchi les limites qui leur étoient prescrites par leur nature. Elles la perdent, et prennent celle de la nouvelle famille dans laquelle elles ont passé.

23. Les apparitions des dieux sont analogues à leurs essences, puissances et opérations. Ils se montrent toujours tels qu'ils sont. Ils ont leurs signes propres, leurs caractères et leurs mouvemens distinctifs, leurs formes fantastiques parti-

culières ; et le fantôme d'un dieu n'est point celui d'un démon ; ni le fantôme d'un démon, celui d'un ange ; ni le fantôme d'un ange, celui d'un archange ; et il y a des spectres d'ames de toutes sortes de caractères. L'aspect des dieux est consolant : celui des archanges, terrible ; celui des anges, moins sévère ; celui des héros, attrayant ; celui des démons, épouvantable. Il y a dans ces apparitions encore une infinité d'autres variétés, relatives au rang de l'être, à son autorité, à son génie, à sa vîtesse, à sa lenteur, à sa grandeur, à son cortége, à son influence.... *Jamblique détaille toutes ces choses avec l'exactitude la plus minutieuse ; et nos naturalistes n'ont pas mieux vu les chenilles, les mouches, les pucerons, que notre philosophe éclectique, les dieux, les anges, les archanges, les démons et les génies de toutes les espèces qui voltigent dans le monde intelligible et dans le monde sensible.* Si l'on commet quelque faute dans l'évocation théurgique, alors on a un autre spectre que celui qu'on évoquoit. Vous comptiez sur un dieu, et c'est un démon qui vous vient. Au-reste, ce n'est point la connoissance des choses saintes, qui sanctifie. Tout homme peut se sanctifier ; mais il n'est donné d'évoquer les dieux qu'aux théurgistes, aux hommes merveilleux, qui tiennent dans leurs mains le secret des deux mondes.

26. La prescience nous vient d'en haut ; elle

n'a rien en soi ni d'humain, ni de physique. Il n'en est pas ainsi de la révélation. C'est une voix foible qui se fait entendre à nous sur le passage de la veille au sommeil. Cela prouve que l'ame a deux vies ; l'une, unie avec le corps ; l'autre, séparée. D'ailleurs, comme sa fonction est de contempler, et qu'elle contient en elle la raison de tous les possibles, il n'est pas surprenant que l'avenir lui soit connu. Elle voit les choses futures dans leurs raisons préexistantes. Si elle a reçu des dieux une pénétration sublime, un pressentiment exquis, une longue expérience, la facilité d'observer, le discernement, le génie; rien de ce qui a été, de ce qui est, et de ce qui sera, n'échappera à sa connoissance.

27. Voici les vrais caractères de l'enthousiasme divin. Celui qui l'éprouve est privé de l'usage commun de ses sens ; sa veille ne ressemble point à celle des autres hommes ; son action est extraordinaire; il ne se possède plus ; il ne pense plus, et ne parle plus par lui-même; la vie qui l'environne est absente pour lui ; il ne sent point l'action du feu, ou il n'en est point offensé ; il ne voit ni ne redoute la hache levée sur sa tête ; il est transporté dans des lieux inaccessibles ; il marche à travers la flamme ; il se promène sur les eaux, etc.... Cet état est l'effet de la divinité, qui exerce tout son empire sur l'ame de l'enthousiaste, par l'entremise des organes du corps :

il est alors le ministre d'un Dieu qui l'obsède, qui l'agite, qui le poursuit, qui le tourmente, qui en arrache des voix, qui vit en lui, qui s'est emparé de ses mains, de ses yeux, de sa bouche, et qui le tient élevé au-dessus de la nature commune.

28. On a consacré la poésie et la musique aux dieux. En effet, il y a, dans les chants et dans la versification, toute la variété qu'il convient d'introduire dans les hymnes qu'on destine à l'évocation des dieux. Chaque dieu a son caractère; chaque évocation a sa forme et exige sa mélodie. L'ame avoit entendu l'harmonie des cieux, avant que d'être exilée dans un corps. Si quelques accens analogues à ces accens divins, dont elle ne perd jamais entièrement la mémoire, viennent à la frapper, elle tressaillit ; elle s'y livre; elle en est transportée. *Jamblique se précipite ici dans toutes les espèces de divinations, sottises magnifiques à travers lesquelles nous n'avons pas le courage de le suivre.* On peut voir dans cet auteur, ou dans l'histoire critique de la philosophie de M. Brucker, toutes les rêveries de l'*éclectisme* théologique, sur la puissance des dieux, sur l'illumination, sur les invocations, la magie, les prêtres, et la nécessité de l'action de la fumée des victimes sur les dieux, etc.

29. La justice des dieux n'est point la justice des hommes. L'homme définit la justice sur des rapports tirés de sa vie actuelle et de son état

présent. Les dieux la définissent relativement à ses existences successives, et à l'universalité de nos vies.

30. La plupart des hommes n'ont point de liberté, et sont enchaînés par le destin, etc.

Principes de la théogonie éclectique.

1. Il est un Dieu de toute la nature ; le principe de toute génération ; la cause des puissances élémentaires ; supérieur à tous les dieux ; en qui tout existe ; immatériel, incorporel ; maître de la nature ; subsistant de toute éternité par lui-même ; premier, indivisible et indivisé, tout par lui-même, tout en lui-même ; antérieur à toutes choses, même aux principes universaux et aux causes générales des êtres ; immobile ; renfermé dans la solitude de son unité ; la source des idées, des intelligibles, des possibilités ; se suffisant ; père des essences et de l'entité ; antérieur au principe intelligible. Son nom est Noetarque.

2. Emeth est après Noetarque ; c'est l'intelligence divine, qui se connoît elle-même, d'où toutes les intelligences sont émanées, qui les ramène toutes dans son sein comme dans un abîme. Les Egyptiens plaçoient Eicton avant Emeth ; c'étoit la première idée exemplaire ; on adoroit Eicton par le silence.

3. Après ces dieux, viennent Ameïn, Ptha et Osiris, qui président à la génération des êtres

apparens ; dieux conservateurs de la sagesse, et ses ministres dans les temps où elle engendroit les êtres et produisoit la force secrette des causes.

4. Il y a quatre puissances mâles et quatre puissances femelles au-dessus des élémens et de leurs vertus ; elles résident dans le soleil. Celle qui dirige la nature dans ses fonctions génératrices a son domicile dans la lune.

5. Le ciel est divisé en deux, ou quatre, ou trente-six régions ; et ces régions, en plusieurs autres ; chacune a sa divinité : et toutes sont subordonnées à une divinité qui leur est supérieure. De ces principes il faut descendre à d'autres, jusqu'à ce que l'univers entier soit distribué à des puissances qui émanent les unes des autres, et toutes d'une première.

6. Cette première puissance tira la matière de l'essence, et l'abandonna à l'intelligence qui en fabriqua des sphères incorruptibles. Elle employa ce qu'il y avoit de plus pur à cet ouvrage ; elle fit du reste les choses corruptibles et l'universalité des corps.

7. L'homme a deux ames ; l'une, qu'il tient du premier intelligible ; et l'autre, qu'il a reçue dans le monde sensible. Chacune a conservé des caractères distinctifs de son origine. L'ame du monde intelligible retourne sans cesse à sa source ; et les loix de la fatalité ne peuvent rien sur elle : l'autre est asservie aux mouvemens des mondes.

8. Chacun a son démon ; il préexistoit à l'union de l'ame avec le corps. C'est lui, qui l'a unie à un corps. Il la conduit, il l'inspire. C'est toujours un bon génie. Les mauvais génies sont sans district.

9. Ce démon n'est point une faculté de l'ame : c'est un être distingué d'elle et d'un ordre supérieur au sien, etc.

Principes de la philosophie morale des éclectiques.

Voici ce qu'on en recueillera de plus généralement admis, en feuilletant les ouvrages de Porphyre et de Jamblique.

1. Il ne se fait rien de rien. Ainsi l'ame est une émanation de quelque principe plus noble.

2. Les ames existoient avant que d'être unies à des corps. Elles sont tombées ; et l'exil a été leur châtiment. Elles ont depuis leur chûte passé successivement en différens corps, où elles ont été retenues comme dans des prisons.

3. C'est par un enchaînement de crimes et d'impiétés, qu'elles ont rendu leur esclavage plus long et plus dur. C'est à la philosophie à l'adoucir et à le faire cesser. Elle a deux moyens : la purification rationnelle, et la purification théurgique, qui élèvent les ames successivement à quatre différens dégrés de perfection, dont le dernier est la théopatie.

4. Chaque dégré de perfection a ses vertus. Il y a quatre vertus cardinales, la prudence, la force, la tempérance et la justice; et chaque vertu a ses dégrés.

5. Les qualités physiques, qui ne sont que des avantages de conformation, et dont l'usage le plus noble seroit d'être employées comme des instrumens pour s'élever aux autres qualités, sont au dernier rang.

6. Les qualités morales et politiques sont celles de l'homme sensé, qui, supérieur à ses passions, après avoir travaillé long-temps à se rendre heureux par la pratique de la vertu, s'occupe à procurer le même bonheur à ses semblables. Ces qualités sont pratiques.

7. Les qualités spéculatives sont celles, qui constituent proprement le philosophe; il ne se contente pas de faire le bien; il descend encore en lui-même; il s'y renferme et médite, afin de connoître la vérité des principes par lesquels il se conduit.

8. Les qualités expurgatives ou sanctifiantes, ce sont toutes celles, qui élèvent l'homme au-dessus de sa condition, par la privation de tout ce qui est au-delà des besoins de la nature les plus étroits. Dans cet état, l'homme a sacrifié tout ce qui peut l'attacher à cette vie; son corps lui devient un fardeau onéreux; il en souhaite la dissolution; il est mort philosophiquement. Or la mort

philosophique parfaite est le point de la perfection humaine le plus voisin de la vie des dieux.

9. Les qualités spéculatives consistent dans la contemplation habituelle du premier principe, et dans l'imitation la plus approchée de ses vertus.

10. Les qualités théurgiques sont celles par lesquelles on est digne, dès ce monde, de commercer avec les dieux, les démons, les héros et les ames libres.

11. L'homme peut, avec le secours des seules forces qu'il a reçues de la nature, s'élever successivement de la dégradation la plus profonde, jusqu'au dernier dégré de perfection; car la loi de la nécessité n'a point d'empire invincible sur l'énergie du principe divin qu'il porte en lui-même, et avec lequel il n'y a point d'obstacle qu'il ne puisse surmonter.

12. Si la séparation de l'ame et du corps s'est faite avant que l'ame ne se soit relevée de son état d'avilissement, et qu'elle ait emporté avec elle des traces secrètes de dépravation; elle éprouve le supplice des enfers, en rentrant dans un nouveau corps qui devient pour elle une prison plus cruelle que le corps qu'elle a quitté, qui l'éloigne davantage de son premier principe, et qui rend sa grande révolution plus longue et plus difficile.

Voilà ce que nous avons trouvé de plus important et de moins obscur dans la philosophie des *éclectiques* anciens. Pour s'en instruire à fond, il faut aller puiser dans les sources, et feuilleter ce qui nous reste de Plotin, de Porphyre, de Julien, de Jamblique, d'Ammien Marcellin, etc...., sans oublier l'histoire critique de la philosophie de M. Brucker, et la foule des auteurs tant anciens que modernes qui y sont cités.

ÉGYPTIENS.

(PHILOSOPHIE DES)

L'HISTOIRE de l'*Egypte* est, en général, un chaos, où la chronologie, la religion et la philosophie sont particulièrement remplies d'obscurités et de confusion.

Les *Egyptiens* voulurent passer pour les peuples les plus anciens de la terre; et ils en imposèrent sur leur origine. Leurs prêtres furent jaloux de conserver la vénération qu'on avoit pour eux : et ils ne transmirent à la connoissance des peuples que le vain et pompeux étalage de leur culte. La réputation de leur sagesse prétendue devenoit d'autant plus grande, qu'ils en faisoient plus de mystère; et ils ne la communiquèrent qu'à un petit nombre d'hommes choisis, dont ils s'assurèrent la discrétion par les épreuves les plus longues et les plus rigoureuses.

Les *Egyptiens* eurent des rois, un gouvernement, des loix, des sciences, des arts, long-temps avant que d'avoir aucune écriture; en conséquence, des fables accumulées pendant une longue suite de siècles, corrompirent leurs traditions. Ce fut alors qu'ils recoururent à l'hiéroglyphe; mais l'intelligence n'en fut ni assez facile, ni assez générale, pour se conserver.

Les différentes contrées de l'*Egypte* souffrirent de fréquentes inondations; ses anciens monumens furent renversés; ses premiers habitans se dispersèrent: un peuple étranger s'établit dans ses provinces désertes; des guerres, qui succédèrent, répandirent parmi les nouveaux *Egyptiens* des transfuges de toutes les nations circonvoisines. Les connoissances, les coutumes, les usages, les cérémonies, les idiomes, se mêlèrent et se confondirent. Le vrai sens de l'hiéroglyphe, confié aux seuls prêtres, s'évanouit; on fit des efforts pour le retrouver. Ces tentatives donnèrent naissance à une multitude incroyable d'opinions et de sectes. Les historiens écrivirent les choses comme elles étoient de leur temps; mais la rapidité des événemens jeta dans leurs écrits une diversité nécessaire. On prit ces différences pour des contradictions; on chercha à concilier sur une même date ce qu'il falloit rapporter à plusieurs époques. On étoit égaré dans un labyrinthe de difficultés réelles; on en compliqua les détours pour soi-même et pour la postérité, par les difficultés imaginaires qu'on se fit.

L'*Egypte* étoit devenue une énigme indéchiffrable pour l'*Egyptien* même, voisin encore de la naissance du monde, selon notre chronologie. Les pyramides portoient, au temps d'Hérodote, des inscriptions dans une langue et des caractères inconnus; le motif qu'on avoit eu d'élever ces masses énormes étoit ignoré. A-mesure que les temps s'éloignoient, les siècles se projetoient les uns sur les autres; les événemens, les noms, les hommes, les époques, dont rien ne fixoit la distance, se rapprochoient imperceptiblement, et ne se distinguoient plus; toutes les transactions sembloient se précipiter pêle-mêle dans un abîme obscur, au fond duquel les hiérophantes faisoient appercevoir à l'imagination des naturels, et à la curiosité des étrangers, tout ce qu'il falloit qu'ils y vissent pour la gloire de la nation et pour leur intérêt.

Cette supercherie soutint leur ancienne réputation. On vint de toutes les contrées du monde connu, chercher la sagesse en Egypte. Les prêtres *égyptiens* eurent pour disciples, Moyse, Orphée, Linus, Platon, Pythagore, Démocrite, Thalès; en un mot, tous les philosophes de la Grèce. Ces philosophes, pour accréditer leurs systêmes, s'appuyèrent de l'autorité des hiérophantes. De leur côté, les hiérophantes profitèrent du témoignage même des philosophes, pour s'attribuer leurs découvertes. Ce fut ainsi que les opinions, qui divisoient les sectes de la Grèce, s'établirent successivement dans les gymnases de l'Egypte. Le platonisme et le pythagorisme sur-tout y laissèrent des traces profondes ; ces doctrines portèrent des nuances plus ou moins fortes sur celles du pays. Les nuances, qu'elles affectèrent d'en prendre, achevèrent la confusion. Jupiter devint Osiris ; on prit Typhon pour Pluton. On ne vit plus de différence entre l'Adès et l'Amenthès. On fonda de part et d'autre l'identité sur les analogies les plus légères. Les philosophes de la Grèce ne consultèrent là-dessus que leur sécurité et leurs succès ; les prêtres de l'Egypte, que leur intérêt et leur orgueil. La sagesse versatile de ceux-ci changea au dégré des conjonctures. Maîtres des livres sacrés, seuls initiés à la connoissance des caractères dans lesquels ils étoient écrits, séparés du reste des hommes, et renfermés dans des séminaires dont la puissance des souverains faisoit à-peine entr'ouvrir les portes, rien ne les compromettoit. Si l'autorité les contraignoit à admettre à la participation de leurs mystères quelque esprit naturellement ennemi du mensonge et de la charlatanerie, ils le corrompoient et le déterminoient à seconder leurs vues, ou ils le rebutoient par des devoirs pénibles et un genre de vie austère. Le néophite le plus zélé étoit forcé de se retirer ; et la doctrine ésotérique ne transpiroit jamais.

Tel étoit à-peu-près l'état des choses en Egypte, lorsque cette contrée fut inondée de Grecs et de barbares qui y entrèrent à la suite d'Alexandre ; source nouvelle de révolutions dans la théologie et la philosophie *égyptienne*. La philosophie orientale pénétra dans les sanctuaires d'Egypte, quelques siècles avant la naissance de Jésus-Christ. Les notions judaïques et cabalistiques s'y introduisirent sous les Ptolémées. Au milieu de cette guerre intestine et générale, que la naissance du christianisme suscita entre toutes les sectes des philosophes, l'ancienne doctrine *égyptienne* se défigura de plus en plus. Les hiérophantes, devenus syncrétistes (*voyez ce mot*), chargèrent leur théologie d'idées philosophiques, à l'imitation des philosophes, qui remplissoient leur philosophie d'idées théologique. On négligea les livres anciens. On écrivit le système nouveau en caractères sacrés ; et bientôt ce système fut le seul, dont les hiérophantes conservèrent quelque connoissance. Ce fut dans ces circonstances que Sanchoniaton, Manéthon, Asclépiade, Paléphate, Chérémon, Hécatée, publièrent leurs ouvrages. Ces auteurs écrivoient d'une chose, que ni eux ni personne n'entendoient déjà plus. Qu'on juge par-là de la certitude des conjectures de nos auteurs modernes, Kircher, Marsham et Witsius, qui n'ont travaillé que d'après des monumens mutilés, et que sur les fragmens très-suspects des disciples des derniers hiérophantes.

Theut, qu'on appelle aussi *Thoyt* et *Thoot*, passe pour le premier fondateur de la sagesse *égyp-*

tienne. On dit qu'il fut chef du conseil d'Osiris ; que ce prince lui communiqua ses vues ; que Thoot imagina plusieurs arts utiles ; qu'il donna des noms à la plupart des êtres de la nature ; qu'il apprit aux hommes à conserver la mémoire des faits, par la voie du symbole ; qu'il publia des loix ; qu'il institua les cérémonies religieuses ; qu'il observa le cours des astres ; qu'il cultiva l'olivier ; qu'il inventa la lyre et l'art palestrique ; et qu'en reconnoissance de ses travaux, les peuples de l'Egypte le placèrent au rang des dieux, et donnèrent son nom au premier mois de leur année.

Ce Theut fut un des Hermès de la Grèce ; et c'est, au sentiment de Cicéron, le cinquième Mercure des latins. Mais, à juger de l'antiquité de ce personnage par les découvertes qu'on lui attribue, Marsham a raison de prétendre que Cicéron s'est trompé.

L'Hermès, fils d'Agathodémon et père de Tat, ou le second Mercure, succède à Thoot dans les annales historiques ou fabuleuses de l'Egypte. Celui-ci perfectionna la théologie ; découvrit les premiers principes de l'arithmétique et de la géométrie ; sentit l'inconvénient des images symboliques ; leur substitua l'hiéroglyphe, et éleva des colonnes sur lesquelles il fit graver, dans les nouveaux caractères qu'il avoit inventés, les choses qu'il crut dignes de passer à la postérité : ce fut ainsi qu'il se proposa de fixer l'inconstance de la tradition : les peuples lui dressèrent des autels, et célébrèrent des fêtes en son honneur.

L'Egypte fut désolée par des guerres intestines et étrangères. Le Nil rompit ses digues ; il se fit des ouvertures qui submergèrent une grande partie de la contrée. Les colonnes d'Agathodémon furent renversées ; les sciences et les arts se perdirent ; et l'Egypte étoit presque retombée dans sa première barbarie, lorsqu'un homme de génie s'avisa de recueillir les débris de la sagesse ancienne ; de rassembler les monumens dispersés ; de rechercher la clef des hiéroglyphes ; d'en augmenter le nombre, et d'en confier l'intelligence et le dépôt à un collége de prêtres. Cet homme fut le troisième fondateur de la sagesse des *Egyptiens*. Les peuples le mirent aussi au nombre des dieux, et l'adorèrent sous le nom d'*Hermès Trismégiste*.

Tel fut donc, selon toute apparence, l'enchaînement des choses. Le temps, qui efface les défauts des grands hommes et qui relève leurs qualités, augmenta le respect que les *Egyptiens* portoient à la mémoire de leurs fondateurs ; et ils en firent des dieux. Le premier de ces dieux inventa les arts de nécessité. Le second fixa les événemens par des symboles. Le troisième substitua au symbole l'hiéroglyphe plus commode : et s'il m'étoit permis de pousser la conjecture plus loin, je ferois entrevoir le motif qui détermina les *Egyptiens* à construire leurs pyramides ; et pour venger ces peuples des reproches qu'on leur a faits, je représenterois ces masses énormes, dont on a tant blâmé la vanité, la pesanteur, les dépenses et l'inutilité, comme les monumens destinés à la conservation des sciences, des arts et de toutes les connoissances utiles à la nation *égyptienne*.

En effet, lorsque les monumens du premier ou second Mercure eurent été détruits, de quel côté se durent porter les vues des hommes, pour se garantir de la barbarie dont on les avoit retirés; conserver les lumières qu'ils acquéroient de jour en jour; prévenir les suites des révolutions fréquentes, auxquelles ils étoient exposés dans ces temps reculés, où tous les peuples sembloient se mouvoir sur la surface de la terre; et obvier aux événemens destructeurs, dont la nature de leur climat les menaçoit particulièrement? Fut-ce de chercher un autre moyen, ou de perfectionner celui qu'ils possédoient? Fut-ce d'assurer de la durée à l'hiéroglyphe, ou de passer de l'hiéroglyphe à l'écriture? Mais l'intervalle de l'hiéroglyphe à l'écriture est immense. La métaphysique qui rapprocheroit ces découvertes, et qui les enchaîneroit l'une à l'autre, seroit mauvaise. La figure symbolique est une *peinture* de la chose. Il y a le même rapport entre la chose et l'hiéroglyphe : mais l'écriture est une expression des voix. Ici le rapport change : ce n'est plus un art inventé qu'on perfectionne; c'est un nouvel art qu'on invente, et un art qui a ce caractère particulier, que l'invention en dût être totale et complète. C'est une observation de M. Duclos, de l'académie française, qui me paroît avoir jeté sur cette matière un coup-d'œil plus philosophique qu'aucun de ceux qui l'ont précédé.

Le génie rare, capable de réduire à un nombre borné l'infinie variété des sons d'une langue, de leur donner des signes, de fixer pour lui-même la valeur de ces signes, et d'en rendre aux autres l'intelligence commune et familière, ne s'étant point rencontré chez les *Égyptiens*, dans la circonstance où il leur auroit été le plus utile; ces peuples, pressés entre l'inconvénient et la nécessité d'attacher la mémoire des faits à des monumens, ne durent naturellement penser qu'à en construire d'assez solides, pour résister éternellement aux plus grandes révolutions.

Tout semble concourir à fortifier cette opinion; l'usage antérieur de confier à la pierre et au relief l'histoire des connoissances et des transactions; les figures symboliques qui subsistent encore au milieu des plus anciennes ruines du monde; celles de Persépolis, où elles représentent les principes du gouvernement ecclésiastique et civil; les colonnes sur lesquelles Theut grava les premiers caractères hiéroglyphiques; la forme des nouvelles pyramides sur lesquelles on se proposa, si ma conjecture est vraie, de fixer l'état des sciences et des arts dans l'Egypte; leurs angles propres à marquer les points cardinaux du monde, et qu'on a employés à cet usage ; la dureté de leurs matériaux qui n'ont pu se tailler au marteau, mais qu'il a fallu couper à la scie ; la distance des carrières d'où ils ont été tirés, aux lieux où ils ont été mis en œuvre ; la prodigieuse solidité des édifices qu'on en a construits ; leur simplicité, dans laquelle on voit que la seule chose qu'on se soit proposée, c'est d'avoir beaucoup de solidité et de surface ; le choix de la figure pyramydale ou d'un corps qui a une base immense, et qui se termine en pointe ; le rapport de la base à la hauteur ; les frais immenses de la construction ; la multitude d'hommes et la durée de temps que ce travail a consommés ; la similitude et le nombre de ces édifices ; les machines dont ils supposent l'invention ; un goût décidé pour les choses utiles, qui se reconnoît à chaque pas qu'on fait en Egypte ; l'inutilité prétendue de toutes ces pyramydes comparées avec la haute sagesse des peuples. Tout bon esprit, qui pèsera ces circonstances, ne doutera pas un moment que ces monumens n'aient été construits pour être couverts un jour de la science politique, civile et religieuse de la contrée ; que cette ressource ne soit la seule qui ait pu s'offrir à la pensée, chez des peuples qui n'avoient point encore d'écriture, et qui avoient vu leurs premiers édifices renversés ; qu'il ne faille regarder les pyramides comme les bibles de l'E-

M *

gypte, dont les temps et les révolutions avoient peut-être détruit les caractères, plusieurs siècles avant l'invention de l'écriture ; que c'est la raison pour laquelle cet événement ne nous a point été transmis ; en un mot, que ces masses, loin d'éterniser l'orgueil ou la stupidité de ces peuples, sont des monumens de leur prudence et du prix inestimable qu'ils attachoient à la conservation de leurs connoissances. Et la preuve qu'ils ne se sont point trompés dans leur raisonnement, c'est que leur ouvrage a résisté pendant une suite innombrable de siècles à l'action destructive des élémens qu'ils avoient prévus, et qu'il n'a été endommagé que par la barbarie des hommes, contre laquelle les sages *Egyptiens*, ou n'ont point pensé à prendre des précautions, ou ont senti l'impossibilité d'en prendre de bonnes. Tel est notre sentiment sur la construction des pyramides de l'Egypte : il seroit bien étonnant que, dans le grand nombre de ceux qui ont écrit de ces édifices, personne n'eût rencontré une conjecture qui se présente si naturellement.

Si l'on fait remonter l'institution des prêtres *Egyptiens* jusqu'au temps d'Hermès Trismégiste, il n'y eut dans l'état aucun ordre de citoyens plus ancien que l'ordre ecclésiastique ; et si l'on examinoit avec attention quelques-unes des lois fondamentales de cette institution, on verra combien il étoit impossible que l'ordre des hiérophantes ne devînt pas nombreux, puissant, redoutable, et qu'il n'entraînât pas tous les maux dont l'Egypte fut désolée.

Il n'en étoit pas dans l'Egypte ainsi que dans les autres contrées du monde payen, où un temple n'avoit qu'un prêtre et qu'un Dieu. On adoroit dans un seul temple *Egyptien* un grand nombre de dieux. Il y avoit un prêtre au-moins pour chaque dieu, et un séminaire de prêtres pour chaque temple. Combien n'étoit-il pas facile de prendre trop de goût pour un état où l'on vivoit aisément sans rien faire ; où, placé à côté de l'autel, on partageoit l'hommage avec l'idole, et l'on voyoit les autres hommes prosternés à ses pieds ; où l'on en imposoit aux souverains même ; où l'on étoit regardé comme le ministre d'en-haut, et l'interprête de la volonté du ciel ; où le caractère sacré dont on étoit revêtu permettoit beaucoup d'injustices, et mettoit presque toujours à couvert du châtiment ; où l'on avoit la confiance des peuples ; où l'on dominoit sur les familles dont on possédoit les secrets ; en un mot, où l'on réunissoit en sa personne, la considération, l'autorité, l'opulence, la fainéantise et la sécurité. D'ailleurs, il étoit permis aux prêtres *Egyptiens* d'avoir des femmes ; et il est d'expérience que les femmes des ministres sont très-fécondes.

Mais, pour que l'hiérophantisme engloutît tous les autres états, et ruinât plus sûrement encore la nation, la prêtrise *Egyptienne* fut une de ces professions, dans lesquelles les fils étoient obligés de succéder à leurs pères. Le fils d'un prêtre étoit prêtre né ; ce qui n'empêchoit point qu'on ne pût entrer dans l'ordre ecclésiastique, sans être de famille sacerdotale. Cet ordre enlevoit donc continuellement des membres aux autres professions, et ne leur en restituoit jamais aucun.

Mais il en étoit des biens et des acquisitions, ainsi que des personnes. Ce qui avoit appartenu une fois aux prêtres ne pouvoit plus retourner aux laïcs. La richesse des prêtres alloit toujours en croissant comme leur nombre. D'ailleurs, la masse des superstitions lucratives d'une contrée suit la proportion des prêtres, de ses devins, de ses augures, de ses diseurs de bonne aventure, et de tous ceux en général qui tirent leur subsistance de leur commerce avec le ciel.

Ajoutons à ces considérations qu'il n'y avoit peut-être sur la surface de la terre aucun sol plus favorable à la superstition, que l'Egypte. Sa fécondation étoit un prodige annuel. Les phénomènes qui accompagnoient naturellement l'arrivée des eaux, leur séjour et leur retraite, portoient les esprits à l'étonnement. L'émigration régulière des lieux bas vers les lieux hauts ; l'oisiveté de cette demeure ; le temps qu'on y donnoit à l'étude de l'astronomie ; la vie sédentaire et renfermée qu'on y menoit ; les météores, les exhalaisons, les vapeurs sombres et mal-saines qui s'élevoient de la vase de toute une vaste contrée trempée d'eau et frappée d'un soleil ardent ; les monstres qu'on y voyoit éclore ; une infinité d'événemens produits dans le mouvement général de toute l'Egypte s'enfuyant à l'arrivée de son fleuve, et redescendant des montagnes à mesure que les plaines se découvroient ; tant de causes ne pouvoient manquer de rendre cette nation superstitieuse ; car la superstition est par-tout une suite nécessaire des phénomènes surprenans dont les raisons sont ignorées.

Mais lorsque, dans une contrée, le rapport de ceux qui travaillent à ceux qui ne font rien, va toujours en diminuant, il faut, à-la-longue, que les bras qui s'occupent ne puissent plus suppléer à l'imagination de ceux qui demeurent oisifs, et que la condition de la fainéantise y devienne onéreuse à elle-même. Ce fut aussi ce qui arriva en Egypte; mais le mal étoit alors trop grand pour y remédier. Il fallut abandonner les choses à leur torrent. Le gouvernement en fut ébranlé. L'indigence et l'esprit d'intérêt engendrèrent parmi les prêtres l'esprit d'intolérance. Les uns prétendirent qu'on adorât exclusivement les grues ; d'autres voulurent qu'il n'y eut de vrai Dieu que le crocodile. Ceux-ci ne prêchèrent que le culte des chats, et anathématisèrent le culte des oignons. Ceux-là condamnèrent les mangeurs de fèves à être brulés comme des impies. Plus ces articles de croyance étoient ridicules, plus les prêtres y mirent de chaleur. Les séminaires se soulevèrent les uns contre les autres ; les peuples crurent qu'il s'agissoit du renversement des autels et de la ruine de la religion, tandis qu'au fond il n'étoit question entre les prêtres que de s'attirer la confiance et les offrandes des peuples. On prit les armes, on se battit; et la terre fut arrosée de sang.

L'Egypte fut superstitieuse dans tous les temps; parce que rien ne nous garantit entièrement de l'influence du climat; et qu'il n'y a guère de notions antérieures dans notre esprit à celles qui nous viennent du spectacle journalier du sol que nous habitons. Mais le mal n'étoit pas aussi général sous les premiers dépositaires de la sagesse de Trismégiste, qu'elle le devint sous les derniers hiérophantes.

Les anciens prêtres de l'Egypte prétendoient que leurs dieux étoient adorés même des barbares. En effet, le culte en étoit répandu dans la Chaldée, dans presque toutes les contrées de l'Asie; et l'on en retrouve aujourd'hui des traces très-distinctes parmi les cérémonies religieuses de l'Inde. Ils regardoient Osiris, Isis, Orus, Hermès, Anubis, comme des ames célestes qui avoient généreusement abandonné le séjour de la félicité suprême, pris un corps humain, et accepté toute la misère de notre condition, pour converser avec nous, nous instruire de la nature du juste et de l'injuste, nous communiquer les sciences et les arts; nous donner des loix, et nous rendre plus sages et moins malheureux. Ils se disoient descendans de ces êtres immortels, et les héritiers de leur divin esprit : doctrine excellente à débiter aux peuples; aussi n'y avoit-il anciennement aucun culte superstitieux, dont les ministres n'eussent quelque prétention de cette nature : ils réunirent quelquefois la souveraineté avec le sacerdoce. Ils étoient distribués en différentes classes employées à différens exercices, et distinguées par des marques particulières. Ils avoient renoncé à toute occupation manuelle et profane. Ils erroient sans cesse, entre les simulacres des dieux, la démarche composée, l'air austère, la contenance droite, et les mains renfermées sous leurs vêtemens. Une de leurs fonctions principales étoit d'exhorter les peuples à garder un attachement inviolable pour les usages du pays ; et ils avoient un assez grand intérêt à bien remplir ce devoir du sacerdoce. Ils observoient le ciel pendant la nuit ; il avoient des purifications pour le jour. Ils célébroient un office qui consistoit à chanter quelques hymnes le matin, à midi, l'après-midi et le soir. Ils remplissoient les intervalles par l'étude de l'arithmétique, de la géométrie et de la physique expérimentale. περὶ τὴν ἐμπειρίαν. Leur vêtement étoit propre et modeste ; c'étoit une étoffe de lin. Leur chaussure étoit une nate de jonc. Ils pratiquoient sur eux la circoncision. Ils se rasoient tout le corps. Ils s'abluoient d'eau froide trois fois par jour. Ils buvoient peu de vin. Ils s'interdisoient le pain dans les temps de purification, ou y mêloient de l'hyssope. L'huile et le poisson leur étoient absolument défendus. Ils n'osoient pas même semer des fèves. Voici l'ordre et la marche de leurs processions.

Les chantres étoient à la tête, ayant à la main quelques symboles de l'art musical. Les chantres étoient particulièrement versés dans les deux livres de Mercure, qui renfermoient les hymnes des dieux et les maximes des rois.

Ils étoient suivis des tireurs d'horoscopes, portant la palme et le cadran solaire, les deux symboles de l'astrologie judiciaire. Ceux-ci étoient savans dans les quatre livres de Mercure sur les mouvemens des astres, leur lumière, leur coucher, leur lever, les conjonctions, et les oppositions de la lune et du soleil.

Après les tireurs d'horoscopes, marchoient les scribes des choses sacrées: une plume sur la tête, l'écriture, l'encrier et le jonc à la main. Ils avoient la connoissance de l'hiérogyphe, de la cosmologie, de la géographie, du cours du soleil, de la lune et des autres planètes, de la topographie de l'Egypte et des lieux consacrés, des mesures et de quelques autres objets relatifs à la politique et à la religion.

Après les horoscopistes venoient ceux qu'on appeloit les *Stolites*, avec les symboles de la justice et les coupes de libations. Ils n'ignoroient rien de ce qui concerne le choix des victimes, la discipline des temples, le culte divin, les cérémonies de la religion, les sacrifices, les prémices, les hymnes, les prières, les fêtes, les pompes publiques, et autres matières qui composoient dix des livres de Mercure.

Les prophètes fermoient la procession. Ils avoient la poitrine nue ; ils portoient dans leur sein découvert l'*hydria* ; ceux qui veilloient aux pains sacrés les accompagnoient. Les prophètes étoient initiés à tout ce qui a rapport à la nature des dieux et à l'esprit des loix ; ils présidoient à la répartition des impôts ; et les livres sacerdotaux qui contenoient leur science étoient au nombre de dix.

Toute la sagesse *égyptienne* formoit quarante-deux volumes, dont les six derniers, à l'usage des pastophores, traitoient de l'anatomie, de la médecine, des maladies, des remèdes, des instrumens, des yeux et des femmes. Ces livres étoient gardés dans les temples. Les lieux où ils étoient déposés n'étoient accessibles qu'aux anciens d'entre les prêtres. On n'initioit que les naturels du pays, qu'on faisoit passer auparavant par de longues épreuves. Si la recommandation d'un souverain contraignoit à admettre dans un séminaire quelque personnage étranger, on n'épargnoit rien pour le rebuter. On enseignoit d'abord au néophite l'épistolographie, ou la forme et la valeur des caractères ordinaires. De-là, il passoit à la connoissance de l'écriture sainte ou de la science du sacerdoce; et son cours de théologie finissoit par les traités de l'hiéroglyphe, ou du style lapidaire, qui se divisoit en caractères parlans, symboliques, imitatifs et allégoriques.

Leur philosophie morale se rapportoit principalement à la commodité de la vie et à la science du gouvernement.

Si l'on considère qu'au sortir de leur école, Thalès sacrifia aux dieux, pour avoir trouvé le moyen de décrire le cercle et de mesurer le triangle; et que Pythagore immola cent bœufs, pour avoir découvert la propriété du quarré de l'hypothénuse; on n'aura pas une haute opinion de leur géométrie.

Leur astronomie se réduisoit à la connoissance du lever et du coucher des astres, des aspects des planètes, des solstices, des équinoxes, des parties du zodiaque; connoissance qu'ils appliquoient à des calculs astrologiques, et généthliaques. Eudoxe publia les premières idées systématiques sur le mouvement des corps célestes; Thalès prédit la première éclipse : soit que le dernier en eût inventé la méthode, soit qu'il l'eût apprise en Egypte, qu'étoit-ce que l'astronomie *égyptienne*? Il y a toute apparence que leurs observations ne doivent leur réputation qu'à l'inexactitude de celles qu'on faisoit ailleurs.

La gamme de leur musique avoit trois tons; et leur lyre, trois cordes. Il y avoit long-temps que

Pythagore avoit cessé d'être leur disciple, lorsqu'il s'occupoit encore à chercher les rapports des intervalles des sons.

Un long usage d'embaumer les corps auroit dû perfectionner leur médecine ; cependant ce qu'on en peut dire de mieux, c'est qu'ils avoient des médecins pour chaque partie du corps et pour chaque maladie. C'étoit, du-reste, un tissu de pratiques superstitieuses, très-commodes pour pallier l'inefficacité des remèdes, et l'ignorance du médecin. Si le malade ne guérissoit pas, c'est qu'il avoit la conscience en mauvais état.

Tout ce que Borrichius a débité de leur chimie, n'est qu'un délire érudit : il est démontré que la question de la transmutation des métaux n'avoit point été agitée avant le règne de Constantin. On ne peut nier qu'ils n'aient pratiqué de temps immémorial l'astrologie judiciaire ; mais les en estimerons-nous beaucoup davantage ? Ils ont eu d'excellens magiciens, témoin leur querelle avec Moyse en présence de Pharaon, et la métamorphose de leurs verges en serpens. Ce tour de sorcier est un des plus forts, dont il soit fait mention dans l'histoire.

Ils ont eu deux théologies, l'une ésotérique, et l'autre exotérique. (*Voyez* cet article.) La première consistoit à n'admettre d'autre Dieu que l'univers ; d'autres principes des êtres, que la matière et le mouvement. Osiris étoit le soleil ;

la lune étoit Isis. Ils disoient qu'au commencement tout étoit confondu : le ciel et la terre n'étoient qu'un ; mais dans le temps, les élémens se séparèrent. L'air s'agita ; sa partie ignée, portée au centre, forma les astres et alluma le soleil. Son sédiment grossier ne resta pas sans mouvement. Il se roula sur lui-même ; et la terre parut. Le soleil échauffa cette masse inerte ; les germes qu'elle contenoit fermentèrent ; et la vie se manifesta sous une infinité de formes diverses. Chaque être vivant s'élança dans l'élément qui lui convenoit. Le monde, ajoutoient-ils, a ses révolutions périodiques, à chacune desquelles il est consumé par le feu. Il renaît de sa cendre, pour subir le même sort à la fin d'une autre révolution. Ces révolutions n'ont point eu de commencement et n'auront point de fin. La terre est un globe sphérique. Les astres sont des amas de feu. L'influence de tous les corps célestes conspire à la production et à la diversité des corps terrestres. Dans les éclipses de lune, ce corps est plongé dans l'ombre de la terre. La lune est une espèce de terre planétaire.

Les *Egyptiens* persistèrent dans le matérialisme, jusqu'à ce qu'on leur en eût fait sentir l'absurdité. Alors ils reconnurent un principe intelligent, l'ame du monde, présent à tout, animant tout, et gouvernant tout selon des loix immuables. Tout ce qui étoit, en émanoit ; tout ce qui cessoit

d'être, y retournoit : c'étoit la source et l'abîme des existences. Ils furent successivement déistes, platoniciens, manichéens, selon les conjonctures et les systêmes dominans. Ils admirèrent l'immortalité de l'ame. Ils prièrent pour les morts. Leur Amenthès fut une espèce d'enfer ou d'élysée. Ils faisoient aux moribonds la recommandation de l'ame en ces termes : « Sol omnibus imperans,
» vos dii universi qui vitam hominibus largimini,
» me accipite : et diis æternis contubernalem futu-
» rum reddite ».

Selon eux, les ames des justes rentroient dans le sein du grand principe, immédiatement après la séparation d'avec le corps. Celles des méchans se purifioient ou se dépravoient encore davantage en circulant dans le monde sous de nouvelles formes. La matière étoit éternelle ; elle n'avoit été ni émanée, ni produite, ni créée. Le monde avoit eu un commencement ; mais la matière n'avoit point commencé et ne pouvoit finir. Elle existoit par elle-même, ainsi que le principe immatériel. Le principe immatériel étoit l'être éternel qui informe ; la matière étoit l'être éternel qui est informé. Le mariage d'Osiris et d'Isis étoit une allégorie de ce système. Osiris et Isis engendrèrent Orus, ou l'Univers, qu'ils regardoient comme l'acte du principe actif appliqué au principe passif.

La maxime fondamentale de leur théologie exotérique, fut de ne rejeter aucune superstition étrangère, conséquemment il n'y eut point de dieu persécuté sur la surface de la terre, qui ne trouvât un asyle dans quelque temple *égyptien*; on lui en ouvroit les portes, pourvu qu'il se laissât habiller à la manière du pays. Le culte qu'ils rendirent aux bêtes, et à d'autres êtres de la nature, fut une suite assez naturelle de l'hiéroglyphe : les figures hiéroglyphiques représentées sur la pierre désignèrent, dans les commencemens, différens phénomènes de la nature; mais elles devinrent, pour le peuple, des représentations de la divinité, lorsque l'intelligence en fut perdue, et qu'elles n'eurent plus de sens; de-là cette foule de dieux de toute espèce, dont l'Egypte étoit remplie; de-là ces contestations sanglantes qui s'élevèrent entre les prêtres, lorsque la partie laborieuse de la nation ne fut plus en état de fournir à ses propres besoins, et en-même-temps aux besoins de la portion oisive.

. . . . summus utrinque
Inde furor vulgo, quod numina vicinorum
Odit uterque locus, cum solos credat habendos
Esse deos, quos ipse colit.

JUVENAL, *Satyr. XV, vers. 35, et seqq.*

Ce seroit ici le lieu de parler des antiquités *égyptiennes*, et des auteurs qui ont écrit de la théologie et *de la philosophie des Egyptiens* : mais la plupart de ces auteurs ont disparu dans l'incendie de la bibliothèque d'Alexandrie; ce qui nous en reste est apocryphe, si l'on en excepte quelques fragmens conservés en citations dans d'autres ouvrages. Sanchoniaton est sans autorité. Manéthon étoit de Diospolis ou de Sébennis : il vécut sous Ptolémée-Philadelphe. Il écrivit beaucoup de l'histoire de la philosophie et de la théologie des *Egyptiens*. Voici le jugement qu'Eusèbe a porté de ses ouvrages.

Ex columnis, dit Eusèbe, *in syriadicâ terrâ positis, quibus sacrâ dialecto sacræ erant notæ insculptæ à Thoot, primo Mercurio; post diluvium verò ex sacrâ linguâ in græcam notis ibidem sacris versæ fuerunt; interque libros in addita ægyptia relata ab Agatho dœmone, altero Mercurio Patre Tat; undè ipse ait libros scriptos ab avo Mercurii Trismegisti....*

Quel fond pourrions-nous faire sur cette traduction de traduction de symboles en hiéroglyphes; d'hiéroglyphes, en caractères *égyptiens* sacrés; de caractères *égyptiens sacrés*, en lettres grecques sacrées; de lettres grecques sacrées, en caractère ordinaire, quand l'ouvrage de Manéthon seroit parvenu jusqu'à nous ?

La table Isiaque est une des antiquités *égyptiennes* les plus remarquables. Pierre Bembe la tira d'entre les mains d'un ouvrier, qui l'avoit jetée parmi d'autres mitrailles. Elle passa de-là dans le cabinet de Vincent, duc de Mantoue. Les Impériaux s'emparèrent de Mantoue en 1630 ; et la table Isiaque disparut dans le sac de cette ville : un médecin du duc de Savoye la recouvra long-temps après, et la renferma parmi les antiquités de son souverain, où elle existe apparemment. *Voyez-en la description au mot* ISIAQUE. Que n'a-t-on point vu dans cette table ? C'est un nuage où les figures se sont multipliées, selon qu'on avoit plus d'imagination et de connoissances. Rudbeck y a trouvé l'alphabet des Lapons ; Fabricius, les signes du Zodiaque, et les mois de l'année ; Herwart, les propriétés de l'aimant, et la polarité de l'aiguille aimantée ; Kircher, Pignorius, Witsius, tout ce qu'ils ont voulu ; ce qui n'empêchera pas ceux qui viendront après eux, d'y voir encore tout ce qu'ils voudront : c'est un morceau admirable pour ne laisser aux modernes, de leurs découvertes, que ce qu'on ne jugera pas digne d'être attribué aux anciens (*).

(*) Conférez ici ce que nous avons dit du livre de M. Dutens, sur *l'origine des découvertes attribuées aux modernes*, dans le discours préliminaire qui sert d'introduction au Dictionn. de Philos. anc. et mod. de l'Encyclop. méthod. *Voyez* depuis la page 15 jusqu'à la page 21.

NOTE DE L'ÉDITEUR.

ÉLÉATIQUE.

(SECTE).

La *secte Eléatique* fut ainsi appelée d'Elée, ville de la grande Grèce, où naquirent Parménide, Zénon et Leucippe, trois célèbres défenseurs de la philosophie dont nous allons parler.

Xénophane de Colophone passe pour le fondateur de l'*éléatisme*. On dit qu'il succéda à Telange, fils de Pythagore, qui enseignoit en Italie la doctrine de son père. Ce qu'il y a de certain, c'est que les *éléatiques* furent quelquefois appelés *pythagoriciens*.

Il se fit un grand schisme dans l'école *éléatique*, qui la divisa en deux sortes de philosophes qui conservèrent le même nom, mais dont les principes furent aussi opposés qu'il étoit possible qu'ils le fussent. Les uns se perdant dans les abstractions, et élevant la certitude des connoissances métaphysiques aux dépens de la science des faits, regardèrent la physique expérimentale et l'étude de la nature comme l'occupation vaine et trompeuse d'un homme qui, portant la vérité en lui-même, la cherchoit au-dehors, et devenoit, de propos délibéré, le jouet perpétuel de l'apparence et des fantômes ; de ce nombre furent Xénophane, Parménide, Mélisse et Zénon. Les autres, au contraire, persuadés qu'il n'y a de vérité que dans les propositions fondées sur le témoignage de nos sens, et que la connoissance des phénomènes de la nature est la seule philosophie, se livrèrent tout entiers à l'étude de la physique ; et l'on trouve à la tête de ceux-ci les noms célèbres de Leucippe, de Démocrite, de Protagoras, de Diagoras et d'Anaxarque. Ce schisme nous donne la division de l'histoire de la philosophie *éléatique* en histoire de l'*éléatisme* métaphysique, et en histoire de l'*éléatisme* physique.

Histoire des éléatiques métaphysiciens.

Xénophane vécut si long-temps, qu'on ne sait à quelle année rapporter sa naissance. La différence entre les historiens est de vingt olympiades ; mais il est difficile d'en trouver une autre que la cinquante-sixième, qui satisfasse à tous les faits donnés. Xénophane, né dans la cinquante-sixième olympiade, put apprendre les élémens de la grammaire, tandis qu'Anaximandre fleurissoit ; entrer dans l'école pythagoricienne à l'âge de vingt-cinq ans ; professer la philosophie jusqu'à l'âge de quatre-vingt-douze ; être témoin de la défaite des Perses à Platée et à Marathon ; voir le règne d'Hiéron ; avoir Empédocle pour disciple ; atteindre le commencement de la quatre-vingt-unième olympiade, et mourir âgé de cent ans.

Xénophane n'eut point de maître. Persécuté

dans sa patrie, il se retira à Zancle ou à Catane dans la Sicile. Il étoit poëte et philosophe. Réduit à la dernière indigence, il alla demander du pain à Hiéron. Demander du pain à un tyran! il valoit encore mieux chanter ses vers dans les rues; cela eût été plus honnête et plus conforme aux mœurs du temps. Indigné des fables qu'Homère et Hésiode avoient débitées sur le compte des dieux, il écrivit contre ces deux poëtes; mais les vers d'Hésiode et d'Homère sont parvenus jusqu'à nous, et ceux de Xénophane sont tombés dans l'oubli. Il combattit les principes de Thalès et de Pythagore; il harcela un peu le philosophe Epiménide; il écrivit l'histoire de son pays; il jeta les fondemens d'une nouvelle philosophie dans un ouvrage intitulé : *de la nature*. Ses disputes, avec les philosophes de son temps, servirent aussi d'aliment à la mauvaise humeur de Timon; je veux dire que le misanthrope s'en réjouissoit intérieurement, quoiqu'il en parût fâché à l'extérieur.

Nous n'avons point les ouvrages des *éléatiques*; et l'on accuse ceux d'entre les anciens qui ont fait mention de leurs principes, d'avoir mis peu d'exactitude et de fidélité dans l'exposition qu'ils nous en ont laissée. Il y a toute apparence que les *éléatiques* avoient la double doctrine. Voici tout ce qu'on a pu recueillir de leur métaphysique et de leur physique.

Métaphysique de Xénophane.

Rien ne se fait de rien. Ce qui est, a donc toujours été ; mais ce qui est éternel, est infini ; ce qui est infini, est un : car, où il y a dissimilitude, il y a pluralité. Ce qui est éternel, infini, un, par-tout le même, est aussi immuable et immobile : car s'il pouvoit changer de lieu, il ne seroit pas infini ; et s'il pouvoit devenir autre, il y auroit en lui des choses qui commenceroient, et des choses qui finiroient sans cause ; il se feroit quelque chose de rien, et rien de quelque chose ; ce qui est absurde. Il n'y a qu'un être qui soit éternel, infini, un, immuable, immobile, tout ; et cet être est Dieu. Dieu n'est point corps ; cependant sa substance, s'étendant également en tout sens, remplit un espace immense, sphérique. Il n'a rien de commun avec l'homme. Dieu voit tout, entend tout, est présent à tout ; il est en-même-temps l'intelligence, la durée, la nature ; il n'a point notre forme ; il n'a point nos passions ; ses sens ne sont point tels que les nôtres.

Ce système n'est point éloigné du spinosisme. Si Xénophane semble reconnoître deux substances dont l'union intime constitue un tout qu'il appelle *l'univers ;* d'un autre côté, l'une de ces substances, est figurée, et ne peut, selon ce philosophe, se concevoir distinguée et séparée de l'autre que par abstraction. Leur nature n'est pas essentiellement différente. D'ailleurs, cette ame de l'univers, que Xénophane paroît avoir imaginée, et que tous les philosophes qui l'ont suivi ont admise, n'étoit rien de ce que nous entendons par *un esprit*.

Physique de Xénophane.

Il n'y a qu'un univers ; mais il y a une infinité de mondes.

Comme il n'y a point de mouvement vrai, il n'y a en effet ni génération, ni dépérissement, ni altération. Il n'y a ni commencement, ni fin de rien, que des apparences. Les apparences sont les seules processions réelles de l'état de possibilité à l'état d'existence, et de l'état d'existence à celui d'annihilation.

Les sens ne peuvent nous élever à la connoissance de la raison première de l'univers. Ils nous trompent nécessairement sur ses loix. Il ne nous vient de science solide que de la raison ; tout ce qui n'est fondé que sur le témoignage des sens, est opinion.

La métaphysique est la science des choses; la physique est l'étude des apparences.

Ce que nous appercevons en nous, est; ce que nous appercevons hors de nous, nous paroît. Mais la seule vraie philosophie est des choses qui sont, et non de celles qui paroissent.

Malgré ce mépris que les *éléatiques* faisoient de

la science des faits et de la connoissance de la nature, ils s'en occupoient sérieusement; ils en jugeoient seulement moins favorablement que les philosophes de leur temps. Ils auroient été d'accord avec les pyrrhoniens, sur l'incertitude du rapport des sens; mais ils auroient défendu contre eux l'infaillibilité de la raison.

Il y a, disoient les *éléatiques*, quatre élémens; ils se combinent, pour former la terre. La terre est la matière de tous les êtres.

Les astres sont des nuages enflammés: ces gros charbons s'éteignent le jour, et s'allument la nuit. Le soleil est un amas de particules ignées, qui se détruit et se réforme en vingt-quatre heures; il se lève le matin comme un grand brasier allumé de vapeurs récentes; ces vapeurs se consument à-mesure que son cours s'avance; le soir, il tombe épuisé sur la terre; son mouvement se fait en ligne droite: c'est la distance qui donne à l'espace qu'il parcourt une courbure apparente. Il y a plusieurs soleils; chaque climat, chaque zone a le sien.

La lune est un nuage condensé; elle est habitée; il y a des régions, des villes.

Les nuées ne sont que des exhalaisons que le soleil attire de la surface de la terre.

Est-ce l'affluence des mixtes qui se précipitent dans les mers qui les sale? Les mers ont couvert toute la terre; ce phénomène est démontré par la présence des corps marins sur sa surface et dans ses entrailles. Le genre humain finira, lorsque, la terre étant entraînée au fond des mers, cet amas d'eau se répandra également par-tout, détrempera le globe, et n'en formera qu'un bourbier; les siècles s'écouleront; l'immense bourbier se séchera, et les hommes renaîtront. Voilà la grande révolution de tous les êtres.

Ne perdons point de vue, au milieu de ces puérilités, plusieurs idées qui ne sont point au-dessous de la philosophie de nos temps : la distinction des élémens, leur combinaison, d'où résulte la terre; la terre, principe général des corps; l'apparence circulaire, effet de la grande distance; la pluralité des mondes et des soleils; la lune habitée; les nuages formés des exhalaisons terrestres; le séjour de la mer sur tous les points de la surface de la terre. Il étoit difficile qu'une science qui en étoit à son alphabet, rencontrât un plus grand nombre de vérités ou d'idées heureuses.

Tel étoit l'état de la philosophie *éléatique*, lorsque Parménide naquit. Il étoit d'Elée. Il eut Zénon pour disciple. Il s'entretint avec Socrate. Il écrivit sa philosophie en vers; il ne nous en reste que des lambeaux si décousus, qu'on n'en peut former aucun ensemble systématique. Il y a de l'apparence qu'il donna aussi la préférence à la raison sur les sens; qu'il regarda la physique comme la science des opinions; et la métaphysique, comme la science des choses; et qu'il laissa l'*éléatisme* spéculatif où il en étoit ; à-moins qu'on ne veuille s'en rapporter à Platon , et attribuer à Parménide tout ce que le platonisme a débité depuis sur les idées. Parménide se fit un systême de physique particulier. Il regarda le froid et le chaud , ou la terre et le feu, comme les principes des êtres ; il découvrit que le soleil et la lune brilloient de la même lumière , mais que l'éclat de la lune étoit emprunté ; il plaça la terre au centre du monde ; il attribua son immobilité à sa distance égale en tout sens de chacun des autres points de l'univers. Pour expliquer la génération des substances qui nous environnent, il disoit : Le feu a été appliqué à la terre ; le limon s'est échauffé ; l'homme et tout ce qui a vie a été engendré ; le monde finira ; la portion principale de l'ame humaine est placée dans son cœur.

Parménide naquit dans la soixante-neuvième olympiade. On ignore le temps de sa mort. Les Eléens l'appelèrent au gouvernement ; mais des troubles populaires le dégoûtèrent bientôt des affaires publiques ; et il se retira, pour se livrer tout entier à la philosophie.

Mélisse de Samos fleurit dans la quatre-vingt-quatrième olympiade. Il fut homme d'état, avant que d'être philosophe. Il eût peut-être été plus avantageux pour les peuples , qu'il eût commencé par être philosophe avant que d'être homme d'état. Il écrivit dans sa retraite, de *l'être et de la nature*. Il ne changea rien à la philosophie de ses prédécesseurs ; il croyoit seulement que, la nature des dieux étant incompréhensible, il falloit s'en taire ; et que ce qui n'est pas, est impossible ; deux principes, dont le premier marque beaucoup de retenue ; et le second, beaucoup de hardiesse. On croit que ce fut notre philosophe qui commandoit les Samiens, lorsque leur flotte battit celle des Athéniens.

Zénon l'*éléatique* fut un beau garçon, que Parménide ne reçut pas dans son école sans qu'on en médît. Il se méla aussi des affaires publiques, avant que de s'appliquer à l'étude de la philosophie. On dit qu'il se trouva dans Agrigente, lorsque cette ville gémissoit sous la tyrannie de Phalaris ; qu'ayant employé sans succès toutes les ressources de la philosophie pour adoucir cette bête féroce, il inspira à la jeunesse l'honnête et dangereux dessein de s'en délivrer ; que Phalaris, intruit de cette conspiration, fit saisir Zénon, et l'exposa aux plus cruels tourmens, dans l'espérance que la violence de la douleur lui arracheroit les noms de ses complices ; que le philosophe ne nomma que le favori du tyran ; qu'au milieu de ses supplices, son éloquence réveilla les lâches Agrigentins ; qu'ils rougirent de s'abandonner eux-mêmes, tandis qu'un étranger expiroit à leurs yeux pour avoir entrepris de les tirer de l'esclavage ; qu'ils se soulevèrent brusquement, et que le tyran fut assommé à coups de pierres. Les uns ajoutent qu'ayant invité Phalaris à s'approcher sous prétexte de lui révéler tout ce qu'il désiroit savoir, il le mordit par l'oreille, et ne lâcha prise qu'en mourant sous les coups que les bourreaux lui donnèrent. D'autres, que, pour ôter à Phalaris toute espérance de connoître le fond de la conjuration, il se coupa la langue avec les dents, et la cracha au visage du tyran. Mais, quelque honneur que la philosophie puisse recueillir de ces faits, nous ne pouvons nous en dissimuler l'incertitude. Zénon ne vécut ni sous Phalaris, ni sous Denys; et l'on raconte les mêmes choses d'Anaxarque.

Zénon étoit grand dialecticien. Il avoit divisé sa logique en trois parties. Il traitoit, dans la première, de l'art de raisonner; dans la seconde, de l'art de dialoguer; et dans la troisième, de l'art de disputer. Il n'eut point d'autre métaphysique que celle de Xénophane. Il combattit la réalité du mouvement. Tout le monde connoît son sophisme de la tortue et d'Achile : « il disoit : Si je souffre sans indigna- » tion l'injure du méchant, je serai insensible à la » louange de l'honnête homme ». Sa physique fut la même que celle de Parménide. Il nia le vide. S'il ajouta au froid et au chaud, l'humide et le sec, ce ne fut pas proprement comme quatre différens principes, mais comme quatre effets de deux causes, la terre et le feu.

Histoire des éléatiques physiciens.

Leucippe d'Abdère, disciple de Mélisse et de

Zénon, et maître de Démocrite, s'aperçut bientôt que la méfiance outrée du témoignage des sens détruisoit toute philosophie ; et qu'il valoit mieux rechercher en quelles circonstances ils nous trompoient, que de se persuader à soi-même et aux autres par des subtilités de logique, qu'ils nous trompent toujours. Il se dégoûta de la métaphysique de Xénophane, des idées de Platon, des nombres de Pythagore, des sophismes de Zénon ; et s'abandonna tout entier à l'étude de la nature, à la connoissance de l'univers, et à la recherche des propriétés et des attributs des êtres. Le seul moyen, disoit-il, de reconcilier les sens avec la raison, qui semblent s'être brouillés depuis l'origine de la secte *éléatique*, c'est de recueillir des faits, et d'en faire la base de la spéculation. Sans les faits, toutes les idées systématiques ne portent sur rien ; ce sont des ombres inconstantes qui ne se ressemblent qu'un instant.

On peut regarder Leucippe comme le fondateur de la philosophie corpusculaire. *Voyez* ATOMISME. Ce n'est pas qu'avant lui on n'eût considéré les corps comme des amas de particules ; mais il est le premier qui ait fait, de la combinaison de ces particules, la cause universelle de toutes choses. Il avoit pris la métaphysique en une telle aversion, que, pour ne rien laisser, disoit-il, d'arbitraire dans sa philosophie, il en avoit banni le nom de Dieu. Les philosophes, qui l'avoient précédé, voyoient tout dans les idées; Leucippe ne voulut rien admettre, que ce qu'il observeroit dans les corps. Il fit tout émaner de l'atome, de sa figure, et de son mouvement. Il imagina l'atomisme; Démocrite perfectionna ce système; Epicure le porta jusqu'où il pouvoit s'élever. *Voyez* ATOMISME.

Leucippe et Démocrite avoient dit que les atomes différoient par le mouvement, la figure et la masse; et que c'étoit de leur coordination que naissoient tous les êtres. Epicure ajouta qu'il y avoit des atomes d'une nature si hétérogène, qu'ils ne pouvoient ni se rencontrer, ni s'unir. Leucippe et Démocrite avoient prétendu que toutes les molécules élémentaires avoient commencé par se mouvoir en ligne droite. Epicure remarqua que, si elles avoient commencé à se mouvoir toutes en ligne droite, elles n'auroient jamais changé de direction, ne se seroient point choquées, ne se seroient point combinées, et n'auroient produit aucune substance, d'où il conclut qu'elles s'étoient mues dans des directions un peu inclinées les unes aux autres, et convergentes vers quelque point commun, à-peu-près comme nous voyons les graves tomber vers le centre de la terre. Leucippe et Démocrite avoient animé leurs atomes d'une même force de gravitation; Epicure fit graviter les siens diversement: voilà les principales différences de la philosophie de Leucippe et d'Epicure, qui nous soient connues.

Leucippe disoit encore: L'univers est infini; il

y a un vide absolu, et un plein absolu; ce sont les deux portions de l'espace en général. Les atomes se meuvent dans le vide. Tout naît de leurs combinaisons; ils forment des mondes, qui se résolvent en atomes. Entraînés autour d'un centre commun, ils se rencontrent, se choquent, se séparent, s'unissent; les plus légers sont jetés dans les espaces vides qui embrassent extérieurement le tourbillon général. Les autres tendent fortement vers le centre ; ils s'y hâtent, s'y pressent, s'y acrochent, et y forment une masse qui augmente sans cesse en densité. Cette masse attire à elle tout ce qui l'approche ; de-là naissent l'humide, le limoneux, le sec, le chaud, le brûlant, l'enflammé, les eaux, la terre, les pierres, les hommes, le feu, la flamme, les astres.

Le soleil est environné d'une grande atmosphère, qui lui est extérieure.

C'est le mouvement, qui entretient sans cesse le feu des astres, en portant au lieu qu'ils occupent, des particules qui réparent les pertes qu'ils font.

La lune ne brille que d'une lumière empruntée du soleil. Le soleil et la lune souffrent des éclipses, parce que la terre penche vers le midi. Si les éclipses de lune sont plus fréquentes que celles de soleil, il en faut chercher la raison dans la différence de leurs ombres.

Les générations, les dépérissemens, les altérations, sont les suites d'une loi générale et nécessaire, qui agit dans toutes les molécules de la matière.

Quoique nous ayons perdu les ouvrages de Leucippe, il nous est resté, comme on voit, assez de connoissance des principes de sa philosophie, pour juger du mérite de quelques-uns de nos systématiques modernes ; et nous pourrions demander aux cartésiens, s'il y a bien loin des idées de Leucippe à celles de Descartes ? *Voyez* CARTÉSIANISME.

Leucippe eut pour successeur Démocrite, un des premiers génies de l'antiquité. Démocrite naquit à Abdère, où sa famille étoit riche et puissante. Il fleurissoit au commencement de la guerre du Péloponèse. Dans le dessein qu'il avoit formé de voyager, il laissa à ses frères les biens-fonds, et il prit en argent ce qui lui revenoit de la succession de son père. Il parcourut l'Égypte, où il apprit la géométrie dans les séminaires ; la Chaldée ; l'Ethiopie, où il conversa avec les gymnosophistes ; la Perse, où il interrogea les mages ; les Indes, etc. *Je n'ai rien épargné pour m'instruire*, disoit Démocrite; *j'ai vu tous les hommes célèbres de mon temps ; j'ai parcouru toutes les contrées où j'ai espéré rencontrer la vérité : la distance des lieux ne m'a point effrayé ; j'ai observé les différences de plusieurs climats ; j'ai recueilli les phénomènes de l'air, de la terre et des eaux ; la fatigue des voyages ne m'a point empêché de méditer ; j'ai cultivé les mathématiques sur les grandes routes, comme dans le silence de mon cabinet; je ne crois pas que personne me surpasse aujourd'hui dans l'art de démontrer par les nombres et par les lignes; je n'en excepte pas même les prêtres de l'Egypte.*

Démocrite revint dans sa patrie, rempli de la sagesse de toutes les nations; mais il y fut réduit à la vie la plus étroite et la plus obscure; ses longs voyages avoient entièrement épuisé sa fortune; heureusement il trouva dans l'amitié de Damasis, son frère, les secours dont il avoit besoin. Les loix du pays refusoient la sépulture à celui qui avoit dissipé le bien de ses pères. Démocrite ne crut pas devoir exposer sa mémoire à cette injure: il obtint de la république une somme considérable en argent, avec une statue d'airain, sur la seule lecture d'un de ses ouvrages. Dans la suite, ayant conjecturé, par des observations météorologiques, qu'il y auroit une grande disette d'huile, il acheta à bon marché toute celle qui étoit dans le commerce, la revendit fort cher; et prouva aux détracteurs de la philosophie que le philosophe savoit acquérir des richesses quand il le vouloit. Ses concitoyens l'appelèrent à l'administration des affaires publiques: il se conduisit à la tête du gouvernement, comme on l'attendoit d'un homme de son caractère. Mais son goût dominant ne tarda pas à le rappeler à la contemplation et à la philosophie. Il s'enfonça dans les lieux sauvages et solitaires; il erra parmi les tombeaux; il se livra à l'étude de la morale, de la nature, de l'anatomie et des mathématiques; il consuma sa vie en expériences; il fit dissoudre des pierres; il exprima le suc des plantes; il disséqua les animaux. Ses imbécilles concitoyens le prirent alternativement pour magicien et pour insensé. Son entrevue avec Hippocrate, qu'on avoit appelé pour le guérir, est trop connue et trop incertaine, pour que j'en fasse mention. Ses travaux et son extrême sobriété n'abrégèrent point ses jours. Il vécut près d'un siècle. Voici les principes généraux de sa philosophie.

Logique de Démocrite.

Démocrite disoit : Il n'existe que les atomes et le vide ; il faut traiter le reste comme des simulacres trompeurs.

L'homme est loin de la vérité. Chacun de nous a son opinion ; aucun n'a la science.

Il y a deux philosophies ; l'une sensible, l'autre rationnelle ; il faut s'en tenir à la première, tant qu'on voit, qu'on sent, qu'on entend, qu'on goûte et qu'on touche; il ne faut poursuivre le phénomène à la pointe de l'esprit, que quand il échappe à la portée des sens. La voie expérimentale est longue, mais elle est sûre ; la voie du raisonnement a le même défaut, et n'a pas la même certitude.

D'où l'on voit que Démocrite s'étoit un peu

rapproché des idées de Xénophane en métaphysique; et qu'il s'étoit livré sans réserve à la méthode de philosopher de Leucippe en physique.

Physiologie de Démocrite.

Démocrite disoit: Rien ne se fait de rien; le vide et les atomes sont les causes efficientes de tout.

La matière est un amas d'atomes, ou n'est qu'une vaine apparence. L'atome ne naît point du vide; ni le vide, de l'atome; les corps existent dans le vide. Ils ne diffèrent que par la combinaison de leurs élémens.

Il faut rapporter l'espace aux atomes et au vide. Tout ce qui est plein, est atome; tout ce qui n'est pas atome, est vide. Le vide et les atomes sont deux infinis; l'un en nombre, l'autre en étendue.

Les atomes ont deux propriétés primitives, la figure et la masse. La figure varie à l'infini; la masse est la plus petite possible.

Tout ce que nous attribuons d'ailleurs aux atomes, comme des propriétés, est en nous. Ils se meuvent dans le vide immense, où il n'y a ni haut, ni bas, ni commencement, ni milieu, ni fin; ce mouvement a toujours été, et ne cessera jamais. Il se fait selon une direction oblique, telle que celle des graves. Le choc et la cohésion sont les suites de cette obliquité et de la diversité des figures.

La justice, le destin, la providence, sont des

termes vides de sens. Les actions réciproques des atomes sont les seules raisons éternelles de tout. Le mouvement circulaire en est un effet immédiat.

La matière est une : toutes les différences émanent de l'ordre, de la figure, et de la combinaison des atomes.

La génération n'est que la cohésion des atomes homogènes : l'altération n'est qu'un accident de leur combinaison ; la corruption n'est que leur séparation ; l'augmentation, qu'une addition d'atomes ; la diminution, qu'une soustraction d'atomes.

Ce qui s'apperçoit par les sens, est toujours vrai ; la doctrine des atomes rend raison de toute la diversité de nos sensations.

Les mondes sont infinis en nombre : il y en a de parfaits, d'imparfaits ; de semblables, de différens. Les espaces qu'ils occupent, les limites qui les circonscrivent, les intervalles qui les séparent, varient à l'infini. Les uns se forment ; d'autres sont formés ; d'autres se résolvent et se détruisent.

Le monde n'a point d'ame, ou l'ame du monde est le mouvement igné. Le feu est un amas d'atomes sphériques.

Il n'y a d'autres différences entre les atomes constitutifs de l'air, de l'eau et de la terre, que celle des masses.

Les astres sont des amas de corpuscules ignés et légers, mus sur eux-mêmes.

La lune a ses montagnes, ses vallées et ses plaines.

Le soleil est un globe immense de feu.

Les corps célestes sont emportés d'un mouvement général d'orient en occident. Plus leur orbe est voisin de la terre, plus il se meut lentement.

Les comètes sont des amas de planètes si voisines, qu'elles n'excitent que la sensation d'un tout.

Si l'on resserre dans un espace trop étroit une grande quantité d'atomes, il s'y formera un courant ; si l'on disperse, au contraire, les atomes dans un vide trop grand pour leur quantité, ils demeureront en repos.

Dans le commencement, la terre fut emportée, à travers l'immensité de l'espace, d'un mouvement irrégulier. Elle acquit, dans le temps, de la consistance et du poids ; son mouvement se ralentit peu-à-peu, puis il cessa. Elle doit son repos à son étendue et à sa gravité. C'est un vaste disque qui divise l'espace infini en deux hémisphères, l'un, supérieur, et l'autre, inférieur. Elle reste immobile par l'égalité de force de ces deux hémisphères. Si l'on considère la section de l'espace universel, relativement à deux points déterminés de cet espace, elle sera droite ou oblique ; c'est en ce sens que l'axe de la terre est incliné.

La terre est pleine d'eau : c'est la distribution inégale de ce fluide dans ses immenses et profondes concavités, qui cause et entretient ses mouvemens.

Les mers décroissent sans cesse, et tariront. Les hommes sont sortis du limon et de l'eau. L'ame humaine n'est que la chaleur des élémens du corps; c'est par cette chaleur, que l'homme se meut et qu'il vit. L'ame est mortelle; elle se dissipe avec le corps. La partie qui réside dans le cœur, réfléchit, pense et veut; celle qui est répandue uniformément par-tout ailleurs, sent seulement.

Le mouvement, qui a engendré les êtres détruits, les reformera.

Les animaux, les hommes et les dieux, ont chacun leurs sens propres. Les nôtres sont des miroirs qui reçoivent les images des choses.

Toute sensation n'est qu'un toucher.

La distinction du jour et de la nuit est une expression naturelle du temps.

Théologie de Démocrite.

Il y a des natures composées d'atomes très-subtils, qui ne se montrent à nous que dans les ténèbres. Ce sont des simulacres gigantesques : la dissolution en est plus difficile et plus rare que des autres natures. Ces êtres ont des voix; ils sont plus instruits que nous. Il y a dans l'avenir des événemens qu'ils peuvent prévoir et nous annoncer : les uns sont bienfaisans; les autres, malfaisans. Ils habitent le vague des airs; ils ont la figure humaine. Leur dimension peut s'étendre jusqu'à remplir des espaces immenses. D'où l'on voit que Démocrite avoit pris pour des êtres réels les fantômes de son imagination, et qu'il avoit composé sa théologie de ses propres visions; ce qui étoit arrivé de son temps à beaucoup d'autres, qui ne s'en doutoient pas.

Morale de Démocrite.

La santé du corps et le repos de l'ame sont le souverain bien de l'homme.

L'homme sage ne s'attache fortement à rien de ce qui peut lui être enlevé.

Il faut se consoler de ce qui est par la contemplation du possible.

Le philosophe ne demandera rien, et méritera tout; ne s'étonnera guère, et se fera souvent admirer.

C'est la loi qui fait le bien et le mal, le juste et l'injuste, le décent et le déshonnête.

La connoissance du nécessaire est plus à désirer, que la jouissance du superflu.

L'éducation fait plus d'honnêtes gens, que la nature.

Il ne faut courir après la fortune, que jusqu'au point marqué par les besoins de la nature.

L'on s'épargnera bien des peines et des entreprises, si l'on connoît ses forces, et si l'on ne se propose rien au-delà, ni dans son domestique, ni dans la société.

Celui qui s'est fait un caractère, sait tout ce qui lui arrivera.

Les loix n'ôtent la liberté qu'à ceux qui en abuseroient.

On n'est point sous le malheur, tant qu'on est loin de l'injustice.

Le méchant, qui ignore la dissolution finale, et qui a la conscience de sa méchanceté, vit en crainte, meurt en transe, et ne peut s'empêcher d'attendre d'une justice ultérieure qui n'est pas, ce qu'il a mérité de celle qui est, et à laquelle il n'ignore pas qu'il échappe en mourant.

La bonne santé est dans la main de l'homme. L'intempérance donne de courtes joies et de longs déplaisirs, etc.

Démocrite prit pour disciple Protagoras, un de ses concitoyens; il le tira de la condition de portefaix, pour l'élever à celle de philosophe. Démocrite ayant considéré, avec des yeux mécaniciens, l'artifice singulier que Protagoras avoit imaginé pour porter commodément un grand fardeau, l'interrogea, conçut sur ses réponses bonne opinion de son esprit, et se l'attacha. Protagoras professa l'éloquence et la philosophie. Il fit payer chèrement ses leçons: il écrivit un livre de la nature des dieux, qui lui mérita le nom d'*impie*, et qui l'exposa à des persécutions. Son ouvrage commençoit par ces mots: « Je ne sais s'il y a des dieux; » la profondeur de cette recherche, jointe à la

» briéveté de la vie, m'ont condamné à l'ignorer
» toujours ».

Protagoras fut banni; et ses livres, recherchés, brûlés et lus. *Punitis ingeniis, gliscit auctoritas.*

Ce qu'on nous a transmis de sa philosophie n'a rien de particulier; c'est la métaphysique de Xénophane, et la physique de Démocrite.

L'*éléatique* Diagoras, de l'île de Mélos, fut un autre impie; il naquit dans la trente-huitième olympiade. Les désordres, qu'il remarqua dans l'ordre physique et moral, le déterminèrent à nier l'existence des dieux; il ne renferma point sa façon de penser, malgré les dangers auxquels il s'exposoit en la laissant transpirer. Le gouvernement mit sa tête à prix. On éleva une colonne d'airain, par laquelle on promettoit un talent à celui qui le tueroit, et deux talens à celui qui le prendroit vif. Une de ses imprudences fut d'avoir pris, au défaut d'autre bois, une statue d'Hercule pour faire cuire des navets. Le vaisseau, qui le portoit loin de sa patrie, ayant été accueilli par une violente tempête, les matelots, gens superstitieux dans le danger, commencèrent à se reprocher de l'avoir pris sur leur bord; mais ce philosophe leur montrant d'autres bâtimens qui ne couroient pas moins de danger que le leur, leur demanda, avec un grand sang froid, si chacun de ces vaisseaux portoit aussi un Diagoras. Il disoit, dans une autre conjoncture, à un Samothrace de ses amis, qui lui faisoit remarquer, dans un temple de Neptune, un grand nombre d'*ex voto* offerts par des voyageurs qu'il avoit sauvés du naufrage, que les prêtres ne seroient pas si fiers, si l'on avoit pu tenir registre des prières de tous les honnêtes gens que Neptune avoit laissé périr. Notre athée donna de bonnes loix aux Mantinéens, et mourut tranquillement à Corinthe.

Anaxarque d'Abdère fut plus fameux par la licence de ses mœurs que par ses ouvrages. Il jouit de toute la faveur d'Alexandre : il s'occupa à corrompre ce jeune prince par la flatterie. Il parvint à le rendre inaccessible à la vérité. Il eut la bassesse de le consoler du meurtre de Clitus. *An ignoras*, lui disoit-il ; *jus et fas jovi assidere, ut quidquid Rex agat, id fas justumque putetur ?* Il avoit long-temps sollicité, auprès d'Alexandre la perte de Nicocréon, tyran de l'île de Chypre. Une tempête le jeta entre les mains de ce dangereux ennemi : Alexandre n'étoit plus. Nicocréon fit piler Anaxarque dans un mortier. Ce malheureux mourut avec une fermeté digne d'un plus honnête homme. Il s'écrioit sous les coups de pilon : *Anaxarchi culeum, non Anaxarchum tundis*. On dit aussi de lui qu'il se coupa la langue avec les dents, et qu'il la cracha au visage du tyran.

ÉPICURÉISME ou ÉPICURISME.

La secte éléatique donna naissance à *la secte épicurienne*. Jamais philosophie ne fut moins entendue et plus calomniée que celle d'*Epicure*. On accusa ce philosophe d'athéisme, quoiqu'il admît l'existence des dieux, qu'il fréquentât les temples, et qu'il n'eût aucune répugnance à se prosterner aux pieds des autels. On le regarda comme l'apologiste de la débauche, lui dont la vie étoit une pratique de toutes les vertus, et sur-tout de la tempérance. Le préjugé fut si général, qu'il faut avouer, à la honte des stoïciens, qui mirent tout en œuvre pour le répandre, que les *épicuriens* ont été de très-honnêtes gens qui ont eu la plus mauvaise réputation. Mais afin qu'on puisse porter un jugement éclairé sur la doctrine d'*Epicure*, nous introduirons ce philosophe même entouré de ses disciples, et leur dictant ses leçons à l'ombre des arbres qu'il avoit plantés. C'est donc lui qui va parler dans le reste de cet article ; et nous espérons de l'équité du lecteur, qu'il voudra bien s'en souvenir. La seule chose que nous nous permettrons, c'est de jeter entre ses principes quelques-unes des conséquences les plus immédiates qu'on en peut déduire.

De la philosophie en général.

L'homme est né pour penser et pour agir ; et la

philosophie est faite pour régler l'entendement et la volonté de l'homme ; tout ce qui s'écarte de ce but est frivole.

Le bonheur s'acquiert par l'exercice de la raison, la pratique de la vertu, et l'usage modéré des plaisirs ; ce qui suppose la santé du corps et de l'ame.

Si la plus importante des connoissances est de ce qu'il faut éviter et faire, le jeune homme ne peut se livrer trop tôt à l'étude de la philosophie ; et le vieillard, y renoncer trop tard.

Je distingue entre mes disciples trois sortes de caractères : il y a des hommes tels que moi, qu'aucun obstacle ne rebute, et qui s'avancent seuls et d'un mouvement qui leur est propre, vers la vérité, la vertu et la félicité ; des hommes tels que Métrodore, qui ont besoin d'un exemple qui les encourage ; et d'autres, tels qu'Hermaque, à qui il faut faire une espèce de violence. Je les aime tous. Oh ! mes amis, y a-t-il quelque chose de plus ancien que la vérité ? La vérité n'étoit-elle pas avant tous les philosophes ? Le philosophe méprisera donc toute autorité, et marchera droit à la vérité, écartant tous les fantômes vains qui se présenteront sur sa route, et l'ironie de Socrate, et la volupté d'*Epicure*. Pourquoi le peuple reste-t-il plongé dans l'erreur ? C'est qu'il prend des noms pour des preuves. Faites-vous des principes ; qu'ils soient en petit nombre, mais féconds en conséquences :

ne négligeons pas l'étude de la nature ; mais appliquons-nous particulièrement à la science des mœurs. De quoi nous serviroit la connoissance approfondie des êtres qui sont hors de nous, si nous pouvions, sans cette connoissance, dissiper la crainte, obvier à la douleur, et satisfaire à nos besoins ?

L'usage de la dialectique, poussé à l'excès, dégénère dans l'art de semer d'épines toutes les sciences ; je hais cet art. La véritable logique peut se réduire à peu de règles.

Il n'y a, dans la nature, que les choses et nos idées ; et conséquemment il n'y a que deux sortes de vérités, les unes d'existence, les autres d'induction. Les vérités d'existence appartiennent aux sens ; celles d'induction, à la raison.

La précipitation est la source principale de nos erreurs. Je ne me lasserai donc point de vous dire : *attendez.*

Sans l'usage convenable des sens, il n'y a point d'idées ou de prénotions ; et sans prénotions, il n'y a ni opinion ni doute. Loin de pouvoir travailler à la recherche de la vérité, on n'est pas même en état de se faire des signes. Multipliez donc les prénotions par un usage assidu de vos sens ; étudiez la valeur précise des signes, que les autres ont institués ; et déterminez soigneusement la valeur de ceux que vous instituerez. Si vous vous résolvez à parler, préférez les expressions les plus simples et les plus communes ; ou craignez de n'être point entendus, et de perdre le temps à vous interpréter vous-mêmes. Quand vous écouterez, appliquez-vous à sentir toute la force des mots. C'est par un exercice habituel de ces principes, que vous parviendrez à discerner sans effort le vrai, le faux, l'obscur, et l'ambigu. Mais ce n'est pas assez que vous sachiez mettre de la vérité dans vos raisonnemens ; il faut encore que vous sachiez mettre de la sagesse dans vos actions. En général, quand la volupté n'entraînera aucune peine à sa suite, ne balancez pas à l'embrasser; si la peine qu'elle entraînera est moindre qu'elle, embrassez-la encore: embrassez même la peine dont vous vous promettrez un grand plaisir. Vous ne calculerez mal, que quand vous vous abandonnerez à une volupté, qui vous causera une trop grande peine, et qui vous privera d'un plus grand plaisir.

De la physiologie en général.

Quel but nous proposerons-nous dans l'étude de la physiologie, si ce n'est de connoître les causes générales des phénomènes, afin que, délivrés de toutes les vaines terreurs, nous nous abandonnions sans remords à nos appétits raisonnables ; et qu'après avoir joui de la vie, nous la quittions sans regret?

Il ne s'est rien fait de rien ; l'univers a toujours été, et sera toujours. Il n'existe que la matière et le vide ; car on ne connoît aucun être mitoyen. Joignez à la notion du vide, l'impénétrabilité, la figure et la pesanteur; et vous aurez l'idée de la matière. Séparez de l'idée de matière les mêmes qualités; et vous aurez la notion du vide : la nature considérée, abstraction faite de la matière, donne le vide ; le vide, occupé, donne la notion du lieu ; le lieu, traversé, donne l'idée de région : qu'entendrons-nous par l'espace, si-non le vide considéré comme étendu ? La nécessité du vide est démontrée par elle-même ; car, sans vide, où les corps existeroient-ils ? Où se mouvroient-ils ? Mais, qu'est-ce que le vide ? Est-ce une qualité ? Est-ce une chose ? Ce n'est point une qualité. Mais si c'est une chose, c'est donc une chose corporelle ? Il n'en faut pas douter. Cette chose uniforme, homogène, immense, éternelle, traverse tous les corps sans les altérer; les détermine, marque leurs limites, et les y contient. L'univers est l'aggrégat de la matière et du vide. La matière est infinie; le vide est infini : car si le vide étoit infini, et la matière finie, rien ne retiendroit les corps et ne borneroit leurs écarts : les percussions et les répercussions cesseroient; et l'univers, loin de former un tout, ne seroit dans quelqu'instant de la durée qui suivra, qu'un amas de corps isolés, et perdus dans l'immensité de l'espace. Si, au contraire, la matière étoit infinie, et le vide fini, il y auroit des corps qui ne seroient pas dans l'espace; ce qui est absurde.

Nous n'appliquerons donc à l'univers aucune de ces expressions, par lesquelles nous distinguons des dimensions, et nous déterminons des points dans les corps finis. L'univers est immobile, parce qu'il n'y a point d'espace au-delà. Il est immuable, parce qu'il n'est susceptible, ni d'accroissement, ni de diminution. Il est éternel, puisqu'il n'a point commencé et qu'il ne finira point. Cependant les êtres s'y meuvent, des loix s'y exécutent, des phénomènes s'y succèdent. Entre ces phénomènes, les uns se produisent, d'autres durent, et d'autres passent ; mais ces vicissitudes sont relatives aux parties, et non au tout. La seule conséquence qu'on puisse tirer des générations et des destructions, c'est qu'il y a des élémens dont les êtres sont engendrés, et dans lesquels ils se résolvent. On ne conçoit ni formation, ni résolution, sans l'idée de composition ; et l'on n'a point l'idée de composition, sans admettre des particules simples, primitives et constituantes. Ce sont ces particules que nous appellerons *atomes*.

L'atome ne peut ni se diviser, ni se simplifier, ni se résoudre ; il est essentiellement inaltérable et fini : d'où il s'ensuit que dans un composé fini, quel qu'il soit, il n'y a aucune sorte d'infini, ni en grandeur, ni en étendue, ni en nombre.

Homogènes eu égard à leur solidité et à leur inaltérabilité, les atomes ont des qualités spécifiques qui les différencient. Ces qualités sont la grandeur, la figure, la pesanteur et toutes celles qui en émanent, tel que le poli et l'anguleux. Il ne faut pas mettre au nombre de ces dernières, le chaud, le froid, et d'autres semblables; ce seroit confondre des qualités immuables avec des effets momentanées.

Quoique nous assignions à l'atome toutes les dimensions du corps sensible, il est cependant plus petit qu'aucune portion de matière imaginable : il échappe à nos sens, dont la portée est la mesure de l'imaginable, soit en petitesse, soit en grandeur. C'est par la différence des atomes, que s'expliqueront la plupart des phénomènes relatifs aux sensations et aux passions. La diversité de figure étant une suite nécessaire de la diversité de grandeur, il ne seroit pas impossible que, dans tout cet univers, il n'y eût pas un composé parfaitement égal à un autre.

Quoiqu'il y ait des atomes, les uns anguleux, les autres crochus, leurs pointes ne s'émoussent point, leurs angles ne se brisent jamais. Je leur attribue la pesanteur comme une qualité essentielle ; parce que, se mouvant actuellement, ou tendant à se mouvoir, ce ne peut être qu'en conséquence d'une force intrinsèque, qu'on ne peut ni concevoir, ni appeler autrement que *pondération*.

L'atome a deux mouvemens principaux ; un mouvement de chûte ou de pondération qui l'emporte, ou qui l'emporteroit, sans le concours d'aucune action étrangère; et le choc ou le mouvement de réflexion, qu'il reçoit à la rencontre d'un autre. Cette dernière espèce de mouvement est variée selon l'infinie diversité des masses et des directions. La première étant une énergie intrinsèque de la matière, c'est elle qu'il faut regarder comme la conservatrice du mouvement dans la nature, et la cause éternelle des compositions.

La direction générale des atomes, emportés par le mouvement général de pondération, n'est point parallèle ; elle est un peu convergente : c'est à cette convergence qu'il faut rapporter les chocs, les cohérences, les compositions d'atomes, la formation des corps, l'ordre de l'univers avec tous ses phénomènes. Mais d'où naît cette convergence ? De la diversité originelle des atomes, tant en masse, qu'en figure, et qu'en force pondérante. Telle est la vîtesse d'un atome et la non-résistance du vide, que si l'atome n'étoit arrêté par aucun obstacle, il parcourroit le plus grand espace intelligible dans le temps le plus petit. En effet, qu'est-ce qui le retarderoit ? qu'est-ce que le vide, eu égard au mouvement ? Aussi-tot que les atomes combinés ont formé un composé ; ils ont dans ce composé, et le composé a dans l'espace différens mouvemens, différentes actions, tant intrinsèques qu'extrinsèques, tant au loin que dans le lieu.

Ce qu'on appelle communément *des élémens*,

sont des composés d'atomes ; on peut regarder ces composés comme des principes, mais non premiers. L'atome est la cause première, par qui tout est, et la matière première dont tout est. Il est actif essentiellement et par lui-même. Cette activité descend de l'atome à l'élément, de l'élement au composé, et varie selon toutes les compositions possibles. Mais toute activité produit tout, ou le mouvement local, ou la tendance. Voilà le principe universel des destructions et des régénérations. Les vicissitudes des composés ne sont que des modes du mouvement, et des suites de l'activité essentielle des atomes qui les constituent. Combien de fois n'a-t-on pas attribué à des causes imaginaires les effets de cette activité qui peut, selon les occurrences, porter les portions d'un être à des distances immenses, ou se terminer à des ébranlemens, à des translations imperceptibles ? C'es elle qui change le doux en acide, le mou en dur etc. Et même, qu'est-ce que le destin, si-non l'universalité des causes ou des activités propres de l'atome, considéré, ou solidairement, ou en composition avec d'autres atomes ? Les qualités essentielles connues des atomes ne sont pas en grand nombre ; elles suffisent cependant pour l'infinie variété des qualités des composés. De la séparation des atomes, plus ou moins grande, naissent le dense, le rare, l'opaque, le transparent : c'est de-là qu'i

O *

faut déduire encore la fluidité, la liquidité, la dureté, la molesse, le volume, etc. D'où ferons-nous dépendre la figure, si-non des parties composantes; et le poids, si-non de la force intrinsèque de pondération ? Cependant, à parler avec exactitude, il n'y a rien qui soit absolument pesant ou léger. Il faut porter le même jugement du froid et du chaud.

Mais, qu'est-ce que le temps ? c'est, dans la nature, une suite d'événemens ; et dans notre entenment, une notion qui est la source de mille erreurs. Il faut porter le même jugement de l'espace. Dans la nature, sans corps, point d'espace ; sans événemens successifs, point de temps. Le mouvement et le repos sont des états, dont la notion est inséparable, en nous, de celle de l'espace et du temps.

Il n'y aura de production nouvelle dans la nature, qu'autant que la composition diverse des atomes en admettra. L'atome incréé et inaltérable est le principe de toute génération et de toute corruption. Il suit, de son activité essentielle et intrinsèque, qu'il n'y a nul composé qui soit éternel : cependant il ne seroit pas absolument impossible qu'après notre dissolution, il ne se fît une combinaison générale de toute la matière, qui restituât à l'univers le même aspect qu'il a, ou du-moins une combinaison partielle des élémens qui nous constituent, en conséquence de laquelle nous ressusciterions ; mais ce seroit sans mémoire du passé. La mémoire s'éteint au moment de la destruction.

Le monde n'est qu'une petite portion de l'univers, dont la foiblesse de nos sens a fixé les limites ; car l'univers est illimité. Considéré relativement à ses parties et à leur ordre réciproque, le monde est un ; il n'a point d'ame : ce n'est donc point un dieu ; sa formation n'exige aucune cause intelligente et suprême. Pourquoi recourir à de pareilles causes dans la philosophie, lorsque tout a pu s'engendrer, et peut s'expliquer par le mouvement, la matière et le vide ? Le monde est l'effet du hasard, et non l'exécution d'un dessein. Les atomes se sont mus de toute éternité. Considérés dans l'agitation générale d'où les êtres devoient éclore dans le temps, c'est ce que nous avons nommé le *chaos* ; considérés après que les natures furent écloses, et l'ordre introduit dans cette portion de l'espace, tel que nous l'y voyons, c'est ce que nous avons appelé le *monde* : ce seroit un préjugé, de concevoir autrement l'origine de la terre, de la mer et des cieux. La combinaison des atomes forma d'abord les semences générales ; ces semences se développèrent ; et tous les animaux, sans en excepter l'homme, furent produits seuls, isolés. Quand les semences furent épuisées, la terre cessa d'en produire ; et les espèces se perpétuèrent par différentes voies de génération.

Gardons-nous bien de rapporter à nous les transactions de la nature; les choses se sont faites, sans qu'il y eût d'autre cause que l'enchaînement universel des êtres matériels qui travaillât, soit à notre bonheur, soit à notre malheur. Laissons là aussi les génies et les démons; s'ils étoient, beaucoup de choses, ou ne seroient pas, ou seroient autrement. Ceux qui ont imaginé ces natures, n'étoient point philosophes; et ceux qui les ont vues, n'étoient que des visionnaires. Mais si le monde a commencé, pourquoi ne prendroit-il pas une fin ? N'est-ce pas un tout composé ? n'est-ce pas un composé fini ? l'atome n'a-t-il pas conservé son activité dans ce grand composé, ainsi que dans sa portion la plus petite? Cette activité n'y est-elle pas également un principe d'altération et de destruction ? Ce qui révolte notre imagination, ce sont les fausses mesures, que nous nous sommes faites de l'étendue et du temps ; nous rapportons tout au point de l'espace que nous occupons, et au court instant de notre durée. Mais, pour juger de notre monde, il faut le comparer à l'immensité de l'univers et à l'éternité des temps: alors ce globe, eût-il mille fois plus d'étendue, rentrera dans la loi générale, et nous le verrons soumis à tous les accidens de la molécule. Il n'y a d'immuable, d'inaltérable, d'éternel, que l'atome : les mondes passeront; l'atome restera tel qu'il est.

La pluralité des mondes n'a rien qui répugne. Il peut y avoir des mondes semblables au nôtre; il peut y en avoir de différens. Il faut les considérer comme de grands tourbillons appuyés les uns contre les autres, qui en resserrent entre eux de plus petits, et qui remplissent ensemble le vide infini. Au milieu du mouvement général qui produisit le nôtre, cet amas d'atomes que nous appelons *terre*, occupa le centre ; d'autres amas allèrent former le ciel et les astres qui l'éclairent.

Ne nous en laissons pas imposer sur la chûte des graves ; les graves n'ont point de centre commun ; ils tombent parallèlement. Concluons-en l'absurdité des antipodes.

La terre n'est point un corps sphérique ; c'est un grand disque, que l'atmosphère tient suspendu dans l'espace : la terre n'a point d'ame ; ce n'est donc point une divinité. C'est à des exhalaisons souterraines, à des chocs subtils, à la rencontre de certains élémens opposés à l'action du feu, qu'il faut attribuer ses tremblemens.

Si les fleuves n'augmentent point les mers, c'est que, relativement à ces volumes d'eau, à leurs immenses réservoirs, et à la quantité de vapeurs que le soleil élève de leurs surfaces, les fleuves ne sont que de foibles écoulemens. Les eaux de la mer se répandent dans toute la masse terrestre, l'arrosent, se rencontrent, se rassemblent, et viennent se précipiter de rechef dans les bassins, d'où elles s'étoient extravasées : c'est dans cette circulation qu'elles sont dépouillées de leur amertume.

Les inondations du Nil sont occasionnées par des vents étésiens qui soulèvent la mer aux embouchures de ce fleuve, y accumulent des digues de sable, et le font refluer sur lui-même.

Les montagnes sont aussi anciennes que la terre.

Les plantes ont de commun avec les animaux, qu'elles naissent, se nourrissent, s'accroissent, dépérissent et meurent : mais ce n'est point une ame qui les vivifie ; tout s'exécute dans ces êtres par le mouvement et l'interposition. Dans les animaux, chaque organe élabore une portion de semence et la transmet à un réservoir commun : de-là cette analogie propre aux molécules séminales, qui les sépare, les distribue, les dispose, chacune à former une partie semblable à celle qui l'a préparée, et toutes à engendrer un animal semblable. Aucune intelligence ne préside à ce mécanisme. Tout s'exécutant comme si elle n'existoit point, pourquoi donc en supposerions-nous l'action ?

Les yeux n'ont point été faits pour voir, ni les pieds pour marcher ; mais l'animal a eu des pieds, et il a marché ; des yeux, et il a vu.

L'ame humaine est corporelle ; ceux qui assurent le contraire ne s'entendent pas, et parlent sans avoir d'idées. Si elle étoit incorporelle, comme ils le prétendent, elle ne pourroit ni agir, ni souffrir ; son hétérogénéité rendroit impossible son action sur le corps. Recourir à quelque principe immatériel, afin d'expliquer cette action, ce n'est pas résoudre la difficulté, c'est seulement la transporter à un autre objet. S'il y avoit, dans la nature, quelque être qui pût changer les natures, la vérité ne seroit plus qu'un vain nom : or, pour qu'un être immatériel fût un instrument applicable à un corps, il faudroit changer la nature de l'un ou de l'autre. Gardons-nous cependant de confondre l'ame avec le reste de la substance animale. L'ame est un composé d'atomes si unis, si légers, si mobiles, qu'elle peut se séparer du corps, sans qu'il perde sensiblement de son poids. Ce réseau, malgré son extrême subtilité, a plusieurs qualités distinctes ; il est aérien, ignée, mobile et sensible. Répandu dans tous le corps, il est la cause des passions, des actions, des mouvemens, des facultés, des pensées, et de toutes les autres fonctions, soit spirituelles, soit animales ; c'est lui qui sent ; mais il tient cette puissance du corps. Au moment où l'ame se sépare du corps, la sensibilité s'évanouit, parce que c'étoit le résultat de leur union.

Les sens ne sont qu'un toucher diversifié ; il s'écoule sans cesse des corps mêmes, des simulacres qui leur sont sensibles, et qui viennent frapper nos sens. Les sens sont communs à l'homme et à tous les animaux. La raison peut s'exercer, même quand les sens se reposent. J'entends, par l'*esprit,* la portion de l'ame la plus déliée.

L'esprit est diffus dans toute la substance de l'ame, comme l'ame est diffuse dans toute la substance du corps; il lui est uni; il ne forme qu'un être avec elle; il produit ses actes dans ses instans presqu'indivisibles; il a son siége dans le cœur: en effet, c'est de-là qu'émanent la joie, la tristesse, la force, la pusillanimité, etc.

L'ame pense, comme l'œil voit, par des simulacres ou des idoles; elle est affectée de deux sentimens généraux, la peine et le plaisir. Troublez l'état naturel des parties du corps, et vous produirez la douleur; restituez les parties du corps dans leur état naturel, et vous ferez éclore le plaisir. Si ces parties, au-lieu d'osciller, pouvoient demeurer en repos; ou nous cesserions de sentir, ou, fixés dans un état de paix inaltérable, nous éprouverions peut-être la plus voluptueuse de toutes les situations.

De la peine et du plaisir, naissent le désir et l'aversion. L'ame, en général, s'épanouit et s'ouvre au plaisir; elle se flétrit et se resserre à la peine. Vivre, c'est éprouver ces mouvemens alternatifs.

Les passions varient, selon la combinaison des atomes, qui composent le tissu de l'ame.

Les idoles viennent frapper les sens; le sens éveille l'imagination; l'imagination excite l'ame; et l'ame fait mouvoir le corps. Si le corps tombe d'affoiblissement ou de fatigue, l'ame, accablée ou distraite, succombe au sommeil. L'état, où elle est obsédée de simulacres errans qui la tourmentent ou qui l'amusent involontairement, est ce que nous appellerons l'insomnie ou le rêve, selon le dégré de conscience qui lui reste de son état.

La mort n'est que la cessation de la sensibilité. Le corps dissous, l'ame est dissoute ; ses facultés sont anéanties ; elle ne pense plus ; elle ne se ressouvient point; elle ne souffre, ni n'agit. La dissolution n'est pas une annihilation ; c'est seulement une séparation de particules élémentaires. L'ame n'étoit pas, avant la formation du corps; pourquoi seroit-elle, après sa destruction ? Comme il n'y a plus de sens après la mort, l'ame n'est capable ni de peine ni de plaisir. Loin de nous donc la fable des enfers et de l'élysée, et tous ces récits mensongers dont la superstition effraie les méchans qu'elle ne trouve pas assez punis par leurs crimes mêmes, ou repaît les bons qui ne se trouvent pas assez récompensés par leur propre vertu. Concluons, nous, que l'étude de la nature n'est point superflue, puisqu'elle conduit l'homme à des connoissances qui assurent la paix dans son ame ; qui affranchissent son esprit de toutes vaines terreurs ; qui l'élèvent au niveau des dieux; et qui le ramènent aux seuls vrais motifs qu'il ait de remplir ses devoirs.

Les astres sont des amas de feu. Je compare le soleil à un corps spongieux, dont les cavités immenses sont pénétrées d'une matière ignée, qui s'en élance en tout sens. Les corps célestes n'ont point d'ame : ce ne sont donc point des dieux. Parmi ces corps, il y en a de fixes, et d'errans: on appelle ces derniers *planètes*. Quoiqu'ils nous semblent tous sphériques, ils peuvent être ou des cylindres, ou des cônes, ou des disques, ou des portions quelconques de sphère; toutes ces figures et beaucoup d'autres ne répugnent point avec les phénomènes. Leurs mouvemens s'exécutent, ou en conséquence d'une révolution générale du ciel qui les emporte; ou d'une translation qui leur est propre, et dans laquelle ils traversent la vaste étendue des cieux qui leur est perméable.

Le soleil se lève et se couche, en montant sur l'horizon et descendant au-dessous; ou en s'allumant à l'orient et s'éteignant à l'occident, consumé et reproduit journellement. Cet astre est le foyer de notre monde : c'est de-là que toute la chaleur se répand ; il ne faut que quelques étincelles de ce feu pour embraser toute notre atmosphère.

La lune et les planètes peuvent briller, ou de leur lumière propre, ou d'une lumière empruntée du soleil; et les éclipses, avoir pour cause, ou l'extinction momentanée du corps éclipsé, ou l'interposition d'un corps qui l'éclipse. S'il arrive à une planète de traverser des régions pleines de matières contraires au feu et à la lumière, ne s'éteindra-t-elle pas ? ne sera-t-elle pas éclipsée ?

Les nuées sont, ou des masses d'un air condensé par l'action des vents, ou des amas d'atomes qui se sont accumulés peu-à-peu, ou des vapeurs élevées de la terre et des mers.

Les vents sont, ou des courans d'atomes dans l'atmosphère, ou peut-être des souffles impétueux qui s'échappent de la terre et des eaux, ou même une portion d'air mise en mouvement par l'action du soleil.

Si des molécules ignées se réunissent, forment une masse, et sont pressées dans une nuée, elles feront effort en tous sens pour s'en échapper; et la nuée ne s'entr'ouvrira point sans éclair et sans tonnerre.

Quand les eaux suspendues dans l'atmosphère seront rares et éparses elles retomberont en pluie sur la terre, ou par leur propre poids, ou par l'agitation des vents. Le même phénomène aura lieu, quand elles formeront des masses épaisses, si la chaleur vient à les raréfier, ou les vents à les disperser. Elles se mettent en gouttes, en se rencontrant dans leur chûte: ces gouttes glacées, ou par le froid, ou par le vent, forment de la grêle. Le même phénomène aura lieu, si quelque chaleur subite vient à résoudre un nuage glacé.

Lorsque le soleil se trouve dans une opposition particulière avec un nuage qu'il frappe de ses rayons, il forme l'arc-en-ciel. Les couleurs de l'arc-en-ciel sont un effet de cette opposition, et de l'air humide qui les produit toutes, ou qui n'en produit qu'une qui se diversifie selon la région qu'elle traverse, et la manière dont elle s'y meut.

Lorsque la terre a été trempée de longues pluies

et échauffée par des chaleurs violentes, les vapeurs qui s'en élèvent infectent l'air, et répandent la mort au loin.

De la théologie.

Après avoir posé pour principe qu'il n'y a dans la nature que de la matière et du vide, que penserons-nous des dieux ? Abandonnerons-nous notre philosophie, pour nous asservir à des opinions populaires ; ou dirons-nous que les dieux sont des êtres corporels ? Puisque ce sont des dieux, ils sont heureux ; ils jouissent d'eux-mêmes en paix ; rien de ce qui se passe ici-bas ne les affecte et ne les trouble ; et il est suffisamment démontré, par les phénomènes du monde physique et du monde moral, qu'ils n'ont eu aucune part à la production des êtres, et qu'ils n'en prennent aucune à leur conservation. C'est la nature même, qui a mis la notion de leur existence dans notre ame. Quel est le peuple si barbare, qui n'ait quelque notion anticipée des dieux ? Nous opposerons - nous au consentement général des hommes ? Eleverons-nous notre voix contre la voix de la nature ? La nature ne ment point ; l'existence des dieux se prouveroit même par nos préjugés. Tant de phénomènes, qui ne leur ont été attribués que parce que la nature de ces êtres et la cause des phénomènes étoient ignorées ; tant d'autres erreurs ne sont-elles pas autant de garans de la croyance générale ? Si un homme a été frappé dans le sommeil par quelque grand simulacre, et qu'il en ait conservé la mémoire à son réveil, il a conclu que cette idole avoit nécessairement son modèle errant dans la nature; les voix qu'il peut avoir entendues, ne lui ont pas permis de douter que ce modèle ne fût d'une nature intelligente; et la constance de l'apparition en différens temps et sous une même forme, qu'il ne fût immortel: mais l'être qui est immortel est inaltérable; et l'être qui est inaltérable est parfaitement heureux, puisqu'il n'agit sur rien, ni rien sur lui. L'existence des dieux a donc été, et sera donc à jamais une existence stérile, et par la même raison qu'elle ne peut être altérée; car il faut que le principe d'activité, qui est la source féconde de toute destruction et de toute reproduction, soit anéanti dans ces êtres. Nous n'en avons donc rien à espérer ni à craindre. Qu'est-ce donc que la divination? Qu'est-ce que les prodiges? Qu'est-ce que les religions? S'il étoit dû quelque culte aux dieux, ce seroit celui de l'admiration, qu'on ne peut refuser à tout ce qui nous offre l'image séduisante de la perfection et du bonheur. Nous sommes portés à croire les dieux de forme humaine; c'est celle que toutes les nations leur ont attribuée; c'est la seule sous laquelle la raison soit exercée, et la vertu pratiquée. Si leur substance étoit incorporelle, ils n'auroient ni sens, ni perceptions, ni plaisir, ni peine. Leur corps, toute-fois, n'est pas tel que le nôtre ; c'est seulement une combinaison semblable d'atomes plus subtils : c'est la même organisation ; mais ce sont des organes infiniment plus parfaits : c'est une nature particulière si déliée, si tenue, qu'aucune cause ne peut ni l'altérer, ni s'y unir, ni la diviser, et qu'elle ne peut avoir aucune action. Nous ignorons les lieux que les dieux habitent : ce monde n'est pas digne d'eux, sans-doute; ils pourroient bien s'être réfugiés dans les intervalles vides que laissent entre eux les mondes contigus.

De la morale.

Le bonheur est la fin de la vie : c'est l'aveu secret du cœur humain ; c'est le terme évident des actions même qui en éloignent. Celui qui se tue, regarde la mort comme un bien. Il ne s'agit pas de réformer la nature, mais de diriger sa pente générale. Ce qui peut arriver de mal à l'homme, c'est de voir le bonheur où il n'est pas; ou de le voir où il est en effet, mais de se tromper sur les moyens de l'obtenir. Quel sera donc le premier pas de notre philosophie morale, si ce n'est de rechercher en quoi consiste le vrai bonheur ? Que cette étude importante soit notre occupation actuelle. Puisque nous voulons être heureux dès ce moment, ne remettons pas à demain à savoir ce que c'est que le bonheur. L'insensé se propose toujours de vivre; et il ne vit jamais.

Il n'est donné qu'aux immortels d'être souverainement heureux. Une folie dont nous avons d'abord à nous garantir, c'est d'oublier que nous ne sommes que des hommes. Puisque nous désespérons d'être jamais aussi parfaits que les dieux que nous nous sommes proposés pour modèles, résolvons-nous à n'être point aussi heureux. Parce que mon œil ne perce pas l'immensité des espaces, dédaignerai-je de l'ouvrir sur les objets qui m'environnent ? Ces objets deviendront une source intarissable de volupté, si je sais en jouir ou les négliger. La peine est toujours un mal ; la volupté, toujours un bien ; mais il n'est point de volupté pure. Les fleurs croissent à nos pieds ; et il faut au-moins se pencher pour les cueillir. Cependant, ô volupté ! c'est pour toi seule, que nous faisons tout ce que nous faisons ; ce n'est jamais toi que nous évitons, mais la peine qui ne t'accompagne que trop souvent. Tu échauffes notre froide raison ; c'est de ton énergie que naissent la fermeté de l'ame et la force de la volonté ; c'est toi qui nous meus, qui nous transportes, et lorsque nous ramassons des roses pour en former un lit à la jeune beauté qui nous a charmés, et lorsque, bravant la fureur des tyrans, nous entrons tête baissée et les yeux fermés dans les taureaux ardens qu'elle a préparés. La volupté prend toutes sortes de formes. Il est donc important de bien connoître le prix des objets sous lesquels elle peut se présenter à nous, afin que nous ne soyons point incertains, quand il nous convient de l'accueillir ou de la repousser, de vivre ou de mourir.

Après la santé de l'ame, il n'y a rien de plus précieux que la santé du corps. Si la santé du corps se fait sentir particulièrement en quelques membres, elle n'est pas générale. Si l'ame se porte avec excès à la pratique d'une vertu, elle n'est pas entièrement vertueuse. Le musicien ne se contente pas de tempérer quelques-unes des cordes de sa lyre; il seroit à souhaiter, pour le concert de la société, que nous l'imitassions, et que nous ne permissions pas, soit à nos vertus, soit à nos passions, d'être ou trop lâches, ou trop tendues, et de rendre un son ou trop sourd ou trop aigu. Si nous faisons quelque cas de nos semblables, nous trouverons du plaisir à remplir nos devoirs, parce que c'est un moyen sûr d'en être considérés. Nous ne mépriserons point les plaisirs des sens; mais nous ne nous ferons point l'injure à nous-mêmes de comparer l'honnête avec le sensuel. Comment celui qui se sera trompé dans le choix d'un état sera-t-il heureux? Comment se choisir un état, sans se connoître? Et comment se contenter dans son état, si l'on confond les besoins de la nature, les appétits de la passion, et les écarts de la fantaisie? Il faut avoir un but présent à l'esprit, si l'on ne veut pas agir à l'aventure. Il n'est pas toujours impossible de s'emparer de l'avenir. Tout doit tendre à la pratique de la vertu, à la conservation de la liberté et de la vie, et au mépris de la mort. Tant que nous sommes, la mort n'est rien; et ce n'est rien encore, quand nous ne sommes plus. On ne redoute les dieux, que parce qu'on les fait semblables aux hommes. Qu'est-ce que l'impie, si-non celui qui adore les dieux du peuple ? Si la véritable piété consistoit à se prosterner devant toute pierre taillée, il n'y auroit rien de plus commun ; mais comme elle consiste à juger sainement de la nature des dieux, c'est une vertu rare.

Ce qu'on appelle *le droit naturel* n'est que le symbole d'une utilité générale. L'utilité générale et le consentement commun doivent être les deux grandes règles de nos actions. Il n'y a jamais de certitude que le crime reste ignoré : celui qui le commet est donc un insensé, qui joue un jeu où il y a plus à perdre qu'à gagner.

L'amitié est un des plus grands biens de la vie ; et la décence, une des plus grandes vertus de la société. Soyez décens, parce que vous n'êtes point des animaux, et que vous vivez dans les villes, et non dans le fond des forêts, etc.

Voilà les points fondamentaux de la doctrine d'*Epicure*, le seul d'entre tous les philosophes anciens, qui ait su concilier sa morale avec ce qu'il pouvoit prendre pour le vrai bonheur de l'homme, et ses préceptes avec les appétits et les besoins de la nature; aussi a-t-il eu et aura-t-il dans tous les temps un grand nombre de disciples. On se fait stoïcien ; mais on naît *épicurien*.

Epicure étoit Athénien, du bourg de Gargette, et de la tribu d'Egée. Son père s'appeloit *Néoclès*, et sa mère *Cherestrata* ; leurs ancêtres n'avoient point été sans distinction ; mais l'indigence avoit avili leurs descendans. Néoclès n'ayant pour tout bien qu'un petit champ, qui ne fournissoit pas à sa subsistance, il se fit maître d'école ; la bonne vieille Cherestrata, tenant ses fils par la main, alloit dans les maisons faire des lustrations, chasser les spectres, lever les incantations ; c'étoit *Epicure* qui lui avoit enseigné les formules d'expiations, et toutes les sottises de cette espèce de superstition.

Epicure naquit la troisième année de la cent neuvième olympiade, le septième jour du mois de Gamélion ; il eut trois frères, Néoclès, Charidème et Aristobule. Plutarque les cite comme des modèles de la tendresse fraternelle la plus rare. *Epicure* demeura à Téos jusqu'à l'âge de dix-huit ans : il se rendit alors dans Athènes, avec la petite provision de connoissances qu'il avoit faite dans l'école de son père ; mais son séjour n'y fut pas long. Alexandre meurt : Perdiccas désole l'Attique ; et *Epicure* est contraint d'errer d'Athènes à Colophone, à Mytilène, et à Lampsaque. Les troubles populaires interrompirent ses études, mais n'empêchèrent point ses progrès. Les hommes de génie, tels qu'*Epicure*, perdent peu de temps ; et leur activité se jette sur tout ; ils observent, et s'instruisent sans qu'ils s'en apperçoivent ; et ces lumières, acquises presque sans efforts, sont d'autant plus estimables, qu'elles sont relatives à des objets plus généraux. Tandis que le naturaliste a l'œil appliqué à l'extrémité de l'instrument qui lui grossit un objet particulier, il ne jouit pas du spectacle général de la nature qui l'environne. Il en est ainsi du philosophe ; il ne rentre sur la scène du monde, qu'au sortir de son cabinet ; et c'est là qu'il recueille ces germes de connoissances qui demeurent long-temps ignorés dans le fond de son ame, parce que ce n'est point à une méditation profonde et déterminée, mais à des coups-d'œil accidentels qu'il les doit : germes précieux, qui se développent tôt ou tard pour le bonheur du genre humain.

Epicure avoit trente-sept ans lorsqu'il reparut dans Athènes : il fut disciple du platonicien Pamphile, dont il méprisa souverainement les visions. Il ne put souffrir les sophismes perpétuels de Pyrrhon ; il sortit de l'école du pythagoricien Nausiphanes, mécontent des nombres et de la métempsycose. Il connoissoit trop bien la nature de l'homme et de sa force, pour s'accommoder de la sévérité du stoïcisme. Il s'occupa à feuilleter les ouvrages d'Anaxagore, d'Archélaüs, de Métrodore, et de Démocrite ; il s'attacha particulièrement à la philosophie de ce dernier ; et il en fit les fondemens de la sienne.

Les platoniciens occupoient l'Académie; les péripatéticiens, le Lycée; les cyniques, le Cynosarge; les stoïciens, le Portique; *Epicure* établit son école dans un jardin délicieux, dont il acheta le terrain, et qu'il fit planter pour cet usage. Ce fut lui qui apprit aux Athéniens à transporter dans l'enceinte de leur ville le spectacle de la campagne : il étoit âgé de quarante-quatre ans, lorsqu'Athènes, assiégée par Démétrius, fut désolée par la famine. *Epicure*, résolu de vivre ou de mourir avec ses amis, leur distribuoit tous les jours des fèves, qu'il partageoit au compte avec eux. On se rendoit dans ses jardins, de toutes les contrées de la Grèce, de l'Egypte et de l'Asie : on y étoit attiré par ses lumières et par ses vertus; mais sur-tout par la conformité de ses principes avec les sentimens de la nature. Tous les philosophes de son temps sembloient avoir conspiré contre les plaisirs des sens et contre la volupté : *Epicure* en prit la défense; et la jeunesse athénienne, trompée par le mot de *volupté*, accourut pour l'entendre. Il ménagea la foiblesse de ses auditeurs; il mit autant d'art à les retenir, qu'il en avoit employé à les attirer; il ne leur développa ses principes que peu-à-peu. Les leçons se donnoient à table ou à la promenade; c'étoit ou à l'ombre des bois, ou sur la mollesse des lits, qu'il leur inspiroit l'enthousiasme de la vertu, la tempérance, la frugalité, l'amour du bien public, la fermeté de l'ame, le goût raisonnable du plaisir, et le mépris de la vie. Son école, obscure dans les commencemens, finit par être une des plus éclatantes et des plus nombreuses.

Epicure vécut dans le célibat ; les inquiétudes qui suivent le mariage lui parurent incompatibles avec l'exercice assidu de la philosophie : il vouloit d'ailleurs que la femme du philosophe fût sage, riche et belle. Il s'occupa à étudier, à écrire et à enseigner : il avoit composé plus de trois cents traités différens ; il ne nous en reste aucun. Il ne faisoit pas assez de cas de cette élégance à laquelle les Athéniens étoient si sensibles ; il se contentoit d'être vrai, clair et profond. Il fut chéri des grands, admiré de ses rivaux, et adoré de ses disciples : il reçut dans ses jardins plusieurs femmes célèbres ; Léontium, maîtresse de Métrodore ; Thémiste, femme de Léontius ; Philénide, une des plus honnêtes femmes d'Athènes ; Nécidie, Erotie, Hédie, Marmarie, Bodie, Phédrie, etc. Ses concitoyens, les hommes du monde les plus enclins à la médisance, et à la superstition la plus ombrageuse, ne l'ont accusé ni de débauche, ni d'impiété.

Les stoïciens féroces l'accablèrent d'injures ; il leur abandonna sa personne, défendit ses dogmes avec force, et s'occupa à démontrer la vanité de leur système. Il ruina sa santé à force de travailler : dans les derniers jours de sa vie, il ne pouvoit ni supporter un vêtement, ni descendre de son lit, ni souffrir la lumière, ni voir du feu. Il urinoit le sang : sa vessie se fermoit peu-à-peu par les accroissemens d'une pierre ; cependant il écrivoit à un de ses amis que le spectacle de sa vie passée suspendoit ses douleurs.

Lorsqu'il sentit approcher sa fin, il fit appeler ses disciples; il leur légua ses jardins ; il assura l'état de plusieurs enfans sans fortune, dont il s'étoit rendu le tuteur; il affranchit ses esclaves; il ordonna ses funérailles, et mourut âgé de soixante-douze ans, la seconde année de la cent vingt-septième olympiade. Il fut universellement regretté ; la république lui ordonna un monument ; et un certain Théotime, convaincu d'avoir composé, sous son nom, des lettres infâmes adressées à quelques-unes des femmes qui fréquentoient ses jardins, fut condamné à perdre la vie.

La *philosophie épicurienne* fut professée sans interruption, depuis son institution jusqu'au temps d'Auguste ; elle fit dans Rome les plus grands progrès. La secte y fut composée de la plupart des gens de lettres et des hommes d'état ; Lucrèce chanta l'*épicuréisme*; Celse le professa sous Hadrien ; Pline le naturaliste, sous Tibère : les noms de Lucien et de Diogène Laërce sont encore célèbres chez les épicuriens.

L'*épicuréisme* eut, à la décadence de l'empire romain, le sort de toutes les connoissances ; il ne sortit d'un oubli de plus de mille ans, qu'au commencement du dix-septième siècle : le discrédit des formes plastiques remit les atomes en honneur. Magnène, de Luxeu en Bourgogne, publia son *Democritus reviviscens*, ouvrage médiocre, où l'auteur prend à tout moment ses rêveries pour les sentimens de Démocrite et d'*Epicure*. A Magnène succéda Pierre Gassendi, un des hommes qui font le plus d'honneur à la philosophie et à la nation : il naquit dans le mois de janvier 1592 à Chantersier, petit village de Provence, à une lieue de Digne, où il fit ses humanités. Il avoit les mœurs douces, le jugement sain, et des connoissances profondes : il étoit versé dans l'astronomie, la philosophie ancienne et moderne, la métaphysique, les langues, l'histoire, les antiquités ; son érudition fut presque universelle. On a pu dire de lui que jamais philosophe n'avoit été meilleur humaniste ; ni humaniste, si bon philosophe : ses écrits ne sont pas sans agrément ; il est clair dans ses raisonnemens, et juste dans ses idées. Il fut parmi nous le restaurateur de la *philosophie d'Epicure* : sa vie fut pleine de troubles ; sans cesse il attaqua et fut attaqué : mais il ne fut pas moins attentif dans ses disputes, soit avec Fludd, soit avec mylord Herbert, soit avec Descartes, à mettre l'honnêteté que la raison de son côté.

Gassendi eut pour disciples ou pour sectateurs plusieurs hommes qui se sont immortalisés ; Chapelle, Molière, Bernier, l'abbé de Chaulieu, M. le grand-prieur de Vendôme, le maréchal de

Catinat, et plusieurs autres hommes extraordinaires, qui, par un contraste de qualités agréables et sublimes, réunissoient en eux l'héroïsme avec la molesse, le goût de la vertu avec celui du plaisir, les qualités politiques avec les talens littéraires; et qui ont formé parmi nous différentes écoles d'*épicuréisme* moral dont nous allons parler.

La plus ancienne et la première de ces écoles, où l'on ait pratiqué et professé la morale d'*Epicure*, étoit rue des Tournelles, dans la maison de Ninon l'Enclos : c'est là que cette femme extraordinaire rassembloit tout ce que la cour et la ville avoient d'hommes polis, éclairés et voluptueux : on y vit madame Scarron, la comtesse de la Suze, célèbre par ses élégies; la comtesse d'Olonne, si vantée par sa rare beauté et le nombre de ses amans; Saint Evremont, qui professa depuis l'*épicuréisme* à Londres, où il eut pour disciples le fameux comte de Grammont, le poëte Waller, et madame de Mazarin; la duchesse de Bouillon Mancini, qui fut depuis de l'école du Temple; Desyvetaux, (*voyez* ARCADIENS), M. de Gourville, madame de la Fayette, M. le duc de la Rochefoucauld, et plusieurs autres qui avoient formé à l'hôtel de Rambouillet une école de platonisme, qu'ils abandonnèrent pour aller augmenter la société et écouter les leçons de l'*épicurienne*.

Après ces premiers *épicuriens*, Bernier, Chapelle et Molière, disciples de Gassendi, transférèrent l'école d'*Epicure*, de la rue des Tournelles, à Auteuil : Bachaumont, le baron de Blot, dont les chansons sont si rares et si recherchées, et Desbarreaux, qui fut le maître de madame Deshoulières dans l'art de la poésie et de la volupté, ont principalement illustré l'école d'Auteuil.

L'école de Neuilly succéda à celle d'Auteuil : elle fut tenue, pendant le peu de temps qu'elle dura, par Chapelle et MM. Sonnings; mais à peine fut-elle instituée, qu'elle se fondit dans l'école d'Anet et du Temple.

Que de noms célèbres nous sont offerts dans cette dernière ! Chapelle et son disciple Chaulieu, M. de Vendôme, madame de Bouillon, le chevalier de Bouillon, le marquis de la Fare, Rousseau, MM. Sonnings, l'abbé Courtin, Campistron, Palaprat, le baron de Breteuil, père de l'illustre marquise du Châtelet, le président de Mesmes, le président Ferrand, le marquis de Dangeau, le duc de Nevers, M. de Catinat, le comte de Fiesque, le duc de Foix ou de Randan, M. de Périgny, Rénier, convive aimable, qui chantoit et s'accompagnoit du luth; M. de Lasséré, le duc de la Feuillade, etc. Cette école est la même que celle de S. Maur ou de madame la Duchesse.

L'école de Seaux rassembla tout ce qui restoit de ces sectateurs du luxe, de l'élégance, de la politesse, de la philosophie, des vertus, des lettres

P *

et de la volupté ; et elle eut encore le cardinal de Polignac, qui la fréquentoit plus par goût pour les disciples d'*Epicure*, que pour la doctrine de leur maître ; Hamilton, S. Aulaire, l'abbé Genet, Malézieux, la Motte, M. de Fontenelle, M. de Voltaire, plusieurs académiciens, et quelques femmes illustres par leur esprit ; d'où l'on voit qu'en quelque lieu et en quelque temps que ce soit, la secte *épicurienne* n'a jamais eu plus d'éclat qu'en France, et sur-tout pendant le siècle dernier. *Voyez* Brucker, Gassendi, Lucrèce.

NOTA BENE. Il seroit à souhaiter que Diderot, pour l'intérêt même de sa gloire, eût cité exactement toutes les sources où il a puisé son exposé de la philosophie d'*Epicure*. A l'aide de ces passages rejetés, ou seulement indiqués au bas des pages, on verroit d'un coup-d'œil ce qui appartient exclusivement à la doctrine de cet ancien philosophe, et les résultats que Diderot a déduits de cette doctrine, et qu'il a intercalés parmi les principes mêmes qui en ont été l'objet. C'est particulièrement sur le précis qu'il a donné de la morale d'*Epicure*, qu'il auroit été nécessaire de rapporter les textes originaux, afin que chacun pût être juge dans une question qui a donné lieu à des opinions très-diverses, et que les préjugés religieux, quel qu'en soit l'objet, n'ont pas peu contribué à obscurcir, comme ils embrouillent toutes celles dans lesquelles on n'en fait pas une entière abstraction.

Pour réparer en quelque sorte cette omission de Diderot, et mettre sous les yeux du lecteur les pièces instructives d'un procès que les philosophes ont jugé il y a long-temps, mais sur lequel les érudits, en général (1) très-superstitieux, ne prononcent pas tous en faveur d'*Epicure*, nous avons joint, par forme de supplément, à l'article *Epicuréisme* réimprimé dans l'encyclopédie méthodique (2), ce que l'abbé Batteux a écrit sur la morale d'*Epicure*. Ce supplément nécessaire, peut-être même indispensable dans le dictionnaire dont il fait aujourd'hui partie, seroit ici très-déplacé. C'est Diderot, sur-tout, qu'on veut lire, et non les recueils plus ou moins exacts de l'abbé Batteux. Nous dirons seulement en général que cet érudit, dont le style dur, sec et froid ne tempère jamais l'austérité des matières qu'il traite, promet dans son livre un examen impartial : mais à l'art perfide avec lequel il envenime la plupart des maximes d'*Epicure* ; aux conséquences odieuses et fausses qu'il en tire ; au silence affecté qu'il garde sur celles même qu'il auroit pu louer sans se commettre avec la tourbe sacerdotale ; aux vues étranges qu'il prête à ce philosophe ; à la manière ridicule dont il le fait raisonner dans certaines circonstances ; aux différens traits lancés contre la philosophie et les philosophes

___

(1) Ceci me fait souvenir d'un mot très-fin de d'Alembert : « Je sais bien, disoit ce philosophe, pourquoi tous les érudits » sont dévots, c'est que la bible est un vieux livre ».

Il semble, en effet (et les ouvrages de l'abbé Batteux en offriroient plus d'un exemple), que la devise commune de tous ces gens hérissés de doctes fadaises, soit, POINT DE PHILOSOPHIE, comme celle de tous les théologiens est, POINT DE RAISON, ce qui exprime la même pensée en d'autres termes.

(2) Voyez le Dictionnaire de la Philosophie ancienne et moderne, tome II, page 336 et suiv.

modernes qu'il auroit beaucoup mieux fait d'étudier, il est facile de reconnoître un juge prévenu, qui a déjà pris son parti sur le fond de la question, et dont l'esprit imprégné, pour ainsi dire, d'une forte dose de superstition, corrompt les meilleures choses, comme la liqueur la plus pure s'aigrit dans un vase qui n'est pas net (1).

Au reste, il n'est pas inutile d'avertir, parce que personne, ce me semble, ne l'a remarqué, que l'ouvrage de l'abbé Batteux, contre la physique et la morale d'*Epicure*, n'est qu'une réfutation indirecte de l'exposé que Diderot a fait de l'une et de l'autre, et sur-tout de l'esprit dans lequel cet excellent article est conçu et rédigé. L'abbé Batteux n'estimoit guère que les connoissances qu'il avoit acquises, et ne trouvoit même presque rien d'utile au-delà du terme où il s'étoit arrêté dans ses études. C'est, pour l'observer ici en passant, un travers fort commun, sur-tout parmi ces savans que Montesquieu tourne si finement en ridicule dans une de ses lettres (2) persannes. Il voyoit depuis long-temps le règne de l'érudition pencher vers son déclin, et celui de la philosophie expérimentale et rationelle s'avancer rapidement, et donner à tous les esprits une forte impulsion. Le succès brillant des articles ÉCLECTISME, ÉPICURÉISME, etc.; l'impression vive et profonde qu'ils avoient faite sur les gens de lettres les plus instruits et du goût le plus délicat, c'est-

---

(1) Sincerum est nisi vas, quodcumque infundis accessit.

HORAT. Epist. 2, lib. 1.

(2) Voyez la cent quarante-deuxième, de l'édition d'Amsterdam, 1760.

à-dire, sur cette partie du public dont la critique ou l'éloge détermine et entraine tôt ou tard l'opinion générale, sembloit décider la question en faveur des ouvrages pensés et écrits avec une certaine hardiesse. L'abbé Batteux le sentit; et ce changement remarquable dans les idées lui parut même très-préjudiciable à la religion. Ce n'étoit pas, sans doute, la chûte de cette vieille idole, que les uns encensent par ignorance, les autres par habitude, qui le touchoit le plus, quoiqu'il affectât par-tout un saint zèle pour cette cause : mais il ne se dissimuloit pas que ses concitoyens, une fois tournés vers les matières de raisonnement, les seules qui puissent conduire à de grands résultats; occupés alternativement d'observations, d'expériences et de calculs, ne prendroient désormais qu'un foible intérêt aux recherches de pure érudition ; et que tout son savoir, apprécié dès-lors à sa juste valeur, pourroit peut-être lui mériter un jour le titre d'écrivain utile et laborieux, mais jamais celui d'homme célèbre.

L'aversion secrète de l'abbé Batteux pour la philosophie et les philosophes modernes, avoit encore une autre cause : son amour-propre avoit été grièvement blessé du coup que la *lettre sur les sourds* (*) avoit porté à son *traité des beaux-arts réduits à un même principe*. Tous ceux qui savent juger des choses, avoient observé l'intervalle immense que cette lettre

---

(*) Voyez ce que j'ai dit à ce sujet dans les Mémoires historiques et philosophiques sur la vie et les ouvrages de Diderot. Voyez aussi l'article de ce philosophe, tome II du Dictionnaire de la Philosophie ancienne et moderne.

avoit laissé entre le philosophe et le littérateur : celui-ci ne l'ignoroit pas ; et sa haine en étoit irritée.

Urit enim fulgore suo, qui præegravat artes
Infrà se positas.

Tous ces motifs réunis déterminèrent notre professeur à se couvrir du manteau de la religion, et à décrier ce qu'il appeloit la *nouvelle philosophie*. Il n'osa cependant ni nommer, ni désigner un seul de ceux qui professoient ces nouvelles opinions : mais voulant, pour me servir de l'expression énergique et pittoresque de Montaigne, *donner à Diderot une nazarde sur le nez d'Epicure*, il fit tous ses efforts pour prouver que cette philosophie corpusculaire, que le savant encyclopédiste avoit présentée sous un aspect très-imposant, n'étant au fond qu'un système complet d'athéisme, la morale, dont *Epicure* avoit parlé d'ailleurs si dignement et donné de si belles leçons, ne pouvoit plus avoir de base dans ses principes, et n'étoit à-peu-près qu'un mot vide de sens.

Il seroit facile de démontrer, si c'en étoit ici le lieu, que cette conséquence absurde ne peut se déduire en bonne logique, ni de l'hypothèse d'*Epicure*, ni de celle de Spinosa. Un examen réfléchi de ces matières prouve, au contraire, que les loix, les bons exemples et les exhortations sont d'autant plus utiles qu'ils ont *nécessairement* leur effet. J'ai fait voir ailleurs (*) que le système de la nécessité,

―――――――――――――――――――

(*) Voyez dans le dictionnaire de la philosophie ancienne et moderne, l'article FATALISME et FATALITÉ des STOÏCIENS.

qui paroît si dangereux aux théologiens, et à ceux qui ne font pas un meilleur usage de leur raison, ne l'est point, et ne change rien au bon ordre de la société. Les choses qui corrompent les hommes seront toujours à supprimer; les choses qui les améliorent seront toujours à multiplier et à fortifier. C'est une dispute de gens oisifs, qui ne mérite pas la moindre animadversion de la part du législateur. Seulement notre système de la nécessité assure à toute cause bonne ou conforme à l'ordre établi, son bon effet ; à toute cause mauvaise ou contraire à l'ordre établi, son mauvais effet ; et en nous prêchant l'indulgence et la commisération pour ceux qui sont malheureusement nés, nous empêche d'être si vains de ne pas leur ressembler: c'est un bonheur qui n'a dépendu de nous en aucune façon.

Ceux qui aiment sincèrement la vérité, et qui la cherchent sans préjugés, sans passions, peuvent au-moins conclure de ce que nous venons de dire du livre de l'abbé Batteux, du motif qui le lui a fait écrire, et du but qu'il s'y est proposé, qu'il faut le lire avec beaucoup de précaution. Comme ce n'étoit ni un penseur profond, ni même un sophiste subtil, les piéges où il conduit le lecteur ne sont pas difficiles à voir; mais il est bon que ceux auxquels ses raisonnemens pourroient faire illusion, sachent, en général, qu'il n'en est presque aucun qu'on puisse admettre sans restriction, et qui ne soit par quelque côté, ou vague et insignifiant, ou faux, ou absurde.

Au reste, comme il faut être juste en tout, et que rien ne dispense de ce devoir, le premier et le plus sacré dans l'ordre social, nous dirons ici qu'on peut appliquer à ce livre de l'abbé Batteux, ce qu'un ancien poëte latin disoit du sien :

Sunt bona, sunt quædam mediocria, sunt mala plura.

Il y a quelques bonnes choses ; il y en a de médiocres, et beaucoup de mauvaises : nous rangerons parmi les premières, plusieurs citations et quelques remarques qui peuvent servir de supplément et de preuves à certains paragraphes de l'article ÉPICURÉISME : c'est ce qui nous a déterminés à joindre dans l'encyclopédie le travail de l'abbé Batteux à celui de Diderot : ces deux analyses sont d'ailleurs entre elles comme leurs auteurs ; ce qui suffit pour déterminer la mesure de l'espace qu'ils ont parcouru, et le terme où ils sont arrivés.

NOTE DE L'ÉDITEUR.

ÉTHIOPIENS.

(PHILOSOPHIE DES)

Les *Éthiopiens* ont été les voisins des Egyptiens ; et l'histoire de la philosophie des uns n'est pas moins incertaine que l'histoire de la philosophie des autres. Il ne nous est resté aucun monument digne de foi sur l'état des arts et des sciences dans ces contrées. Tout ce qu'on nous raconte de l'Éthiopie, paroît avoir été imaginé par ceux qui, jaloux de mettre Apollonius de Tyane en parallèle avec Jésus-Christ, ont écrit la vie du premier d'après cette vue.

Si l'on compare les vies de la plupart des législateurs, on les trouvera calquées à-peu-près sur un même modèle ; et une règle de critique qui seroit assez sûre, ce seroit d'examiner scrupuleusement ce qu'elles auroient chacune de particulier, avant que de l'admettre comme vrai, et de rejeter comme faux tout ce qu'on y remarqueroit de commun. Il y a une forte présomption que ce qu'on attribue de merveilleux à tant de personnages différens n'est vrai d'aucun.

Les *Éthiopiens* se prétendoient plus anciens que les Egyptiens, parce que leur contrée avoit été plus fortement frappée des rayons du soleil, qui donne la vie à tous les êtres.

D'où l'on voit que ces peuples n'étoient pas éloignés de regarder les animaux comme des développemens de la terre mise en fermentation par la chaleur du soleil; et de conjecturer, en conséquence, que les espèces avoient subi une infinité de transformations diverses, avant que de parvenir sous la forme où nous les voyons; que dans leur première origine, les animaux naquirent isolés; qu'ils purent être ensuite mâles et femelles tout-à-la-fois, comme on en voit encore quelques-uns ; et que la séparation des sexes n'est peut-être qu'un accident ; et la nécessité de l'accouplement, qu'une voie de génération analogue à notre organisation actuelle.

Quelles qu'aient été les prétentions des *Éthiopiens* sur leur origine, on ne peut les regarder que comme une colonie d'Egyptiens ; ils ont eu , comme ceux-ci, l'usage de la circoncision et des embaumemens ; les mêmes vêtemens ; les mêmes coutumes civiles et religieuses ; les mêmes dieux , Hammon , Pan , Hercule, Isis ; les mêmes formes d'idoles , le même hiéroglyphe , les mêmes principes ; la distinction du bien et du mal moral ; l'immortalité de l'ame et les métempsycoses ; le même clergé , le sceptre en forme de soc , etc. : en un mot , si les *Éthiopiens* n'ont pas reçu leur sagesse des Egyptiens , il faut qu'ils leur aient transmis la leur ; ce qui est sans aucune vraisemblance : car la philosophie des Egyptiens n'a point un air d'emprunt; elle tient à des circonstances inaltérables ; c'est une production du sol. Elle est liée avec les phénomènes du climat , par une infinité de rapports. Ce seroit en Ethiopie, *proles sinè matre creata* : on en rencontre les causes en Egypte ; et, si nous étions mieux instruits , nous verrions toujours que tout ce qui est , est comme il doit être ; et qu'il n'y a rien d'indépendant , ni dans les extravagances des hommes , ni dans leurs vertus.

Les *Ethiopiens* s'avouoient autant inférieurs aux Indiens, qu'ils se prétendoient supérieurs aux Egyptiens ; ce qui me prouve , contre le sentiment de quelques auteurs , qu'ils devoient tout à ceux-ci , et rien aux autres. Leurs gymnosophistes, car ils en ont eu , habitoient une petite colline voisine du Nil ; ils étoient habillés, dans toutes les saisons , à-peu-

près comme les Athéniens au printems. Il y avoit peu
d'arbres dans leur contrée ; on y remarquoit seulement un petit bois où ils s'assembloient, pour délibérer sur le bonheur général de l'Ethiopie. Ils regardoient le Nil comme le plus puissant des dieux ;
c'étoit, selon eux, une divinité *terre et eau*. Ils
n'avoient point d'habitations ; ils vivoient sous le
ciel : leur autorité étoit grande; c'étoit à eux qu'on
s'adressoit pour l'expiation des crimes. Ils traitoient
les homicides avec la dernière sévérité. Ils avoient
un ancien pour chef. Ils se formoient des disciples, etc.

On attribue aux *Ethiopiens* l'invention de l'astronomie et de l'astrologie ; et il est certain que la
sérénité continuelle de leur ciel, la tranquillité de
leur vie, et la température toujours égale de leur
climat, ont dû les porter naturellement à ce genre
d'étude.

Les phases différentes de la lune sont, à ce
qu'on dit, les premiers phénomènes célestes dont
ils furent frappés ; et, en effet, les inconstances de
cet astre me semblent plus propres à incliner les
hommes à la méditation, que le spectacle constant du soleil, toujours le même, sous un ciel
toujours serein. Quoique nous ayons l'expérience
journalière de la vicissitude des êtres qui nous environnent, il semble que nous nous attendions à les
trouver constamment tels que nous les avons vus
une première fois ; et quand le contraire est arri-

vé., nous le remarquons avec un mouvement de surprise : or , l'observation et l'étonnement sont les premiers pas de l'esprit vers la recherche des causes. Les *Ethiopiens* rencontrèrent celle des phases de la lune ; ils assurèrent que cet astre ne brille que d'une lumière empruntée. Les révolutions et même les irrégularités des autres corps célestes ne leur échappèrent pas ; ils formèrent des conjectures sur la nature de ces êtres ; ils en firent des causes physiques générales. Ils leur attribuèrent différens effets ; et ce fut ainsi que l'astrologie naquit parmi eux de la connoissance astronomique.

Ceux qui ont écrit de l'Ethiopie prétendent que ces lumières et ces préjugés passèrent de cette contrée dans l'Egypte ; et qu'ils ne tardèrent pas à pénétrer dans la Lybie : quoiqu'il en soit , le peuple , par qui les Lybiens furent instruits, ne peut être que de l'ancienneté la plus reculée. Atlas étoit de Lybie. L'existence de cet astronome se perd dans la nuit des temps ; les uns le font contemporain de Moyse ; d'autres le confondent avec Enoch : si l'on suit un troisième sentiment, qui explique fort bien la fable du ciel porté sur les épaules d'Atlas , ce personnage n'en sera que plus vieux encore ; car ces derniers en font une montagne.

La philosophie morale des Egyptiens se réduisoit à quelques points , qu'ils enveloppoient des voiles de l'énigme et du symbole : « Il faut , disoient-ils, adorer les dieux , ne faire de mal à

» personne, s'exercer à la fermeté, et mépriser la
» mort : la vérité n'a rien de commun, ni avec la
» terreur des arts magiques, ni avec l'appareil
» imposant des miracles et du prodige : la tempé-
» rance est la base de la vertu : l'excès dépouille
» l'homme de sa dignité : il n'y a que les biens
» acquis avec peine, dont on jouisse avec plaisir :
» le faste et l'orgueil sont des marques de peti-
» tesse : il n'y a que vanité dans les visions et dans
» les songes, etc. ».

Nous ne pouvons dissimuler que le sophiste, qui fait honneur de cette doctrine aux *Ethiopiens*, ne paroisse s'être proposé secrètement de rabaisser un peu la vanité puérile de ses concitoyens, qui renfermoient dans leur petite contrée toute la sagesse de l'univers.

Au-reste, en faisant des *Ethiopiens* l'objet de ses éloges, il avoit très-bien choisi. Dès le temps d'Homère, ces peuples étoient connus et respectés des Grecs pour l'innocence et la simplicité de leurs mœurs. Les dieux mêmes, selon leur poëte, se plaisoient à demeurer au milieu d'eux. Ζεὺς... μετ' ἀμύμονας.... αἰθιοπῆας.... ἔβη.... θεοὶ δ' ἅμα πάντες.... *Jupiter s'en étoit allé*, dit-il, *chez les peuples innocens* de *l'Ethiopie ; et avec lui tous les dieux*. Iliad.

GRECS.

(PHILOSOPHIE DES)

Je tirerai la division de cet article de trois époques principales, sous lesquelles on peut considérer l'histoire des *Grecs*; et je rapporterai aux temps anciens, leur *philosophie fabuleuse;* au temps de la législation, leur *philosophie politique;* et au temps des écoles, leur *philosophie sectaire.*

De la philosophie fabuleuse des Grecs.

Les Hébreux connoissoient ce que les Chrétiens appellent *le vrai Dieu;* comme s'il y en avoit de faux (*)! les Perses étoient instruits dans le grand art de former les rois et de gouverner les hommes; les Chaldéens avoient jeté les premiers fondemens de l'astronomie; les Phéniciens entendoient la na-

---

(*) Cette seule ligne d'un esprit juste, ferme et hardi, suffit pour faire connoitre avec certitude ce que Diderot pensoit du christianisme, et de tous les dogmes plus ou moins absurdes que ce monstrueux système a consacrés : elle explique les différens passages, où ce philosophe semble sacrifier à l'erreur commune ; et elle en donne la vraie valeur.

NOTE DE L'ÉDITEUR.

vigation, et faisoient le commerce chez les nations les plus éloignées ; il y avoit long-temps que les Egyptiens étudioient la nature et cultivoient les arts qui dépendoient de cette étude ; tous les peuples voisins de la Grèce étoient versés dans la théologie, la morale, la politique, la guerre, l'agriculture, la métallurgie, et la plupart des arts mécaniques, que le besoin et l'industrie font naître parmi les hommes rassemblés dans les villes et soumis à des loix : en un mot, ces contrées, que le Grec orgueilleux appela toujours du nom de *barbares*, étoient policées, lorsque la sienne n'étoit habitée que par des sauvages dispersés dans les forêts, fuyant la rencontre les uns des autres, paissant les fruits de la terre comme les animaux, retirés dans le creux des arbres, errant de lieux en lieux, et n'ayant entre eux aucune espèce de société. Du-moins, c'est ainsi que les historiens même de la Grèce nous la montrent dans son origine.

Danaüs et Cécrops étoient Egyptiens; Cadmus, de Phénicie ; Orphée, de Thrace. Cécrops fonda la ville d'Athènes, et fit entendre aux *Grecs*, pour la première fois, le nom redoutable de *Jupiter*; Cadmus éleva des autels dans Thèbes ; et Orphée prescrivit dans toute la Grèce la manière dont les dieux vouloient être honorés. Le joug de la superstition fut le premier qu'on imposa ; on fit succéder à la terreur, des impressions séduisantes ; et le charme naissant des beaux-arts fut employé pour adoucir les mœurs, et disposer insensiblement les esprits à la crainte des loix.

Mais la superstition n'entre point dans une contrée, sans y introduire à sa suite un long cortége de connoissances, les unes utiles, les autres funestes. Aussi-tôt qu'elle s'est montrée, les organes destinés à invoquer les dieux se dépouent; la langue se perfectionne; les premiers accens de la poésie et de la musique font retentir les airs; on voit sortir la sculpture du fond des carrières, et l'architecture d'entre les herbes; la conscience s'éveille; et la morale naît. Au nom des dieux prononcé, l'univers prend une face nouvelle; l'air, la terre et les cieux se peuplent d'un nouvel ordre d'êtres; et le cœur de l'homme s'émeut d'un sentiment nouveau.

Les premiers législateurs de la Grèce ne proposèrent pas à ces peuples des doctrines abstraites et sèches; des esprits hébétés ne s'en seroient point occupés : ils parlèrent aux sens et à l'imagination ; ils amusèrent par des cérémonies voluptueuses et gaies : le spectacle des danses et des jeux avoit attiré des hommes féroces du haut de leurs montagnes, du fond de leurs antres; on les fixa dans la plaine, en les y entretenant de fables, de représentations et d'images. A mesure que les phénomènes de la nature les plus frappans se succédèrent, on y attacha l'existence des dieux; et Strabon croit que cette méthode étoit la seule qui

pût réussir. « Fieri non potest, *dit cet auteur*, ut
» mulierum, et promiscuæ turbæ multitudo philo-
» sophicâ oratione ducatur, exciteturque ad reli-
» gionem, pietatem et fidem : sed superstitione
» prætereà ad hoc opus est, quæ incuti sine fabu-
» larum portentis nequit. Etenim fulmen, ægis,
» tridens, faces, anguis, hastæque deorumThyrsis
» infixæ fabulæ sunt, atque tota theologia prisca.
» Hæc autem recepta fuerunt à civitatum autori-
» bus, quibus veluti larvis insipientium animos
» terrerent ». Nous ajouterons que l'usage des peuples policés, et voisins de la Grèce, étoit d'enve-
lopper leurs connoissances sous le voile du symbole
et de l'allégorie ; et qu'il étoit naturel aux premiers
législateurs des *Grecs*, de communiquer leurs doctrines, ainsi qu'ils les avoient reçues.

Mais un avantage particulier aux peuples de la
Grèce, c'est que la superstition n'étouffa point en
eux le sentiment de la liberté ; et qu'ils conservèrent, sous l'autorité des prêtres et des magistrats, une façon de penser hardie, qui les caracté-
risa dans tous les temps.

Une des premières conséquences de ce qui précède, c'est que la mythologie des *Grecs* est un
chaos d'idées, et non pas un systême ; une mar-
queterie d'une infinité de pièces de rapport qu'il
est impossible de séparer : et comment y réus-
siroit-on ? Nous ne connoissons pas la vie, les
mœurs, les idées, les préjugés des premiers ha-

bitans de la Grèce : nous aurions là-dessus toutes les lumières qui nous manquent, qu'il nous resteroit à désirer une histoire exacte de la philosophie des peuples voisins; et cette histoire nous auroit été transmise, que le triage des superstitions *grecques* d'avec les superstitions barbares seroit peut-être encore au-dessus des forces de l'esprit humain.

Dans les temps anciens, les législateurs étoient philosophes et poëtes : la reconnoissance et l'imbécillité mettoient tour-à-tour les hommes au rang des dieux; et qu'on devine, après cela, ce que devint la vérité déjà déguisée, lorsqu'elle eut été abandonnée, pendant des siècles, à ceux dont le talent est de feindre, et dont le but est d'étonner!

Dans la suite, fallut-il encourager les peuples à quelque entreprise, les consoler d'un mauvais succès, changer un usage, introduire une loi? où l'on s'autorisa de fables anciennes, en les défigurant; ou l'on en imagina de nouvelles.

D'ailleurs, l'emblême et l'allégorie ont cela de commode, que la sagacité de l'esprit, ou le libertinage de l'imagination peut les appliquer à mille choses diverses : mais, à travers ces applications, que devient le sens véritable? Il s'altère de plus en plus; bientôt une fable a une infinité de sens différens; et celui qui paroît à la fin le plus ingénieux est le seul qui reste.

Il ne faut donc pas espérer qu'un bon esprit

puisse se contenter de ce que nous avons à dire de la philosophie fabuleuse des *Grecs*.

Le nom de Prométhée, fils de Japhet, est le premier qui s'offre dans cette histoire. Prométhée sépare de la matière les élémens, et en compose l'homme, en qui les forces, l'action et les mœurs sont variées selon la combinaison diverse des élémens : mais Jupiter, que Prométhée avoit oublié dans ses sacrifices, le priva du feu qui devoit animer l'ouvrage. Prométhée, conduit par Minerve, monte aux cieux, accroche le *Ferula* à une des roues du char du soleil, en reçoit le feu dans sa tige creuse, et le rapporte sur la terre. Pour punir sa témerité, Jupiter forme la femme, connue dans la fable sous le nom de *Pandore*; lui donne un vase qui renfermoit tous les maux qui pouvoient désoler la race des hommes; et la dépêche à Prométhée. Prométhée renvoie Pandore et sa boîte fatale; et le dieu, trompé dans son attente, ordonne à Mercure de se saisir de Prométhée, de le conduire sur le Caucase, et de l'enchaîner dans le fond d'une caverne, où un vautour affamé déchirera son foie toujours renaissant : ce qui fut exécuté. Hercule, dans la suite, délivra Prométhée. Combien cette fable n'a-t-elle pas de variantes; et en combien de manières ne l'a-t-on pas expliquée ?

Selon quelques-uns, il n'y eut jamais de Prométhée. Ce personnage symbolique représente le génie audacieux de la race humaine.

D'autres ne disconviennent pas qu'il n'y ait eu un Prométhée ; mais dans la fureur de rapporter toute la mythologie des payens aux traditions des Hébreux, il faut voir comme ils se tourmentent pour faire de Prométhée, Adam, Moyse ou Noé.

Il y en a qui prétendent que ce Prométhée fut un roi des Scythes ; que ses sujets jetèrent dans les fers, pour n'avoir point obvié aux inondations d'un fleuve qui dévastoit leurs campagnes. Ils ajoutent qu'Hercule détourna le fleuve dans la mer, et délivra Prométhée.

En voici qui interprètent cette fable bien autrement. L'Egypte, disent-ils, eut un roi fameux qu'elle mit au rang des dieux pour les grandes découvertes d'un de ses sujets. C'étoit dans les temps de la fable, comme aux temps de l'histoire ; les sujets méritoient des statues, et c'étoit au souverain qu'on les élevoit. Ce roi fut Osiris ; et celui qui fit les découvertes fut Hermès. Osiris eut deux ministres, Mercure et Prométhée ; il avoit confié à tous les deux les découvertes d'Hermès. Mais Prométhée se sauva, et porta dans la Grèce les secrets de l'état. Osiris en fut indigné ; il chargea Mercure du soin de sa vengeance. Mercure tendit des embûches à Prométhée, le surprit et le jeta dans le fond d'un cachot, d'où il ne sortit que par la faveur de quelque homme puissant.

Pour moi, je suis de l'avis de ceux qui ne voient dans cet ancien législateur de la Grèce, qu'un bienfaiteur de ses habitans sauvages, qu'il tira de la barbarie dans laquelle ils étoient plongés, et qui leur fit luire les premiers rayons de la lumière des sciences et des arts; et ce vautour, qui le dévore sans relâche, n'est qu'un emblême de la méditation profonde et de la solitude. C'est ainsi qu'on a cherché à tirer la vérité des fables; mais la multitude des explications montre seulement combien elles sont incertaines. Il y a une broderie poëtique tellement unie avec le fond, qu'il est impossible de l'en séparer sans déchirer l'étoffe.

Cependant, en considérant attentivement tout ce système, on est convaincu qu'il sert en général d'enveloppe, tantôt à des faits historiques, tantôt à des découvertes scientifiques; et que Cicéron avoit raison de dire que Prométhée ne seroit point attaché au Caucase, et que Céphée n'auroit point été transporté dans les cieux avec sa femme, son fils et son gendre, s'ils n'avoient mérité, par quelques actions éclatantes, que la fable s'emparât de leurs noms.

Linus succéda à Prométhée; il fut théologien, philosophe, poëte, musicien: il inventa l'art de filer les intestins des animaux; et il en fit des cordes sonores, qu'il substitua sur la lyre au fil de lin dont elle étoit montée. On dit qu'Apollon, jaloux de cette découverte, le tua. Il passe pour l'inventeur du vers lyrique; il chanta le cours de la lune et du soleil, la formation du monde, et l'histoire des dieux ; il écrivit des plantes et des animaux ; il eut pour disciples Hercule, Thamiris et Orphée. Le premier fut un esprit lourd, qui n'aimoit pas le châtiment, et qui le méritoit souvent. Quelques auteurs accusent ce disciple brutal d'avoir tué son maître.

Orphée, disciple de Linus, fut aussi célèbre chez les *Grecs*, que Zoroastre chez les Chaldéens et les Perses, Buddas chez les Indiens, et Thoot ou Hermès chez les Egyptiens ; ce qui n'a pas empêché Aristote et Cicéron de prétendre qu'il n'y a jamais eu d'Orphée. Voici le passage d'Aristote ; nous le rapportons pour sa singularité. Les épicuriens prouvoient l'existence des dieux par les idées qu'ils s'en faisoient ; et Aristote leur répondoit : *Et je me fais bien une idée d'Orphée, personnage qui n'a jamais existé.* Mais toute l'antiquité réclame contre Aristote et Cicéron.

La fable lui donne Apollon pour père, et Calliope pour mère ; et l'histoire le fait contemporain de Josué : il passe de la Thrace, sa patrie, dans l'Egypte, où il s'instruit de la philosophie, de la théologie, de l'astronomie, de la médecine, de la musique, de la poésie. Il vient d'Egypte en Grèce, où il est honoré des peuples ; et comment ne l'auroit-il pas été ; prêtre et médecin, c'est-à-dire, homme se donnant pour savoir écarter les maladies par l'entremise des dieux, et y apporter remède quand on en est affligé ?

Orphée eut le sort de tous les personnages célèbres dans les temps où l'on n'écrivoit point l'histoire. Les noms abandonnés à la tradition étoient bientôt oubliés ou confondus ; et l'on attribuoit à un seul homme tout ce qui s'étoit fait de mémorable pendant un grand nombre de siècles. Les Chrétiens prétendent que les Hébreux sont le seul peuple chez qui la tradition se soit conservée pure et sans altération ; mais ce privilège, qu'on attribue exclusivement à cette nation ignorante et féroce, n'est pas mieux prouvé que l'inspiration de ses prophètes et la divinité de sa religion.

La mythologie des *Grecs* n'étoit qu'un amas confus de superstitions isolées ; Orphée en forma un corps de doctrine ; il institua la divination et les mystères ; il en fit des cérémonies secrètes, moyen sûr pour donner un air de solemnité à des puérilités : telles furent les fêtes de Bacchus et d'Hécate, les Eleusinies, les Panathénées et les Thesmophories. Il enjoignit le silence le plus rigoureux aux initiés ; il donna des règles pour le choix des prosélytes : elles se réduisoient à n'admettre à la participation des mystères, que des ames sensibles et des imaginations ardentes et fortes, capables de voir en grand, et d'allumer les esprits des autres : il prescrivit des épreuves ; elles consistoient dans des purifications, la confession des fautes que l'on avoit commises, la mortification de la chair, la continence, l'abstinence, la retraite, et la plupart de nos austérités monastiques : et pour achever de rendre le secret de ces assemblées impénétrable aux profanes, il distingua différens dégrés d'initiation ; et les initiés eurent un idiome particulier, et des caractères hiéroglyphiques.

Il monta sa lyre de sept cordes : il inventa le vers hexamètre, et surpassa dans l'épopée tous ceux qui s'y étoient exercés avant lui. Cet homme extraordinaire eut un empire étonnant sur les esprits, du-moins à en juger par ce que l'hyperbole des poëtes nous en fait présumer. A sa voix les eaux cessoient de couler ; la rapidité des fleuves étoit retardée ; les animaux, les arbres accouroient ; les flots de la mer étoient appaisés ; et la nature demeuroit suspendue dans l'admiration et le silence : effets merveilleux qu'Horace a peints avec force, et Ovide avec une délicatesse mêlée de dignité.

Horace dit, *Ode XII*, Liv. 1 :

Aut in umbrosis Heliconis oris,
Aut super Pindo, gelidove in Hæmo,
Unde vocalem temerè insecutæ
 Orphea sylvæ,
Arte materna rapidos morantem
Fluminum lapsus, celeresque ventos,
Blandum et auritas fidibus canoris
 Ducere quercus.

Et Ovide, *Methamorph.* Liv. x :

Collis erat, collemque super planissima campi
Area, quam viridem faciebant graminis herbæ ;

Umbra loco deerat : quâ postquam parte resedit,
Dis genitus vates, et fila sonantia movit,
Umbra loco venit.

Ceux qui n'aiment pas les prodiges opposeront aux vers du poëte lyrique un autre passage, où il s'explique en philosophe, et où il réduit la merveilleuse histoire d'Orphée à des choses assez communes.

Silvestres homines sacer interpresque Deorum
Cædibus et victu fœdo deterruit Orpheus,
Dictus ob hoc lenire tigres, rabidosque leones.

C'est-à-dire qu'Orphée fut un fourbe éloquent, qui fit parler les dieux pour maîtriser un troupeau d'hommes farouches, et les empêcher de s'entr'égorger ; et combien d'autres événemens se réduiroient à des phénomènes naturels, si l'on se permettoit d'écarter de la narration l'emphase avec laquelle ils nous ont été transmis ?

Après les précautions qu'Orphée avoit prises, pour dérober sa théologie à la connoissance des peuples, il est difficile de compter sur l'exactitude de ce que les auteurs en ont recueilli. Si une découverte est essentielle au bien de la société, c'est être mauvais citoyen que de l'en priver; si elle est de pure curiosité, elle ne valoit ni la peine d'être faite, ni celle d'être cachée : utile ou non, c'est entendre mal l'intérêt de sa réputation que de la tenir secrète ; ou elle se perd après la mort de l'inventeur qui s'est tu ; ou un autre y est conduit, et partage

Q *

l'honneur de l'invention. (*Voy.* LÉIBNITZIANISME.) Il faut avoir égard en tout au jugement de la postérité, et reconnoître qu'elle se plaindra de notre silence, comme nous nous plaignons de la taciturnité et des hiéroglyphes des prêtres égyptiens, des nombres de Pythagore, et de la double doctrine de l'académie.

A juger de celle d'Orphée, d'après les fragmens qui nous en restent épars dans les auteurs, il pensoit que Dieu et le chaos co-existoient de toute éternité; qu'ils étoient unis; et que Dieu renferme en lui tout ce qui est, fut et sera; que la lune, le soleil, les étoiles, les dieux, les déesses, et tous les êtres de la nature, étoient émanés de son sein; qu'ils ont la même essence que lui; qu'il est présent à chacune de leurs parties; qu'il est la force qui les a développés et qui les gouverne; que tout est de lui, et qu'il est en tout; qu'il y a autant de divinités subalternes, que de masses dans l'univers; qu'il faut les adorer; que le Dieu créateur, que le Dieu générateur, est incompréhensible; que, répandu dans la collection générale des êtres, il n'y a qu'elle qui puisse en être une image; que tout étant de lui, tout y retournera; que c'est en lui que les hommes pieux trouveront la récompense de leurs vertus: que l'ame est immortelle; mais qu'il y a des lustrations, des cérémonies qui la purgent de ses fautes, et qui la restituent à son principe aussi sainte qu'elle en est émanée, etc.

Il admettoit des esprits, des démons et des héros. Il disoit : L'air fut le premier être, qui émana du sein de Dieu ; il se plaça entre le chaos et la nuit. Il s'engendra de l'air et du chaos un œuf, dont Orphée fait éclore une chaîne de puérilités peu dignes d'être rapportées.

On voit, en général, qu'il reconnoissoit deux substances nécessaires, Dieu et le chaos ; Dieu, principe actif; le chaos ou la matière informe, principe passif.

Il pensoit encore que le monde finiroit par le feu ; et que, des cendres de l'univers embrasé, il en renaîtroit un autre.

Que l'opinion que les planètes, et la plupart des corps célestes sont habités comme notre terre, soit d'Orphée ou d'un autre, elle est bien ancienne. Je regarde ces lambeaux de philosophie, que le temps a laissé passer jusqu'à nous, comme ces planches que le vent pousse sur nos côtes après un naufrage, et qui nous permettent quelquefois de juger de la grandeur du bâtiment.

Je ne dis rien de sa descente aux enfers ; j'abandonne cette fiction aux poëtes. On peut croire de sa mort tout ce qu'on voudra : ou qu'après la perte d'Euridice il se mit à prêcher le célibat ; et que les femmes indignées le massacrèrent pendant la célébration des fêtes de Bacchus : ou que ce dieu vindicatif qu'il avoit négligé dans ses chants, et Vénus dont il avoit abjuré le culte pour un autre qui lui déplaît, irritèrent les bacchantes qui le déchirèrent : ou qu'il fut foudroyé par Jupiter, comme la plupart des héros du temps fabuleux : ou que les Thraciennes se défirent d'un homme, qui entraînoit à sa suite leur maris : ou qu'il fut la victime des peuples qui supportoient impatiemment le joug des lois qu'il leur avoit imposées. Toutes ces opinions ne sont guère plus certaines, que ce que le poëte de la métamorphose a chanté de sa tête et de sa lyre.

Caput, Hæbre, Lyramque
Excipis; et, mirum, medio dùm labitur amne,
Flebile nescio quid queritur lyra, flebile lingua
Murmurat exanimis, respondent flebile ripæ.

« Sa tête étoit portée sur les flots ; sa langue
» murmuroit je ne sais quoi de tendre et d'inarti-
» culé que répétoient les rivages plaintifs ; et les
» cordes de sa lyre frappées par les ondes, ren-
» doient encore des sons harmonieux ». O douces illusions de la poésie ! vous n'avez pas moins de charmes pour moi que la vérité. Puissiez-vous me toucher et me plaire jusques dans mes derniers instans !

Les ouvrages qui nous restent sous le nom d'Orphée, ceux qui parurent au commencement de l'ère chrétienne, au milieu de la dissention des chrétiens, des juifs et des philosophes payens, sont tous supposés : ils ont été répandus, ou par des juifs, qui cherchoient à se mettre en considération parmi les gentils ; ou par des chrétiens, qui ne dédaignoient pas de recourir à cette petite ruse, pour donner à leurs dogmes absurdes du poids aux yeux des philosophes ; ou par des philosophes même, qui s'en servoient, pour appuyer leurs opinions de quelque grande autorité. On faisoit un mauvais livre ; on y inséroit ces dogmes qu'on vouloit accréditer ; et l'on écrivoit à la tête le nom d'un auteur célèbre : mais la contradiction de ces différens ouvrages rendoit la fourberie manifeste.

Musée fut disciple d'Orphée ; il eut les mêmes talens et la même philosophie ; et il obtint chez les *Grecs* les mêmes succès et les mêmes honneurs. On lui attribue l'invention de la sphère ; mais on la révendique en faveur d'Atlas et d'Anaximandre. Le poëme de Léandre et de Héro, et l'hymne qui porte le nom de *Musée*, ne sont pas de lui ; tandis que des auteurs disent qu'il est mort à Phalère, d'autres assurent qu'il n'a jamais existé. La plupart de ces hommes anciens, qui faisoient un si grand secret de leurs connoissances, ont réussi jusqu'à rendre leur existence même douteuse.

Thamyris succède à Musée dans l'histoire fabuleuse ; il remporte le prix aux jeux pythiens ; défie les muses au combat du chant ; en est vaincu, et puni par la perte de la vue et l'oubli de ses talens. On a dit de Thamyris ce qu'Ovide a dit d'Orphée :

> Ille etiam Thracum populis fuit autor, amorem
> In teneros transferre mares, citraque juventam
> Ætatis breve ver et primos carpere flores.

Voilà un vilain art bien contesté !

Amphion, contemporain de Thamyris, ajoute trois cordes à la lyre d'Orphée ; il adoucit les mœurs des Thébains. Trois choses, dit Julien, le rendirent grand poëte ; l'étude de la philosophie, le génie et l'oisiveté.

Mélampe, qui parut après Amphion, fut théologien, philosophe, poëte et médecin ; on lui éleva des temples après sa mort, pour avoir guéri les filles de Praetus de la fureur utérine. On dit que ce fut avec l'ellébore.

Hésiode, successeur de Mélampe, fut contemporain et rival d'Homère. Nous laisserons les particularités de sa vie, qui sont assez incertaines ; et nous donnerons l'analyse de sa théogonie.

Le chaos, dit Hésiode, étoit avant tout ; la terre fut, après le chaos ; et après la terre, le tartare, dans les entrailles de la terre : alors l'amour naquit, l'amour, le plus ancien et le plus beau des immortels. Le chaos engendra l'érebe et la nuit ; la nuit engendra l'air et le jour ; la terre engendra le ciel, la mer et les montagnes ; le ciel et la terre s'unirent, et ils engendrèrent l'océan, des fils, des filles; et après ces enfans, Saturne, les Cyclopes, Bronte, Stérope et Argé, fabricateurs de foudres; et après les Cyclopes, Cotté, Briare et Gygès.

Dès le commencement, les enfans de la terre et du ciel se brouillèrent avec le ciel, et se tinrent cachés dans les entrailles de la terre. La terre irrita ses enfans contre son époux; et Saturne coupa les testicules au ciel. Le sang de la blessure tomba sur la terre, et produisit les géans, les nymphes et les furies. Des testicules jetés dans la mer, naquit une déesse autour de laquelle les amours se rassemblèrent : c'étoit Vénus. Le ciel prédit à ses enfans qu'il seroit vengé. La nuit engendra le destin, Némésis, les Hespérides, la fraude, la dispute, la haine, l'amitié, Momus, le sommeil, la troupe légère des songes, la douleur, et la mort.

La dispute engendra les travaux, la mémoire, l'oubli, les guerres, le meurtre, le mensonge et le parjure. La mer engendra Nérée, le juste et véridique Nérée; et après lui, des fils et des filles qui engendrèrent toutes les races divines.

L'Océan et Thétis eurent trois mille enfans. Rhéa fut la mère de la lune, de l'aurore et du soleil. Le Styx, fils de l'Océan, engendra Zélus, Nicé, la force et la violence qui furent toujours assises à côté de Jupiter. Phébé et Cæus engendrèrent Latone, Astérie et Hécate, que Jupiter honora par-dessus toutes les immortelles. Rhéa eut de Saturne,

Vesta, Cérès, Pluton, Neptune et Jupiter, père des dieux et des hommes. Saturne, qui savoit qu'un de ses enfans le détrôneroit un jour, les mange à mesure qu'ils naissent ; Rhea, conseillée par la terre et par le ciel, cache Jupiter, le plus jeune, dans un antre de l'île de Crète, etc.

Voilà ce qu'Hésiode nous a transmis en très-beaux vers, le tout mêlé de plusieurs autres rêveries grecques. *Voyez* dans Brucker, tome premier, pag. 417, le commentaire qu'on a fait sur ces rêveries. Si l'on s'en est servi, pour cacher quelques vérités, il faut avouer que l'on a bien réussi. Si Hésiode pouvoit revenir au monde, et qu'il entendît seulement ce que les chimistes voient dans la fable de Saturne, je crois qu'il seroit bien surpris. De temps immémorial, les plantes et les métaux ont été désignés par les mêmes noms. Entre les métaux, Saturne est le plomb. Saturne dévore presque tous ses enfans ; et pareillement le plomb attaque la plupart des substances métalliques : pour le guérir de cette avidité cruelle, Rhéa lui fait avaler une pierre ; et le plomb uni avec les pierres se vitrifie ; et ne fait plus rien aux métaux qu'il attaquoit, etc. Je trouve dans ces sortes d'explications beaucoup d'esprit et peu de vérité.

Une réflexion qui se présente à la lecture du poëme d'Hésiode, qui a pour titre, *des jours et des travaux*, c'est que, dans ces temps, la pauvreté étoit un vice ; le pain ne manquoit qu'aux paresseux ; et cela devroit être ainsi dans tout état bien gouverné.

On cite encore parmi les théogonistes et les fondateurs de la philosophie fabuleuse des *Grecs*, Epiménide de Crète, et Homère.

Epiménide ne fut pas inutile à Solon dans le choix des loix qu'il donna aux Athéniens. Tout le monde connoît le long sommeil d'Epiménide ; c'est, selon toute apparence, l'allégorie d'une longue retraite.

Homère, théologien, philosophe et poëte, écrivit environ 900 ans avant l'ère chrétienne. Il imagina la ceinture de Vénus ; et il fut le père des graces. Ses ouvrages ont été bien attaqués et bien défendus. Il y a deux mots de deux hommes célèbres, que je comparerois volontiers. L'un disoit qu'Homère n'avoit pas vingt ans à être lu ; l'autre, que la religion n'avoit pas cent ans à durer. Il me semble que le premier de ces mots marque un défaut de philosophie et de goût ; et le second, un défaut de philosophie et de foi.

Voilà ce que nous avons pu rassembler de supportable sur la philosophie fabuleuse des *Grecs*. Passons à leur philosophie politique.

Philosophie politique des Grecs.

La religion, l'éloquence, la musique et la poésie avoient préparé les peuples de la Grèce à recevoir le joug de la législation ; mais ce joug ne leur étoit pas encore imposé. Ils avoient quitté le fond des forêts ; ils étoient rassemblés ; ils avoient construit des habitations, et élevé des autels ; ils cultivoient la terre, et sacrifioient aux dieux: du reste, sans conventions qui les liâssent entre eux, sans chefs auxquels ils se fussent soumis d'un consentement unanime ; quelques notions vagues du juste et de l'injuste étoient toute la règle de leur conduite : et s'ils étoient retenus, c'étoit moins par une autorité publique, que par la crainte du ressentiment particulier. Mais, qu'est-ce que cette crainte ? Qu'est-ce même que celle des dieux ? Qu'est-ce que la voix de la conscience, sans l'autorité et la menace des loix ? Les loix ! les loix ! voilà la seule barrière qu'on puisse élever contre les passions des hommes ; c'est la volonté générale qu'il faut opposer aux volontés particulières : et sans un glaive qui se meuve également sur la surface d'un peuple, et qui tranche ou fasse baisser les têtes audacieuses qui s'élèvent, le foible demeure exposé à l'injure du plus fort ; le tumulte règne, et le crime avec le tumulte ; et il vaudroit mieux, pour la sûreté des hommes, qu'ils fussent épars, que d'avoir les mains libres et d'être voisins. En effet, que nous offre l'histoire des premiers temps policés de la Grèce ? Des meurtres, des rapts, des adultères, des incestes, des parricides : voilà les maux auxquels il falloit remédier, lorsque Zaleucus parut.

Personne n'y étoit plus propre par ses talens, et moins par son caractère : c'étoit un homme dur ; il avoit été pâtre et esclave ; et il croyoit qu'il falloit commander aux hommes comme à des bêtes, et mener un peuple comme un troupeau.

Si un européen avoit à donner des loix à nos sauvages du Canada, et qu'il eût été témoin des excès auxquels ils se portent dans l'ivresse, la première idée qui lui viendroit, ce seroit de leur interdire l'usage du vin. Ce fut aussi la première loi de Zaleucus : il condamna l'adultère à avoir les deux yeux crevés ; et son fils ayant été convaincu de ce crime, il lui fit arracher un œil, et se fit arracher l'autre. Il attacha tant d'importance à la législation, qu'il ne permit à qui que ce fût d'en parler qu'en présence de mille citoyens, et qu'avec la corde au cou. Ayant transgressé, dans un temps de guerre, la loi par laquelle il avoit décerné la peine de mort contre celui qui paroîtroit en armes dans les assemblées du peuple, il se punit lui-même en s'ôtant la vie. On attribue la plupart de ces faits, les uns à Charondas, les autres à Dioclès de Syracuse. Quoiqu'il en soit, ils n'en montrent pas moins combien on exigeoit de respect pour les loix, et quel danger on trouvoit à en abandonner l'examen aux particuliers.

Charondas de Catane s'occupa de la politique, et dictoit ses loix dans le temps que Zaleucus faisoit exécuter les siennes. Les fruits de sa sagesse ne demeurèrent pas renfermés dans sa patrie; plusieurs contrées de l'Italie et de la Sicile en profitèrent.

Ce fut alors, que Triptolème policia les villes d'Eleusine; mais toutes ces institutions s'abolirent avec le temps.

Dracon les recueillit, et y ajouta ce qui lui fut suggéré par son humeur féroce. On a dit de lui, que ce n'étoit point avec de l'encre, mais avec du sang, qu'il avoit écrit ses loix.

Solon mitigea le système politique de Dracon; et l'ouvrage de Solon fut perfectionné dans la suite par Thésée, Clistène, Démétrius de Phalère, Hipparque, Pisistrate, Périclès, Sophocle, et d'autres génies du premier ordre.

Le célèbre Lycurgue parut dans le courant de la première olympiade. Il étoit réservé à celui-ci d'assujettir tout un peuple à une espèce de règle monastique. Il connoissoit les gouvernemens de l'Egypte. Il n'écrivit point ses loix. Les souverains en furent les dépositaires; et ils purent, selon les circonstances, les étendre, les restreindre ou les abroger sans inconvénient: cependant elles étoient le sujet des chants de Tyrtée, de Terpandre, et des autres poëtes du temps.

Rhadamante, celui qui mérita par son intégrité la fonction de juge aux enfers, fut un des législateurs de la Crète. Il rendit ses instructions respectables, en les proposant au nom de Jupiter; il porta la crainte des dissentions que le culte peut exciter, ou la vénération pour les dieux, jusqu'à défendre d'en prononcer le nom.

Minos fut le successeur de Rhadamante, l'émule de sa justice en Crète, et son collègue aux enfers. Il alloit consulter Jupiter dans les antres du mont Ida; et c'est de là qu'il rapportoit aux peuples, non ses ordonnances, mais les volontés des dieux.

Les sages de la Grèce succédèrent aux législateurs. La vie de ces hommes, si vantés pour leur amour de la vertu et de la vérité, n'est souvent qu'un tissu de mensonges et de puérilités, à commencer par l'historiette de ce qui leur mérita le titre de *sages*.

De jeunes Ioniens rencontrent des pêcheurs de Milet; ils en achètent un coup de filet; et l'on trouve parmi les poissons un trépied d'or. Les jeunes gens prétendent avoir tout acheté; et les pêcheurs, n'avoir vendu que le poisson. On s'en rapporte à l'oracle de Delphes, qui adjuge le trépied au plus sage des *Grecs*. Les Milésiens l'offrent à Thalès; le sage Thalès le transmet au sage Bias; le sage Bias, à Pittacus; Pittacus, à un autre sage; et celui-ci, à Solon, qui restitua à Apollon le titre de *sage et le trépied*.

La Grèce eut sept sages. On entendoit alors, par un *sage*, un homme capable d'en conduire d'autres. On est d'accord sur le nombre; mais on varie sur les personnages. Thalès, Solon, Chilon, Pittacus,

Bias, Cléobule et Périandre, sont le plus généralement reconnus. Les *Grecs*, ennemis du despotisme et de la tyrannie, ont substitué à Périandre, les uns Myson, les autres Anacharsis. Nous allons commencer par Myson.

Myson naquit dans un bourg obscur. Il suivit le genre de vie de Timon et d'Apémante, se garantit de la vanité ridicule des *Grecs*, encouragea ses concitoyens à la vertu, plus encore par son exemple que par ses discours, et fut véritablement un sage.

Thalès fut le fondateur de la secte ionique. Nous renvoyons l'abrégé de sa vie à l'article Ionienne (philosophie), où nous ferons l'histoire de ses opinions.

Solon succéda à Thalès. Malgré la pauvreté de sa famille, il jouit de la plus grande considération. Il descendoit de Codrus. Exécestide, pour réparer une fortune que sa prodigalité avoit épuisée, jeta Solon, son fils, dans le commerce. La connoissance des hommes et des loix fut la principale richesse, que le philosophe rapporta des voyages que le commerçant entreprit. Il eut pour la poésie un goût excessif, qu'on lui a reproché. Personne ne connut aussi bien l'esprit léger et les mœurs frivoles de ses concitoyens, et n'en sut mieux profiter. Les Athéniens désespérant, après plusieurs tentatives inutiles, de recouvrer Salamine, décernèrent la peine de mort contre celui qui oseroit proposer de rechef cette expédition. Solon trouva la loi honteuse et nuisible. Il contrefit l'insensé ; et, le front ceint d'une couronne, il se présenta sur une place publique, et se mit à réciter des élégies qu'il avoit composées. Les Athéniens se rassemblent autour de lui ; on écoute ; on applaudit ; il exhorte à reprendre la guerre contre Salamine. Pisistrate l'appuie ; la loi est révoquée ; on marche contre les habitans de Mégare ; ils sont défaits, et Salamine est recouvrée. Il s'agissoit de prévenir l'ombrage que ce succès pouvoit donner aux Lacédémoniens, et l'allarme que le reste de la Grèce en pouvoit prendre ; Solon s'en chargea, et y réussit : mais ce qui mit le comble à sa gloire, ce fut la défaite des Cyrrhéens, contre lesquels il conduisit ses compatriotes, et qui furent sévèrement châtiés du mépris qu'ils avoient affecté pour la religion.

Ce fut alors que les Athéniens se divisèrent sur la forme du gouvernement ; les uns inclinoient pour la démocratie, d'autres pour l'oligarchie, ou quelque administration mixte. Les pauvres étoient obérés au point que les riches, devenus maîtres de leurs biens et de leur liberté, l'étoient encore de leurs enfans : ceux - ci ne pouvoient plus supporter leur misère ; ce trouble pouvoit avoir des suites fâcheuses ; il y eut des assemblées. On s'adressa d'une voix générale à Solon ; et il fut chargé d'arrêter l'état sur le penchant de sa ruine. On le créa archonte, la troisième année de la quarante-sixième olympiade ; il rétablit la police et la paix dans Athènes ; il soulagea les pauvres, sans trop mécontenter les riches ; il divisa le peuple en tribus ; il institua des chambres de judicature ; il publia ses loix ; et employant alternativement la persuasion et la force, il vint à bout des obstacles qu'elles rencontrèrent. Le bruit de sa sagesse pénétra jusqu'au fond de la Scythie, et attira dans Athènes Anacharsis et Toxaris, qui devinrent ses admirateurs, ses disciples et ses amis.

Après avoir rendu à sa patrie ce dernier service, il s'en exila. Il crut que son absence étoit nécessaire, pour accoutumer ses concitoyens, qui le fatiguoient sans cesse de leurs doutes, à interpréter eux-mêmes ses loix. Il alla en Egypte, où il fit connoissance avec Psénophe ; et dans la Crète, où il fut utile au souverain par ses conseils. Il visita Thalès ; il vit les autres sages ; il conféra avec Périandre ; et il mourut en Chypre, âgé de quatre-vingts ans. Le désir d'apprendre, qui l'avoit consumé pendant toute sa vie, ne s'éteignit qu'avec lui. Dans ces derniers momens, il étoit encore environné de quelques amis, avec lesquels il s'entretenoit des sciences qu'il avoit tant chéries.

Sa philosophie-pratique étoit simple ; elle se réduisoit à un petit nombre de maximes communes, telles que celles-ci : ne s'écarter jamais de la raison ; n'avoir aucun commerce avec le méchant ; en tout, considérer la fin. C'est ce que nous disons à nos enfans ; mais tout ce qu'on peut faire dans l'âge mûr, c'est de pratiquer les leçons qu'on a reçues dans l'enfance.

Chilon de Lacédémone fut élevé à l'éphorat sous Eutydème. Il n'y eut guère d'homme plus juste. Parvenu à une extrême vieillesse, la seule faute qu'il se reprochoit, étoit une foiblesse d'amitié qui avoit soustrait un coupable à la sévérité des loix. Il étoit patient ; et il répondoit à son frère indigné de la préférence que le peuple lui avoit accordée pour la magistrature: *Tu ne sais pas supporter une injure ; et je le sais, moi.* Ses mots sont laconiques. *Connois-toi, rien de trop : laisse en repos les morts :* sa vie fut d'accord avec ses maximes. Il mourut de joie, en embrassant son fils qui sortoit vainqueur des jeux olympiques.

Pittacus naquit à Lesbos, dans la trente-deuxième olympiade. Encouragé par les frères du poëte Alcée, et brûlant par lui-même du désir d'affranchir sa patrie, il débuta par l'éxécution de ce dessein périlleux. En reconnoissance de ce service, ses concitoyens le nommèrent général dans la guerre contre les Athéniens. Pittacus proposa à Phrinon, qui commandoit l'ennemi, d'épargner le sang de tant d'honnêtes gens qui marchoient à leur tête, et de finir la querelle des deux peuples par un combat singulier. Le défi fut accepté. Pittacus enveloppa Phrinon dans un filet de pêcheur qu'il avoit placé sur son bouclier, et le tua.

Dans les répartitions des terres, on lui en accorda autant qu'il en voudroit ajouter à ses domaines ; il ne demanda que ce qu'il en pourroit renfermer sous le jet d'un dard, et n'en retint que la moitié. Il prescrivit de bonnes loix à ses concitoyens. Après la paix, ils réclamèrent l'autorité qu'ils lui avoient confiée ; et il la leur résigna. Il mourut âgé de soixante-dix ans, après avoir passé les dix dernières années de sa vie dans la douce obscurité d'une vie privée. Il n'y a presqu'aucune vertu, dont il n'ait mérité d'être loué : il montra surtout l'élévation de son ame, dans le mépris des richesses de Crésus ; sa fermeté, dans la manière dont il apprit la mort imprévue de son fils ; et sa patience, en supportant sans murmure les hauteurs d'une femme impérieuse.

Bias de Priene fut un homme rempli d'humanité ; il racheta les captives Masséniennes, les dota, et les rendit à leurs parens. Tout le monde sait sa réponse à ceux qui lui reprochoient de sortir les mains vides de sa ville abandonnée au pillage des ennemis : *j'emporte tout avec moi*. Il fut orateur célèbre, et grand poëte. Il ne se chargea jamais d'une mauvaise cause ; il se seroit cru deshonoré, s'il eut employé sa voix à la défense du crime et de l'injustice. Nos gens de palais n'ont pas cette délicatesse. Il comparoit les sophistes aux oiseaux de nuit, dont la lumière blesse les yeux : il expira à l'audience, entre les bras de ses parens, à la fin d'une cause qu'il venoit de gagner.

Cléobule de Linde, ville de l'île de Rhodes,

avoit été remarqué par sa force et par sa beauté, avant que de l'être par sa sagesse. Il alla s'instruire en Egypte. L'Egypte a été le séminaire de tous les grands hommes de la Grèce. Il eut une fille appelée *Eumétide* ou *Cléobuline*, qui fit honneur à son père. Il mourut âgé de soixante-dix ans, après avoir gouverné ses citoyens avec douceur.

Périandre, le dernier des sages, seroit bien indigne de ce titre, s'il avoit mérité la plus petite partie des injures que les historiens lui ont dites : son grand crime, à ce qu'il paroît, fut d'avoir exercé la souveraineté absolue dans Corinthe. Telle étoit l'aversion des *Grecs* pour tout ce qui sentoit le despotisme, qu'ils ne croyoient pas qu'un monarque pût avoir l'ombre de la vertu : cependant, à travers leurs invectives, on voit que Périandre se montra grand dans la guerre, et prudent dans la paix ; et qu'il ne fut déplacé ni à la tête des affaires, ni à la tête des armées ; il mourut âgé de quatre-vingts ans, la quatrième année de la quarante-huitième olympiade ; nous renvoyons à l'histoire de la Grèce pour le détail de sa vie.

Nous pourrions ajouter à ces hommes, Esope, Théognis, Phocylide, et presque tous les poëtes dramatiques ; la fureur des *Grecs* pour les spectacles donnoit à ces auteurs une influence sur le gouvernement, dont nous n'avons pas d'idée.

Nous terminerons cet abrégé de la *philosophie politique des Grecs*, par une question. Comment est-il arrivé à la plupart des sages de la Grèce de laisser un si grand nom, après avoir fait de si petites choses ? Il ne reste d'eux aucun ouvrage important ; et leur vie n'offre aucune action éclatante ; on conviendra que l'immortalité ne s'accorde pas de nos jours à si bas prix. Seroit-ce que l'utilité générale, qui varie sans cesse, étant toute-fois la mesure constante de notre admiration, nos jugemens changent avec les circonstances ? Que falloit-il aux *Grecs* à-peine sortis de la barbarie ? des hommes d'un grand sens, fermes dans la pratique de la vertu, au-dessus de la séduction des richesses et des terreurs de la mort ; et c'est ce que leurs sages ont été ; mais aujourd'hui c'est par d'autres qualités qu'on laissera de la réputation après soi ; c'est le génie, et non la vertu, qui fait nos grands hommes. La vertu obscure parmi nous, n'a qu'une sphère étroite et petite dans laquelle elle s'exerce ; il n'y a qu'un être privilégié dont la vertu pourroit influer sur le bonheur général, c'est le souverain ; le reste des honnêtes gens meurt, et l'on n'en parle plus : la vertu eut le même sort chez les *Grecs*, dans les siècles suivans.

De la philosophie sectaire des Grecs.

Combien ce peuple a changé ! du plus stupide des peuples, il est devenu le plus délié ; du plus féroce, le plus poli : ses premiers législateurs, ceux que la nation a mis au nombre de ses dieux, et dont les statues décorent ses places publiques et sont révérées dans ses temples, auroient bien de la péine à reconnoître les descendans de ces sauvages hideux qu'ils arrachèrent, il n'y a qu'un moment, du fond des forêts et des antres.

Voici le coup-d'œil, sous lequel il faut maintenant considérer les *Grecs*, sur-tout dans Athènes.

Une partie, livrée à la superstition et au plaisir, s'échappe le matin d'entre les bras des plus belles courtisannes du monde, pour se répandre dans les écoles des philosophes et remplir les gymnases, les théâtres et les temples ; c'est la jeunesse et le peuple : une autre, toute entière aux affaires de l'état, médite de grandes actions et de grands crimes ; ce sont les chefs de la république, qu'une populace inquiète immole successivement à sa jalousie : une troupe, moitié sérieuse et moitié folâtre, passe son temps à composer des tragédies, des comédies, des discours éloquens, et des chansons immortelles ; et ce sont les rhéteurs et les poëtes ; cependant un petit nombre d'hommes tristes et querelleurs décrient les dieux, médisent des mœurs de la nation, relèvent les sottises des grands, et se déchirent entre eux ; ce qu'ils appellent *aimer la vertu, et chercher la vérité ;* ce sont les philosophes, qui sont de temps-en-temps persécutés et mis en fuite par les prêtres et les magistrats.

De quelque côté qu'on jette les yeux dans la

Grèce, on y rencontre l'empreinte du génie ; le vice, à côté de la vertu ; la sagesse, avec la folie ; la molesse, avec le courage ; les arts, les travaux, la volupté, la guerre et les plaisirs : mais n'y cherchez pas l'innocence ; elle n'y est pas.

Des barbares jetèrent dans la Grèce le premier germe de la philosophie ; ce germe ne pouvoit tomber dans un terrain plus fécond ; bientôt il en sortit un arbre immense, dont les rameaux, s'étendant d'âge en âge et de contrées en contrées, couvrirent successivement toute la surface de la terre : on peut regarder l'école ionienne et l'école de Samos comme les tiges principales de cet arbre.

De la secte ionique.

Thalès en fut le chef. Il introduisit dans la philosophie la méthode scientifique, et mérita le premier d'être appelé *philosophe*, à prendre ce mot dans l'acception qu'il a parmi nous : il eut un grand nombre de sectateurs ; il professa les mathématiques, la métaphysique, la théologie, la morale, la physique et la cosmologie ; il regarda les phénomènes de la nature, les uns comme causes, les autres comme effets ; et chercha à les enchaîner : Anaximandre lui succéda ; Anaximène, à Anaximandre ; Anaxagoras, à celui-ci ; Diogène Apolloniate, à Anaxagoras ; et Archélaüs, à Diogène. (*Voyez* IONIENNE (PHILOSOPHIE).)

La secte ionique donna naissance au socratisme et au péripatétisme.

Du socratisme.

Socrate, disciple d'Archélaüs, Socrate, qui fit descendre du ciel la philosophie, se renferma dans la métaphysique, la théologie, et la morale ; il eut pour disciples Xénophon, Platon, Aristoxène, Démétrius de Phalère, Panetius, Callistène, Satyrus, Eschine, Criton, Cimon, Cebès, et Timon le Misanthrope. (*Voyez* l'article SOCRATISME.)

La doctrine de Socrate donna naissance au cyrénaïsme, sous Aristippe ; au mégarisme, sous Euclide ; à la secte éliaque, sous Phédon ; à la secte académique, sous Platon ; et au cynisme, sous Antisthène.

Du cyrénaïsme.

Aristipe enseigna la logique et la morale : il eut pour sectateurs Arété, Egésias, Annium, l'athée Théodore, Evhemère, et Bion le Boristhénite. (*Voyez* l'article CYRÉNAÏSME.)

Du mégarisme.

Euclide de Mégare, sans négliger les parties de la philosophie socratique, se livra particulièrement à l'étude des mathématiques ; il eut pour successeurs Eubulide, Alexine, Euphane, Apollonius, Oronus, Diodore et Stilpon. (*Voyez* l'article Mégarisme.)

De la secte éliaque et érétriaque.

La doctrine de Phédon fut la même que celle de son maître : il eut pour disciples Ménédème et Asclépiade. (*Voyez* Éliaque, secte.)

Du platonisme.

Platon fonda la secte académique ; on y professa presque toutes les sciences, les mathématiques, la géométrie, la dialectique, la métaphysique, la psycologie, la morale, la politique, la théologie, et la physique.

Il y eut trois académies ; l'académie première ou ancienne, sous Speusippe, Xénocrate, Polémon, Cratès, Crantor; l'académie seconde ou moyenne, sous Archésilas et Lacyde ; l'académie nouvelle ou troisième, quatrième et cinquième, sous Carnéade, Clitomaque, Philon, Charmidas et Antiochus. (*Voyez* les articles Platonisme, et Académiciens, (philosophie des) tom. 1, pag. 21 = 119.)

Du cynisme.

Antisthène ne professa que la morale : il eut

pour sectateurs Diogène, Onésicrite, Maxime, Cratès, Hypparchia, Métrocle, Ménédème et Ménippe. (*Voyez* l'article Cynisme.)

Le cynisme donna naissance au stoïcisme; cette secte eut pour chef Zénon, disciple de Cratès.

Du stoïcisme.

Zénon professa la logique, la métaphysique, la théologie et la morale : il eut pour sectateurs Persée, Ariston de Chio, Hérille, Sphère, Athénodore, Cléanthe, Chrysippe, Zénon de Tarse, Diogène le Babylonien, Antipater de Tarse, Panétius, Possidonius et Jason. (*Voyez* l'article Stoïcisme.)

Du péripatétisme.

Aristote en est le fondateur. Montaigne a dit de celui-ci, qu'il n'y a point de pierres qu'il n'ait remuées. Aristote écrivit sur toutes sortes de sujets, et presque toujours en homme de génie ; il professa la logique, la grammaire, la rhétorique, la poëtique, la métaphysique, la théologie, la morale, la politique, l'histoire naturelle, la physique, la cosmologie : il eut pour sectateurs Théophraste, Straton de Lampsaque, Lycon, Ariston, Critolaüs, Diodore, Dicéarque, Eudème, Héraclide de Pont, Phanion, Démétrius de Phalère, et

R *

Hiéronimus de Rhodes. (*Voyez* les articles Aristotélisme et Péripatétisme.)

De la secte samienne.

Pythagore en est le fondateur ; on y enseigna
l'arithmétique, ou plus généralement la science
des nombres ; la géométrie, la musique, l'astronomie, la théologie, la médecine et la morale :
Pythagore eut pour sectateurs Thélauge, son fils,
Aristée, Mnésarque, Ecphante, Hypon, Empédocle, Epicharme, Ocellus, Timée, Architas
de Tarente, Alcméon, Hyppase, Philolaüs, et
Eudoxe. (*Voyez* l'article Pythagorisme.)

On rapporte à l'école de Samos, la secte éléatique, l'héraclitisme, l'épicuréisme, et le pyrrhonisme ou scepticisme.

De la secte éléatique.

Xénophane en est le fondateur : il enseigna la
logique, la métaphysique, et la physique : il eut
pour disciples Parménide, Mélisse, Zénon d'Elée,
Leucippe, qui changea toute la philosophie de la
secte, négligeant la plupart des matières qu'on y
agitoit, et se renfermant dans la physique : il eut
pour sectateurs Démocrite, Protagoras et Anaxarque. (*Voyez* Eléatique, secte.)

De l'héraclitisme.

Héraclite professa la logique, la métaphysique, la théologie et la morale ; il eut pour disciple Hippocrate, qui, seul, en valoit un grand nombre d'autres. (*Voyez* Héraclitisme.)

De l'épicuréisme.

Epicure enseigna la dialectique, la théologie, la morale et la physique : il eut pour sectateurs Métrodore, Polyene, Hermage, Mus, Timocrate, Diogène de Tarse, Diogène de Séleucie, et Apollodore. (*Voyez* l'article Epicuréisme).

Du pyrrhonisme ou scepticisme.

Pyrrhon n'enseigna qu'à douter : il eut pour sectateurs Timon et Enésidème. (*Voyez* les articles Pyrrhonisme et Scepticisme.)

Voilà quelle fut la filiation des différentes sectes qui partagèrent la Grèce, les chefs qu'elles ont eus, les noms des principaux sectateurs, et les matières dont ils se sont occupés : on trouvera aux articles cités, l'exposition de leurs sentimens, et l'histoire abrégée de leurs vies.

Une observation qui se présente naturellement à l'aspect de ce tableau, c'est qu'après avoir beaucoup étudié, réfléchi, écrit, disputé, les philosophes de la Grèce finissent par se jeter dans le pyrrhonisme. Quoi donc! seroit-il vrai que l'homme est condamné à n'apprendre qu'une chose avec beaucoup de peine ? c'est que son sort est de mourir, sans avoir rien su.

Consultez, sur les progrès de la *philosophie des Grecs*, hors de leurs contrées, les articles des différentes sectes, les articles de l'histoire de la philosophie en général, de la philosophie des Romains sous la république et sous les empereurs, de la philosophie des Orientaux, de la philosophie des Arabes, de la philosophie des chrétiens, de la philosophie des pères de l'église, de la philosophie des chrétiens d'Occident, des scholastiques, de la philosophie Parménidéenne, etc. ; vous verrez que cette philosophie s'étendit également par les victoires et les défaites des *Grecs*.

Nous ne pouvons mieux terminer ce morceau que par un endroit de Plutarque, qui montre combien Alexandre étoit supérieur en politique à son précepteur; qui fait assez l'éloge de la saine philosophie, et qui peut servir de leçon aux rois.

« La police, ou forme de gouvernement d'état
» tant estimée, que Zénon, le fondateur et pre-
» mier auteur de la secte des philosophes stoïques,
» a imaginée, tend presque à ce seul point en
» somme, que nous, c'est-à-dire, les hommes
» en général ne vivions point divisés par villes,

» peuples et nations, estant tous séparés par loix,
» droits et coustumes particulières; ains que nous
» estimions tous hommes, nos bourgeois et nos ci-
» toyens; et qu'il n'y ait qu'une sorte de vie, comme
» il n'y a qu'un monde, ne plus ne moins que si
» ce fût un même troupeau paissant soubs mesme
» berger en pastis commun. Zénon a écrit cela
» comme un songe, ou une idée d'une police et de
» loix philosophiques qu'il avoit imaginées et for-
» mées en son esprit: mais Alexandre a mis à réelle
» exécution ce que l'autre avoit figuré par écrit:
» car il ne fit pas comme Aristote, son précepteur,
» lui conseilloit, qu'il se portât envers les *Grecs*
» comme père, et envers les Barbares comme
» seigneur; et qu'il eût soin des uns comme de ses
» amis et de ses parens, et se servît des autres
» comme de plantes ou d'animaux; en quoi faisant,
» il eût rempli son empire de bannissemens, qui
» sont toujours occultes semences de guerres, et
» factions et partialités fort dangereuses: ains esti-
» mant être envoyé du ciel comme un commun
» réformateur, gouverneur et réconciliateur de l'u-
» nivers, ceux qu'il ne put rassembler par remon-
» trances de la raison il les contraignit par force d'ar-
» mes et assemblant le tout en un de tous côtés, en
» les faisant boire tous, par manière de dire, en une
» même coupe d'amitié, et mélant ensemble les
» vies, les mœurs, les mariages et façons de vivre;
» il commanda à tous hommes vivans d'estimer la

» terre habitable, être leur pays; et son camp, en
» être le château et donjon; tous les gens de bien,
» parens les uns des autres; et les méchans seuls,
» étrangers. Au demeurant, que le *Grec* et le
» *Barbare* ne seroient point distingués par le man-
» teau, ni à la façon de la targue ou du cimeterre,
» ou par le haut chapeau; ains remarqués et dis-
» cernés, le *Grec* à la vertu, et le Barbare au vice,
» en réputant tous les vertueux *Grecs* et tous les
» vicieux *Barbares*; en estimant au demeurant les
» habillemens communs, les tables communes, les
» mariages, les façons de vivre, étant tous unis par
» mélange de sang, et communion d'enfans, etc. ».

Telle fut la politique d'Alexandre, par laquelle il ne se montra pas moins grand homme d'état, qu'il ne s'étoit montré grand capitaine par ses conquêtes. Pour accréditer cette politique parmi les peuples, il appela à sa suite les philosophes les plus célèbres de la Grèce; il les répandit chez les nations à-mesure qu'il les subjuguoit. Ceux-ci plièrent la religion des vainqueurs à celle des vaincus; et les diposèrent à recevoir leurs sentimens, en leur dévoilant ce qu'ils avoient de commun avec leurs propres opinions. Alexandre lui-même ne dédaigna pas de conférer avec les hommes qui avoient quelque réputation de sagesse chez les Barbares; et il rendit par ce moyen la marche de la philosophie presque aussi rapide que celle de ses armes.

HÉRACLITISME.

ou philosophie d'Héraclite.

Héraclite naquit à Ephèse; il connut le bonheur, puisqu'il aima la vie retirée. Dès son enfance, il donna des marques d'une pénétration singulière; il sentit la nécessité de s'étudier lui-même, de revenir sur les notions qu'on lui avoit inspirées, ou qu'il avoit fortuitement acquises; et il ne tarda pas à s'en avouer la vanité.

Ce premier pas lui fut commun avec la plupart de ceux qui se sont distingués dans la recherche de la vérité; et il suppose plus de courage qu'on ne pense.

L'homme indolent, foible et distrait, aime mieux demeurer tel que la nature, l'éducation et les circonstances diverses l'ont fait, et flotter incertain pendant toute sa vie, que d'employer quelques instans à se familiariser avec des principes qui le fixeroient. Aussi le voit-on mécontent au milieu des avantages les plus précieux, parce qu'il a négligé d'apprendre l'art d'en jouir. Arrivé au moment d'un repos qu'il a poursuivi avec l'opiniâtreté la plus continue et le travail le plus assidu, un germe de tourment, qu'il portoit en lui-même secrètement, s'y développe peu-à-peu, et flétrit entre ses mains le bonheur.

Héraclite, convaincu de cette vérité, se rendit dans l'école de Xénophane, et suivit les leçons d'Hippase, qui enseignoit alors la philosophie de Pythagore, dépouillée des voiles dont elle étoit enveloppée. (*Voyez* PYTHAGORICIENNE) PHILOSOPHIE).)

Après avoir écouté les hommes les plus célèbres de son temps, il s'éloigna de la société; et il alla dans la solitude s'approprier, par la méditation, les connoissances qu'il en avoit reçues.

De retour dans sa patrie, on lui conféra la première magistrature; mais il se dégoûta bientôt d'une autorité qu'il exerçoit sans fruit. Un jour, il se retira aux environs du temple de Diane, et se mit à jouer aux osselets avec les enfans qui s'y rassembloient. Quelques Ephésiens, l'ayant apperçu, trouvèrent mauvais qu'un personnage aussi grave s'occupât d'une manière si peu conforme à son caractère, et le lui témoignèrent. O Ephésiens! leur dit-il, ne vaut-il pas mieux s'amuser avec ces innocens, que de gouverner des hommes corrompus? Il étoit irrité contre ses compatriotes qui venoient d'exiler Hermodoré, homme sage et son ami; et il ne manquoit aucune occasion de leur reprocher cette injustice.

Né mélancolique, porté à la retraite, ennemi du tumulte et des embarras, il revint des affaires publiques à l'étude de la philosophie. Darius désira de l'avoir à sa cour: mais l'ame élevée du philosophe rejeta avec dédain les promesses du monarque. Il aima mieux s'occuper de la vérité, jouir de lui-même, habiter le creux d'une roche, et vivre de légumes. Les Athéniens, auprès desquels il avoit la plus haute considération, ne purent l'arracher à ce genre de vie, dont l'austérité lui devint funeste. Il fut attaqué d'hydropisie; sa mauvaise santé le ramena dans Éphèse, où il travailla lui-même à sa guérison. Persuadé qu'une transpiration violente dissiperoit le volume d'eau dont son corps étoit distendu, il se renferma dans une étable, où il se fit couvrir de fumier ; ce remède ne lui réussit pas ; il mourut, le second jour de cette espèce de bain, âgé de soixante ans.

La méchanceté des hommes l'affligeoit, mais ne l'irritoit pas. Il voyoit combien le vice les rendoit malheureux; et l'on a dit qu'il en versoit des larmes. Cette espèce de commisération est d'une ame indulgente et sensible. Et comment ne le seroit-on pas, quand on sait combien l'usage de la liberté est affoibli dans celui qu'une violente passion entraîne, ou qu'un grand intérêt sollicite ?

Il avoit écrit de la matière, de l'univers, de la république et de la théologie; il ne nous a passé que quelques fragmens de ces différens traités. Il n'ambitionnoit pas les applaudissemens du vulgaire; et il croyoit avoir parlé assez clairement, lorsqu'il s'étoit mis à la portée d'un petit nombre de lecteurs instruits et pénétrans. Les autres l'appeloient *le ténébreux*, σκοτεινος; et il s'en soucioit peu.

Il déposa ses ouvrages dans le temple de Diane. Comme ses opinions sur la nature des dieux n'étoient pas conformes à celles du peuple, et qu'il craignoit la persécution des prêtres, il avoit eu, dirai-je, la prudence ou la foiblesse de se couvrir d'un nuage d'expressions obscures et figurées. Il n'est pas étonnant qu'il ait été négligé des grammairiens, et oublié des philosophes même pendant un assez long intervalle de temps : ils ne l'entendoient pas. Ce fut un Cratès qui publia le premier, les ouvrages de notre philosophe.

Héraclite florissoit dans la soixante-neuvième olympiade. Voici les principes fondamentaux de sa philosophie, autant qu'il nous est possible d'en juger, d'après ce que Sextus-Empyricus et d'autres auteurs nous en ont transmis.

Logique d'Héraclite.

Les sens sont des juges trompeurs : ce n'est point à leur décision qu'il faut s'en rapporter, mais à celle de la raison.

Quand je parle de la raison, j'entends cette raison universelle, commune et divine, répandue dans tout ce qui nous environne; elle est en nous; nous sommes en elle; et nous la respirons.

C'est la respiration qui nous lie, pendant le sommeil, avec la raison universelle, commune et divine, que nous recevons dans la veille, par l'entremise des sens qui lui sont ouverts comme autant de portes ou de canaux : elle suit ces portes ou canaux ; et nous en sommes pénétrés.

C'est par la cessation ou la continuité de cette influence, qu'*Héraclite* expliquoit la réminiscence et l'oubli.

Il disoit : Ce qui naît d'un homme seul n'obtient et ne mérite aucune croyance, puisqu'il ne peut être l'objet de la raison universelle, commune et divine, le seul *criterium* que nous ayons de la vérité.

D'où l'on voit qu'*Héraclite* admettoit l'ame du monde, mais sans y attacher l'idée de spiritualité.

Le mépris assez général qu'il faisoit des hommes prouve assez qu'il ne les croyoit pas également partagés du principe raisonnable, commun, universel et divin.

Physique d'Héraclite.

Le petit nombre d'axiomes, auxquels on peut la réduire, ne nous en donne pas une haute opinion. C'est un enchaînement de visions assez singulières.

Il ne se fait rien de rien, disoit-il.

Le feu est le principe de tout : c'est ce qui se remarque d'abord dans les êtres.

L'ame est une particule ignée.

Chaque particule ignée est simple, éternelle, inaltérable et indivisible.

Le mouvement est essentiel à la collection des êtres, mais non à chacune de ses parties : il y en a d'oisives ou mortes.

Les choses éternelles se meuvent éternellement. Les choses passagères et périssables ne se meuvent qu'un temps.

On ne voit point, on ne touche point, on ne sent point les particules du feu ; elles nous échappent par la petitesse de leur masse et la rapidité de leur action ; elles sont incorporelles.

Il est un feu artificiel, qu'il ne faut pas confondre avec le feu élémentaire.

Si tout émane du feu, tout se résout en feu.

Il y a deux mondes ; l'un, éternel et incréé ; un autre, qui a commencé et qui finira.

Le monde éternel et incréé fut le feu élémentaire qui est, a été, et sera toujours, *mensura generalis accendens et extinguens*, la mesure générale de tous les états des corps, depuis le moment où ils s'allument jusqu'à celui où ils s'éteignent.

Le monde périssable et passager n'est qu'une combinaison momentanée du feu élémentaire.

Le feu éternel, élémentaire, créateur et toujours vivant, c'est Dieu.

Le mouvement et l'action lui sont essentiels ; il ne se repose jamais.

Le mouvement essentiel, d'où naît la nécessité et l'enchaînement des événemens ; c'est le destin.

C'est une substance intelligente ; elle pénètre tous les êtres ; elle est en eux ; ils sont en elle ; c'est l'ame du monde.

Cette ame est la cause génératrice des choses.

Les choses sont dans une vicissitude perpétuelle ; elles sont nées de la contrariété des mouvemens ; et c'est par cette contrariété qu'elles passent.

Un feu le plus subtil et le plus liquescent a fait l'air en se condensant ; un air plus dense a produit l'eau ; une eau plus resserrée a formé de la terre ; l'air est un feu éteint.

Le feu, l'air, l'eau et la terre, d'abord séparés, puis réunis et combinés, ont engendré l'aspect universel des choses.

L'union et la séparation sont les deux voies de génération et de destruction.

Ce qui se résout, se résout en vapeurs.

Les unes sont légères et subtiles ; les autres, pesantes et grossières. Les premières ont produit les corps lumineux ; les secondes, les corps opaques.

L'ame du monde est une vapeur humide. L'ame de l'homme et des autres animaux est une portion de l'ame du monde, qu'ils reçoivent, ou par l'inspiration, ou par les sens.

Imaginez des vaisseaux concaves d'un côté, et convexes de l'autre ; formez la convexité de vapeurs pesantes et grossières; tapissez la concavité de vapeurs légères ou subtiles, et vous aurez les astres, leurs faces obscures et lumineuses, avec leurs éclipses.

Le soleil, la lune et les autres astres n'ont pas plus de grandeur que nous ne leur en voyons.

Quelle différence de la logique et de la physique des anciens, et de leur morale! Ils en étoient à-peine à l'a b c de la nature, qu'ils avoient épuisé la connoissance de l'homme et de ses devoirs.

Morale d'Héraclite.

L'homme veut être heureux. Le plaisir est son but.

Ses actions sont bonnes, toutes les fois qu'en agissant il peut se considérer lui-même comme l'instrument des dieux.... *Quel principe!*

Il importe peu à l'homme, pour être heureux, de savoir beaucoup.

Il en sait assez, s'il se connoît et s'il se possède.

Que lui fera-t-on, s'il méprise la mort et la vie? Quelle différence si grande verra-t-il entre vivre et mourir, veiller et dormir, croître ou passer, s'il est convaincu que, sous quelque état qu'il existe, il suit la loi de la nature?

S'il y a bien réfléchi, la vie ne lui paroîtra qu'un état de mort; et son corps, le sépulcre de son ame.

Il n'y a rien ni à craindre, ni à souhaiter au-delà du trépas.

Celui qui sentira avec quelle absolue nécessité la santé succède à la maladie; la maladie, à la santé; le plaisir, à la peine; la peine, au plaisir; la satiété, au besoin; le besoin, à la satiété; le repos, à la fatigue; la fatigue, au repos; et ainsi de tous les états contraires, se consolera facilement du mal, et se réjouira avec modération dans le bien.

Il faut que le philosophe sache beaucoup. Il suffit à l'homme sage de savoir se commander.

Sur-tout, être vrai dans ses discours et dans ses actions.

Ce qu'on nomme le génie dans un homme, est un démon.

Nés avec du génie, ou nés sans génie, nous avons sous la main tout ce qu'il faut pour être heureux.

Il est une loi universelle, commune et divisée, dont toutes les autres sont émanées.

Gouverner les hommes, comme les dieux gouvernent le monde, où tout est nécessaire et bien.

Il faut avouer qu'il y a dans ces principes, je ne sais quoi de grand et de général, qui n'a pu sortir que d'ames fortes et vigoureuses, et qui ne peut germer que dans des ames de la même trempe. On y propose par-tout à l'homme, les dieux, la nature et l'universalité de ses loix.

Héraclite eut quelques disciples. Platon, jeune

alors, étudia la philosophie sous *Héraclite*, et retint ce qu'il en avoit appris sur la nature de la matière et du mouvement. On dit qu'Hippocrate et Zénon élevèrent aussi leurs systêmes aux dépens du sien.

Mais, jusqu'où Hippocrate s'est-il approprié les idées d'*Héraclite* ? c'est ce qu'il sera difficile de connoître, tant que les vrais ouvrages de ce père de la médecine demeureront confondus avec ceux qui lui sont faussement attribués.

Les traités où l'on voit Hippocrate abandonner l'expérience et l'observation pour se livrer à des hypothèses, sont suspects. Cet homme étonnant ne méprisoit pas la raison ; mais il paroît avoir eu beaucoup plus de confiance dans le témoignage de ses sens, et la connoissance de la nature et de l'homme. Il permettoit bien au médecin de se mêler de philosophie ; mais il ne pouvoit souffrir que le philosophe se mêlât de médecine. Il n'avoit garde de décider de la vie de son semblable d'après une idée systématique. Hippocrate ne fut, à proprement parler, d'aucune secte. « Celui, dit-il, qui ose
» parler ou écrire de notre art, et qui prétend rap-
» peler tous les cas à quelques qualités particuliè-
» res, telles que le sec et l'humide, le froid et le
» chaud, nous resserre dans des bornes trop étroi-
» tes : et ne cherchant dans l'homme qu'une ou
» deux causes générales de la vie ou de la mort,
» il faut qu'il tombe dans un grand nombre d'er-

» reurs ». Cependant la philosophie rationnelle ne lui étoit pas étrangère; et si l'on consent à s'en rapporter au livre des principes et des chairs, il sera facile d'appercevoir l'analogie et la disparité de ses principes et des principes d'*Héraclite*.

Physique d'Hippocrate.

A quoi bon, dit Hippocrate, s'occuper des choses d'en-haut? On ne peut tirer, de leur influence sur l'homme et sur les animaux, qu'une raison bien générale et bien vague de la santé et de la maladie, du bien et du mal, de la mort et de la vie.

Ce qui s'appelle le chaud, paroît immortel. Il comprend, voit, entend, et sent tout ce qui est et sera.

Au moment où la séparation des choses confuses se fit, une partie du chaud s'éleva, occupa les régions hautes, et servit d'enveloppe au tout. Une autre resta sédentaire, et forma la terre qui fut froide, sèche et variable. Une troisième se répandit dans l'espace intermédiaire, et constitua l'atmosphère: le reste lécha la surface de la terre, ou s'en éloigna peu; et ce furent les eaux et leurs exhalaisons.

De-là, Hippocrate, ou celui qui a parlé en son nom, passe à la formation de l'homme et des animaux, et à la production des os, des chairs, des nerfs et des autres organes du corps.

Selon cet auteur, la lumière s'unit à tout, et domine.

Rien ne naît, et rien ne périt. Tout change et s'altère.

Il ne s'engendre aucun nouvel animal, aucun être nouveau.

Ceux qui existent, s'accroissent, demeurent et passent.

Rien ne s'ajoute au tout; rien n'en est retranché. Chaque chose est coordonnée au tout; et le tout l'est à chaque chose.

Il est une nécessité universelle, commune et divine, qui s'étend indistinctement à ce qui a volonté, et à ce qui ne l'a pas.

Dans la vicissitude générale, chaque être subit sa destinée; et la génération et la destruction sont un même fait, vu sous deux aspects différens.

Une chose s'accroit-elle, il faut qu'une autre diminue, ame ou corps.

Des parties d'un tout qui se résout, il y en a qui passent dans l'homme. Ce sont des amas ou de feu seul, ou d'eau seule, ou d'eau et de feu.

La chaleur a trois mouvemens principaux; ou elle se retire du dehors au-dedans; ou elle se porte du dedans au-dehors; ou elle reste et circule avec les humeurs. De-là le sommeil, la veille; l'acroissement, la diminution; la santé, la maladie; la mort, la vie; la folie, la sagesse; l'intelligence, la stupidité; l'action, le repos.

Le chaud préside à tout ; jamais il ne se repose.

L'ordre de la nature est des dieux. Ils font tout ; et tout ce qu'ils font est nécessaire et bien.

On demande, d'après ces principes, s'il faut compter Hippocrate au nombre des sectateurs de l'athéisme ? Nous aimons mieux imiter la modération de Mosheim, et laisser cette question indécise, que d'ajouter ce nom célèbre à tant d'autres.

HOBBISME,

OU PHILOSOPHIE DE HOBBES.

Nous diviserons cet article en deux parties : dans la première, nous donnerons un abrégé de la vie de *Hobbes*; dans la seconde, nous exposerons les principes fondamentaux de sa philosophie.

Thomas *Hobbes* naquit en Angleterre, à Malmesbury, le 5 avril 1588 ; son père étoit un ecclésiastique obscur de ce lieu. La flotte, que Philippe II, roi d'Espagne, avoit envoyée contre les anglois, et qui fut détruite par les vents, tenoit alors la nation dans une consternation générale. Les couches de la mère de *Hobbes* en furent accélérées ; et elle mit au monde cet enfant avant terme.

On l'appliqua de bonne heure à l'étude : malgré la foiblesse de sa santé, il surmonta avec une facilité surprenante, les difficultés des langues savantes ; et il avoit traduit en vers latins la Médée d'Euripide, dans un âge où les autres enfans connoissent à-peine le nom de cet auteur.

On l'envoya, à quatorze ans, à l'université d'Oxford, où il fit ce que nous appelons *la philosophie*; de-là il passa dans la maison de Guillaume Cavendish, baron de Hardwick, et peu de temps après comte de Dévonshire, qui lui confia l'éducation de son fils aîné.

La douceur de son caractère, et les progrès de son élève, le rendirent cher à toute la famille, qui le choisit pour accompagner le jeune comte dans ses voyages. Il parcourut la France et l'Italie, recherchant le commerce des hommes célèbres, et étudiant les loix, les usages, les coutumes, les mœurs, le génie, la constitution, les intérêts et le goût de ces deux nations.

De retour en Angleterre, il se livra tout entier à la lecture des lettres, et aux méditations de la philosophie. Il avoit pris en aversion, et les choses qu'on enseignoit dans les écoles, et la manière de les enseigner. Il n'y voyoit aucune application à la conduite générale ou particulière des hommes. La logique et la métaphysique des péripatéticiens ne lui paroissoit qu'un tissu de niaiseries difficiles; leur morale, qu'un sujet de disputes vides de sens; et leur physique, que des rêveries sur la nature et ses phénomènes.

Avide d'une pâture plus solide, il revint à la lecture des anciens; il dévora leurs philosophes, leurs poëtes, leurs orateurs, et leurs historiens; ce fut alors qu'on le présenta au chancelier Bacon, qui l'admit dans la société des grands hommes dont il étoit environné. Le gouvernement commençoit à pencher vers la démocratie; et notre philosophe, effrayé des maux qui accompagnent toujours les grandes révolutions, jeta les fondemens de son système politique; il croyoit de bonne-foi que la voix d'un philosophe pouvoit se faire entendre au milieu des clameurs d'un peuple rebelle.

Il se repaissoit de cette idée aussi séduisante que vaine; et il écrivoit, lorsqu'il perdit dans la personne de son élève, son protecteur et son ami : il avoit alors quarante ans, temps où l'on pense à l'avenir. Il étoit sans fortune; un moment avoit renversé toutes ses espérances. Gervaise Clifton le sollicitoit de suivre son fils dans ses voyages; et il y consentit : il se chargea ensuite de l'éducation d'un fils de la comtesse de Dévonshire, avec lequel il revit encore la France et l'Italie.

C'est au milieu de ces distractions, qu'il s'instruisit dans les mathématiques, qu'il regardoit comme les seules sciences capables d'affermir le jugement; il pensoit déjà que tout s'exécute par des loix mécaniques; et que c'étoit dans les propriétés seules de la matière et du mouvement, qu'il falloit chercher la raison des phénomènes des corps brutes et des êtres organisés.

A l'étude des mathématiques, il fit succéder celle

de l'histoire naturelle et de la physique expérimentale. Il étoit alors à Paris, où il se lia avec Gassendi, qui travailloit à rappeler de l'oubli la philosophie d'Epicure. Un système, où l'on explique tout par du mouvement et des atomes, ne pouvoit manquer de plaire à *Hobbes;* il l'adopta, et en étendit l'application des phénomènes de la nature aux sensations et aux idées. Gassendi disoit de *Hobbes,* qu'il ne connoissoit guère d'ame plus intrépide, d'esprit plus libre de préjugés, d'homme qui pénétrât plus profondément dans les choses : et l'historien de *Hobbes* a dit du P. Mersenne, que son état de religieux ne l'avoit point empêché de chérir le philosophe de Malmesbury, ni de rendre justice aux mœurs et aux talens de cet homme, quelque différence qu'il y eût entre leur communion et leurs principes.

Ce fut alors que *Hobbes* publia son livre du *Citoyen;* l'accueil que cet ouvrage reçut du public, et les conseils de ses amis, l'attachèrent à l'étude de l'homme et des mœurs.

Ce sujet intéressant l'occupoit, lorsqu'il partit pour l'Italie. Il fit connoissance à Pise avec le célèbre Galilée. L'amitié fut étroite et prompte entre ces deux hommes. La persécution acheva de resserrer dans la suite les liens qui les unissoient.

Les troubles, qui devoient bientôt arroser de sang l'Angleterre, étoient sur-le-point d'éclater. Ce fut dans ces circonstances qu'il publia son

Leviathan : cet ouvrage fit grand bruit ; c'est-à-dire, qu'il eut peu de lecteurs, quelques défenseurs, et beaucoup d'ennemis. *Hobbes* y disoit :
« Point de sûreté, sans la paix ; point de paix, sans
» un pouvoir absolu ; point de pouvoir absolu, sans
» les armes ; point d'armes, sans impôts ; et la
» crainte des armes n'établira point la paix, si une
» crainte plus terrible que celle de la mort excite
» les esprits. Or, telle est la crainte de la damna-
» tion éternelle. Un peuple sage commencera donc
» par convenir des choses nécessaires au salut ».

« Sine pace impossibilem esse incolumitatem :
» sine imperio, pacem ; sine armis, imperium ; sine
» opibus in unam manum collatis, nihil valent
» arma ; neque metu armorum quicquam ad pa-
» cem proficere illos, quos ad pugnandum conci-
» tat malum morte magis formidandum. Nempè
» dùm consensum non sit de iis rebus quæ ad
» felicitatem æternam necessariæ credantur,
» pacem inter cives esse non posse ».

Tandis que des hommes de sang faisoient retentir les temples de la doctrine meurtrière des rois, distribuoient des poignards aux citoyens pour s'entr'égorger, et prêchoient la rebellion et la rupture du pacte civil, un philosophe leur disoit : « Mes amis, mes concitoyens, écoutez-moi : ce
» n'est point votre admiration ni vos éloges que je
» cherche ; c'est de votre bien, c'est de vous-
» mêmes que je m'occupe. Je voudrois vous éclai-

» rer sur des vérités qui vous épargneroient des
» crimes : je voudrois que vous conçussiez que tout
» a ses inconvéniens ; et que ceux de votre gou-
» vernement sont bien moindres que les maux que
» vous vous préparez. Je souffre avec impatience
» que des hommes ambitieux vous abusent, et
» cherchent à cimenter leur élévation de votre
» sang. Vous avez une ville et des loix ; est-ce
» d'après les suggestions de quelques particuliers,
» ou d'après votre bonheur commun, que vous
» devez estimer la justice de vos démarches ? Mes
» amis, mes concitoyens, arrêtez, considérez les
» choses ; et vous verrez que ceux qui prétendent
» se soustraire à l'autorité civile, écarter d'eux la
» portion du fardeau public, et cependant jouir
» de la ville, en être défendus, protégés, et vivre
» tranquilles à l'ombre de ses remparts, ne sont
» point vos concitoyens, mais vos ennemis ; et
» vous ne croirez point stupidement ce qu'ils ont
» l'impudence et la témérité de vous annoncer
» publiquement ou en secret, comme la volonté
» du ciel et la parole de Dieu ».

« Feci non eo concilio ut laudarer, sed vestri
» causâ, qui cùm doctrinam quam affero, cogni-
» tam et perspectam haberetis, sperabam fore ut
» aliqua incommoda in re familiari, quoniam res
» humanæ sine incommodo esse non possunt,
» æquo animo ferre, quam reipublicæ statum
» conturbare malletis. Ut justitiam earum rerum,

» quas facere cogitatis, non sermone vel concilio
» privatorum, sed legibus civitatis metientes, non
» amplius sanguine vestro ad suam potentiam
» ambitiosos homines abuti pateremini. Ut statu
» præsenti, licet non optimo, vos ipsos frui ;
» quam bello excitato, vobis interfectis, vel ætate
» consumptis, alios homines alio sæculo statum
» habere reformatiorem satius duceretis. Præterea
» qui magistratui civili subditos sese esse nolunt,
» onerumque publicorum immunes esse volunt,
» in civitate tamen esse, atque ab eâ protegi et vi
» et injuriis postulant, ne illos cives, sed hostes
» exploratoresque putaretis ; neque omnia, quæ illi
» pro verbo Dei vobis vel palàm, vel secretò
» proponunt, temerè reciperetis ».

Il ajoute les choses les plus fortes contre les parricides, qui rompent le lien qui attache le peuple à son roi, et le roi à son peuple ; et qui osent avancer qu'un souverain soumis aux loix comme un simple sujet, plus coupable encore par leur infraction, peut être jugé et condamné.

Le *Citoyen* et le *Léviathan* tombèrent entre les mains de Descartes, qui y reconnut du premier coup-d'œil le zèle d'un citoyen fortement attaché à son roi et à sa patrie, et la haine de la sédition et des séditieux.

Quoi de plus naturel à l'homme de lettres, au philosophe, que les dispositions pacifiques ? Qui est celui d'entre nous, qui ignore que point de philosophie, sans repos; point de repos, sans paix ; point de paix, sans soumission au-dedans, et sans crédit au-dehors ?

Cependant le parlement étoit divisé d'avec la cour ; et le feu de la guerre civile s'allumoit de toutes parts. *Hobbes*, défenseur de la majesté souveraine, encourut la haine des démocrates. Alors voyant les loix foulées aux pieds, le trône chancelant, les hommes entraînés, comme par un vertige général, aux actions les plus atroces, il pensa que la nature humaine étoit mauvaise; et de-là toute sa fable ou son histoire de l'état de nature. Les circonstances firent sa philosophie : il prit quelques accidens momentanés pour les règles invariables de la nature ; et il devint l'agresseur de l'humanité, et l'apologiste de la tyrannie.

Cependant, au mois de novembre 1611, il y eut une assemblée générale de la nation ; on en espéroit tout pour le roi : on se trompa ; les esprits s'aigrirent de plus en plus, et *Hobbes* ne se crut plus en sûreté.

Il se retire en France ; il y retrouve ses amis ; il en est accueilli ; il s'occupe de physique, de mathématiques, de philosophie, de belles-lettres et de politique : le cardinal de Richelieu étoit à la tête du ministère, et sa grande ame échauffoit toutes les autres.

Mersenne, qui étoit comme un centre commun où aboutissoient tous les fils qui lioient les philosophes entre eux, met le philosophe anglais en correspondance avec Descartes. Deux esprits aussi impérieux n'étoient pas faits pour être long-temps d'accord. Descartes venoit de proposer ses loix du mouvement. *Hobbes* les attaqua. Descartes avoit envoyé à Mersenne ses méditations sur l'esprit, la matière, Dieu, l'ame humaine, et les autres points les plus importans de la métaphysique. On les communiqua à *Hobbes*, qui étoit bien éloigné de convenir que la matière étoit incapable de penser. Descartes avoit dit : « Je pense, donc » je suis ». *Hobbes* disoit : » Je pense, donc la ma- » tière peut penser ». = Ex hoc primo axiomate » quod Cartesius statuminaverat, ego cogito, » ergo sum, concludebat rem cogitantem esse » corporeum quid ». Il objectoit encore à son adversaire, que, quelque fût le sujet de la pensée, il ne se présentoit jamais à l'entendement que sous une forme corporelle.

Malgré la hardiesse de sa philosophie, il vivoit à Paris, tranquille ; et lorsqu'il fut question de donner au prince de Galles un maître de mathématiques, ce fut lui qu'on choisit parmi un grand nombre d'autres qui envioient la même place.

Il eut une autre querelle philosophique avec Bramhall, évêque de Derry. Il s'étoient entretenus ensemble chez l'évêque de Newcastle, de la liberté, de la nécessité, du destin et de son effet sur les actions humaines. Bramhall envoya à *Hobbes* une dissertation manuscrite sur cette matière. *Hobbes* y répondit : il avoit exigé que sa réponse ne fût point publiée, de peur que les esprits peu familiarisés avec ses principes n'en fussent effarouchés. Bramhall répliqua. *Hobbes* ne resta pas en reste avec son antagoniste. Cependant les pièces de cette dispute parurent, et produisirent l'effet que *Hobbes* en craignoit. On y lisoit que c'étoit au souverain à prescrire au peuple ce qu'il falloit croire de Dieu et des choses divines ; que Dieu ne devoit être appelé juste, qu'en ce qu'il n'y avoit aucun être plus puissant qui pût lui commander, le contraindre et le punir de sa désobéissance ; que son droit de régner, de punir, n'étoit fondé que sur l'irrésistibilité de sa puissance ; qu'ôté cette condition, ensorte qu'un seul, ou tous réunis pussent le contraindre, ce droit se réduisoit à rien ; qu'il n'étoit pas plus la cause des bonnes actions que des mauvaises ; mais que c'est par sa volonté seule qu'elles sont mauvaises ou bonnes ; et qu'il peut rendre coupable celui qui ne l'est point, et punir et damner sans injustice celui même qui n'a pas péché.

Toutes ces idées sur la souveraineté et la justice de Dieu, sont les mêmes que celles qu'il établissoit sur la souveraineté et la justice des rois. Il les avoit transportées du temporel au spirituel ; et les théologiens en concluoient que, selon lui, il n'y avoit ni justice, ni injustice absolue ; que les actions ne plaisent pas à Dieu, parce qu'elles sont bien ; mais qu'elles sont bien, parce qu'il lui plaît ; et que la vertu, tant dans ce monde que dans l'autre, consiste à faire la volonté du plus fort qui commande, et à qui on ne peut s'opposer avec avantage.

En 1649, il fut attaqué d'une fièvre dangereuse. Le P. Mersenne, que l'amitié avoit attaché à côté de son lit, crut devoir lui parler alors de l'église catholique et de son autorité. « Mon Père, » lui répondit *Hobbes*, je n'ai pas attendu ce » moment pour penser à cela ; et je ne suis guère » en état d'en disputer ; vous avez des choses plus » agréables à me dire. Y a-t-il long-temps que » vous n'avez vu Gassendi » ? = Mi pater, hæc » omnia jamdudùm mecum disputavi, eadem dis- »*putare nunc molestum erit; habes quæ dicas » amæniora ? Quando vidisti Gassendum » ? Le bon religieux conçut que le philosophe étoit résolu de mourir dans la religion de son pays, ne le pressa pas davantage ; et *Hobbes* fut administré selon le rite de l'église anglicane.

Il guérit de cette maladie ; et l'année suivante il publia ses traités de la nature humaine et du corps politique. Sethus Wardus, célèbre professeur en astronomie à Séville, et dans la suite évêque de Salisbury, publia contre lui une espèce de satyre, où l'on ne voit qu'une chose ; c'est que cet homme, quelque habile qu'il fût d'ailleurs, réfutoit une philosophie qu'il n'entendoit pas, et croyoit remplacer de bonnes raisons par de mauvaises plaisanteries. Richard Stéele, qui se connoissoit en ouvrages de littérature et de philosophie, regardoit ces derniers comme les plus parfaits que notre philosophe eût composés.

Cependant, à-mesure qu'il acquéroit de la réputation, il perdoit de son repos ; les imputations se multiplioient de toutes parts ; on l'accusa d'avoir passé du parti du roi dans celui de l'usurpateur. Cette calomnie prit faveur ; il ne se crut pas en sûreté à Paris, où ses ennemis pouvoient tout ; et il retourna en Angleterre, où il se lia avec deux hommes célèbres, Harvée et Selden. La famille de Dévonshire lui accorda une retraite ; et ce fut loin du tumulte et des factions qu'il composa sa logique, sa physique, son livre des principes ou élémens des corps ; sa géométrie ; et son traité de l'homme, de ses facultés, de leurs objets, de ses passions, de ses appétits, de l'imagination, de la mémoire, de la raison du juste, de l'injuste, de l'honnête, du deshonnête, etc.

En 1660, la tyrannie fut accablée, le repos rendu à l'Angleterre, Charles rappelé au trône, la face des choses changée ; et *Hobbes* abandonna sa campagne, et reparut.

Le monarque, à qui il avoit autrefois montré les mathématiques, le reconnut, l'accueillit, et passant un jour proche de la maison qu'il habitoit, le fit appeler, le caressa, et lui présenta sa main à baiser.

Il suspendit un moment, ses études philosophiques, pour s'instruire des loix de son pays; et il en a laissé un commentaire manuscrit qui est estimé.

Il croyoit la géométrie défigurée par des paralogismes : la plupart des problèmes, tels que la quadrature du cercle, la trisection de l'angle, la duplication du cube, n'étoient insolubles, selon lui, que parce que les notions qu'on avoit du rapport, de la quantité, du nombre, du point, de la ligne, de la surface, et du solide, n'étoient pas les vraies; et il s'occupa à perfectionner les mathématiques, dont il avoit commencé l'étude trop tard, et qu'il ne connoissoit pas assez pour en être un réformateur.

Il eut l'honneur d'être visité par Cosme de Médicis, qui recueillit ses ouvrages, et les transporta avec son buste dans la célèbre bibliothèque de sa maison.

Hobbes étoit alors parvenu à la vieillesse la plus avancée; et tout sembloit lui promettre de la tranquillité dans ses derniers momens; cependant il n'en fut pas ainsi. La jeunesse, avide de sa doctrine, s'en repaissoit; elle étoit devenue l'entretien des gens du monde, et la dispute des écoles. Un jeune bachelier, dans l'université de Cambridge, appelé *Scargil*, eut l'imprudence d'en insérer quelques propositions dans une thèse, et de soutenir que le droit du souverain n'étoit fondé que sur la force ; que la sanction des loix civiles fait toute la moralité des actions ; que les livres saints n'ont force de loi dans l'état que par la volonté du magistrat ; et qu'il faut obéir à cette volonté, que ses arrêts soient conformes ou non à ce qu'on regarde comme la loi divine.

Le scandale, que cette thèse excita, fut général ; la puissance ecclésiastique appela à son secours l'autorité séculière : on poursuivit le jeune bachelier ; on impliqua *Hobbes* dans cette affaire. Le philosophe eut beau réclamer, prétendre et démontrer que Scargil ne l'avoit point entendu ; on ne l'écouta pas : la thèse fut lacérée ; Scargil perdit son grade ; et *Hobbes* resta chargé de tout l'odieux d'une aventure, dont on jugera mieux après l'exposition de ses principes.

Las du commerce des hommes, il retourna à la campagne, qu'il eût bien fait de ne pas quitter ; et il s'amusa des mathématiques, de la poésie et de la physique. Il traduisit en vers les ouvrages d'Homère, à l'âge de quatre-vingt-dix ans ; il écrivit contre l'évêque Laney, sur la liberté ou la nécessité des actions humaines ; il publia son décaméron physiologique ; et il acheva l'histoire de la guerre civile.

Le roi, à qui cet ouvrage avoit été présenté manuscrit, le désapprouva ; cependant il parut ; et *Hobbes* craignit de cette indiscrétion quelques nouvelles persécutions, qu'il eût sans-doute essuyées, si sa mort ne les eût prévenues. Il fut attaqué, au mois d'octobre 1679, d'une rétention d'urine, qui fut suivie d'une paralysie sur le côté droit, qui lui ôta la parole, et qui l'emporta peu de jours après. Il mourut âgé de quatre-vingt-onze ans ; il étoit né avec un tempérament foible qu'il avoit fortifié par l'exercice et la sobriété ; il vécut dans le célibat, sans être toute-fois ennemi du commerce des femmes.

Les hommes de génie ont communément, dans le cours de leurs études, une marche particulière qui les caractérise. *Hobbes* publia d'abord son ouvrage du *Citoyen* : au-lieu de répondre aux critiques qu'on en fit, il composa son traité de *l'homme ;* du traité de l'homme, il s'éleva à l'examen de la nature animale ; de-là il passa à l'étude de la physique ou des phénomènes de la nature, qui le conduisirent à la recherche des propriétés générales de la matière, et de l'enchaînement universel des causes et des effets. Il termina ces différens traités par sa logique et ses livres de mathématiques ; ces différentes productions ont été rangées dans un ordre renversé. Nous allons en exposer les principes, avec la précaution de citer le texte par-tout où la superstition, l'ignorance et la calomnie, qui semblent s'être réunies pour attaquer cet ouvrage, seroient tentées de nous attribuer des sentimens dont nous ne sommes que les historiens.

Philos. anc. et mod. TOME I. T

Principes élémentaires et généraux.

Les choses qui n'existent point hors de nous, deviennent l'objet de notre raison ; ou, pour parler la langue de notre philosophe, sont intelligibles et *comparables*, par les noms que nous leur avons imposés. C'est ainsi que nous discourons des fantômes de notre imagination, dans l'absence même des choses réelles, d'après lesquelles nous avons imaginé.

L'espace est un fantôme d'une chose existante, *phantasma rei existentis*, abstraction faite de toutes les propriétés de cette chose, à l'exception de celle de paroître hors de celui qui imagine.

Le temps est un fantôme du mouvement, considéré sous le point de vue qui nous y fait discerner priorité et postériorité, ou succession.

Un espace est partie d'un espace ; un temps est partie d'un temps, lorsque le premier est contenu dans le second, et qu'il y a plus dans celui-ci.

Diviser un espace ou un temps, c'est y discerner une partie, puis une autre, puis une troisième; et ainsi de suite.

Un espace, un temps sont un, lorsqu'on les distingue en d'autres temps et d'autres espaces.

Le nombre est l'addition d'une unité à une unité, à une troisième ; et ainsi de suite.

Composer un espace ou un temps, c'est, après un espace ou un temps, en considérer un second ;

un troisième, un quatrième; et regarder tous ces temps ou espaces comme un seul.

Le tout est ce qu'on a engendré par la composition; les parties, ce qu'on retrouve par la division.

Point de vrai tout, qui ne s'imagine comme composé des parties dans lesquelles il puisse se résoudre.

Deux espaces sont contigus, s'il n'y a point d'espace entre eux.

Dans un tout composé de trois parties, la partie moyenne est celle qui en a deux contiguës; et les deux extrêmes sont contiguës à la moyenne.

Un temps, un espace est fini en puissance, quand on peut assigner un nombre de temps ou d'espaces finis qui le mesurent exactement ou avec excès.

Un espace, un temps est infini en puissance, quand on ne peut assigner un nombre d'espaces ou de temps finis qui le mesurent, et qu'il n'excède.

Tout ce qui se divise, se divise en parties divisibles; et ces parties, en d'autres parties divisibles; donc il n'y a point de divisible, qui soit le plus petit divisible.

J'appelle *corps*, ce qui existe indépendamment de ma pensée, coétendu, ou coïncident avec quelque partie de l'espace.

L'accident est une propriété du corps, avec laquelle on l'imagine, ou qui entre nécessairement dans le concept qu'il nous imprime.

L'étendue d'un corps, ou sa grandeur indépendante de notre pensée, c'est la même chose.

L'espace coincident avec la grandeur d'un corps, est le lieu du corps; le lieu forme toujours un solide; son étendue diffère de l'étendue du corps; il est terminé par une surface coincidente avec la surface du corps.

L'espace occupé par un corps est un espace plein; celui qu'un corps n'occupe point est un espace vide.

Les corps entre lesquels il n'y a point d'espace, sont contigus; les corps contigus qui ont une partie commune, sont contigus; et il y a pluralité, s'il y a continuité entre des contigus quelconques.

Le mouvement est le passage continu d'un lieu dans un autre.

Se reposer, c'est rester un temps quelconque dans un même lieu; s'être mu, c'est avoir été dans un autre lieu que celui qu'on occupe.

Deux corps sont égaux, s'ils peuvent remplir un même lieu.

L'étendue d'un corps un et le même, est une et la même.

Le mouvement de deux corps égaux est égal, lorsque la vîtesse considérée dans toute l'étendue de l'un est égale à la vîtesse considérée dans toute l'étendue de l'autre.

La quantité de mouvement considérée sous cet aspect, s'appelle aussi *force*.

Ce qui est en repos est conçu devoir y rester toujours, sans la supposition d'un corps qui trouble le repos.

Un corps ne peut s'engendrer, ni périr; il passe sous divers états successifs auxquels nous donnons différens noms : ce sont les accidens du corps, qui commencent et finissent; c'est improprement qu'on dit qu'ils se *meuvent*.

L'accident qui donne le nom à son sujet, est ce qu'on appelle l'*essence*.

La matière première, ou le corps considéré en général, n'est qu'un mot.

Un corps agit sur un autre, lorsqu'il y produit ou détruit un accident.

L'accident, ou dans l'agent, ou dans le patient, sans lequel l'effet ne peut être produit, *causa sine quâ non*, est nécessaire par hypothèse.

De l'aggrégat de tous les accidens, tant dans l'agent que dans le patient, on conclut la nécessité d'un effet ; et, réciproquement, on conclut du défaut d'un seul accident, soit dans l'agent, soit dans le patient, l'impossibilité de l'effet.

L'aggrégat de tous les accidens nécessaires à la production de l'effet, s'appelle, dans l'agent, cause complète, *causa simpliciter*.

La cause simple ou complète s'appelle, après la production de l'effet, *cause efficiente* dans l'agent, *cause matérielle* dans le patient : où l'effet est nul, la cause est nulle.

La cause complète a toujours son effet; au moment où elle est entière, l'effet est produit et est nécessaire.

La génération des effets est continue.

Si les agens et les patiens sont les mêmes, et disposés de la même manière, les effets seront les mêmes en différens temps.

Le mouvement n'a de cause que dans le mouvement d'un corps contigu.

Tout changement est mouvement.

Les accidens, considérés relativement à d'autres qui les ont précédés, et sans aucune dépendance d'effet et de cause, s'appellent *contingens*.

La cause est à l'effet comme la puissance à l'acte, ou plutôt c'est la même chose.

Au moment où la puissance est entière et pleine, l'acte est produit.

La puissance active et la puissance passive ne sont que les parties de la puissance entière et pleine.

L'acte, à la production duquel il n'y aura jamais de puissance pleine et entière, est impossible.

L'acte qui n'est pas impossible, est nécessaire; de ce qu'il est possible qu'il soit produit, il le sera; autrement il seroit impossible.

Ainsi, tout acte futur l'est nécessairement.

Ce qui arrive, arrive par des causes nécessaires; et il n'y a d'effets contingens que relativement à d'autres effets avec lesquels les premiers n'ont ni liaison, ni dépendance.

La puissance active consiste dans le mouvement.

La cause formelle ou l'essence, la cause finale ou le terme, dépendent des causes efficientes.

Connoître l'essence, c'est connoître la chose; l'un suit de l'autre.

Deux corps diffèrent, si l'on peut dire de l'un quelque chose qu'on ne puisse dire de l'autre au moment où on les compare.

Tous les corps diffèrent numériquement.

Le rapport d'un corps à un autre consiste dans leur égalité ou inégalité, similitude ou différence.

Le rapport n'est point un nouvel accident; mais une qualité de l'un et de l'autre corps, avant la comparaison qu'on en fait.

Les causes des accidens des deux corrélatifs, sont les causes de la corrélation.

L'idée de quantité naît de l'idée de limites.

Il n'y a grand et petit, que par comparaison.

Le rapport est une évaluation de la quantité par comparaison; et la comparaison est arithmétique ou géométrique.

L'effort, ou *nisus*, est au mouvement par un espace et par un temps moindres qu'aucuns donnés.

L'*impetus*, ou la quantité de l'effort, c'est la

vîtesse même considérée au moment du transport.

La résistance est l'opposition de deux efforts ou *nisus*, au moment du contact.

La force est l'*impetus* multiplié, ou par lui-même, ou par la grandeur du mobile.

La grandeur et la durée du tout nous sont cachées pour jamais.

Il n'y a point de vide absolu dans l'univers.

La chûte des graves n'est point en eux la suite d'un appétit, mais l'effet d'une action de la terre sur eux.

La différence de la gravitation naît de la différence des actions ou efforts excités sur les parties élémentaires des graves.

Il y a deux manières de procéder en philosophie ; ou l'on descend de la génération aux effets possibles ; ou l'on remonte des effets aux générations possibles.

Après avoir établi ces principes communs à toutes les parties de l'univers, *Hobbes* passe à la considération de la portion qui sent, ou l'animal; et de celle-ci, à celle qui réfléchit et pense, ou l'homme.

De l'animal.

La sensation dans celui qui sent, est le mouvement de quelques-unes de ses parties.

La cause immédiate de la sensation est dans l'objet qui affecte l'organe.

La définition générale de la sensation est donc l'application de l'organe à l'objet extérieur ; il y a entre l'un et l'autre une réaction, d'où naît l'empreinte ou le fantôme.

Le sujet de la sensation est l'être qui sent ; son objet, l'être qui se fait sentir ; le fantôme est l'effet.

On n'éprouve point deux sensations à-la-fois.

L'imagination est une sensation languissante, qui s'affoiblit par l'éloignement de l'objet.

Le réveil des fantômes, dans l'être qui sent, constate l'activité de son ame ; il est commun à l'homme et à la bête.

Le songe est un fantôme de celui qui dort.

La crainte, la conscience du crime, la nuit, les lieux sacrés, les contes qu'on a entendus, réveillent en nous des fantômes qu'on a nommés *spectres* ; c'est en réalisant nos spectres hors de nous, par des noms vides de sens, que nous est venue l'idée d'incorporéité. « Et metus, et scelus, et conscientia,
» et nox, et loca consecrata, adjuta apparitionum
» historiis phantasmata horribilia etiam vigilanti-
» bus excitant, quæ spectrorum et substantiarum
» incorporearum nomina pro veris rebus impo-
» nunt ».

Il y a des sensations d'un autre genre ; c'est le plaisir et la peine. Ils consistent dans le mouvement continu qui se transmet de l'extrémité d'un organe vers le cœur.

Le désir et l'aversion sont les causes du premier effort animal ; les esprits se portent dans les nerfs ou s'en retirent ; les muscles se gonflent ou se relâchent ; les membres s'étendent ou se replient ; et l'animal se meut ou s'arrête.

Si le désir est suivi d'un enchaînement de fantômes, l'animal pense, délibère, veut.

Si la cause du désir est pleine et entière, l'animal veut nécessairement : vouloir, ce n'est pas être libre, c'est tout au plus être libre de faire ce que l'on veut, mais non de vouloir. « Causâ appe-
» titûs existente integrâ, necessariò sequitur vo-
» luntas ; adeoque voluntati libertas à necessitate
» non convenit ; concedi tamen potest libertas fa-
» ciendi ea quæ volumus ».

De l'homme.

Le discours est un tissu artificiel de voix instituées par les hommes, pour se communiquer la suite de leurs concepts.

Les signes, que la nécessité de la nature nous suggère ou nous arrache, ne formeront point une langue.

La science et la démonstration naissent de la connoissance des causes.

La démonstration n'a lieu qu'aux occasions où les

causes sont en notre pouvoir. Dans le reste, tout ce que nous démontrons, c'est que la chose est possible.

Les causes du désir et de l'aversion, du plaisir et de la peine, sont les objets mêmes des sens. Donc s'il est libre d'agir, il ne l'est pas de haïr ou de désirer.

On a donné aux choses le nom de *bonnes*, lorsqu'on les désire; de *mauvaises*, lorsqu'on les craint.

Le bien est apparent ou réel. La conservation d'un être est pour lui un bien réel, le premier des biens; sa destruction un mal réel, le premier des maux.

Les affections ou troubles de l'ame sont des mouvemens alternatifs de désir et d'aversion, qui naissent des circonstances, et qui balottent notre ame incertaine.

Le sang se porte avec vîtesse aux organes de l'action, en revient avec promptitude; l'animal est prêt à se mouvoir; l'instant suivant, il est retenu; et cependant il se réveille en lui une suite de fantômes alternativement effrayans et terribles.

Il ne faut pas rechercher l'origine des passions ailleurs que dans l'organisation, le sang, les fibres, les esprits, les humeurs, etc.

Le caractère naît du tempérament, de l'expérience, de l'habitude, de la prospérité, de l'adversité, des réflexions, des discours, de l'exemple, des circonstances. Changez ces choses; et le caractère changera.

Les mœurs sont formées, lorsque l'habitude a passé dans le caractère, et que nous nous soumettons sans peine et sans effort aux actions qu'on exige de nous. Si les mœurs sont bonnes, on les appelle *vertus* ; *vices*, si elles sont mauvaises.

Mais tout n'est pas également bon ou mauvais pour tous. Les mœurs, qui sont vertueuses au jugement des uns, sont vicieuses au jugement des autres.

Les loix de la société sont donc la seule mesure commune du bien et du mal, des vices et des vertus. On n'est vraiment bon ou vraiment méchant, que dans sa ville. « Nisi in vitâ civili virtu- » tum et vitiorum communis mensura non inve- » nitur. Quæ mensura ob eam causam alia esse non » potest præter unius cujusque civitatis leges ».

Le culte extérieur qu'on rend sincèrement à Dieu, est ce que les hommes ont appelé *religion*.

La foi qui a pour objet les choses qui sont au-dessus de notre raison, n'est, sans un miracle, qu'une opinion fondée sur l'autorité de ceux qui nous parlent. En fait de religion, un homme ne peut exiger de la croyance d'un autre, que d'après miracle. « Homini privato sine miraculo fides ha- » beri in religionis actu non potest ».

Au défaut de miracles, il faut que la religion reste abandonnée aux jugemens des particuliers, ou qu'elle se soutienne par les loix civiles.

Ainsi la religion est une affaire de législation, et non de philosophie. C'est une convention publique

qu'il faut remplir, et non disputer. « Quod si reli-
» gio ab hominibus privatis non dependet, tunc
» oportet, cessantibus miraculis, ut dependeat à
» legibus. Philosophia non est, sed in omni civitate
» lex non disputanda, sed implenda ».

Point de culte public, sans cérémonies; car, qu'est-ce qu'un culte public, si-non une marque extérieure de la vénération que tous les citoyens portent au dieu de la patrie; marque prescrite, selon les temps et les lieux, par celui qui gouverne?
» Cultus publicus signum honoris Deo exhibiti,
» idque locis et temporibus constitutis à civitate,
» Non à natura operis tantùm, sed ab arbitrio
» civitatis pendet »,

C'est à celui qui gouverne, à décider de ce qui convient ou non dans cette branche de l'administration, ainsi que dans toute autre. Les signes de la vénération des peuples envers leur Dieu ne sont pas moins subordonnés à la volonté du maître qui commande, qu'à la nature de la chose.

Voilà les propositions sur lesquelles le philosophe de Malmesbury se proposoit d'élever le système qu'il nous présente dans l'ouvrage qu'il a intitulé le *Léviathan*, et que nous allons analyser.

Du *Léviathan* de Hobbes.

Point de notions dans l'ame, qui n'aient préexisté dans la sensation.

Le sens est l'origine de tout. L'objet qui agit sur

le sens, l'affecte et le presse, est la cause de la sensation.

La réaction de l'objet sur le sens, et du sens sur l'objet, est la cause des fantômes.

Loin de nous ces simulacres imaginaires qui s'émanent des objets, passent en nous, et s'y fixent.

Si un corps se meut, il continuera de se mouvoir éternellement, si un mouvement différent ou contraire ne s'y oppose. Cette loi s'observe dans la matière brute et dans l'homme.

L'imagination est une sensation qui s'appaise et s'évanouit par l'absence de son objet, et par la présence d'un autre.

Imagination, mémoire, même qualité sous deux noms différens. Imagination, s'il reste dans l'être sentant, image ou fantôme; mémoire, si, le fantôme s'évanouissant, il ne reste qu'un mot.

L'expérience est la mémoire de beaucoup de choses.

Il y a l'imagination simple et l'imagination composée, qui diffèrent entre elles, comme le mot et le discours, une figure et un tableau.

Les fantômes les plus bizarres que l'imagination compose dans le sommeil, ont préexisté dans la sensation. Ce sont des mouvemens confus et tumultueux des parties intérieures du corps, qui, se succédant et se combinant d'une infinité de manières diverses, engendrent la variété des songes.

Il est difficile de distinguer les fantômes du rêve,

des fantômes du sommeil ; et les uns et les autres, de la présence de l'objet, lorsqu'on passe du sommeil à la veille sans s'en appercevoir, ou lorsque dans la veille l'agitation des parties du corps est très-violente. Alors Marcus Brutus croira qu'il a vu le spectre terrible qu'il a rêvé.

Otez la crainte des spectres, et vous bannirez de la société la superstition, la fraude et la plupart de ces fourberies, dont on se sert pour leurrer les esprits des hommes dans les états mal gouvernés.

Qu'est-ce que l'entendement ? La sorte d'imagination factice qui naît de l'institution des signes. Elle est commune à l'homme et à la brute.

Le discours mental, ou l'activité de l'ame, ou son entretien avec elle-même, n'est qu'un enchaînement involontaire de concepts, ou de fantômes qui se succèdent.

L'esprit ne passe point d'un concept à un autre, d'un fantôme à un autre, que la même succession n'ait préexisté dans la nature ou dans la sensation.

Il y a deux sortes de discours mental ; l'un, irrégulier, vague et incohérent ; l'autre, régulier, contigu, et tendant à un but.

Ce dernier s'appelle *recherche*, *investigation*. C'est une espèce de quête, où l'esprit suit à la piste les traces d'une cause ou d'un effet présent ou passé. Je l'appelle *réminiscence*.

Le discours ou raisonnement sur un événement futur, forme la prévoyance.

Un événement qui a suivi, en indique un qui a précédé, et dont il est le signe.

Il n'y a rien dans l'homme qui lui soit inné, et dont il puisse user sans habitude. L'homme naît, il a des sens. Il acquiert le reste.

Tout ce que nous concevons, est fini. Le mot infini est donc vide d'idée. Si nous prononçons le nom de Dieu, nous ne le comprenons pas davantage. Aussi cela n'est-il pas nécessaire ; il suffit de le reconnoître et de l'adorer.

On ne conçoit que ce qui est dans le lieu, divisible et limité. On ne conçoit pas qu'une chose puisse être toute en un lieu, et toute en un autre, dans un même instant ; et que deux ou plusieurs choses puissent être en-même-temps dans un même lieu.

Le discours oratoire est la traduction de la pensée. Il est composé de mots. Les mots sont propres ou communs.

La vérité ou la fausseté n'est point des choses, mais du discours. Où il n'y a point de discours, il n'y a ni vrai, ni faux, quoiqu'il puisse y avoir erreur.

La vérité consiste dans une juste application des mots. De-là, nécessité de les définir.

Si une chose est désignée par un nom, elle est du nombre de celles qui peuvent entrer dans la pensée ou dans le raisonnement, ou former une quantité, ou en être retranchée.

L'acte du raisonnement s'appelle *syllogisme*; et c'est l'expression de la liaison d'un mot avec un autre.

Il y a des mots vides de sens, qui ne sont point définis, qui ne peuvent l'être, et dont l'idée est et restera toujours vague, inconsistante et louche; par exemple, substance incorporelle. « Dantur » nomina insignificantia, hujus generis est substantia incorporea ».

L'intelligence propre à l'homme est un effet du discours. La bête ne l'a point.

On ne conçoit point qu'une affirmation soit universelle et fausse.

Celui qui raisonne cherche ou un tout par l'addition des parties, ou un reste par la soustraction. S'il se sert de mots, son raisonnement n'est que l'expression de la liaison du mot *tout* au mot *partie*, ou des mots *tout* et *partie* au mot *reste*. Ce que le géomètre exécute sur les nombres et les lignes, le logicien le fait sur les mots.

Nous raisonnons aussi juste qu'il est possible, si nous partons des mots généraux ou admis pour tels dans l'usage.

L'usage de la raison consiste dans l'investigation des liaisons éloignées des mots entre eux.

Si l'on raisonne sans se servir de mots, on suppose quelque phénomène qui a vraisemblablement précédé, ou qui doit vraisemblablement suivre. Si la supposition est fausse, il y a erreur.

Si on se sert de termes universaux, et qu'on arrive à une conclusion universelle et fausse, il y avoit absurdité dans les termes. Ils étoient vides de sens.

Il n'en est pas de la raison, comme du sens et de la mémoire. Elle ne naît point avec nous. Elle s'acquiert par l'industrie, et se forme par l'exercice et l'expérience. Il faut savoir imposer des mots aux choses ; passer des mots imposés à la proposition ; de la proposition, au syllogisme ; et parvenir à la connoissance du rapport des mots entre eux.

Beaucoup d'expérience est prudence ; beaucoup de science, sagesse.

Celui qui sait, est en état d'enseigner et de convaincre.

Il y a dans l'animal deux sortes de mouvemens qui lui sont propres ; l'un, vital ; l'autre, animal : l'un, involontaire ; l'autre, volontaire.

La pente de l'ame vers la cause de son *impetus* s'appelle *désir* ; le mouvement contraire *aversion*. Il y a un mouvement réel dans l'un et l'autre cas.

On aime ce qu'on désire ; on hait ce qu'on fuit ; on méprise ce qu'on ne désire ni ne fuit.

Quelque soit le désir ou son objet, il est bon ; quelle que soit l'aversion ou son objet, on l'appelle mauvais.

Le bon, qui nous est annoncé par des signes apparens, s'appelle *beau*. Le mal, dont nous sommes menacés par des signes apparens, s'appelle *laid*.

Les espèces de la bonté varient. La bonté, considérée dans les signes qui la promettent, est *beauté* ; dans la chose, elle garde le nom de *bonté* ; dans la fin, on la nomme *plaisir* ; et *utilité*, dans les moyens.

Tout objet produit dans l'ame un mouvement qui porte l'animal ou à s'éloigner, ou à s'approcher.

La naissance de ce mouvement est celle du plaisir ou de la peine. Ils commencent au même instant. Tout désir est accompagné de quelque plaisir ; toute aversion entraîne avec elle quelque peine.

Toute volupté naît, ou de la sensation d'un objet présent, et elle est sensuelle ; ou de l'attente d'une chose, de la prévoyance des fins, de l'importance des suites, et elle est intellectuelle, douleur ou joie.

L'appétit, le désir, l'amour, l'aversion, la haine, la joie, la douleur, prennent différens noms, selon le dégré, l'ordre, l'objet et d'autres circonstances.

Ce sont ces circonstances qui ont multiplié les mots à l'infini. La religion est la crainte des puissances invisibles. Ces puissances sont-elles avouées par la loi civile ? la crainte qu'on en a retient le nom de *religion*. Ne sont-elles pas avouées par la loi civile ? la crainte qu'on en a prend le nom de *superstition*. Si les puissances sont réelles, la religion est vraie. Si elles sont chimériques, la religion est fausse. « Hinc oriuntur passionum nomina ; verbi

» gratia, religio, metus potentiarum invisibilium;
» quæ si publicè acceptæ, religio; secùs, su-
» pertitio; etc. ».

C'est de l'aggrégat de diverses passions élevées dans l'ame, et s'y succédant continuement jusqu'à ce que l'effet soit produit, que naît la délibération.

Le dernier désir qui nous porte, ou la dernière aversion qui nous éloigne, s'appelle *volonté*. La bête délibère : elle veut donc.

Qu'est-ce que la félicité ? Un succès constant dans les choses qu'on désire.

La pensée qu'une chose est ou n'est pas, se fera ou ne se fera pas, et qui ne laisse après elle que la présomption, s'appelle *opinion*.

De même que, dans la délibération, le dernier désir est la volonté; dans les questions du passé et de l'avenir, le dernier jugement est l'opinion.

La succession complète des opinions alternatives, diverses ou contraires, fait le doute.

La conscience est la connoissance intérieure et secrète d'une pensée ou d'une action.

Si le raisonnement est fondé sur le témoignage d'un homme, dont la lumière, et la véracité ne nous soient point suspectes, nous avons de la foi ; nous croyons. La foi est relative à la personne; la croyance, au fait.

La qualité en tout est quelque chose qui frappe par son dégré ou par sa grandeur; mais toute grandeur est relative. La vertu même n'est que par comparaison. Les vertus ou qualités intellectuelles sont des facultés de l'ame qu'on loue dans les autres, et qu'on désire en soi. Il y en a de naturelles, il y en a d'acquises.

La facilité de remarquer dans les choses des ressemblances et des différences qui échappent aux autres, s'appelle *bon esprit;* dans les pensées, *bon jugement.*

Ce qu'on acquiert par l'étude et par la méthode, sans l'art de la parole, se réduit à peu de chose.

La diversité des esprits naît de la diversité des passions; et la diversité des passions naît de la diversité des tempéramens, des humeurs, des habitudes, des circonstances, des éducations.

La folie est l'extrême dégré de la passion. Tels étoient les démoniaques de l'évangile. « Tales » fuerunt quos historia sacra vocavit judaïco stylo » dæmoniacos ».

La puissance d'un homme est l'aggrégat de tous les moyens d'arriver à une fin. Elle est ou naturelle, ou instrumentale.

De toutes les puissances humaines, la plus grande est celle qui rassemble dans une seule personne, par le consentement, la puissance divisée d'un plus grand nombre d'autres, soit que cette personne soit naturelle comme l'homme, ou artificielle comme le citoyen.

La dignité ou la valeur d'un homme, c'est la même chose. Un homme vaut autant qu'un autre voudroit l'acheter suivant le besoin qu'il en a.

Marquer l'estime ou le besoin, c'est honorer. On honore par la louange, les signes, l'amitié, la foi, la confiance, le secours qu'on implore, le conseil qu'on recherche, la préséance qu'on cède, le respect qu'on porte, l'imitation qu'on se propose, le culte qu'on paye, l'adoration qu'on rend.

Les mœurs relatives à l'espèce humaine consistent dans les qualités qui tendent à établir la paix, et à assurer la durée de l'état civil.

Le bonheur de la vie ne doit point être cherché dans la tranquillité ou le repos de l'ame, qui est impossible.

Le bonheur est le passage perpétuel d'un désir satisfait à un autre désir satisfait. Les actions n'y conduisent pas toutes de la même manière. Il faut aux uns de la puissance, des honneurs, des richesses ; aux autres, du loisir, des connoissances, des éloges, même après la mort. De-là, la diversité des mœurs.

Le désir de connoître les causes attache l'homme à l'étude des effets. Il remonte d'un effet à une cause; de celle-ci, à une autre; et ainsi de suite, jusqu'à ce qu'il arrive à la pensée d'une cause éternelle qu'aucune autre n'a devancée.

Celui donc qui se sera occupé de la contemplation des choses naturelles, en rapportera nécessairement une pente à reconnoître un Dieu, quoique la nature divine lui reste obscure et inconnue.

L'anxiété naît de l'ignorance des causes ; de l'anxiété, la crainte des puissances invisibles ; et de la crainte de ces puissances, la religion.

Crainte des puissances invisibles, ignorance des causes secondes, penchant à honorer ce qu'on redoute, événemens fortuits pris pour pronostics, semences de religion.

Deux sortes d'hommes ont profité de ce penchant, et cultivé ces semences ; hommes à imagination ardente, devenus chefs de sectes ; hommes à révélation, à qui les puissances invisibles se sont manifestées. Religion, partie de la politique des uns. Politique, partie de la religion des autres.

La nature a donné à tous les mêmes facultés d'esprit et de corps.

La nature a donné à tous le droit à tout, même avec offense d'un autre ; car on ne doit à personne autant qu'à soi.

Au milieu de tant d'intérêts divers, prévenir son concurrent, moyen le meilleur de se conserver.

De-là, le droit de commander, acquis à chacun par la nécessité de se conserver.

De-là, guerre de chacun contre chacun, tant qu'il n'y aura aucune puissance coactive. De-là, une infinité de malheurs, au milieu desquels nulle sécurité que par une prééminence d'esprit et de corps ; nul lieu à l'industrie ; nulle récompense attachée au travail ; point d'agriculture ; point d'arts ; point de société ; mais crainte perpétuelle d'une mort violente.

De la guerre de chacun contre chacun, il s'ensuit encore que tout est abandonné à la fraude et à la force ; qu'il n'y a rien de propre à personne ; aucune possession réelle ; nulle injustice.

Les passions, qui inclinent l'homme à la paix, sont la crainte, sur-tout celle d'une mort violente ; le désir des choses nécessaires à une vie tranquille et douce ; et l'espoir de se les procurer par quelque industrie.

Le droit naturel n'est autre chose que la liberté à chacun d'user de son pouvoir de la manière qui lui paroîtra la plus convenable à sa propre conservation.

La liberté est l'absence des obstacles extérieurs.

La loi naturelle est une règle générale dictée par la raison, en conséquence de laquelle on a la liberté de faire ce qu'on reconnoît contraire à son propre intérêt.

Dans l'état de nature, tous ayant droit à tout, sans en excepter la vie de son semblable, tant que les hommes conserveront ce droit, nulle sûreté, même pour le plus fort.

De-là, une première loi générale, dictée par la raison, de chercher la paix s'il y a quelque espoir de se la procurer ; ou, dans l'impossibilité d'avoir la paix, d'emprunter des secours de toute part.

Une seconde loi de la raison, c'est, après avoir pourvu à sa défense et à sa conservation, de se départir de son droit à tout, et de ne retenir de sa liberté que la portion qu'on peut laisser aux autres, sans inconvénient pour soi.

Se départir de son droit à une chose, c'est renoncer à la liberté d'empêcher les autres d'user de leur droit sur cette chose.

On se départ d'un droit, ou par une renonciation simple qui jette, pour ainsi dire, ce droit au milieu de tous, sans l'attribuer à personne, ou par une collation ; et, pour cet effet, il faut qu'il y ait des signes convenus.

On ne conçoit pas qu'un homme confère son droit à un autre, sans recevoir en échange quelque autre bien ou quelque autre droit.

La concession réciproque de droits est ce qu'on appelle un *contrat*.

Celui qui cède le droit à la chose, abandonne aussi l'usage de la chose, autant qu'il est en lui de l'abandonner.

Dans l'état de nature, le pacte arraché par la crainte est valide.

Un premier pacte en rend un postérieur invalide. Deux motifs concourent à obliger à la prestation du pacte ; la bassesse qu'il y a à tromper, et la crainte des suites fâcheuses de l'infraction. Or, cette crainte est religieuse ou civile ; des puissances invisibles, ou des puissances humaines. Si la crainte civile est nulle, la religieuse est la seule qui donne de la force au pacte; de-là, le serment.

La justice commutative est celle des contractans; la justice distributive est celle de l'arbitre entre ceux qui contractent.

Une troisième loi de la raison, c'est de garder le pacte. Voilà le fondement de la justice. La justice et la sainteté du pacte commencent, quand il y a société et force coactive.

Une quatrième règle de la raison, c'est que celui qui reçoit un don gratuit, ne donne jamais lieu au bienfaiteur de se repentir du don qu'il a fait.

Une cinquième, de s'accommoder aux autres, qui ont leur caractère, comme nous le nôtre.

Une sixième, les sûretés prises pour l'avenir, d'accorder le pardon des injures passées à ceux qui se repentent.

Une septième, de ne pas regarder, dans la vengeance, à la grandeur du mal commis, mais à la grandeur du bien qui doit résulter du châtiment.

Une huitième, de ne marquer à un autre ni haine, ni mépris, soit d'action, soit de discours, du regard ou du geste.

Une neuvième, que les hommes soient traités tous comme égaux de nature.

Une dixième, que, dans le traité de paix générale, aucun ne retiendra le droit qu'il ne veut pas laisser aux autres.

Une onzième, d'abandonner à l'usage commun ce qui ne souffrira point de partage.

Une douzième, que l'arbitre, choisi de part et d'autre, sera juste.

Une treizième, que, dans le cas où la chose ne peut se partager, on en tirera au sort le droit entier, ou la première possession.

Une quatorzième, qu'il y a deux espèces de sort; celui du premier occupant ou du premier né, dont il ne faut admettre le droit qu'aux choses qui ne sont pas divisibles de leur nature.

Une quinzième, qu'il faut, aux médiateurs de la paix générale, la sûreté d'aller et venir.

Une seizième, d'aquiescer à la décision de l'arbitre.

Une dix-septième, que personne ne soit arbitre dans sa cause.

Une dix-huitième, de juger d'après les témoins dans les questions de fait.

Une dix-neuvième, qu'une cause sera propre à l'arbitre, toutes les fois qu'il aura quelque intérêt à prononcer pour une des parties de préférence à l'autre.

Une vingtième, que les loix de nature, qui obligent toujours au for intérieur, n'obligent pas toujours au for extérieur. C'est la différence du vice et du crime.

La morale est la science des loix naturelles, ou des choses qui sont bonnes ou mauvaises dans la société des hommes.

On appelle celui qui agit en son nom, ou au nom d'un autre, une *personne*; et la personne est propre, si elle agit en son nom; représentative, si c'est au nom d'un autre.

Il ne nous reste plus, après ce que nous venons de dire de la philosophie de *Hobbes*, qu'à en déduire les conséquences ; et nous aurons une ébauche de sa politique.

C'est l'intérêt de leur conservation et les avantages d'une vie plus douce, qui ont tiré les hommes de l'état de guerre de tous contre tous, pour les assembler en société.

Les loix et les pactes ne suffisent pas, pour faire cesser l'état naturel de guerre ; il faut une puissance coactive qui les soumette.

L'association du petit nombre ne peut procurer la sécurité ; il faut celle de la multitude.

La diversité des jugemens et des volontés ne laisse ni paix ni sécurité à espérer, dans une société où la multitude gouverne.

Il n'importe pas de gouverner et d'être gouverné pour un temps ; il le faut tant que le danger et la présence de l'ennemi durent.

Il n'y a qu'un moyen de former une puissance commune, qui fasse la sécurité; c'est de résigner sa volonté à un seul, ou à un certain nombre.

Après cette résignation, la multitude n'est plus qu'une personne qu'on appelle la *ville*, la *société* ou la *république*.

La société peut user de toute son autorité, pour contraindre les particuliers à vivre en paix entre eux, et à se réunir contre l'ennemi commun.

La société est une personne, dont le consentement et les pactes ont autorisé l'action, et dans laquelle s'est conservé le droit d'user de la puissance de tous, pour la conservation de la paix et la défense commune.

La société se forme, ou par institution, ou par acquisition.

Par institution, lorsque d'un consentement unanime, des hommes cèdent à un seul, ou à un certain nombre d'entre eux, le droit de les gouverner, et vouent obéissance.

On ne peut ôter l'autorité souveraine à celui qui la possède, même pour cause de mauvaise administration.

Quelque chose que fasse celui à qui l'on a confié l'autorité souveraine, il ne peut être suspect envers celui qui l'a conférée.

Puisqu'il ne peut être coupable, il ne peut être ni jugé, ni châtié, ni puni.

C'est à l'autorité souveraine, à décider de tout ce qui concerne la conservation de la paix et sa rupture, et à prescrire des règles d'après lesquelles chacun connoisse ce qui est sien, et en jouisse tranquillement.

C'est à elle qu'appartient le droit de déclarer la

guerre, de faire la paix, de choisir des ministres, et de créer des titres honorifiques.

La monarchie est préférable à la démocratie, à l'aristocratie, et à toute autre forme de gouvernement mixte.

La société se forme par acquisition ou conquête, lorsqu'on obtient l'autorité souveraine sur ses semblables par la force ; en sorte que la crainte de la mort ou des liens ont soumis la multitude à l'obéissance d'un seul ou de plusieurs.

Que la société se soit formée par institution ou par acquisition, les droits du souverain sont les mêmes.

L'autorité s'acquiert encore par la voie de la génération ; telle est celle des pères sur leurs enfans. Par les armes, telle est celle des tyrans sur leurs esclaves.

L'autorité, conférée à un seul ou à plusieurs, est aussi grande qu'elle peut l'être, quelque inconvénient qui puisse résulter d'une résignation complète ; car rien ici-bas n'est sans inconvénient.

La crainte, la liberté et la nécessité, qu'on appelle *de nature et de causes*, peuvent subsister ensemble. Celui-là est libre, qui peut tirer de sa force et de ses autres facultés tout l'avantage qu'il lui plaît.

Les loix de la société circonscrivent la liberté ; mais elles n'ôtent point au souverain le droit de vie et de mort. S'il l'exerce sur un innocent, il pèche envers les dieux ; il commet l'iniquité, mais non l'injustice : « Ubi in innocentem exerceretur, agit » quidem iniquè, et in Deum peccat imperans ; » non vero injustè agit ».

On conserve dans la société le droit à tout ce qu'on ne peut résigner ni transférer, et à tout ce qui n'est point exprimé dans les loix sur la souveraineté. Le silence des loix est en faveur des sujets. « Manet libertas circà res de quibus leges silent » pro summo potestatis imperio ».

Les sujets ne sont obligés envers le souverain que tant qu'il lui reste le pouvoir de les protéger. » Obligatio civium ergà eum qui summam habet » potestatem tandem nec diutiùs permanere intelli- » gitur, quàm manet potentia cives protegendi ».

Voilà la maxime qui fit soupçonner *Hobbes* d'avoir abandonné le parti de son roi, qui en étoit réduit alors à de telles extrémités, que ses sujets n'en pouvoient plus espérer de secours.

Qu'est-ce qu'une société ? Un aggrégat d'intérêts opposés ; un système où, par l'autorité conférée à un seul, ces intérêts contraires sont tempérés. Le système est régulier, ou irrégulier, ou absolu, ou subordonné, etc.

Un ministre de l'autorité souveraine est celui qui agit dans les affaires publiques, au nom de la puissance qui gouverne et qui la représente.

La loi civile est une règle qui définit le bien et le

mal pour le citoyen ; elle n'oblige point le souverain. « Hâc imperans non tenetur ».

Un long usage donne force de loi. Le silence du souverain marque que telle a été sa volonté.

Les loix civiles n'obligent qu'après la promulgation.

La raison instruit des loix naturelles. Les loix civiles ne sont connues que par la promulgation.

Il n'appartient ni aux docteurs, ni aux philosophes, d'interpréter les loix de la nature. C'est l'affaire du souverain. Ce n'est pas la vérité, mais l'autorité qui fait la loi : « Non veritas, sed auc-
» toritas facit legem ».

L'interprétation de la loi naturelle est un jugement du souverain, qui marque sa volonté sur un cas particulier.

C'est, ou l'ignorance, ou l'erreur, ou la passion, qui cause la transgression de la loi, et le crime.

Le châtiment est un mal infligé au transgresseur publiquement, afin que la crainte de son supplice contienne les autres dans l'obéissance.

Il faut regarder la loi publique comme la cons-
» cience du citoyen : « Lex publica civi pro cons-
» cientiâ subeunda ».

Le but de l'autorité souveraine, ou le salut des peuples, est la mesure de l'étendue des devoirs du souverain : « Imperantis officia dimetienda ex fine,
» qui est salus populi ».

Tel est le système politique de *Hobbes*. Il a

divisé son ouvrage en deux parties. Dans l'une, il traite de la société civile ; et il y établit les principes que nous venons d'exposer. Dans l'autre, il examine la société chrétienne ; et il applique à la puissance éternelle les mêmes idées qu'il s'étoit formées de la puissance temporelle.

Caractère de Hobbes.

Hobbes avoit reçu de la nature cette hardiesse de penser, et ces dons avec lesquels on en impose aux autres hommes. Il eut un esprit juste et vaste, pénétrant et profond. Ses sentimens lui sont propres ; et sa philosophie est peu commune. Quoiqu'il eût beaucoup étudié, et qu'il sût, il ne fit pas assez de cas des connoissances acquises. Ce fut la suite de son penchant à la méditation. Elle le conduisoit ordinairement à la découverte des grands ressorts, qui font mouvoir les hommes. Ses erreurs mêmes ont plus servi au progrès de l'esprit humain, qu'une foule d'ouvrages tissus de vérités communes. Il avoit le défaut des systématiques ; c'est de généraliser les faits particuliers, et de les plier adroitement à ses hypothèses. La lecture de ses ouvrages demande un homme mûr et circonspect : personne ne marche plus fermement et n'est plus conséquent. Gardez-vous de lui passer ses premiers principes, si vous ne voulez pas le suivre par-tout où il lui plaira de vous conduire. La philosophie de M. Rousseau de Genève, est presque l'inverse de celle de *Hobbes*. L'un croit l'homme de la nature bon, et l'autre le croit méchant. Selon le philosophe de Genève, l'état de nature est un état de paix ; selon le philosophe de Malmesbury, c'est un état de guerre. Ce sont les loix et la formation de la société qui ont rendu l'homme meilleur, si l'on en croit *Hobbes*; et qui l'ont dépravé, si l'on en croit M. Rousseau. L'un étoit né au milieu du tumulte et des factions ; l'autre vivoit dans le monde, et parmi les savans. Autres temps, autres circonstances, autre philosophie. M. Rousseau est éloquent et pathétique ; *Hobbes* sec, austère et vigoureux. Celui-ci voyoit le trône ébranlé, les citoyens armés les uns contre les autres, et sa patrie inondée de sang par les fureurs du fanatisme presbytérien ; et il avoit pris en aversion le Dieu, le ministre et les autels. Celui-là voyoit des hommes versés dans toutes les connoissances, se déchirer, se haïr, se livrer à leurs passions ; ambitionner la considération, la richesse, les dignités ; et se conduire d'une manière peu conforme aux lumières qu'ils avoient acquises : et il méprisa la science et les savans. Ils furent outrés tous les deux. Entre le système de l'un et de l'autre, il y en a un qui peut-être est le vrai: c'est que, quoique l'état de l'espèce humaine soit dans une vicissitude perpétuelle, sa bonté et sa méchanceté sont les mêmes; son bonheur et son malheur circonscrits par des limites, qu'elle ne peut franchir. Tous les avantages artificiels se compensent par des maux : tous les maux naturels, par des biens. *Hobbes*, plein de confiance dans son jugement, philosopha d'après lui-même. Il fut honnête homme, sujet attaché à son roi, citoyen zélé, homme simple, droit, ouvert et bienfaisant. Il eut des amis et des ennemis. Il fut loué et blâmé sans mesure ; la plupart de ceux qui ne peuvent entendre son nom sans frémir, n'ont pas lu, et ne sont pas en état de lire une page de ses ouvrages. Quoiqu'il en soit du bien ou du mal qu'on en pense, il a laissé la face du monde telle qu'elle étoit. Il fit peu de cas de la philosophie expérimentale : s'il faut donner le nom de philosophe à un faiseur d'expériences, disoit-il, le cuisinier, le parfumeur, le distilateur sont donc des philosophes. Il méprisa Boyle, et il en fut méprisé ; il acheva de renverser l'idole de l'école que Bacon avoit ébranlée. On lui reproche d'avoir introduit dans sa philosophie des termes nouveaux ; mais ayant une façon particulière de considérer les choses, il étoit impossible qu'il s'en tint aux mots reçus. S'il ne fut pas athée, il faut avouer que son Dieu diffère peu de celui de Spinosa. Sa définition du méchant me paroît sublime. Le méchant de *Hobbes* est un enfant robuste : *Malus est puer robustus.* En effet, la méchanceté est d'autant plus grande, que la raison est foible, et que les passions sont fortes. Supposez qu'un enfant eût, à six semaines, l'imbecillité du jugement de son âge, et les passions et la force d'un homme de 40 ans, il est certain qu'il frappera son père, qu'il violera sa mère, qu'il étranglera sa nourrice, et qu'il n'y aura nulle sécurité pour tout ce qui l'approchera. Donc la définition de *Hobbes* est fausse, ou l'homme devient bon à-mesure qu'il s'instruit. On a mis à la tête de sa vie, l'épigraphe suivante : elle est tirée d'Ange Politien.

> Qui nos damnant, histriones sunt maximi ;
> Nam Curios simulant, et bacchanalia vivunt.
> Hi sunt precipuè quidam clamosi, leves,
> Cucullati, lignipedes, cincti funibus,
> Superciliosi, incurvi cervicum pecus ;
> Qui, quod ab aliis habitu et cultu dissentiunt,
> Tristesque vultu vendunt sanctimonias,
> Censurum sibi quamdam et tyrannidem occupant,
> Pavidamque plebem territant minaciis.

Outre les ouvrages philosophiques de *Hobbes*, il y en a d'autres dont il n'est pas de notre objet de parler.

ADDITION A L'ARTICLE PRÉCÉDENT.

(Lorsque Diderot composa l'excellent article qu'on vient de lire, il ne connoissoit pas encore le *traité de la nature humaine de Hobbes*, un des plus beaux ouvrages qui soient sortis de tête d'homme, et peut-être le meilleur de ceux que ce philosophe a publiés. Comme cet écrit est très-important, et qu'il renferme dans un petit nombre de pages presque tous les principes de la philosophie de *Hobbes*, nous allons en donner ici une analyse exacte : ce sera un bon supplément à l'article HOBBISME.

Diderot ne pouvoit se consoler de n'avoir pas connu plus-tôt ce traité sublime de *Hobles* (*), dont la lecture avoit fait sur lui une impression vive et profonde. « J'en suis sorti de ce *traité de la nature humaine*, m'écrivoit-il un jour : quel dommage que le traducteur n'ait pas réuni l'élégance et la clarté du style à l'évidence et à la force des idées ! Que Locke me paroît diffus et lâche ; la Bruyère et la Rochefoucauld, pauvres et petits, en comparaison de ce Thomas *Hobbes !* c'est un livre à lire et à commenter toute sa vie ». Cet éloge n'est point exagéré ; c'est l'expression simple et vraie de la haute estime qu'il avoit conçue pour cet ouvrage de *Hobbes*, où, en effet, dans la matière la plus épineuse, la plus difficile, la plus contestable, la plus abstraite, je ne crois pas qu'il y ait un mot obscur, une idée équivoque. Quelle précision un auteur mettroit dans sa conversation et dans ses écrits, si l'énorme enchaînement par lequel ce philosophe déduit nos sentimens, nos idées, nos préjugés, nos intérêts, nos passions, étoit bien présent à sa mémoire ! Mais laissons le lecteur apprécier lui-même le mérite des pensées que nous allons exposer.

Dans l'épître dédicatoire au comte de Newcastle,

(*) Il le lut pour la première fois en 1772.

Hobbes remarque que les deux principales parties de la nature de l'homme, la raison et les passions, ont fait éclore deux sortes de sciences, les *mathématiques* et les *dogmatiques*. Dans les premières, il n'y a ni controverses ni disputes, parce qu'elles consistent uniquement dans la comparaison des figures et du mouvement, qui sont des choses où la *vérité* et l'*intérêt* des hommes ne se trouvent point en opposition. Mais dans les autres, tout est sujet à disputes; parce qu'elles s'occupent à comparer les hommes, et qu'elles examinent leurs droits et leurs avantages, objets sur lesquels, toutes les fois que la raison sera contraire à l'homme, l'homme sera contraire à la raison; de-là vient que tous ceux qui ont écrit sur la justice et la politique se contredisent souvent eux-mêmes, et sont contredits par les autres. Le seul moyen de réduire cette doctrine aux règles infaillibles de la raison, c'est de poser, pour fondement, des principes dont les passions ne se défient point, et qu'elles ne cherchent point à écarter; d'établir ensuite, sur ces principes, tout ce qui a du rapport à la loi naturelle, qu'on a, jusqu'à-présent, bâtie en l'air; et d'avancer par dégrés, jusqu'à ce qu'on ait élevé un fort imprenable. « Les principes
» propres à ce dessein, *ajoute-t-il*, sont, milord,
» ceux dont je vous ai entretenu jusqu'à-présent en
» particulier, et que j'ai arrangés ici méthodique-
» ment par votre ordre. Je laisse, à ceux qui en auront
» le loisir ou la volonté, le soin d'appliquer ces prin-
» cipes à la conduite des souverains avec des sou-
» verains, ou des souverains avec des sujets. Quant
» à moi, milord, je présente cet ouvrage à votre
» grandeur, comme contenant les véritables et uniques
» fondemens de la science dont il s'agit. A l'égard

» du style , j'ai plus consulté la logique que la rhé-
» torique : mais pour ce qui est de la doctrine que
» j'y établis, elle est fortement prouvée, et les con-
» séquences qui en découlent sont telles que, faute
» de les avoir connues, le gouvernement et la tran-
» quillité n'ont été jusqu'à-présent fondés que sur
» des craintes mutuelles : et il sera infiniment avan-
» tageux à l'état, que tout le monde adopte, sur le
» droit et la politique, les sentimens que je propose
» ici, etc. ».

Hobbes définit, dans le premier chapitre, la nature de l'homme, la somme de ses facultés naturelles, telles que la nutrition, le mouvement, la génération, la sensibilité, la raison, etc.

Il distingue dans l'homme deux espèces de facultés ; celles du corps, et celles de l'esprit : celles-ci sont de deux espèces, *connoître* et *imaginer*, ou concevoir et se mouvoir. « Pour comprendre, *dit-il*,
» ce que j'entends par la faculté de connoître, il
» faut se rappeler qu'il y a continuellement, dans
» notre esprit, des images ou des concepts des choses
» qui sont hors de nous ; en sorte que, si un homme
» vivoit, et que tout le reste du monde fût anéanti,
» il ne laisseroit pas de conserver l'image des choses
» qu'il y auroit précédemment apperçues : en effet,
» chacun sait, par sa propre expérience, que l'ab-
» sence ou la destruction des choses une fois ima-
» ginées, ne produit point l'absence ou la destruction
» de l'imagination elle-même. L'image ou représenta-
» tion des qualités des êtres qui sont hors de nous, est
» ce qu'on nomme le *concept*, l'*imagination*, l'*idée*,
» la *notion*, la *connoissance* de ces êtres : la faculté,
» le pouvoir, par lequel nous sommes capables d'une
» telle connoissance, est ce que j'appelle *pouvoir*

» *cognitif* ou *conceptif*, ou pouvoir de connoître ou
» de concevoir ».

Dans le chapitre second, *Hobbes* combat l'opinion que la couleur et la figure sont les vraies qualités de l'objet ; et il prouve clairement que le sujet, auquel la couleur et l'image sont inhérentes, n'est point l'objet ou la chose vue ;

Qu'il n'y a réellement hors de nous rien de ce que nous appelons image ou couleur ;

Que cette image ou couleur n'est en nous qu'une apparence du mouvement, de l'agitation ou du changement, que l'objet produit sur le cerveau, sur les esprits, ou sur la substance renfermée dans la tête ;

Que, comme dans la vision tout se passe dans celui qui voit, de même dans toutes les conceptions qui nous viennent des autres sens, le sujet de leur inhérence n'est point l'objet, mais l'être qui sent.

Après avoir démontré ces quatre propositions par des observations et des expériences incontestables ; *Hobbes* en tire encore ce résultat, que tous les accidens ou toutes les qualités, que nos sens nous montrent comme existans dans le monde, n'y sont point réellement ; mais ne doivent être regardés que comme des apparences : « Il n'y a réellement dans
» le monde, hors de nous, que les mouvemens par
» lesquels ces apparences sont produites. Voilà la
» source des erreurs de nos sens, que ces mêmes sens
» doivent corriger : car de même que mes sens me
» disent qu'une couleur réside dans l'objet que je
» vois directement, mes sens m'apprennent que cette
» couleur n'est point dans l'objet, lorsque je le vois
» par réflexion ».

La précision et la clarté des définitions de *Hobbes* ne sont pas moins remarquables, que l'ordre et l'en-

chainement de ses idées. Quoi de plus ingénieux et de plus exact tout ensemble, que la comparaison dont il se sert pour expliquer ce que c'est que l'imagination ! « Comme une eau stagnante, *dit-il*, mise
» en mouvement, par une pierre qu'on y aura jetée,
» ou par un coup de vent, ne cesse pas de se mouvoir
» aussi-tôt que la pierre est tombée au fond, ou dès
» que le vent cesse ; de même l'effet, qu'un objet a
» produit sur le cerveau, ne cesse pas aussi-tôt que
» cet objet cesse d'agir sur les organes : c'est-à-dire
» que, quoique le sentiment ne subsiste plus, son
» image ou sa conception reste ; mais plus confuse
» lorsqu'on est éveillé, parce qu'alors quelque objet
» présent remue ou sollicite continuellement les
» yeux ou les oreilles, et en tenant l'esprit dans un
» mouvement plus fort, l'empêche de s'appercevoir
» d'un mouvement plus foible. C'est cette conception obscure et confuse que nous nommons *fantaisie* ou *imagination*. Ainsi l'on peut définir l'imagination, une perception qui reste et qui s'affoiblit peu-à-peu, après la sensation même dont elle
» tire son origine ».

Le sommeil est la privation de l'acte de la sensation, quoique le pouvoir de sentir reste toujours ; et les rêves sont les imaginations de ceux qui dorment.

Les causes des songes et des rêves, quand ils sont naturels, sont les actions ou les efforts des parties internes d'un homme sur son cerveau, efforts par lesquels les passages de la sensation, engourdis par le sommeil, sont restitués dans leur mouvement.

Un autre signe qui prouve que les rêves sont produits par l'action des parties intérieures, c'est le désordre ou la liaison accidentelle d'une conception ou d'une image à une autre : car lorsque nous sommes

V *

éveillés, la conception ou la pensée antécédente amène la subséquente, ou en est la cause ; de même que, sur une table unie et sèche, l'eau suit le doigt ; au-lieu que, dans le rêve, il n'y a pour l'ordinaire aucune liaison ; et quand il y en a, ce n'est que par hasard ; ce qui doit venir nécessairement de ce que, dans les rêves, le cerveau ne jouit pas de son mouvement dans toutes ses parties également ; ce qui fait que nos pensées sont semblables aux étoiles, lorsqu'elles se montrent au travers des nuages qui passent avec rapidité, non dans l'ordre nécessaire pour être observées, mais suivant que le vol incertain des nuages le permet.

De même que l'eau, ou tout fluide agité en-même-temps par des forces diverses, prend un mouvement composé de toutes ces forces ; ainsi le cerveau ou l'esprit qu'il contient, ayant été remué par des objets divers, compose une imagination totale dont les conceptions diverses, que la sensation avoit fournies séparées, sont les élémens ; ainsi, par exemple, les sens nous ont montré dans un temps la figure d'une montagne ; et dans un autre temps, la couleur de l'or ; ensuite l'imagination les réunit à-la-fois, et en fait une montagne d'or. Voilà comment nous voyons des châteaux dans les airs, des chimères, des monstres qui ne se trouvent point dans la nature, mais qui ont été apperçus par les sens en différentes occasions ; c'est cette composition que l'on désigne communément sous le nom de *fiction* de l'esprit.

Il y a une autre espèce d'imagination qui, pour la clarté, le dispute avec la sensation aussi bien que les rêves ; c'est celle que nous avons, lorsque l'action du sens a été longue ou véhémente : le sens de la vue nous en fournit des expériences plus fréquentes, que les autres. Nous en avons des exemples dans l'image qui demeure dans l'œil après avoir regardé le soleil ; dans ces bluettes, que nous appercevons dans l'obscurité, comme je crois que tout homme le sait par sa propre expérience, et sur-tout ceux qui sont craintifs et superstitieux. Ces sortes d'images, pour les distinguer, peuvent être appelées des *fantômes*.

À l'égard de la mémoire, *Hobbes* observe que par le moyen des sens qu'on réduit à cinq, selon le nombre des organes, nous acquérons la connoissance des objets qui sont hors de nous ; et cette connoissance est le concept ou l'idée que nous en avons : car, quand la conception de la même chose revient, nous nous appercevons qu'elle vient de nouveau ; c'est-à-dire, que nous avons eu la même conception auparavant ; ce qui est la même chose que d'imaginer une chose passée : ce qui est impossible à la sensation, qui ne peut avoir lieu, que quand les choses sont présentes. Ainsi cela peut être regardé comme un sixième sens, mais interne, et non extérieur comme les autres ; c'est ce que l'on désigne communément sous le nom de *ressouvenir*.

Le souvenir n'est que le défaut des parties que chaque homme s'attend à voir succéder, après avoir eu la conception d'un tout. Voir un objet à une grande distance de lieu, ou se rappeler un objet à une grande distance de temps, c'est avoir des conceptions semblables de la chose : car il manque, dans l'un et l'autre cas, la distinction des parties ; l'une de ces conceptions étant foible par la grande distance d'où la sensation se fait ; l'autre, par le déchet qu'elle a souffert.

Hobbes conclut, de ce qui précède, qu'un homme ne peut jamais savoir qu'il rêve ; il peut rêver qu'il doute s'il rêve ou non ; la clarté de l'imagination lui représentant la chose avec autant de parties que le sens même, il ne peut l'appercevoir que comme présente ; tandis que de savoir qu'il rêve, ce seroit penser que ses conceptions (c'est-à-dire ses rêves) sont plus obscures qu'elles ne l'étoient par le sens : de sorte qu'il faudroit qu'il crût qu'elles sont tout-à-la-fois aussi claires, et non pas aussi claires que le sens ; ce qui est impossible.

Le chapitre IV traite du discours, de la liaison des pensées, de l'extravagance, de la sagacité, de la réminiscence, de l'expérience, de l'attente, de la conjecture, des signes, de la prudence, et enfin des précautions à conclure d'après l'expérience. Voyons quelles sont, sur tous ces objets, les idées de *Hobles*.

La succession des idées ou conceptions dans l'esprit, leur suite ou leur liaison, peut être casuelle ou incohérente, comme il arrive dans les songes ; ou peut être ordonnée, comme lorsqu'une première pensée amène la suivante ; et alors cette suite, ou série de pensées, se nomme *discours*. Mais comme ce mot est pris communément pour une liaison ou une conséquence dans les mots, afin d'éviter tout équivoque, il l'appelle *raisonnement*.

La cause de la liaison, ou conséquence d'une conception à une autre, est leur liaison ou conséquence dans le temps que ces conceptions ont été produites par le sens.

Il y a, dans les sensations, des liaisons d'idées que nous pouvons appeler extravagances ou *écarts*. Alors nous partons d'un point arbitraire.

Une autre sorte de raisonnement, c'est celui qui commence par le désir de recouvrer une chose perdue ; et qui, du présent, remonte en arrière ; c'est-à-dire, de la pensée du lieu où nous nous appercevons de la perte, à la pensée du lieu d'où nous sommes venus récemment ; et de la pensée de ce dernier lieu, à celle du lieu où nous avons été auparavant ; et ainsi de suite, jusqu'à ce que nous nous remettions d'idée, dans l'endroit où nous avions encore la chose qui nous manque : voilà ce que nous appelons *réminiscence*.

Le souvenir de la succession d'une chose relativement à une autre, c'est-à-dire, de ce qui l'a précédée, suivie et accompagnée, s'appelle *expérience*, soit qu'elle ait été faite volontairement, comme lorsqu'un homme expose quelque chose au feu, pour en connoître l'effet résultant ; soit qu'elle se fasse indépendamment de nous, comme quand nous nous rappelons que l'on a du beau temps le matin, qui vient à la suite d'une soirée durant laquelle l'air étoit rouge.

Avoir fait un grand nombre d'observations, est ce que nous appelons avoir de l'expérience ; ce qui n'est que le souvenir d'effets subséquens produits par des causes antécédentes.

C'est de nos conceptions du passé, que nous formons le *futur*, ou plutôt nous donnons au passé relativement le nom de *futur*. Ainsi les hommes appellent *futur*, ce qui est conséquent à ce qui est présent. Voilà comme le souvenir devient une prévoyance des choses à venir, c'est-à-dire, nous donne l'attente ou la présomption de ce qui doit arriver.

Si un homme voit actuellement ce qu'il a vu précédemment, il pense que ce qui a précédé ce qu'il a vu auparavant, a aussi précédé ce qu'il voit présentement. Par exemple, celui qui a vu qu'il restoit des cendres après le feu, lorsqu'il revoit des cendres, en conclut qu'il y a eu du feu. C'est là ce qu'on nomme *conjecture* du passé, ou *présomption* d'un fait.

L'antécédent et le conséquent sont des *signes* l'un de l'autre ; c'est ainsi que les nuages sont des *signes* de la pluie qui doit venir, et que la pluie est un *signe* des nuages passés.

Les *signes* ne sont que des conjectures ; leur certitude augmente ou diminue, suivant qu'ils ont plus ou moins souvent manqué ; ils ne sont jamais pleinement évidens. Quoiqu'un homme ait vu constamment jusqu'ici le jour et la nuit se succéder, cependant il n'est pas pour cela en droit de conclure qu'ils se succéderont toujours de même, ou qu'ils se sont ainsi succédés de toute éternité. L'expérience ne fournit aucune conclusion universelle. Si les signes montrent juste vingt fois, contre une qu'ils manquent, un homme pourra bien parier vingt contre un sur l'événement ; mais il ne pourra pas conclure que cet événement est certain. On voit par là, clairement, que ceux qui ont le plus d'expérience peuvent le mieux conjecturer, parce qu'ils ont le plus grand nombre de signes propres à fonder leurs conjectures.

Les hommes d'une imagination prompte ont, toutes choses égales, plus de prudence, que ceux dont l'imagination est lente ; parce qu'ils observent plus, en moins de temps.

La prudence n'est que la conjecture d'après l'expérience, ou d'après les signes donnés par l'expérience et consultés avec précaution ; et de manière à se bien rappeler toutes les circonstances des expériences qui ont fourni ces signes, vu que les cas qui ont de la ressemblance, ne sont pas toujours les mêmes.

Nous ne pouvons pas conclure, d'après l'expérience, qu'une chose doit être appelée juste ou injuste, vraie ou fausse, ou généraliser aucune proposition, à-moins que ce ne soit d'après le souvenir de l'usage des noms que les hommes ont arbitrairement imposés. Par exemple, avoir vu rendre mille fois un même jugement dans un cas pareil, ne suffit pas pour en conclure qu'un jugement est juste, quoique la plupart des hommes n'aient pas d'autre règle ; mais pour tirer une telle conclusion, il faut, à l'aide d'un grand nombre d'expériences, découvrir ce que les hommes entendent par *juste* et *injuste*.

Une marque est un objet sensible qu'un homme érige pour lui-même volontairement, afin de s'en servir pour se rappeler un fait passé, lorsque cet objet se présentera de nouveau à ses sens.

Un nom ou une dénomination est un son de la voix de l'homme, employé arbitrairement comme une marque destinée à rappeler à son esprit quelque conception relative à l'objet, auquel ce nom a été imposé.

C'est par le secours des noms, que nous sommes capables de science, tandis que les bêtes, à leur défaut, n'en sont point susceptibles : l'homme lui-même, sans ce secours, ne peut devenir savant.

L'universalité d'un même nom donné à plusieurs choses, est cause que les hommes ont cru que ces choses étoient universelles elles-mêmes : ils se sont trompés en prenant la dénomination générale ou universelle, pour la chose qu'elle signifie. Il n'y a rien d'universel que les noms, qui, pour cette raison, sont appelés indéfinis, parce que nous ne les limitons point nous-mêmes ; et que nous laissons à celui qui nous entend, la liberté de les appliquer ; au-lieu qu'un nom particulier est restreint à une seule chose parmi le grand nombre de celles qu'il signifie; comme il arrive lorsque nous disons *cet homme*, en le montrant ou en le désignant sous le nom qui lui est propre.

Toutes les métaphores sont équivoques par profession ; et il se trouve à-peine un mot qui ne devienne équivoque par le tissu du discours, ou par l'inflexion de la voix, ou par le geste qui l'accompagne. Il faut donc qu'un homme soit très-habile, pour se tirer de l'embarras des mots, de la texture du discours et des autres circonstances ; pour s'expliquer sans équivoque, et découvrir le vrai sens de ce qui se dit ; et c'est cette habileté, que nous appelons *intelligence*.

A l'aide du petit mot *est*, ou de quelque équivalent, de deux appellations, nous faisons une affirmation ou une négation, dont l'une ou l'autre, désignée dans les écoles sous le nom de proposition, est composée de deux appellations jointes ensemble par le mot *est*.

Former des syllogismes, est ce que nous nommons *raisonnement*.

Il est de la nature de presque tous les corps qui sont souvent mus de la même manière, d'acquérir de plus en plus de la facilité ou de l'aptitude au même mouvement : par là, ce mouvement leur devient si *habituel*, que pour le leur faire prendre, il suffit de la plus légère impulsion. Comme les passions de l'homme sont les principes de ses mouvemens volontaires, elles sont aussi les principes de ses discours, qui ne sont que des mouvemens de sa langue. Les hommes désirant de faire connoître aux autres les connoissances, les opinions, les conceptions, les passions qui sont en eux-mêmes, et ayant dans cette vue inventé le langage ; ils ont, par ce moyen, fait passer tout le discours de leur esprit, à l'aide du mouvement de la langue, dans le discours des mots, et la raison (*ratio*) n'est plus qu'une oraison (*oratio*) pour la plus grande partie, sur laquelle l'habitude a tant de pouvoir, que l'esprit ne fait que suggérer le premier mot ; le reste suit machinalement, sans que l'esprit s'en mêle.

Si nous considérons le pouvoir des illusions des sens ; le peu de constance ou de fixité que l'on a mis dans les mots ; à quel point ils sont sujets à des équivoques ; combien ces mots sont diversifiés par les passions, qui font que l'on trouve à-peine deux hommes qui soient d'accord sur ce qui doit être appelé bien ou mal, libéralité ou prodigalité, valeur ou témérité : enfin, si nous considérons combien les hommes sont sujets à faire des paralogismes ou de faux raisonnemens ; nous serons forcés de conclure qu'il est impossible de rectifier un si grand nombre d'erreurs, sans tout refondre, et sans reprendre les premiers fondemens des connoissances humaines et des sens. Au-lieu de lire des livres, il faut lire ses propres conceptions ; et c'est dans ce sens que je crois que le mot fameux, *connois-toi toi-même*, peut être digne de la réputation qu'il s'est acquise.

Il y a deux sortes de sciences ou de connoissances, dont l'une n'est que l'effet du sens, ou la science originelle et son souvenir ; l'autre est appelée science ou connoissance de la vérité des propositions et des noms que l'on donne aux choses, et celle-ci vient de l'esprit. L'une et l'autre ne sont que l'expérience : la première est l'expérience des effets produits sur nous par des êtres extérieurs qui agissent sur nous ; et la dernière est l'expérience que les hommes ont sur l'usage propre des noms dans le langage.

Toute expérience n'étant que souvenir, il en faut conclure que toute science est souvenir.

L'on appelle histoire, la première science enregistrée dans les livres; on appelle les sciences les registres de la dernière.

Le mot de science ou de connoissance renferme nécessairement deux choses; l'une est la vérité, et l'autre est l'évidence.

L'évidence est la concomitance de la conception d'un homme avec les mots qui signifient cette conception dans l'acte du raisonnement.

L'évidence est pour la vérité, ce que la sève est pour l'arbre; tant que cette sève s'élève dans le tronc et circule dans les branches, elle les tient en vie; mais ils meurent dès que cette sève les abandonne, attendu que l'évidence qui consiste à penser ce que nous disons, est la vie de la vérité. Ainsi, je définis la connoissance que nous nommons science, l'évidence de la vérité fondée sur quelque commencement ou principe du sens; car la vérité d'une proposition n'est jamais évidente jusqu'à ce que nous concevions le sens des mots ou termes qui la composent, lesquels sont toujours des conceptions de l'esprit; et nous ne pouvons nous rappeler ces conceptions, sans la chose qui les a produites sur nos sens.

Quand une opinion est admise par confiance en d'autres hommes, on dit que nous la *croyons*; et son admission est appelée *croyance* ou *foi*.

Le mot de conscience est employé par ceux qui ont une opinion, non-seulement de la vérité de la chose, mais encore de la connoissance qu'ils en ont, opinion dont la vérité de la proposition est une conséquence. Cela posé, *Hobbes* définit la conscience, l'opinion de l'évidence.

Après avoir ainsi exposé ses idées sur les sens, l'imagination, le discours, le raisonnement, et la connoissance ou science, qui sont des actes de notre faculté cognitive ou conceptive, *Hobbes* parle en général des *affections* ou *passions*. Il avoit dit que les conceptions et les apparitions ne sont réellement rien que du mouvement excité dans une substance intérieure de la tête; il ajoute ici que ce mouvement ne s'arrêtant point là, mais se communiquant au cœur, doit nécessairement aider ou arrêter le mouvement que l'on nomme vital. Lorsqu'il l'aide et le favorise, on l'appelle *plaisir*, *contentement*, *bien-être*, qui n'est rien de réel qu'un mouvement dans le cœur, de même que la conception n'est rien qu'un mouvement dans la tête.

Hobbes prouve ensuite que le plaisir, l'amour, l'appétit ou le désir, sont des mots divers dont on se sert pour désigner une même chose envisagée diversement.

Que chaque homme appelle *bon* ce qui est agréable pour lui-même, et appelle *mal* ce qui lui déplaît. Ainsi chaque homme, différant d'un autre par son tempérament ou sa façon d'être, en diffère sur la distinction du bien et du mal; et il n'existe point une bonté absolue considérée sans relation; car la bonté que nous attribuons à Dieu même, n'est que sa bonté relativement à nous.

Que toutes les idées que nous recevons immédiatement par les sens, étant ou plaisir ou douleur, produisent ou le désir ou la crainte, et qu'il en est de même de toutes les imaginations qui viennent à la suite de l'action des sens;

Que, l'appétit ou le désir étant le commencement d'un mouvement animal qui nous porte vers quelque chose qui nous plaît, la cause finale de ce mouvement est d'en atteindre la fin, que nous nommons aussi le *but*;

Que, lorsque nous atteignons cette fin, le plaisir qu'elle nous cause se nomme *jouissance*; ainsi le bien (*bonum*) et la fin (*finis*) sont la même chose envisagée diversement;

Que la félicité, par laquelle nous entendons le plaisir continuel, ne consiste point à avoir réussi, mais à réussir;

Qu'il y a peu d'objets dans ce monde qui ne soient mélangés de bien et de mal; qu'ils sont si intimement et si nécessairement liés, que l'on ne peut obtenir l'un sans l'autre : c'est ainsi que le plaisir qui résulte d'une faute est joint à l'amertume du sentiment; c'est ainsi que l'honneur est joint communément avec le travail et la peine. Lorsque, dans la somme totale de la chaîne, le bien fait la plus grande partie, le tout est appelé *bon*; mais quand le mal fait pencher la balance, le tout est appelé *mauvais*.

Hobbes examine, dans le chapitre VIII, en quoi consistent les plaisirs des sens, et de quelle conception procède chacune des passions que nous remarquons être les plus communes. Il remarque à ce sujet que les conceptions sont de trois sortes : les unes sont présentes, elles viennent du sens, ou sont la sensation actuelle; les autres sont passées, et constituent la mémoire; les troisièmes ont pour objet l'avenir, et produisent l'attente. De chacune de ces conceptions naît ou un plaisir, ou une douleur présente. Il désigne toutes ces passions sous le nom de plaisirs *sensuels*; et leurs contraires, sous celui de douleurs *sensuelles*. On peut y joindre, selon lui, les plaisirs et les déplaisirs qui résultent des odeurs, si quelques-unes sont organiques, ce qu'elles ne sont point pour la plupart ; et il le prouve par une observation très-fine et très-neuve, et dans laquelle il y a autant d'esprit que de justesse. « En » effet, *dit-il*, l'expérience de chaque homme dé- » montre que les mêmes odeurs, quand elles pa- » roissent venir des autres nous offensent, quoi- » qu'elles émanent de nous ; tandis qu'au contraire » quand nous croyons qu'elles émanent de nous, elles » ne nous déplaisent pas, lors même qu'elles émanent » des autres. Le déplaisir, que nous éprouvons dans » ce cas, naît de la conception ou de l'idée que ces » odeurs peuvent nous nuire ou sont mal-saines ; et » par conséquent ce déplaisir est une conception d'un » mal à venir, et non d'un mal présent ».

Hobbes passe, de-là, à des considérations sur le plaisir que nous procure le sens de l'ouïe, plaisir dont l'organe n'est point affecté. Il fait voir que l'harmonie, ou l'assemblage de plusieurs sons qui s'accordent, nous plaît par la même raison que l'unisson ou le son produit par des cordes égales et également tendues.

Que les sons, qui diffèrent les uns des autres par leur dégré du grave à l'aigu, nous plaisent par les alternatives de leur égalité et de leur inégalité ; c'est-à-dire, que le son le plus aigu nous frappe deux fois, contre un coup de l'autre ; ou qu'ils nous frappent ensemble à chaque second temps, comme Galilée l'a très-bien prouvé. « Il y a encore, ajoute » *Hobbes*, un autre plaisir et un autre déplaisir ré- » sultant des sons ; il naît de la succession de deux » sons diversifiés par le dégré et la mesure. On ap- » pelle *air* une succession de son qui plaît ; cepen- » dant j'avoue que j'ignore pour quelle raison une

» succession de sons diversifiés par le dégré et la
» mesure produit un air plus agréable qu'un autre;
» je présume seulement que quelques airs imitent
» ou font revivre en nous quelque passion cachée,
» tandis que d'autres ne produisent point cet effet ».

Selon ce philosophe, le plaisir des yeux consiste dans une certaine égalité de couleurs ; car la lumière, qui est la plus belle des couleurs, est produite par une opération égale de l'objet, tandis que la couleur, en général, est une lumière inégale et troublée. Voilà pourquoi les couleurs sont d'autant plus éclatantes, qu'elles ont plus d'égalité ; et comme l'harmonie cause du plaisir à l'oreille par la diversité de ses sons, de même il est des mélanges et des combinaisons de couleurs qui sont plus harmonieuses à l'œil que d'autres.

Hobbes termine ce chapitre par expliquer en peu de mots ce que c'est que l'honneur, l'honorable, le mérite, les marques d'honneur, le respect, etc. Quoique toutes ses remarques à cet égard soient très-judicieuses, nous ne nous y arrêterons pas ; mais nous rapporterons ce qu'il dit de l'imagination ou de la conception du pouvoir dans l'homme. Il établit donc que la conception de l'avenir n'en est qu'une supposition produite par la mémoire du passé : nous convenons qu'une chose sera par la suite, parce que nous savons qu'il existe quelque chose à-présent qui a le pouvoir de la produire ; or nous ne pouvons concevoir qu'une chose a le pouvoir d'en produire une autre par la suite, que par le souvenir qu'elle a produit la même chose ci-devant. Ainsi toute conception de l'avenir est la conception d'un pouvoir capable de produire quelque chose. « Cela posé, dit » *Hobbes*, quiconque attend un plaisir futur, doit

» concevoir en lui-même un pouvoir à l'aide du-
» quel ce plaisir peut être atteint ». Et comme les
passions, dont il parle dans le chapitre suivant, consistent dans la conception de l'avenir, c'est-à-dire,
dans la conception d'un pouvoir passé et d'un acte
futur; il définit ici ce pouvoir par lequel il entend
les facultés du corps nutritives, génératrices, mo-
trices, ainsi que les facultés de l'esprit, la science;
et de plus les pouvoirs acquis par leur moyen, tels
que les richesses, le rang, l'autorité, l'amitié, la
faveur, la bonne fortune, etc. Les contraires de ces
facultés sont l'impuissance, les infirmités, les défauts de ces pouvoirs respectivement : comme le
pouvoir d'un homme résiste et empêche les effets
du pouvoir d'un autre homme ; le pouvoir, pris simplement, n'est autre chose que l'excès du pouvoir
de l'un sur le pouvoir d'un autre : car deux pouvoirs égaux et opposés se détruisent ; et cette opposition qui se trouve entre eux, se nomme con-
tention ou conflit.

Le chapitre IX est un des plus importans de cet
excellent ouvrage. Le plaisir ou le déplaisir, que
causent aux hommes les signes d'honneur ou de
déshonneur qu'on leur donne, constitue la nature
des passions dont *Hobbes* parle dans ce chapitre, et
qu'il définit avec son exactitude et sa précision ordinaires. C'est là que le lecteur peut se faire des
idées claires et distinctes de ce que c'est que la
gloire, la fausse gloire, la vaine gloire; l'humilité
et l'abjection ; la honte, le courage ; la colère, la
vengeance ; le repentir, l'espérance, le désespoir ;
la défiance, la confiance ; la pitié et la dureté ; l'indignation, l'émulation et l'envie ; le rire, les pleurs ;
la luxure, l'amour ; la charité, l'admiration et la

curiosité ; la grandeur d'ame et la pusillanimité, etc. etc. *Hobbes* en apprend plus sur tous ces objets en vingt pages, que tous les livres des moralistes.

On ne lit point les écrits de ce philosophe profond, sans y trouver par-tout la preuve de cette observation d'Horace :

> . . . . Cui lecta potenter erit res,
> Nec facundia deseret hunc, nec lucidus ordo.
> Ordinis hæc virtus erit, et venus, aut ego fallor,
> Ut jam nunc dicat, jam nunc debentia dici
> Plæraque differat, et præsens in tempus omittat.

S'agit-il d'expliquer ce que c'est que l'admiration et la curiosité ? voyez combien la définition qu'il en donne est simple et juste. « Comme l'expérience, » *dit-il*, est la base de toute connoissance ; de nou-» velles expériences sont la source de nouvelles » sciences, et les expériences accumulées doivent » contribuer à les augmenter. Cela posé, tout ce qui » arrive de neuf à un homme, lui donne lieu d'es-» pérer qu'il saura quelque chose qu'il ignoroit au-» paravant. Cette espérance et cette attente d'une » connoissance future, que nous pouvons acquérir par » tout ce qui nous arrive de nouveau et d'étrange, » est la passion que nous désignons sous le nom » d'*admiration*. La même passion, considérée comme » un désir, est ce qu'on nomme *curiosité*, qui n'est » que le désir de savoir ou de connoître.

» Comme dans l'examen des facultés du jugement, » l'homme rompt toute communauté avec les bêtes, » par celle d'imposer des noms aux choses, il les » surpasse encore par la passion de la curiosité. En » effet, quand une bête apperçoit quelque chose de » nouveau et d'étrange pour elle, elle ne la con-

» sidère uniquement que pour s'assurer si cette chose
» peut lui être utile ou lui nuire ; en conséquence
» elle s'en approche ou la fuit : au-lieu que l'homme
» qui, dans la plupart des événemens, se rappelle
» la manière dont ils ont été causés ou dont ils ont
» pris naissance, cherche le commencement ou la
» cause de tout ce qui se présente de neuf à lui.
» Cette passion d'admiration et de curiosité a pro-
» duit non-seulement l'invention des mots, mais
» encore la supposition des causes qui pouvoient en-
» gendrer toutes choses. Voilà la source de toute
» philosophie. L'astronomie est due à l'admiration
» des corps célestes. La physique est due aux effets
» étranges des élémens et des corps. Les hommes
» acquièrent des connoissances à proportion de leur
» curiosité, etc. »

Hobbes fait voir ensuite que, la curiosité étant un plaisir, la nouveauté doit en être un aussi ; sur-tout quand cette nouveauté fait concevoir à l'homme une opinion vraie ou fausse d'améliorer son état. « Dans
» ce cas, dit-il, un homme éprouve les mêmes es-
» pérances, qu'ont tous les joueurs tandis qu'on bat
» les cartes ».

On trouve au commencement du second livre de Lucrèce (*), la solution d'un problême de morale

---

(*) Suave, mari magno turbantibus æquora ventis,
 E terrâ magnum alterius spectare laborem :
 Non quia vexari quemquam est jucunda voluptas ;
 Sed, quibus ipse malis careas, quia cernere suave est.
 Suave etiam belli certamina magna tueri
 Per campos instructa, tuâ sine parte pericli.

Lucret. de rer nat. lib. 2, *vers* 1, *et seq.*

que *Hobbes* s'est proposé à-peu-près dans les mêmes termes : il examine donc d'où peut venir le plaisir que les hommes trouvent à contempler, du rivage, le danger de ceux qui sont agités par une tempête, ou engagés dans un combat ; ou à voir, d'un château bien fortifié, deux armées qui se chargent dans la plaine ? L'explication qu'il donne de ce phénomène me paroît plus philosophique que celle du chantre d'Epicure ; elle prouve même que *Hobbes* avoit vu beaucoup plus loin dans cette matière. « On ne peut
» douter, *dit-il*, que ce spectacle ne leur cause de
» la joie, sans quoi ils n'y courroient pas avec em-
» pressement. Cependant cette joie doit être mêlée
» de chagrin ; car si, dans ce spectacle, il y a nou-
» veauté, idée de sécurité présente, et par consé-
» quent plaisir, il y a aussi sentiment de pitié, qui
» est déplaisir : mais le sentiment du plaisir prédo-
» mine tellement, que les hommes, pour l'ordinaire,
» consentent, en pareil cas, à être spectateurs du
» malheur de leurs amis ».

Enfin ce philosophe, un de ceux qui a le mieux connu l'art de généraliser ses idées, nous représente la vie humaine sous l'image d'une course : et quoique cette comparaison, d'ailleurs ingénieuse et très-philosophique, ne soit pas juste à tous égards, comme il l'observe lui-même ; elle suffit pour nous remettre sous les yeux toutes les passions dont il a parlé dans ce chapitre. « Mais nous devons supposer,
» *dit-il*, que dans cette course on n'a d'autre but
» et d'autre récompense que de devancer ses concur-
» rens. Faire des efforts, c'est appéter ou désirer ; se
» relâcher, c'est sensualité ; regarder ceux qui sont
» en arrière, c'est gloire ; regarder ceux qui pré-
» cèdent, c'est humilité ; perdre du terrain en re-

» gardant en arrière, c'est vaine gloire; être retenu,
» c'est haine; retourner sur ses pas, c'est repentir;
» se tenir en haleine, c'est espérance; être excédé,
» c'est désespoir; tâcher d'atteindre celui qui pré-
» cède, c'est émulation; le supplanter ou le renverser,
» c'est envie; se résoudre à franchir un obstacle
» prévu, c'est courage; franchir un obstacle soudain,
» c'est colère; franchir avec aisance, c'est grandeur
» d'ame; perdre du terrain par de petits obstacles,
» c'est pusillanimité; tomber subitement, c'est dis-
» position à pleurer; voir tomber un autre, c'est
» disposition à rire; voir surpasser quelqu'un mal-
» gré nos vœux, c'est pitié; voir gagner le devant
» à celui que nous n'aimons pas, c'est indignation;
» suivre ou serrer de près quelqu'un, c'est amour;
» faire avancer celui auquel on se tient ainsi attaché,
» c'est charité; se blesser par trop de précipitation,
» c'est honte; être continuellement devancé, c'est
» malheur; surpasser continuellement celui qui pré-
» cédoit, c'est félicité; abandonner la course, c'est
» mourir ».

Après avoir montré dans les chapitres précédens que la sensation est due à l'action des objets extérieurs sur le cerveau ou sur une substance renfermée dans la tête, et que les passions viennent du changement qui s'y fait, et qui est transmis jusqu'au cœur; *Hobbes* recherche quelles peuvent être les causes qui produisent tant de variétés dans les capacités et les talens par lesquels nous remarquons tous les jours qu'un homme en surpasse un autre. La diversité des dégrés de connoissance, ou de science qui se trouve dans les hommes, lui paroît trop grande pour pouvoir être attribuée aux différentes constitutions de leurs cerveaux: il pense donc que la différence des

esprits tire son origine de la différence des passions et des fins différentes auxquelles l'appétence ou le désir les conduit. « Si la différence dans les facultés, » *dit-il*, étoit due au tempérament naturel du cer-
» veau, je n'imagine point de raison pourquoi cette
» différence ne se manifesteroit pas d'abord, et de
» la façon la plus marquée, dans tous les sens qui,
» étant les mêmes dans les plus sages que dans les
» moins sages, indiquent une même nature dans le
» cerveau, qui est l'organe commun de tous les sens ».

J'avoue que j'ai peine à reconnoître dans ce paragraphe l'écrivain judicieux et profond à qui nous devons l'excellent ouvrage que j'analyse ici. Comment un philosophe d'un esprit aussi droit, aussi étendu, aussi pénétrant que *Hobbes*, n'a-t-il pas vu que les hommes différoient nécessairement entre eux par la constitution de leur cerveau autant que par les traits de leur visage ? L'homme de génie et l'homme ordinaire ont bien, à-la-vérité, les mêmes sens, parce que ce sont des instrumens communs à toute l'espèce humaine ; mais le dégré de finesse, de mobilité, de sensibilité et de perfection de ces organes, varie absolument d'un individu à l'autre ; par cela seul, qu'un de ces individus n'étant pas l'autre, il est mathématiquement impossible que son organisation soit la même ; et, par conséquent, que le résultat total ne soit pas différent, deux causes essentiellement diverses ne pouvant pas produire un effet identique. On peut dire, si l'on veut, que la différence des esprits tire son origine de la différence des passions ; mais il faut ajouter que cette différence des passions est elle-même le résultat nécessaire de la différente constitution du cerveau, du tempérament, etc. Voilà les causes principales et originelles de toutes les variétés qu'on remarque dans les actions humaines, dans les talens, dans les productions de l'esprit humain. C'est l'organisation particulière de la substance renfermée dans la tête, qui fait les hommes de génie et les imbécilles, les sages et les fous; qui dispose au bien ou au mal; qui signe, pour ainsi dire, l'un pour la gloire et pour la vertu, l'autre pour le vice et pour l'infamie. Mais poursuivons l'exposé des principes de *Hobbes*.

Il dit donc que la sensualité consiste dans les plaisirs des sens, qu'on n'éprouve que dans le moment; ces plaisirs ôtent l'inclination d'observer les choses qui procurent de l'honneur, et par conséquent font que les hommes sont moins curieux ou moins ambitieux; ce qui les rend moins attentifs à la route qui conduit à la science, fruit de la curiosité, ou à tout autre pouvoir issu de l'ambition : car c'est dans ces deux choses que consiste l'excellence du pouvoir de connoître ; et c'est le défaut absolu de ce pouvoir qui produit ce qu'on nomme *stupidité* ; c'est la suite de l'appétit des plaisirs sensuels. *Hobbes* croit que cette passion a sa source dans la grossiereté des esprits, et dans la difficulté du mouvement du cœur.

La disposition contraire est ce mouvement rapide de l'esprit qui est accompagné de la curiosité de comparer, les uns avec les autres, les objets qui se présentent à nous; comparaison dans laquelle l'homme se plait à découvrir, soit une ressemblance inattendue entre des choses qui sembloient disparates, soit de la dissimilitude entre des objets qui sembloient être les mêmes.

Juger, n'est autre chose que distinguer ou discerner.

L'imagination et le jugement sont compris communément sous le nom d'*esprit*.

Le défaut de l'esprit, qu'on nomme *légéreté*, décèle une mobilité dans les esprits, mais portée à l'excès. Cette disposition est produite par une curiosité, mais trop égale ou trop indifférente ; puisque les objets faisant tous une impression égale, et plaisant également, ils se présentent en foule pour être exprimés et sortir à-la-fois.

L'*indocibilité*, ou difficulté d'apprendre, paroît venir de la fausse opinion où l'on est que l'on connoît déjà la vérité sur l'objet dont il s'agit ; car il est certain qu'il y a moins d'inégalité de capacité entre les hommes, que d'inégalité d'évidence entre ce qu'enseignent les mathématiciens, et ce qui se trouve dans les autres livres. Si donc les esprits des hommes étoient comme un papier blanc ou comme une table rase ; ils seroient également disposés à reconnoitre la vérité de tout ce qui leur seroit présenté selon une méthode convenable, et par de bons raisonnemens : mais lorsqu'ils ont une fois aquiescé à des opinions fausses, et qu'ils les ont authentiquement enregistrées dans leur esprit, il est tout aussi impossible de leur parler intelligiblement, que d'écrire lisiblement sur un papier déjà barbouillé d'écriture. Ainsi la cause immédiate de l'*indocibilité* est le préjugé ; et la cause du préjugé est une opinion fausse de notre propre savoir.

Ce que l'on nomme *extravagance*, *folie*, paroît être une imagination tellement prédominante, qu'elle devient la source de toutes les autres passions. Cette conception n'est qu'un effet de vaine gloire ou d'abattement.

La malice est une nuance de la fureur, et l'affectation est un commencement de frénésie.

La circonspection, avec laquelle *Hobbes* procède dans l'examen des matières qui font le sujet du chapitre XI, est très-remarquable. Ici ses pas ne sont ni aussi fermes, ni aussi assurés que dans les chapitres précédens. On sent à chaque ligne qu'il est gêné, contraint; qu'il n'ose dire ce qu'il pense, ni raisonner conséquemment aux principes qu'il a établis. Il s'enveloppe, il avance, il recule alternativement ; *occultus enim propter metum judæorum :* et ce qu'il dit de vrai semble presque lui échapper, tant il craignoit d'irriter la haine du prêtre fanatique, dont il voyoit la hache encore sanglante suspendue sur sa tête. Observons néanmoins que, quoique *Hobbes* environné d'ennemis puissans sacrifie ici quelquefois à l'erreur commune, il est assez facile de pénétrer ses vrais sentimens, qu'il laisse toujours entrevoir par quelque proposition conforme aux principes de sa philosophie. Nous en verrons ici plus d'un exemple.

Comme nous donnons des noms non-seulement aux objets naturels, mais encore aux surnaturels ; et comme nous devons attacher une idée ou un sens à tous les noms; *Hobbes* considère d'abord quelles sont les pensées et les imaginations que nous avons dans l'esprit, lorsque nous prononçons le nom de *Dieu,* et le nom des vertus ou propriétés que nous lui attribuons : il examine ensuite quelle est l'image qui se présente à notre esprit, quand nous entendons prononcer le mot *esprit*, ou celui des *anges* bons ou mauvais.

1.° De ce que Dieu est incompréhensible, il s'ensuit que nous ne pouvons avoir de conception ou d'image de la divinité ; conséquemment tous ses attributs n'annoncent que l'impossibilité de concevoir quelque chose touchant sa nature, dont nous n'avons d'autre conception, selon *Hobbes*, si-non que Dieu existe.

2.° Le nom de Dieu renferme éternité, incompréhensibilité, toute-puissance.

3.° Lorsque nous disons de Dieu, qu'il voit, qu'il entend, qu'il parle, qu'il sait, qu'il aime, etc., mots par lesquels nous comprenons quelque chose dans les hommes à qui nous les attribuons, nous ne concevons plus rien, lorsque nous les attribuons à la nature divine. Ainsi les attributs que l'on donne à la divinité ne signifient que notre incapacité, etc.

4.° Par le mot *esprit* nous entendons un corps naturel, d'une telle subtilité, qu'il n'agit point sur les sens, mais qui remplit une place, comme pourroit la remplir l'image d'un corps visible. Ainsi le concept, l'idée que nous avons d'un *esprit*, est celle d'une figure sans couleur : dans la figure, nous concevons dimension ; par conséquent, concevoir un esprit, c'est concevoir quelque chose qui a des dimensions : mais qui dit un esprit surnaturel, dit une substance sans dimension, deux mots qui se contredisent. Ainsi quand nous attribuons le mot *esprit* à Dieu, cet attribut ou cette propriété, que nous lui donnons, n'est pas plus l'expression d'une chose dont nous ayons une idée claire et distincte, que quand nous attribuons à cet être le sentiment et l'intellect : c'est une manière de lui marquer notre respect, que cet effort que nous faisons, pour faire abstraction en lui de toute substance corporelle et grossière. (« Voilà un de ces » paragraphes dont j'ai parlé ci-dessus, et où les vrais » sentimens de *Hobbes* sont exposés clairement, et » sans laisser le moindre doute dans l'esprit ».)

5.° Il n'est pas possible, par les seuls moyens naturels, de connoître même l'existence des autres êtres, que les hommes appellent *esprits incorporels*. Nous qui sommes des chrétiens, nous admettons l'existence des anges bons et mauvais, et des esprits ; nous disons que l'ame humaine est un *esprit*, et que ces esprits sont incorporels ; mais il est impossible de le savoir, c'est-à-dire, d'avoir une évidence naturelle de ces choses : car toute évidence est conception ; et toute conception est imagination, et vient des sens. Or, nous supposons que les esprits sont des substances qui n'agissent point sur les sens, d'où il suit qu'il est impossible de les concevoir.

6.° C'est une contradiction palpable dans le discours naturel, que de dire, en parlant de l'ame humaine, qu'elle est toute dans le tout, et toute dans chaque partie du tout, *tota in toto, in qualibet parte corporis*: proposition qui n'est fondée ni sur la raison, ni sur la révélation, mais qui vient de l'ignorance de ce que sont les choses que l'on nomme des *spectres*, ces images qui se montrent dans l'obscurité aux enfans et à ceux qui sont peureux, et d'autres imaginations étranges que j'appelle des *fantômes* : car en les prenant pour des choses réelles placées hors de nous comme les corps, et en les voyant paroître et se dissiper d'une façon si étrange et si peu semblable à la façon d'agir des corps, comment les désigner autrement que sous le nom de *corps incorporels ?* ce qui n'est pas un nom, mais une absurdité du langage.

Hobbes emploie le reste de ce chapitre à faire voir que l'opinion des payens, touchant les esprits, ne prouve point leur existence ; qu'elle n'est fondée que sur la foi que nous avons dans la révélation ; que la divinité des écritures n'est établie que sur la foi ; que

X *

la foi n'est que la confiance en des hommes vraiment inspirés; que dans le doute on doit préférer à sa propre opinion celle de l'église, etc. etc. etc. Tout ce qu'il dit sur ces différens points est plus ou moins conforme aux opinions des théologiens, et par conséquent n'offre rien qui mérite l'attention des philosophes. *Hobbes* avoit la double doctrine, comme tous ceux qui vivent dans un gouvernement où il y a une superstition dominante, des loix qui la soutiennent et qui proscrivent l'usage de la raison. Il ne faut que lire ce chapitre avec quelque attention, pour voir que *Hobbes* y choque le moins qu'il peut les préjugés reçus, et qu'il les respecte même toutes les fois qu'il ne pourroit les fouler ouvertement aux pieds sans se commettre avec les prêtres, et par conséquent avec les magistrats, qui n'en sont que les bourreaux dans tous les pays où le christianisme est établi.

Après avoir expliqué de quelle manière les objets extérieurs produisent des idées, et ces idées, le désir ou la crainte, qui sont les premiers mobiles cachés de nos actions, *Hobbes* examine ce que c'est que la *délibération* : il nomme ainsi ces désirs et ces craintes qui se succèdent les uns aux autres aussi long-temps qu'il est en notre pouvoir de faire ou de ne pas faire l'action sur laquelle nous délibérons, c'est-à-dire, que nous désirons et craignons alternativement ; car tant que nous avons la liberté de faire ou de ne pas faire, l'action demeure en notre pouvoir, et la délibération nous ôte cette liberté.

Ainsi la délibération demande deux conditions dans l'action sur laquelle on délibère : l'une est que cette action soit future ; l'autre, qu'il y ait espérance de la faire, ou possibilité de ne la pas faire ; car le désir et la crainte sont des attentes de l'avenir ; et il n'y a point d'attente d'un bien sans espérance, ni d'attente d'un mal sans possibilité ; il n'y a donc point de délibération sur les choses nécessaires. Dans la délibération, le dernier désir, ainsi que la dernière crainte, se nomme *volonté*. Le dernier désir veut faire ou veut ne pas faire. Ainsi la volonté ou la dernière volonté sont la même chose.

Les actions et les omissions volontaires sont celles qui tirent leur source de la volonté : toutes les autres sont involontaires ou mixtes, telles que celles que l'homme produit par désir ou par crainte.

Les involontaires sont celles qu'il fait par nécessité de nature, comme quand il est poussé, qu'il tombe, et fait, par sa chûte, du bien ou du mal à quelqu'un.

Les mixtes sont celles qui participent de l'une et de l'autre, comme quand un homme est conduit en prison ; il marche volontairement, mais il va dans la prison involontairement. L'action de celui qui, pour sauver son vaisseau et sa vie, jette ses marchandises dans la mer, est volontaire ; car il n'y a dans cette action, d'involontaire, que la dureté du choix, qui n'est pas son action, mais l'action des vents : ce qu'il fait alors n'est pas plus contre sa volonté, que de fuir un danger n'est contre la volonté de celui qui ne voit pas d'autre moyen de se conserver.

Le désir, la crainte, l'espérance, et les autres passions ne sont points appelées *volontaires* ; car elles ne procèdent point de la volonté ; mais elles sont la volonté même ; et la volonté n'est point une action volontaire, car un homme ne peut pas plus dire qu'il *veut vouloir*, qu'il ne peut dire qu'il *veut vouloir vouloir*, et répéter ainsi à l'infini le mot *vouloir*; ce qui seroit absurde et dépourvu de sens.

Comme vouloir faire est désir, et vouloir ne pas faire est crainte; la cause du désir ou de la crainte est aussi la cause de notre volonté : mais l'action de peser les avantages et les désavantages, c'est-à-dire, la récompense et le châtiment, est la cause de nos désirs et de nos craintes, et par conséquent de nos volontés, autant que nous croyons que les récompenses ou les avantages que nous pesons nous arriveront; en conséquence, nos volontés suivent nos opinions, de même que nos actions suivent nos volontés; c'est dans ce sens que l'on a raison de dire que l'opinion gouverne le monde.

Dans les délibérations interrompues, comme elles peuvent l'être par des distractions, des amusemens, par le sommeil, etc., la dernière appétence ou désir de cette délibération partielle se nomme *intention* ou *dessein*.

Hobbes développe, dans le dernier chapitre de son ouvrage, les effets des mots et des discours, espèces de signes qui peuvent être dissimulés ou feints.

Le premier usage du langage est d'exprimer nos conceptions; c'est-à-dire, de produire dans un autre les mêmes conceptions qui sont au-dedans de nous-mêmes : c'est là ce qu'on nomme *enseigner*.

Si la conception de celui qui enseigne, accompagne continuement ses paroles, en partant d'une vérité fondée sur l'expérience; alors elle produit la même évidence dans celui qui écoute et qui comprend ce qu'on lui dit, et lui fait connoître quelque chose : c'est ce que l'on nomme *apprendre*. Mais s'il n'y a point une pareille évidence, cet enseignement se nomme *persuasion*; elle ne produit dans celui qui écoute que ce qui est uniquement dans l'opinion de celui qui parle.

Hobbes fait ensuite un bel éloge des géomètres, et de la certitude de leur science ; il les regarde comme les auteurs de tous les avantages que nous avons sur les sauvages de l'Amérique. Il observe que, jusqu'à ce jour, on n'a point entendu dire qu'il y ait aucune dispute sur les conséquences tirées des mathématiques, parce que les géomètres partent de principes très-simples, dont l'évidence est frappante pour les esprits les plus ordinaires, et s'avancent peu-à-peu, en mettant beaucoup de sévérité dans leurs raisonnemens ; de l'imposition des noms, ils concluent la vérité de leurs premières propositions ; des deux premières propositions, ils en infèrent une troisième ; de ces trois, une quatrième, et suivent ainsi la route de la science pas à pas ; au-lieu que ceux qui ont écrit sur les facultés, les passions et les mœurs des hommes, c'est-à-dire, sur la philosophie morale, la politique, le gouvernement et les loix, bien loin de diminuer les doutes et les disputes sur les questions qu'ils ont traitées, n'ont fait que les multiplier. *Hobbes* appelle *dogmatiques* les savans de cette seconde espèce, qui se fondent sur des maximes qu'ils ont adoptées dans leur éducation et d'après l'autorité des hommes ou de l'usage, et qui regardent le mouvement habituel de la langue comme du raisonnement.

Il définit le *conseil*, une délibération intérieure de l'esprit concernant ce que nous pouvons faire ou ne pas faire. Il fait même, à ce sujet, une remarque très-fine ; c'est que les conséquences de nos actions sont nos conseillers par leur succession alternative dans l'esprit. Dans les conseils qu'un homme prend d'un autre, ses conseillers ne font que lui montrer alternativement les conséquences d'une action : aucun d'eux ne délibère ; mais tous ensemble fournissent à celui qui les consulte, des objets sur lesquels il puisse délibérer avec lui-même.

Hobbes considère ensuite divers autres usages du langage, tels que l'interrogation, la prière, la promesse, la menace, le commandement, la loi. Il observe que le langage sert encore à exciter ou appaiser, à échauffer ou éteindre les passions dans les autres ; ce qui est absolument la même chose que la persuasion : car il n'y a point de différence réelle entre inspirer des opinions, ou faire naître des passions : mais comme dans la persuasion nous nous proposons de faire naître l'opinion par l'entremise de la passion, dans le cas dont il s'agit, on se propose d'exciter la passion à l'aide de l'opinion. Or comme, pour faire naître l'opinion de la passion, il est nécessaire de faire adopter une conclusion de tels principes qu'on veut ; de même en excitant la passion à l'aide de l'opinion, il n'importe que l'opinion soit vraie ou fausse ; que le récit qu'on fait, soit historique ou fabuleux : car ce n'est pas la vérité, c'est l'image qui excite la passion : une tragédie bien jouée affecte autant que la vue d'un assassinat.

Hobbes a très-bien vu que les mots sont souvent équivoques, selon la diversité de la texture du discours, et celle de ceux qui employent ces signes de nos idées et de nos opinions : et après avoir observé que, pour nous faire démêler le vrai sens de ces mots, il faut voir celui qui parle, être témoin de ses actions, et conjecturer ses intentions, il en conclut judicieusement qu'il doit être extrêmement difficile de découvrir les opinions et le vrai sens de ceux qui ont vécu long-temps avant nous, et qui ne nous ont laissé que leurs ouvrages pour nous en instruire, vu que nous ne pouvons les entendre qu'à l'aide de l'histoire, par le moyen de laquelle nous suppléerons peut-être au défaut des circonstances passées, mais non sans beaucoup de sagacité.

On ne lit point le ᛞ. IX du dernier chapitre de cet ouvrage, sans être tenté de croire que *Hobbes* n'a pas voulu terminer son traité, sans indiquer lui-même le moyen de distinguer ses vrais sentimens de ceux que la crainte des prêtres et le pouvoir impérieux des circonstances l'ont quelquefois obligé de soutenir. Voici ce paragraphe, qu'on peut regarder, ce me semble, comme le mot de l'énigme proposée dans les dernières pages du chapitre XI.

« Lorsqu'il arrive qu'un homme nous annonce deux
» opinions contradictoires, dont l'une est exprimée
» clairement et directement, et dont l'autre ou a été
» tirée de la première, par induction, ou lui a été as-
» sociée, faute d'en avoir senti la contradiction ; alors,
» quand l'homme n'est pas présent pour s'expliquer
» lui-même, nous devons prendre la première propo-
» sition pour son opinion ; car c'est celle qu'il a ex-
» primée clairement et directement, comme la sienne,
» tandis que l'autre peut venir de quelque erreur dans
» la déduction, ou de l'ignorance où il étoit de la con-
» tradiction qu'elle renfermoit. Il faut en user de
» même, et pour la même raison, lorsqu'un homme
» exprime son intention de deux manières, contradic-
» toires ».

Tel est l'exposé fidèle des principes, sur lesquels *Hobbes* a philosophé dans ce *traité de la nature humaine* : j'ai eu soin, autant qu'un simple extrait peut le permettre, de ne rien omettre d'absolument essentiel au développement de ses idées : mais on ne peut sentir tout le mérite de cet ouvrage très-réfléchi et pensé par-tout avec autant de justesse que de profondeur, qu'en le lisant dans l'original, et en *le courant tout d'un fil*, pour me servir de l'expression de Montaigne. Si l'analyse que j'en ai donnée peut exciter dans l'esprit de quelques lecteurs philosophes le désir de cultiver les idées fortes et hardies de *Hobbes*, et de s'élever à la hauteur et à la généralité de ses résultats, je croirai avoir contribué en cela aux progrès de la raison : et c'est le but que je me suis proposé en m'occupant de ce travail].

Cette addition à l'article HOBBISME *est de l'éditeur.*

TABLE DU TOME V.

ACOUSMATIQUES. . . . . page 3
ANTÉDILUVIENNE philosophie, ou état de la philosophie avant le déluge. 4
ARABES, (état de la philosophie chez les anciens Arabes). 15
ASCHARIOUNS, ou ASCHARIENS. 32
ASIATIQUES, (philosophie des Asiatiques en général). 34
AZARECAH 49
BELBUCH et ZÉOMBUCH. 51
BRACHMANES 53
BRAMINES, ou BRAMÈNES, ou BRAMINS, ou BRAMENS, (histoire de la philosophie ancienne et moderne). 55
CHALDÉENS, (philosophie des Chaldéens). . 58
CHAVARIGTES 74
CHINOIS, (philosophie des Chinois). 75
   Principes des philosophes Chinois du moyen âge, et des lettrés de celui-ci. 87
   Science antécédente. 88
   Science subséquente. 92
CYNIQUE, (secte de philosophes anciens). . 109
CYRÉNAÏQUE, (secte). 134
ECLECTISME. 145
   Tableau général de la philosophie éclectique. 152
   Histoire de l'Eclectisme. 163
   Philosophie des Eclectiques; principes de la dialectique des Eclectiques. 227
   Principes de la métaphysique des Eclectiques. 231

Principes de la psychologie des Eclectiques. p. 240
Principes de la cosmologie des Eclectiques. . 249
Principes de la théogonie éclectique. . . . 267
Principes de la philosophie morale des Eclectiques. 269
ÉGYPTIENS, (philosophie des). 272
ÉLÉATIQUE, (secte). 297
  Histoire des Éléatiques métaphysiciens. . . 298
  Métaphysique de Xénophane. 300
  Physique de Xénophane. 301
  Histoire des Éléatiques physiciens. . . . 306
  Logique de Démocrite. 312
  Physiologie de Démocrite. 313
  Théologie de Démocrite. 316
  Morale de Démocrite. 317
ÉPICURÉISME, ou ÉPICURISME. 321
  De la philosophie en général. . . . . . ibid.
  De la physiologie en général. 324
  De la théologie. 340
  De la morale. 342
ÉTHIOPIENS, (philosophie des). . . . 360
GRECS, (philosophie des). 366
  De la philosophie fabuleuse des Grecs. . . ibid.
  Philosophie politique des Grecs. . . . 385
  De la philosophie sectaire des Grecs. . . 396
  De la secte Ionique. 398
  Du Socratisme. 399
  Du Cyrénaïsme. . . . . ibid.
  Du Mégarisme. . . . . ibid.
  De la secte Eliaque et Erétriaque. . . . 400
  Du Platonisme. . . . . ibid.
  Du Cynisme. . . . . ibid.
  Du Stoïcisme. 401
  Du Péripatétisme. . . . . ibid.

De la secte Samienne. . . . . page 402
De la secte Eléatique . . . . *ibid.*
De l'Héraclitisme. 403
De l'Epicuréisme. . . . . *ibid.*
Du Pyrrhonisme ou Scepticisme. . . . . *ibid.*
HÉRACLITISME, ou philosophie d'Héraclite. . 407
  Logique d'Héraclite. 410
  Physique d'Héraclite 411
  Morale d'Héraclite. 414
  Physique d'Hippocrate. 417
HOBBISME, ou philosophie de Hobbes. . . . 419
  Principes élémentaires et généraux. . . . 434
  De l'animal. 440
  De l'homme. 442
  Du Léviathan de Hobbes. 445
  Caractère de Hobbes. 465
  Addition de l'éditeur à l'article précédent. . 468

FIN DU TOME CINQUIÈME.

www.ingramcontent.com/pod-product-compliance
Lightning Source LLC
Chambersburg PA
CBHW071723230426
43670CB00008B/1102